科学的証拠に基づく再評価

血液型性格心理学大全

編著◉山岡重行

著◉サトウタツヤ＋渡邊芳之＋藤田主一

福村出版

JCOPY 〈出版者著作権管理機構 委託出版物〉

本書の無断複写は著作権法上での例外を除き禁じられています。複写される場合は、そのつど事前に、出版者著作権管理機構（電話 03-5244-5088、FAX 03-5244-5089、e-mail: info@jcopy.or.jp）の許諾を得てください。

まえがき

　「血液型や生年月日による星座」は本人に責任のない生まれもった事
項であり、それを把握し「特定の個人」の適性・能力を固定化して見る
ことになれば、これらについて把握されることを心理的負担と感じる応
募者を生み、それが就職差別につながるおそれがあります。

　これは厚生労働省が事業主に対して、就職希望者の公正な採用のために作
成した啓発用パンフレット、令和6年版『公正な採用選考をめざして』の記
述（p.30）です。就職のためのエントリーシートに血液型や星座の記入欄を
設定することを不適切な問題事例として紹介しています。

　なぜわざわざこのような事例を厚生労働省のパンフレットに記載して事業
者の啓発をする必要があったのでしょうか。それは、血液型と性格が関連す
る、血液型によって性格が異なるという血液型性格関連説が話題になり多く
の人々の関心を集めていたからです。

　好ましい性格の人物を採用し、好ましくない性格の人物は採用したくない。
採用担当者なら誰でもそのように考えるでしょう。血液型で性格が分かるの
であれば、好ましい性格とされる血液型の人物を採用し、好ましくない性格
とされる血液型の人物を採用しなければ良い、ということになります。ある
いは血液型で性格が分かるのなら、採用後の人事配置に役立てることができ
ると考えられます。

　しかし、血液型は遺伝によって決定される身体の特徴の一つであり、個人
が選択することも変更することもできません。そのような血液型で、希望す

まえがき　　003

る企業から採用されない、あるいは採用されても希望する部署に配置されないということは就職差別になると、厚生労働省は啓発しているのです。

　日本において血液型性格関連説は何度もブームと衰退を繰り返してきました。最後のブームは 2008 年から 2009 年にかけての血液型性格書籍の出版ブームでした。近年、血液型性格を巡る大きな動きはありません。しかし、芸能プロダクションや Wikipedia では芸能人のプロフィール欄に生年月日と血液型が書かれています。血液型を書くことで、それを見た人にその芸能人の大まかな性格をイメージしてもらうことを意図しているのでしょう。このように日本において、血液型性格はある意味社会常識の一つとして定着していると言っても過言ではないでしょう。

　では、血液型と性格は本当に関連するのでしょうか。本書は血液型性格関連説、あるいは血液型性格判断をテーマにした心理学に関する本です。本書を読んでいただければ、血液型性格に関するさまざまな疑問が解決できると思います。

　本書は 3 部構成になっています。

　第Ⅰ部は血液型性格関連説がどのようにして生まれ発展していったのか、その概要を見ていきます。第Ⅱ部は、血液型性格に関する調査データから血液型性格について検証していきます。第Ⅲ部は、血液型性格研究において重要な心理学論文を資料として紹介します。

　それでは、血液型と性格を巡る心理学の旅をはじめましょう。どうか最後までお付き合いください。お楽しみあれ。

山岡重行

CONTENTS

まえがき　003

第Ⅰ部　血液型性格の歴史的展開　007

第1章　血液型性格の歴史的展開／サトウタツヤ　008

第2章　パーソナリティ心理学と血液型性格判断／渡邊芳之　030

第3章　大村政男と血液型性格心理学／藤田主一　061

第4章　「血液型人間学」に踊った人々／山岡重行　097

第Ⅱ部　データに見る血液型性格　117

第5章　血液型性格を信じる理由／山岡重行　118

第6章　血液型性格の虚妄性／山岡重行　137

第7章　血液型性格の差別性／山岡重行　185

終　章　「血液型性格」とは何だったのか／山岡重行　240

第Ⅲ部　資料　　271

資料**1**　血液型による気質の研究／**古川竹二**　　272

資料**2**　血液型ステレオタイプについて／**詫摩武俊・松井　豊**　　296

資料**3**　血液型による性格の相違に関する統計的検討／**松井　豊**　　312

資料**4**　血液型ステレオタイプの変容の形――ステレオタイプ変容モデルの
　　　　検証――／**上瀬由美子・松井　豊**　　320

資料**5**　血液型と性格の無関連性――日本と米国の大規模社会調査を用いた
　　　　実証的論拠――／**縄田健悟**　　339

あとがき　　355

執筆者一覧　　357

「血液型性格」に関する調査協力へのお願い　　270

第 I 部

血液型性格の歴史的展開

　第 I 部は、血液型性格関連説はどのような背景で生まれ発展していったのか検討する。第 1 章は、心理学史の中で血液型性格はどのように位置づけられるのかについて、心理学史研究の第一人者であるサトウタツヤが解説する。第 2 章は、パーソナリティ心理学の文脈の中で血液型性格がどのように位置づけられるのか、日本パーソナリティ心理学会の理事長を務めた渡邊芳之が解説する。第 3 章は、日本の心理学界で血液型性格に長年取り組んでいた大村政男の足跡について、大村政男の継承者である藤田主一が解説する。第 4 章は、「血液型人間学」を標榜する能見親子の主張、「血液型人間学」を肯定する医学系の学者の主張について検討する。

第1章 血液型性格の歴史的展開

◉サトウタツヤ

はじめに

　血液型と性格に関係がある、という考え方を血液型性格関連説と呼ぶ。この説は、血液型が原因となって性格を規定するという因果関係を含んでいる説である。ここでは、血液型という概念と性格という概念の関連が問われているのだが、血液型と性格とどちらが古い考え方であろうか？　血液型が発見されたのはいつで、性格が発見されたのがいつか、という問いでもある。

1　血液型の発見

1.1　血液型の発見　輸血と血液型

　21世紀に生きる私たちの多くは、輸血という医療行為のことを知っている。怪我による失血や、手術の時などに、他人の血液を補うことで生命が維持されることを、たとえ自身にそうした経験がなくても、知っている。また、輸血のための血液をまかなうために献血というシステムがあることについても、自分がやったかやらないかはともかく、知らない人はいないであろう。献血センターには「本日は＊型の血液型が不足しています」などという告知があったりするので、輸血の際にはABO式血液型の型が重要なのだということもなんとなく分かっているであろう。では、このABO式血液型はいつ、発見されたのだろうか？

オーストリアのカール・ラントシュタイナー（K. Landsteiner）がABO式血液型を発見したのは1900年である。その主な関心は、輸血の失敗の克服にあったと言って良い。日本輸血・細胞治療学会のウェブサイト（http://yuketsu.jstmct.or.jp/general/history_of_blood_transfusion/）には簡潔な輸血の歴史が紹介されており、そこでは以下の6つの時期区分がなされている。

1) 輸血の始まり／動物からヒトへの輸血
2) 輸血の成功第一例／ヒトからヒトへの輸血
3) 血液型の発見／輸血の黎明期
4) 抗凝固剤の開発／輸血の確立
5) 輸血の発展／血液銀行の設立
6) 現在の輸血／安全性の担保と献血体制の確立

　このことから、血液型の発見には輸血という医療行為が深く関係していることがわかる。

　輸血の始まりはフランスのドニ（J. B. Denis）が子羊の血液を貧血と高熱の患者に投与した1667年であるとされる。しかし副作用により死亡する患者が出たことから輸血は禁止されるに至った。その後、ロンドンの産婦人科医ブランデル（J. Blundell）は弛緩出血で死に瀕している産婦に対して夫の血液を輸血したところ、救命事例を見いだすことができた。放置すれば死に至るわけで、輸血の成功率は極めて低かったとはいえ注目を集めたのであった。

　オーストリアのウイーン大学の病理学者のラントシュタイナーは、血液の血清と血球の反応に注目した。ある人の血清が他の人の血球に対する凝集反応を調べたところ、凝集反応にはいくつかのパターンがあり、それによりヒトには少なくとも3つの血液型（今日のA、B、O型に当たる）が存在することを発見した。翌年にはAB型が追加されたことにより、世紀をまたいで血液型に関する新事実が発見されたことになる。これにより、輸血時には凝集反応を起こさない血液同士を用いれば良いということが明確になり、輸血の技術は格段にレベルアップした。もっとも、同じ血液型同士の輸血が失敗す

第1章　血液型性格の歴史的展開　　009

ることもあったのだが、1940 年に Rh 式血液型が発見されたことによって、その失敗率も低減することになった。

次いでドイツの医師（内科医）エミール・フライヘル・フォン・デュンゲルン（Emil Freiherr von Dungern）とポーランドの医師・微生物学者・血清学者のルドヴィク・ヒルシュフェルト（Ludwik Hirszfeld）が、1911 年に ABO式血液型の遺伝形式を発見した。これにより、父母の血液型の組み合わせによって子の血液型の出現がほぼ決定されるということが知られるようになった。血液型の遺伝形式が明確になるまでは、実際の親子の血液型の出現の調査が行われていたのだが、それを見ると、ありとあらゆる血液型の組み合わせの夫婦にありとあらゆる血液型の子どもがいることが明らかになっており、遺伝形式の決定の妨げになっていた。つまり性的にかなり大らかであったことがわかる。

なお、血液の性質の理解を深め、輸血の成功を飛躍的に高めた功績によりラントシュタイナーは 1930 年にノーベル生理学・医学賞を受賞した。

1.2　血液型によるヒトのグルーピング

血液型の遺伝形式を明らかにしたデュンゲルンとヒルシュフェルトは、人種や民族と血液型の関係に関心をもって調査を行った。なお、民族という概念は 19 世紀半ば以降のドイツにおける鍵概念であった。長いことなされなかった国家の統一を果たすために、民族という概念が重要だったのである。ただし、ドイツ統一前における民族は、同一の言語と習慣をもつような人々のことを指していた。ラツァルスとシュタインタール（Lazarus & Steinthal）の民族心理学、ヴント（Wundt）の民族心理学も言語を重視していた。しかるに、ドイツに統一国家が誕生すると、（言語の同一性ではなく）人種の同一性と差異に関心が移り、アーリア人の優位性を説きユダヤ人の根絶を目指すナチス・ドイツへとゆがんだ形で引き継がれていくことになる（終章参照）。

1914 年に勃発した第一次世界大戦は、欧州の国が 2 つに分かれて行う戦争であったが、それぞれの国の植民地の人々も兵士として動員されたから、人種の見本市のような状況となった。1918 年当時、セルビア陸軍の中央細菌

検査所で勤務していたヒルシュフェルトは、第一次世界大戦が終わった後、マケドニア平原において各国の軍隊（植民地からの動員を含む）および付近の住民、16か国の約8,500人を対象にして血液型調査を行った（ただしこの調査対象者には日本人は含まれていない。日本は第一次世界大戦においては欧州に出向かず太平洋に存在するドイツ領を攻撃するということだけをしていたからである）。その結果は夫婦の共著論文として権威ある学術誌『ランセット』誌に掲載された（Hirszfeld & Hirszfeld, 1919）。

　ヒルシュフェルト夫妻の血液型調査によれば、欧州はＡ型が多く、東に行くにつれてＢ型が増加するという結果となった。彼らはＢ型に比べてＡ型が進化した形態であるという仮説をもっており、それが今回の調査によって実証されたと考えた。すなわち、白人種であるほどＡ型の出現率が高くなり、有色人種であるほどＢ型の出現頻度が高まるという傾向として現れるという結果が得られたのである。そして、Ａ型因子を持つ２つの血液型（Ａ型とAB型）の人数とＢ型因子を持つ２つの血液型（Ｂ型とAB型）の人数の比を表す数を、「生化学的人種係数（Biochemical Race Index）」と名づけて提案した。

　生化学的人種係数 ＝（Ａ型＋AB型）人／（Ｂ型＋AB型）人

である。この式を使って計算すると、イギリス人（4.5）、フランス人（3.2）、イタリア人（2.8）に対して黒人（0.8）、ベトナム人（0.5）、インド人（0.5）という結果が得られたため、ヒルシュフェルトらは自説が実証されたと考えた。

　つい、説得されてしまいがちだがよく考えてみよう。生化学的人種係数は、ヨーロッパにはＡ型が多く東に行くにつれＢ型が増えるということ、自分たち白人は他の人種に比べて優れているはずだということ、この２つを組み合わせて作った指数であるから、白人が優位になるのは当然のことなのである。血液型の分布は単なる事実の調査だが、その分布に優秀さという変数を外挿してしまったことにより、血液型と人間集団の優秀さという研究テーマがゆがんだ形で立ち現れることになったのである。

　血液型の発見は、血液型人種学という新しい学問分野を切り拓いたかに見

第1章　血液型性格の歴史的展開　　011

えたが、各国の血液型分布を調査しただけで大した発展もなく終わった。も　ともとの仮説が思いつきに近いものであったし、一通り調べたらそれ以上調べることが無くなってしまったからである。仮説が実証された。そしてそれ以上問うことも現れなかった。問いが無くなれば学問は発展しない。ある民族や国民を人為的に淘汰するという考えは後の優生学（Eugenics）にも通底していたが、血液型人種学は後の優生学ほど先鋭化したものではなかった。

　日本では、血液型の遺伝形式をつきとめたドイツのデュンゲルンのもとに留学していた原来復が、帰国後に長野県で血液型の調査を初めて行った（原の人生については松田, 1991 を参照）。この論文（原・小林, 1916）は、血液型の判別という最新の医学技術を用いて日本で調査をしたという意味で日本の医学史上に燦然と輝く論文なのであるが、その中で著者たちが、血液型によって体格や性格に違いが見られるかもしれない、ということを述べている（第3章参照）。（この発見は）偶然かもしれないが、調査すれば面白いだろう、と言っており、血液型と性格の関係について最初に言明したのはこの二人ということになる。ただし、本人達は医師であったため自分たちで調査を深掘りしたりはしなかった。また、医師・医学関係者だけが読む媒体だったためにこの二人の問いを展開しようとした人もおらず、その影響力は限定的だったと言える。

1.3　血液型気質相関説

　血液型と気質の関連があるのではないかとする血液型気質相関説を唱えたのは（現在のカテゴリーで言えば）教育心理学者の古川竹二（Figure 1.1）であった。彼は血液型と気質に関連があるとする最初の論文を「心理学研究」に発表している（1927a, 資料1）。そこでまずこの論文に従って彼の主張をまとめておく。

　古川（1927a）はまず、親族11名の気質と血液型を検討して仮説を作り、東京女子高等師範学校（現在のお茶の水女子大学の前身）の職員や卒業生50名を対象に調査を行い、さらに東京女子高等師範学校及び付設の第6臨時教員養成所の生徒計269名を対象に調査を行った。その結果、仮説どおり血液

型のB型及びO型が能動的（active）、A型及びAB型が受動的（passive）とされた。この結果を踏まえて古川は、

1）各人の気質の相違は生理的相違の上に立って居ると考えられること、
2）各人の血液型はその人の気質の基調を決定する最も重要なる要素であること、
3）気質の基調をなす心理的特質は、
　　a．進取的　積極的　自動的　陽性
　　b．保守的　消極的　他動的　陰性
のいずれか一方に傾いていること。

Figure 1.1　古川竹二（お茶の水女子大学歴史資料館蔵）

という主張を展開した。この学説は大きな関心を呼び、300 ほどの追試が行われた。日本の心理学「界」で最も追試された研究は古川竹二の血液型気質相関説であると言っても過言ではない。

では、古川竹二はなぜどのようにこの学説を唱え、その学説はどのような結末を迎えたのであろうか。

2　古川竹二による血液型気質相関説

2.1　古川竹二の人生

まず古川の人生と経歴を略述する（松田，1991; 溝口，1986; 大村，1990; 佐藤，2002 などを参考にした）。古川竹二は 1891（明治 24）年長崎県に生まれた。家系は代々大村藩医を務めており、父萬太郎、兄精一、弟清はいずれも医師である[1]。熊本の第五高等学校を経て東京帝國大学文科大学に入学し 1916（大正 5）年 7 月に卒業した（哲学科教育学専修）。卒業後には東京女子高等師範学校

1　父が田島家から養子に入った関係で、兄精一、弟清とも田島姓を名乗っている。松田薫氏（作家）のご教示による。

附属高等女学校教諭となった。当時の東京女子高等師範学校は、（大学には女子が進学できなかった日本において）女子の進学先として文字通りの最高学府であった。その附属校の入試は激烈を極めていた。古川は同校で主に教育学や修身という授業科目を担当しただけでなく、入試選抜に関する委員を務める機会が多かった。1927（昭和2）年4月に開催された日本心理学会第1回大会では、『高等女学校生徒の智能発達に関する研究』を発表。さらに同年8月、日本心理学会発行の「心理学研究」第2巻に『血液型による気質の研究』を発表した。智能と気質、という生徒の個人差について関心を持っていたことがわかる。

翌年、小石川区内の小学校で児童の気質に関する研究を行おうとした際、彼自身が児童の血液を採取したことを父兄から疑問視され告発をうけ、東京市から中止を勧告される。血液型など誰も知らない時代のことである。だが結果的にこの事件の新聞による報道が、彼とその学説を学界や世間に知らしめることになり、人々の関心をひき多くの研究を誘発することになった。だが、1933（昭和7）年の第18回法医学会を境に影響力を失ったと言える（後述）。1940（昭和15）年2月12日に逝去。

2.2　大正期における古川竹二の関心と気質説；血液型気質相関説の成立

第Ⅰ部第2章（パーソナリティ心理学と血液型性格判断）は、パーソナリティ心理学という大きな学問の流れを捉えその文脈の中に血液型気質相関説を位置づけて描いている。ただ、古川がどのように自説を考えて展開したのか、ということには、古川以後の展開（具体的には1930年代以降の動向）は影響しない。そこで、ここでは古川が生きている時代とそれ以前のパーソナリティ心理学がどのようなものだったのかを描いてみる。

近代心理学が成立したのは19世紀中頃以降であり、気質に関しても扱うようになっていた。ドイツのヴィルヘルム・ヴントは、1879年にドイツのライプツィヒ大学に心理学実験室を設立し、カリキュラムを整備して、博士号を取得できるシステムを整えたことで、近代心理学の父と呼ばれる。そのヴントも気質に関心を持ち独自の類型論を唱えていた。ヴントの類型論以外に

も、精神医学の影響を受けたクレッチマーやユングなども類型論を唱えていた（第Ⅰ部第2章）。

その後、アメリカで心理学が盛んになると個人差を捉えるために特性論という考え方を発展させていくことになるが、アメリカに心理学を定着させたウィリアム・ジェームズは、その『心理学原理』（1890）において、自己を主体的な自己である「I」と客体的な自己である「Me」に分けて考える考え方の提唱者として有名であるが、哲学者の二分法ということも述べている（サトウ, 2015 参照）。哲学者が合理論と経験論のいずれかをとるかは、哲学者の気質によるという大胆な仮説である。軟らかい心、と、硬い心、というのがジェームズの唱えた二分法である。この（哲学者の）気質二分法は、心理学者たちに影響をあたえ、1920 年代の性格類型論へと結実していったと思われる。たとえば、ユングに関してはジェームズの影響についての研究が進んでおり、ユングの類型論（タイプ論）とジェームズの気質二分法との関係が明らかになりつつある（小木曽, 2014 参照）。

人間は種としては1種類であるが、日常生活を送るにあたっては、個人差や相性のようなことを痛感することも多い。こうした差異の部分は、心理学が学問として成立することによって、学問の光が当たるようになったのである。

古川竹二が入試選抜という業務に従事したのは、まさに 1920 年代である。彼は入試選抜で出会う生徒達には少なくとも気質の面で2つの類型があると意識せざるをえなくなっていたのである。

2.3　血液型を巡る論争

1927（昭和2）年、古川竹二は『血液型による気質の研究』を「心理学研究」に発表するのとほぼ同時に『血液型による気質及び民族性の研究』を「教育思潮研究」に発表した。また、1929（昭和4）年には『血液型による団体的気質の研究（付気質の遺伝について）』を「生理学研究」に発表した。

この間の年である 1928（昭和3）年に古川はドイツの学術誌「応用心理学研究」に論文を発表している。この雑誌の編集責任者は当時における人格・

個性・性格研究の第一人者のウィリアム・シュテルンである。論文の内容は血液型と気質、民族性、そして団体的気質との関係を扱った実証研究であり、「心理学研究」「教育思潮研究」「生理学研究」に発表した内容と重なっている。論文の注には「わかりやすいドイツ語にするのが大変だった」という記載があったのだが（詫摩, 1997）、自分自身はドイツ渡航経験のない古川がこの論文をドイツの権威ある学術誌に投稿して掲載されたことは、血液型と気質に関する問題の関心の高さを感じさせる。

　また同じ1928年、古川が行った「血液を用いた気質検査」が新聞で取り上げられ批判にさらされかけたのだが、文部省（当時）の学校衛生官だった大西永次郎が『血液検査による気質研究の要旨』を「医事公論」に発表して、古川の取り組みを擁護するということもあったため、この話題に関する研究は増加していった。そして、1932年、古川竹二は満を持して三省堂から『血液型と気質』を出版した。血液型を知るための血液の凝集反応がカラー口絵で掲載され、血液型について解説された後に、その気質との関連について説明がなされるという堂々たる学術書であった。この本はよく売れたのだが、この頃から古川竹二の学説への批判も高まってきたようである。

　この問題に関する研究は——数え方にもよるが——少なく見ても300ほどの研究が論文として発表されたようである。様々な研究者・グループが研究を行ったが、当時の軍はその担い手の一つであった。そもそも陸軍では血液や血液型に関する関心は高く、1925（大正14）年に軍医少佐の平野林と軍医中尉の矢島登美太によって「人血球凝集反応ニ就テ」と題する発表が第7回日本医学会の軍陣医学部会において行われていた。この発表では血液型分布が当時の日本におけるそれと変わらないということを確認したのち、血液型といくつかの変数・要因との関係が検討されている。それらは階級、身体状況、疾病関係、懲罰経験であった。たとえば、成績優秀で上等兵に選定された者にB型が多い、などの結果が得られたとのことだが、いわゆる目分量統計の時代のことであり、恣意性が無かったかといえばそうは言えない。また、古川竹二その人も陸軍騎兵学校で調査を行っている（大村, 1994a）。これに触発されて古川とは独立に血液型と様々な関連が調べられるようにもなった。

今の言葉でいえば、同時多発的に血液型に関心をもった人たちがおり、その核になったのが、古川竹二とその研究論文だったと言えるだろう。古川は今の専門分野をあてはめれば教育心理学者だと言えるが、家系は医師であり兄弟も医師であったから、血液型の情報には親しみがあったと言える。

　魅力ある仮説があればデータをとって研究するのは研究活動にとって当然のことであり、研究者は競って研究を行い多くの研究論文が発表された。だが、様々な研究で発表される結果の一貫性がとれない状況となった。たしかにある一つの論文では血液型と他の変数・要因に関係が見られる結果がでたとしても、それと同じようなテーマを扱う論文では似たような結果にならなかったのである。こうした話題であるからシンポジウムなどでもその賛否についての話題が取り上げられ、論戦が交わされた。

　結果として古川竹二の血液型気質相関説は1933（昭和7）年の第18回法医学会を境に影響力を失った（溝口, 1986; 1994a）。この学会ではシンポジウムが企画され賛成論者、反対論者がそれぞれの立場から議論を行った。そして、そこに参加していた多くの研究者は議論全体を吟味した結果として血液型気質相関説をこれ以上研究する価値がないという雰囲気になったのである。古川竹二の血液型気質関連説は完全に否定されていない、という言い方をする人もいるが、学問の世界は「とどめを刺したりはしない」のである。議論を聞いて、これ以上研究しても仕方ない、と多くの人が思い、実際に研究をしなくなったということなのである。1927年以来、血液型気質関連説は研究を生産する仮説であったが、1933年以降はその力を失ったのである。ただし、このことは古川竹二が非科学的で非生産的だったということではない。科学的だったからこそ様々な研究を生み出したのである。そしてその研究によって、否定されたのである（第2章参照）。

　なお、金沢医科大学の少壮教授であった古畑種基が、血液型気質相関説発表当初の古川竹二とその学説に親和的だったということも、古川竹二とその学説が注目を浴びた要因の一つであっただろう。古畑は法医学という分野に血液型という新しい知識・技術の導入に熱意をもっていた。現場に残された血痕の血液型がB型だとすれば、他の血液型の人間は真犯人の可能性が無く

なるわけであるから、犯罪捜査における強力な証拠になりうるのである。古川竹二がその学説を法医学会で発表するようになったのは、古畑の誘いによると断言しても間違いではない。

ただし、古川竹二とその学説に親和的だった古畑種基は、1936（昭和11）年に東京帝國大学医学部教授となった。そして1937（昭和12）年には「実験治療」において、血液型と気質の問題を批判的に振り返る文章を掲載することになる。

以上のような経緯で、科学的な仮説としての血液型気質相関説は学界において顧みられることのないオワコンとなったのだが、血液型と気質に関係があるのではないかという考え方そのものは大衆の意識の中に浸透していったようである。松田（1991）の著書第10章「戦時下での血液型と性格」などを参考に、学会で否定された後の古川学説（血液型と気質に関係がある）の動向を見てみよう。第二次世界大戦中、日本に空襲が多発するようになると、防空頭巾をかぶって避難することが多くなった。その際、上着には氏名だけでなく血液型を書くことが一般的であった。これはもちろん輸血のためであるが、人々は血液型と気質の関係をあれこれ言い合ったことは想像に難くない。

血液型と気質の関係に限らず、何かを否定するのは難しい。前述のように、学説としての血液型気質相関説は1933（昭和7）年の第18回法医学会を境に影響力を失ったとされているが、それ以前は曖昧な状態もしくは魅力的な仮説だったのであり、関係があることを前提にした活動が新聞記事として世間を賑わせることがあった。1930（昭和5）年の「大阪毎日新聞」が「履歴書の一項に『血液型』を追加」という記事を掲載したのはその一例である。また、1931年6月に大阪血液型研究所から発行された月刊雑誌「血液型研究」のように、血液型という生物学的な知識を広めると見せつつも、血液型の魅力として気質との関係にも言及する記事論文を掲載する雑誌も現れた。

血液型と性格が関係するという考え方は、1971年の能見正比古の著書『血液型でわかる相性』によって復活し、それ以後も肯定論と否定論が繰り返しながら広い意味で日本の文化に定着している。その定着の様の紹介は次節に譲るとして、古川の説から約40年を経て血液型の問題に注目した能見正比

古は、なぜどのようにこの問題に関係を持ったのだろうか。この点について大村（1994b）は、能見正比古が血液型の問題に関心をもった経緯について推理しているが、そのキーパーソンは能見の姉であるという。この姉は戦前に東京女子高等師範学校を卒業した人物で、弟である能見は血液型と気質の関係について姉から聞いたことがあるという。第二次世界大戦後になってからその話を思い起こし、自身の経験に照らして自分なりのデータを集めて著書にしたのが能見の『血液型でわかる相性』であろうが、そのデータ収集は戦前期に学術論文で行われたようなスタイルであるとは思えない。

3 カルチャーとしての血液型

3.1 血液型でわかる相性

　学問的に否定された古川の血液型気質相関説を第二次世界大戦後の日本に大衆的に復活させたのが能見正比古である。彼の『血液型でわかる相性』（能見, 1971）は確かによく売れたのだが、彼は他人が血液型に関する説を唱え出版することを許さず、しかもアイデア盗用だとして厳しく指弾した。こうした事情もあって彼が存命中は、その普及は限定的であった。だが、彼の死後、重石が取れた状態となり、多くの人がとりあげることになり、血液型性格関連説が世間に広まっていくことになる。溝口（1994b）によれば、この時のブームの担い手は、(1) ポピュラーサイコロジスト (2) 医師・科学者・教育関係者 (3) 占い師 (4) その他、とカテゴリー化されるという。その他には漫画家やタレントなどが入っている。溝口（1994b）はこの時期の雑誌記事の件数を独自に数えている。ここでは80年代の雑誌記事の件数のみを抜き出してみると Figure 1.2 のようである。

　血液型性格関連説の栄枯盛衰について、筆者は概ね Table1.1 のような時期区分を行っている。この表からも分かる通り、ピークの後には衰退期が現れている。後に見るように、心理学者たちの反論が功を奏したからである。血液型性格関連説に関するブームはまさに栄枯盛衰と呼ぶのがふさわしいくらい変動の波があるのが特徴である。こうした栄枯盛衰は21世紀に至るまで

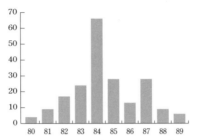

Figure 1.2　1980年代の血液型関係雑誌記事数（溝口, 1994b）

Table 1.1　血液型カルチャー史

第1期	黎明期	カルチャーの産声あがる——血液型の超人・能見正比古の活躍
	1971	能見正比古の『血液型でわかる相性』の発刊による血液型への関心が芽生えた
第2期	隆盛期	占い師の参入による多彩な展開と忍びよる批判
	1981−	能見正比古が死去したことにより、多様な著者が様々な観点から血液型を扱うようになり、能見正比古生前よりも関心が高まることになった
第3期	衰退・潜伏期	マスコミ、性格心理学的批判の展開
	1985−	マスコミや心理学者たちによって論理的・実証的に血液型と性格の関係を否定する論調が現れ、ブームは下火になった。
第4期	復活期	新しい理論化により大衆の常識として再生
	1990−	『anan』No374が「血液型でわかる自分の性格　他人（ひと）の性格」特集号を刊行し、人々の関心に火をつけた。
第5期	再衰退期	社会心理学的批判の展開
	1994−	『現代のエスプリ』324号「血液型と性格」特集号が出版され、心理学的観点からの批判がまとめられた。ブラッドタイプ・ハラスメントが提唱された。
第6期	再隆盛期	テレビ番組による取り上げ
	2004−	2004年2月21日から約1年間、血液型に焦点をあてた約70本ものテレビ番組が放映された
第7期	再再衰退期	
	2005−2006	放送倫理・番組向上機構（略称BPO）に視聴者から血液型を扱う番組に対して批判が寄せられたこともあり、青少年委員会が放送各局に対し『「血液型を扱う番組」に対する要望』を発出。「自局の番組基準を遵守し、血液型によって人間の性格が規定されるという見方を助長することのないよう要望」した。これによってテレビ番組はほとんど放映されなくなった。
第8期	再再隆盛期	書籍の大ブーム
	2007−	『B型自分の説明書』が出版され、血液型に対する関心が高まった。その後、各血液型の『説明書』が出版された。これ以降は目立った動きはない。

繰り返されている。

　この表のように、血液型性格関連説のブームは常に波があったと言える。中でも、2004年2月21日から約1年間、約70本もの血液型性格関連説に

関するテレビ番組が放映された。このような事態に際してBPOが要望を出すに至った（第4章参照）。テレビ番組はBPOの規制下にあるため、科学的な説明をすることはできなくなった。占いのように「当たるも八掛、当たらぬも八掛」という態度で説明する必要がでてきたのである。これは一つの画期であると言える。この70本の番組についての分析は次項で紹介する。

3.2 心理学者の批判；BPO

　ここでは、筆者の血液型カルチャー史における第6期「再隆盛期　テレビ番組による取り上げ」についてとりあげていく。

　2004年2月21日から約1年間、約70本もの血液型性格関連説に関するテレビ番組が放映された。上村・サトウ（2006）は62本のテレビ番組を録画し、その内容を分析した。その結果、テレビ放送された説は伝統的説明、生物学的媒介、枠組利用、剰余特性付加の4つの類型に分類されることになった。これら4つの分類は、Figure 1.3のように整理できる。科学志向が高いか低いか、血液の型というグループを重視しているかどうか、である。伝統的説明型は性格の個人差を記述する志向が強く科学志向性が高く血液「型」にもこだわっており古川の仮説の後継であると言える。生物学的媒介型は、科学志向性が高いものの血液「型」にはこだわっておらず、血液型と性格の関係を進化論や脳科学などの新しい学術的知識を用いて説明するものである。科学志向性が低く血液「型」にもこだわっていないのが剰余特性付加型であり、提唱者の専門分野で見いだされた特性を主張するために血液型を利用している感がある。科学志向性が低いものの血液「型」にはこだわっているのが枠組利用型であり、血液型の4つのグループを単に占いの分類枠として用いているものである。

　これらの番組では血液型と

Figure 1.3　血液型性格関連説の説明の2次元配置仮説

性格の関連を肯定していたのは言うまでもないが、非常に安易な実験を行っていたことも非難される要因となった。放送倫理・番組向上機構（略称 BPO）には、そうした批判もよせられ、結果として要望が出されることになり（2004年12月）、その結果2005年2月以降はこうした番組がほとんど放映されなくなった。もし血液型性格関連説が真実であるなら、報道機関は何があっても報道する義務と責任があるのだが、そうならなかったことからも分かるとおり、テレビ番組供給側はこれを「真実の知識」として伝えていたわけではなかった。ただし、少なくとも「真実の知識」のように見せる演出があったとは言えるだろう。

3.3 『自分の説明書』

BPO の要望が出され、その後の各テレビ局は血液型と性格の関係を科学的なものとして主張することができなくなった。その後は、先の分類で言えば「枠組利用」が行われ、単なる占いの一種として、存在し続けるようになった。血液型占いという語が用いられやすくなったのである。

一方で、本の出版については BPO の規制を受けないため、2007年に出版されたある本が大ヒットとなった。『B型自分の説明書』（Jamais Jamais, 2007）である。この本はシリーズ化され4つの血液型ごとの説明書が出版された。

4　血液型と性格の関係についての研究のメタ評価

4.1　鏡としての血液型

体液学説の目的は、体液が気質を説明することにある。体液の違いが気質の違いを作り出すということであり、気質を説明するのに適切な体液が追求されていた。一方、血液型に関して言えば、血液型が説明するものが時代によって変化していることに気づく。代表的な書籍の名称がそれを端的に表している。

古川竹二　　　1927　血液型と気質　三省堂

能見正比古　　1971　血液型でわかる相性　青春出版社

Jamais Jamais　2007　B型自分の説明書　文芸社

　まず、1920年代（昭和初期）に血液型が説明しようとしたのは「気質」であった。次に1970年代（昭和戦後復興期）に血液型が説明しようとしたのは「相性」であった。そして2000年代（平成停滞期）に血液型が説明しようとしたのは「自分」であった。これは人称性格の立場から考えれば、血液型が説明すべきものが、三人称性格、二人称性格、一人称性格へと推移していることを如実に示していると言える。

　個人差を把握しなければならなかった大正から昭和初期、この時期（1920年代）は、世界的に気質への関心が高まった時期であった。日本では入試の激化などで個人を公平に客観的に把握する必要が生じていた。身分制度が機能している時には、個人差や個性は絵に描いた餅である。個人の進路が自由になり始めて誰もが何にでもなれる、という時代だからこそ、選ぶ側のツールが重要だったのである。

　日本で1970年代に自由化されたのは、恋愛と就職における選択である。親が決めた許婚との結婚、世話好きな仲介人によるお見合い結婚から、自分が決めた人との結婚が主流になると、「他ならぬ私は、どのような人と相性が良いのだろうか？」と言うことが気になる。血液型は4×4の16通りで指針を示してくれるのであるから、認知的負荷は格段に小さくなる。年齢を重ね恋愛経験（片思いも含む）が豊富になってくると、それぞれの個人が自身の経験を振り返って＊型とはうまくいったことがない、などという個人的教訓が学説の内容と共振してさらには増幅していくようなこともあっただろう。就職についても同様で、自由に選択できるようになり部下と上司の関係も丁稚奉公のような縦の関係でなくなるから、相性が重要になったのである。

　そして21世紀になると、一番厄介なのは自分自身だということにもなっていく。ただし、このことは自分自身を客体視しようということの現れである可能性もある。

第1章　血液型性格の歴史的展開　　023

4.2 再現性問題から見た古川説

21世紀になって、心理学、特に社会心理学において、研究成果が再現されないという問題が注目を浴びている。そもそも学問は──「standing on the shoulders of giants」というニュートンの言葉に象徴されるように──誰か一人の力でやりきれるものではなく、結果の蓄積によって進展すると考えられている。

したがって、個々の研究の結果やその主張が正しいかどうか、再現されるかどうか、は常に問題にならなければいけない。一方で、どうでもいい問題なら、わざわざ再現するかどうかを確かめる必要は感じられない。

21世紀も四半世紀が過ぎようとしている現在の心理学ワールドでは、再現性を問題化して、心理学という学問の学問としての再現（可能）性をあれこれ言う風潮があるが、それはちょっとやり過ぎ感があり、あくまで個別の研究の成果について、再現されるかどうか、を問うべきである。ただし、その前提として、再現するかどうかを検討する価値がある研究なのか、ということこそが問題になる。どうでも良い研究に再現性を問う必要はないのである。10年ほど前に世間まで賑わせたSTAP細胞（刺激惹起性多能性獲得細胞）にしても、本人があると主張することが問題だったわけではなく、他の人が再現できなかったことが問題視されたのである。そしてあれだけの大騒ぎになったのは、誰もがSTAP細胞がホントだったらすごいことだ！と思って多くの人が再現性をテストしたから、そして、それが再現されなかったから、である。

さて、日本の心理学研究で、最も研究結果の再現が問われた研究は何だろうか？　また、二番目は何だろうか？　正確な統計はないかもしれないが、ほぼ確実な答えがある。第一は古川竹二による血液型気質関連説である（2番目は福来友吉による透視・念写の実在説である）。

古川竹二の血液型気質関連説は、性格的な個人差が、血液型によって違うというものであり、細かく言えば以下のようになる。

個人の性格は生物学的・身体的な要因によって影響を受ける。

血液型の違いは性格の違いを作り出している。

ある血液型の性格は＊＊＊であり、他の血液型の性格は▲▲▲である。

　その当時の人々はこうした仮説のことを「ホントだったらすごいことだ！」と思って結果が再現されるかどうかワクワクしながら研究を行い、しかし結果としてそれは再現されなかった、という結論になったのである。

4.3　ブラッドタイプ・ハラスメント

　現在、流布している血液型と性格の関係は、占い程度の科学的信ぴょう性しかないのだから、それを楽しんでいる人たちに目くじら立てることはないではないか、という意見が述べられることがある。そのような「大人の対応」を否定するのはそれこそ「子どもの対応」と言われそうであるが、本稿を擱筆する前にブラッドタイプ・ハラスメント（ブラハラ）について言及しておく必要がある。

　この用語は、私がこの問題に関心をもっていたときに、近くの短大（東横女子短期大学＝現在の東京都市大学）で非常勤講師をしていて、学生たちと話をしていたときのエピソードに基づいている（佐藤, 1994）。ある学生の姉が、血液型を自分の恋人に偽っていたというのである。姉の恋人と学生本人が他愛の無い話をしているときに、姉が恋人に対して血液型を偽っていることが分かったというのである。その姉の血液型はAB型であったのに「私はA型」と言っていたというのである。なぜ姉は恋人に偽りの血液型を伝えたのか。自身の血液型が当時においてマイナスイメージだったからであろう。そして、AB型は日本では1/10の割合しかおらず、比率的には完全なマイノリティなのである。血液型ごとの性格イメージを調べた研究は、一貫してA（約4割）とO（約3割）というマジョリティのイメージが、B（約2割）とAB（約1割）というマイノリティのイメージよりも良いということが示されている。

　この問題が理論的に面白いところは、血液型が発見される以前にはそのグ

ループ（血液型）に対するマイナスイメージは存在しなかったことであり、それが明確になっていることである。つまり1900年以前には絶対にブラッドタイプ・ハラスメントは存在しなかったのであり、もしブラッドタイプ・ハラスメントが現状で存在するとしても、その起源から辿っていくことができるのである（たとえばセクハラにおける性の2つのカテゴリーは、いつからあったのかもよく分からないカテゴリーである）。

　起源が遡れるハラスメントとしてのブラッドタイプ・ハラスメントについては、ハラスメント生成のプロセスの仮説を示すことが可能であり、重要な問題提起ができるのではないかと思われる。世代間伝達のような問題にもアプローチすることもできるだろう。血液型性格関連説なのかブラッドタイプ・ハラスメントなのか、ということは、各血液型の個性記述が、特定の血液型について否定的であるかどうか、ということに帰着する。血液型と性格に関係があるとする人たちは、血液型ごとの個性記述を行っているだけだと主張するだろうが、それがフラットな個性記述なのか、良い悪いという価値を内包しているのか、を検討することで、この問題にメスを入れる必要がある。

　そこで、血液型性格関連説の側に立つ雑誌記事に着目し、特に、その人物イメージイラスト像に焦点をあてることは有意義である。こうした記事に添えられている人物イメージは、フラットな個性記述を行う目的で添えられているものであり、決して特定の血液型を貶める目的で添えられているとは考えられない。そうであるにもかかわらず、そのイメージの受け手が血液型ごとのイメージの善し悪しを読み取っているとするならば、イメージを描く側がブラッドタイプ・ハラスメントを作り出している可能性がある。

　2023年度、久しぶりに血液型問題に関心を持ったゼミ生が現れたので、1993年の雑誌に描かれていた各血液型の人物イラスト（Figure 1.4）について、イラストのみを提示して、その人物の社会的望ましさを回答してもらう調査を行ってもらった。これはかつて行った研究（佐藤・渡邊, 1994）と同じ形式のものであり、当時のデータと比較できるように整理したところFigure 1.5のようになった。

この調査では、イラストのみを呈示して社会的望ましさを評定させており、イラスト下部の血液型の表記は記載していない。各イラストが各血液型の表象として受け取られたかどうかはここでは問題にしていない。また、イラストが描かれた90年代に各血液型の表象として認識されていたかどうかも問題にしていない。もしイラストに血液型が明記されていたとしたら、図を用いる必要はなく血液型のイメージを尋ねればよいのである。1990年代に、それぞれの血液型と対提示されていたイラストについて、血液型を抜きにして社会的な望ましさを評定してもらったところ、結果として少数派の血液型のイラストが望ましく描かれていなかったようであった。今回、2020年代に同じイラストや近年用いられたイラスト、合計4種類のイラストを使用した。各イラストの人物の社会的望ましさの評定を「1：望ましくない」から「5：望ましい」の5件法で依頼した。やはり少数派の血液型の人物として描かれていたイラストが望ましく描かれていなかったと評定された。

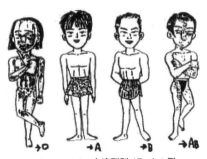

Figure 1.4　血液型別イラストの例

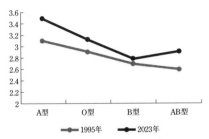

Figure 1.5　血液型別イラストのイメージ

多数派（A型約40%、O型約30%、あわせて70%）のイメージがイラストで好ましく描かれていたという風潮があったことは既に指摘していたところだが、このイメージは30年を経ても維持されていることが確認できた。血液型性格関連説は正しいという証拠がないうえに、30年以上にわたって少数派の血液型に対して望ましくないイメージが付与されている。これがブラッド・タイプハラスメント（佐藤、1994）の温床になっているだろうことも察せられる。次のブームが起きる前に、どうにかできれば良いのであるが……

　付記：血液型ごと人物のイメージ調査には辻絢加（立命館大学総合心理学部）さんの協力を得た。記して感謝する。

文献

古川竹二(1932). 血液型と気質　三省堂

原来復・小林栄(1916). 血液ノ類属的構造ニ就イテ　医事新聞, No. 954, 937-941.

Ludwick Hirschfeld and Hanna Hirschfeld(1919). Serological Difference between the Blood of Different Races: The Result of Researches on Macedonian Front. *The Lancet*, October, 675-679.

Jamais Jamais(2007). B型自分の説明書　文芸社

松田薫(1991). 「血液型と性格」の社会史　河出書房新社

溝口元(1986). 古川竹二と血液型気質相関説──学説の登場とその社会的受容を中心として──　生物科学, *38*, 9-20.

溝口元(1994a). 昭和初頭の「血液型気質相関説」論争──古川学説の凋落過程──　詫摩武俊・佐藤達哉(編)血液型と性格──その史的展開と現在の問題点　現代のエスプリ, *324*, 67-76.

溝口元(1994b). 「血液型人間学」の情報発信源　詫摩武俊・佐藤達哉(編)血液型と性格──その史的展開と現在の問題点　現代のエスプリ, *324*, 95-105.

能見正比古(1971). 血液型でわかる相性　青春出版社

小木曽由佳(2014). ユングとジェイムズ　創元社

大村政男(1994a). 旧軍部における血液型と性格の研究　詫摩武俊・佐藤達哉(編)血液型と性格──その史的展開と現在の問題点　現代のエスプリ, *324*, 77-85.

大村政男(1994b). 能見説と古川説の比較とその問題点　詫摩武俊・佐藤達哉(編)血液型と性格──その史的展開と現在の問題点　現代のエスプリ, *324*, 86-94.

佐藤達哉(1993). 血液型性格関連説についての検討　社会心理学研究, *8*, 197-208.

佐藤達哉(1994). ブラッドタイプ・ハラスメント 詫摩武俊・佐藤達哉(編)血液型と性格――その史的展開と現在の問題点 現代のエスプリ, *324*, 154-164.

佐藤達哉(2002). 日本における心理学の受容と展開 北大路書房

佐藤達哉・渡邊芳之(1991). 血液型性格関連説と人々の性格観 東京都立大学人文学部人文学報, *223*, 159-174.

佐藤達哉・渡邊芳之(1992). 現代の血液型性格判断ブームとその心理学的研究 心理学評論, *35*, 234-268.

佐藤達哉・渡邊芳之(1994). 血液型性格関連説についての検討(5) 日本社会心理学会第35回大会発表論文集, 484-485.

詫摩武俊(1994). ドイツ学会誌に掲載された古川論文 詫摩武俊・佐藤達哉(編)血液型と性格――その史的展開と現在の問題点 現代のエスプリ, *324*, 39-47。

上村晃弘・サトウタツヤ(2006). 疑似性格理論としての血液型性格関連説の多様性 パーソナリティ研究, *15*, 33-47. https://doi.org/10.2132/personality.15.33

参考サイト

放送倫理・番組向上機構(略称BPO)青少年委員会 「血液型を扱う番組」に対する要望 https://www.bpo.gr.jp/?p=5125

【知ってた?】血液型で偏見を持つコトを「ブラハラ」というらしい! …統計による「的確な分析」との見方も https://youpouch.com/2015/07/25/287251/

第**2**章

パーソナリティ心理学と
血液型性格判断

●渡邊芳之

　血液型性格判断がその対象としている人の性格や個性についての研究は、心理学ではパーソナリティ心理学（または人格心理学、あるいは性格心理学、個人差心理学）とよばれる分野を中心に行われている。この章では、そうしたパーソナリティ心理学の概要について基本的な知識を整理した上で、パーソナリティ心理学の中に血液型性格判断がどのように位置づけられるか、パーソナリティ心理学から見て血液型性格判断はどのように評価されるかについて考えてみたい。

1　パーソナリティとはなにか

　パーソナリティ（personality）とは、人の行動や認知など心理学的な機能に、ひとりひとりの違い、つまり個人差（個性）が、ある程度長い時間にわたって、また様々な場面を通じて観察される、という現象のことをいう。わたしたちの周囲にいる人々はひとりひとり身長が違ったり、顔や声が違ったりするのと同様に、行動や認知（周囲の環境や出来事のとらえかた、理解のしかた）にも、ひとりひとりに異なった特徴がある。もちろん、自分自身にもそうした、他人とは異なる特徴がある。そうした個人差をわたしたちはパーソナリティ、あるいは性格と呼んでいる。

　嫌な出来事があっても笑顔を絶やさない人がいれば、わたしたちはそういう人を「明るい人」と呼ぶし、何事も力で解決してしまおうとする人を「乱暴な人」と呼ぶ。また、物事の悪い面より良い面に注目して考える人を「楽

030　　第Ⅰ部　血液型性格の歴史的展開

観的な人」と呼ぶし、他人からの評価を気にしてなかなか動けない人を「消極的な人」と呼ぶ。これらはみな「パーソナリティ」であり、「明るい」「乱暴」「楽観的」「消極的」といったことばはその表現（パーソナリティ表現用語）である。

1.1　性格、気質、パーソナリティ

　こうしたパーソナリティを表すことばとして、心理学ではパーソナリティのほかに性格（character）、あるいは気質（temperament）といったことばを使うことがある。こうしたことばの意味の違いについては明確でなく、それぞれが同じ意味で用いられることもあるが、あえて意味の違いを強調するならば、「性格」はパーソナリティのうち、他者や自分自身の行動や認知に現れて、われわれの目に見える、観察できる部分を指す。また、性格のうち、それがある程度生得的に決まっていて、新生児の段階から見られるような個人差をとくに「気質」とよぶ。いっぽう「パーソナリティ」はそうした性格や気質そのものと、それを生み出している生物学的、生理学的、心理学的なシステムの全体を指して用いられることがある。パーソナリティには「人格」という訳語もあるが、「人格」という言葉には「人格者」などというように評価的（価値的）な意味合いが強いこと、法学や哲学では意志や権利の主体といった意味があることなどから、心理学的な意味で用いるときには「パーソナリティ」とカタカナ書きすることが多い。

　血液型性格判断でいえば、A 型の人は几帳面、O 型の人はおおらかといった特徴は目に見えるもの、観察できるものなので「性格」であり、血液型によって遺伝的に規定されるという意味では「気質」と呼ぶべきものでもある。血液型性格判断の祖である古川竹二（第 1 章参照）が「血液型による気質の研究」（古川, 1927）「血液型と気質」（古川, 1932）というように（性格ではなく）気質という言葉を用いていたことも、これと通じる。

　そして、こうした血液型と性格、気質との関係は（もしあるとするなら）血液型という生理現象と性格や気質という心理現象とをつなぐなんらかのシステムを通じて発現していると考えられるので、そうしたシステムを明らかに

するような理論やモデルとともに提唱されなければならない。そうしたシステムについて述べるときには、それは性格や気質よりむしろ「パーソナリティ」と呼ばれるのである。しかし、さきにも述べたようにこうした区別はあくまでも「あえて区別した場合」であって、多くの場合、とくに性格とパーソナリティは互換的な意味で用いられることの方が多い。この章でもこうした区別にはあまりこだわらずに性格やパーソナリティについて考えていく。

1.2 パーソナリティの一貫性

　さきにも述べたように、私たちが誰かの行動や認知に現れる特徴を性格やパーソナリティ（の現れ）と考えるためには、その特徴がある程度長い時間にわたって、またさまざまな場面を通じて観察されることが必要になる。

　今日はたまたま体調が悪いのか、あまり話さないし話しかけても答えてこない人がいて、翌日はすっかり元気になったとしても「昨日は暗い性格だったが今日は明るい性格になった」とは言わない。昨日のおとなしさは体調の影響で生じた一時的な状態であって、性格ではないし、翌日以降のその人がずっと元気であればその人は「明るい性格」であるとわたしたちは考える。このように、行動や認知の特徴はある程度長い期間にわたって持続した時にはじめて性格ととらえられる。このことをパーソナリティの経時的安定性（temporal stability）とよぶ。

　いっぽうで、その人の行動や認知の特徴が場面や状況、関わり合う相手などによって大きく変わる場合にも、わたしたちはそれを性格とはとらえにくくなる。もちろん、いくら明るい人でも親族のお葬式の時や失恋した時には暗くなるのは当然だが、もともと暗い人が失恋した時にもっと暗くなるのに比べれば、相対的に明るい行動をとるという傾向は変わらないだろう。また、意地悪な性格の人は特定の人だけでなく、私に対しても、別の知人に対しても意地悪に振る舞うだろうし、もし時と場合や相手によって意地悪になったりそうでなくなったりするならば、わたしたちはその人の性格を「意地悪」とはべつの言葉で（たとえば「気分屋」といった言葉で）とらえようとす

るだろう。こうした、場面や状況が変化しても行動や認知の特徴が一貫して現れることをパーソナリティの通状況的一貫性（cross-situational consistency）という。

　一般にわれわれは自分や他者のパーソナリティに経時的安定性と通状況的一貫性の両方があると想定していることが多い。性格テストの結果から他の時間や状況でのパーソナリティが説明できたり予測できたりすると考えられることも、こうした経時的安定性と通状況的一貫性の存在を前提にしている。ところが、1968年にアメリカのミッシェル（Mischel, 1968）は通状況的一貫性の存在が実証的データから確認できないことを指摘するとともに、人の行動にはパーソナリティよりもその場の環境や状況の方が大きく影響していると主張して、激しく長い論争を引き起こした。これがいわゆる「一貫性論争」（渡邊, 2010）である。

　一貫性論争では、けっきょく人のパーソナリティにそれまで仮定されたような広汎な通状況的一貫性が存在するという証拠は得られなかったが、いっぽうでパーソナリティが状況や場面によってまったく消滅してしまうようなものではないこともわかってきた。人の行動は状況や場面の影響を受けて柔軟に変化するけれども、その中にもその人らしさとしてのパーソナリティの現れはたしかにみられるのである。

　さきにも述べたように、どんなに明るい性格の人でもお葬式では静かにしているだろうし、結婚式などの場ではひごろおとなしい性格の人でも明るくふるまうかもしれない。そういう意味では人のパーソナリティは状況によって変わるのだが、いっぽうで、ひごろ明るい人はお葬式の場面でも他の人と比較すれば明るくふるまうだろうし、ひごろおとなしい人はお葬式ではさらにおとなしくなるだろう。

　また、ひごろはそうではないのだけれど特定の相手に対してだけ極めて依存的にふるまったり、日常的にはおとなしいのだけれど運転する時だけ急に乱暴になったりするように、特定の状況や場面でだけ現れてくるパーソナリティの特徴もある。こうした場合にも「特定の相手」や「特定の状況」との関係の中ではそれらのパーソナリティは一貫しているのである。このような

人と状況との相互作用から生まれてくる「その人らしさ」の現れのことを通状況的一貫性に代わってコヒーレンス（coherence、首尾一貫性）とよび、それを重視するパーソナリティ理論は相互作用論とよばれる（Krahé, 1992）。

2　パーソナリティ心理学前史

　学問としての心理学の歴史は 150 年ほどしかないが、パーソナリティについての心理学の歴史はそれよりさらに短く、100 年ほどしかない。しかし、学問としてのパーソナリティ心理学があらわれるはるか前から、人のパーソナリティについての考察はさまざまな立場から行われてきた。ここでは、現在のパーソナリティ心理学が出現するまでの歴史を簡単にふりかえっておきたい。

2.1　近代以前のパーソナリティ観

　記録に残っている最も古いパーソナリティについての考察は、古代ギリシャ・ローマ時代までさかのぼる。ギリシャ時代の哲学者テオプラストスによる「人さまざま（エチコイ・カラクテレス）」（テオプラストス, 1982）に生き生きと描かれた人々の性格は、現代人の性格にもよくあてはまるものが多い。ローマ時代になるとガレノスがヒポクラテスの四体液説に基づいて、人の性格を多血質、粘液質、黒胆汁質、胆汁質の 4 種類に分類する体液心理学を提唱したが、後述のようにこの考え方は現在に至るまで欧米のパーソナリティ観に強い影響を与えている（藤井, 1967）。

2.2　観相学や骨相学

　近代になるとヨーロッパでは人の外見的特徴からパーソナリティを把握しようとする試みが流行し、たとえばラヴァーターの観相学（physiognomy、相貌学）は顔貌からパーソナリティを読み取ろうとした（石田, 2010）。またガルの骨相学（phrenology、平野, 2010）は頭蓋骨の形態から人のパーソナリティを把握しようとするもので、現在ではその根拠は否定されているが、パーソ

ナリティの根源が脳の働きにあると考えて、頭蓋骨の形態から脳の各部分の活動の個人差を読み取ろうとしたことはその後の脳機能の局在説に通ずるし、頭蓋骨の客観的測定を基礎にしたことはその後の科学的なパーソナリティ測定にもつながる。

2.3 差異心理学

19世紀になるとイギリスのゴルトンが、自ら考案したさまざまな統計学的な概念（回帰と相関など）を用いてさまざまな個人差を測定し、分析するようになる。これが差異心理学（differential psychology）として発展する。差異心理学は、パーソナリティを数量的、統計的に分析するというアイデアを最初に提示しただけでなく、パーソナリティに関するそれまでの思索が分析の最小単位を「ひとりの人間」としていたのに対し、人をさまざまな特徴に分割して、特徴ごとに統計的に分析するという方法を取り入れることで、のちにパーソナリティの特性論が発展する基礎を作った点で重要である。

2.4 精神医学と精神分析

いっぽう19世紀の大陸ヨーロッパでは精神医学が大きく発展して、精神疾患の分類や原因の究明、治療法の模索が進むとともに、精神医学の視点から人のパーソナリティを分析するようになる。なかでもフロイトは人の行動やパーソナリティに無意識の領域が与える影響に注目するとともに、リビドー（性的なエネルギー）の発達からパーソナリティの個人差を説明しようとした。20世紀にはクレッチマーが精神医学的な立場から、体格から人のパーソナリティを分類する類型論を提唱している（Kretschmer, 1955）。

2.5 パーソナリティ心理学の登場

現在の心理学に直接つらなる心理学がドイツのヴントらによって始まったのは19世紀も終わりに近づいてからだが、20世紀初頭までの心理学は知覚や記憶など人間に共通する心理的な機能を主に扱っていて、パーソナリティや個人差は心理学の主要なテーマではなかった。そうしたなかでパーソナリ

ティや性格、個人差を扱う心理学としてパーソナリティ心理学（personality psychology）を提唱したのがアメリカのオールポート（Allport, 1937）である。オールポートの考案した特性論によるパーソナリティの記述や、数量的な方法で扱いやすいパーソナリティの測定法は、キャッテルらによって大きく発展し、1960年代までにはパーソナリティ心理学は心理学の主要な分野の一つに発展したのである。

3　パーソナリティの理論

　パーソナリティに関する心理学ではパーソナリティを考える基礎となる理論が数多く提唱されているが、そうした理論は大きく「パーソナリティを記述する理論」と「パーソナリティの形成や発達に関する理論」の2つのグループに分類することができる。前者は人のパーソナリティを言葉で把握する方法についての理論、後者はパーソナリティがどのように作られ、変化していくかについての理論だといえる。

3.1　パーソナリティを記述する理論

　人のパーソナリティをとらえて比較し、研究していく上では、まず個人のパーソナリティをなんらかの枠組みにもとづいて言葉で表現することが必要になる。なにかを言葉にあらわす手続きを「記述」という。パーソナリティを記述するための理論には大きくわけて「類型論」と「特性論」の2種類があり、心理学におけるパーソナリティの記述や測定のすべては類型論と特性論のいずれかを用いているか、両方を組み合わせて用いている。

3.1.1　類型論

　パーソナリティの類型論（typology）の考え方は、人のパーソナリティをいくつかの類型（タイプ）に分類した上で、個人のパーソナリティをそれらのタイプのうちのいずれかひとつに割り当てることによって、その人のパーソナリティを把握しようとするものである。血液型性格判断も、人のパーソナ

リティをABO式の血液型に基づいて4つのタイプに分類した上で、その人の血液型からパーソナリティを分類しようとするものであるから、類型論の一種ということができる。

　心理学におけるパーソナリティの類型論は20世紀の前半にヨーロッパの精神医学の影響を受けて成立したものが多い。クレッチマー（Kretschmer, 1955）は精神疾患の種類が患者の体格と関係していることを発見するとともに、健常者でも体格の分類と「分裂質」「躁うつ質」「粘着質」の性格類型が関係していると主張した。ユング（Jung, 1967）はリビドー（心的エネルギー）の方向が個人の外部へ向くか内部へ向くかによってパーソナリティを「外向型」と「内向型」の2つの類型に分類した。

　前述のようにこうしたパーソナリティ類型論はギリシャ・ローマ時代以来ヨーロッパの文化の中に広く共有されているもので、シンプルでわかりやすいことから、現代でも通俗的なパーソナリティ理解にはよく用いられることは血液型性格判断を見てもわかるが、学術的なパーソナリティ把握や理解に用いられることは少なくなっている。

　パーソナリティ心理学における類型論の衰退は、ひとつにはそれがパーソナリティの質的記述であって、20世紀後半以降の心理学で主流となった客観的なデータに基づいた統計的・科学的な研究法になじまないものであったことが関係している。また、類型論では個人はどれかひとつの類型だけに分類され、複数の類型に分類されたり中間に位置したりすることは原則としてないことになっているが、実態としてはどれかの類型に明確に分類できないパーソナリティを持つ人が多いことも指摘される。

3.1.2　特性論

　いっぽう1930年代のアメリカから現れたパーソナリティの特性論（trait theory）では、人のパーソナリティを細かいパーソナリティの特徴（パーソナリティ特性、personality traits）の組み合わせとしてとらえようとする。佐々木さんは明るくて元気、気さくだがおっちょこちょいな性格、丸山さんは真面目で堅実、控えめだが少し暗い性格、というように人の性格をとらえたとき、

「明るい」「元気」「気さく」、あるいは「真面目」「堅実」「控えめ」といった
ことばのひとつひとつがパーソナリティ特性にあたり、そこでは特性の組み
合わせによって人のパーソナリティを記述しているのである。

　個人への特性のあてはめは「佐々木さんは明るい、丸山さんは明るくな
い」というように質的なものであってもよいし、「佐々木さんの明るさを5と
すれば丸山さんの明るさは2である」というふうに量的なものであってもよ
い。最初にパーソナリティの特性論を提唱したオールポート（Allport, 1937）
は特性の質的把握の可能性も強調していたが、その後のパーソナリティ心理
学では特性は量的に把握され、そのデータが統計的に分析されるようになっ
た。

　また、オールポートはパーソナリティ特性をある特定の個人にしかみられ
ず、個人間の比較は質的にしかできないような「個人特性」と、誰にでも大
なり小なり見られて、その特性を持つ程度によって個人を量的に比較できる
ような「共通特性」に区別していて、オールポート以降のパーソナリティ心
理学ではこの共通特性の組み合わせの上で人のパーソナリティを記述するこ
とが一般的になった。

　共通特性の組み合わせで人のパーソナリティを記述する時に、いったいど
んなパーソナリティ特性を組み合わせれば適切に人と人とのパーソナリティ
を記述できるのかについては、オールポート以降さまざまな考え方が提唱さ
れてきたが、1990年代以降はビッグファイブ（Big Five）とよばれる5つの
パーソナリティ特性の因子（次元）に基づいて記述することで、人のパーソ
ナリティの全体をうまく記述できると考えられるようになった（谷ほか編,
2023）。ビッグファイブの5つの因子は一般に、開放性（openness）、誠実性
（conscientiousness）、外向性（extraversion）、協調性（agreeableness）、神経症
傾向（neuroticism）とされ、その人のパーソナリティにそれぞれの因子の傾
向がどのくらい強くあるかによってパーソナリティの特徴を記述していくこ
とになる。

3.2 パーソナリティの形成や発達に関する理論

　ここまで見てきた類型論と特性論はパーソナリティの記述のための理論
だったが、パーソナリティの理論には、パーソナリティがどのように生み出
されるか、そしてそれはどのように発達するかを説明するための理論もある。
そうした理論について概観しよう。

3.2.1　遺伝論と環境論

　パーソナリティの形成や発達を考える時に、その人が生得的に持って生ま
れてくるもの、親から受け継いできたものを軸にして考えようとする「遺伝
論」と、その人が生まれてからの環境の中で経験し、学習していくものを軸
にして考えようとする「環境論」は、パーソナリティ心理学の誕生よりはる
かに昔から対立し、論争の種となってきたものである。先にあげたゴルトン
は（人の他の特徴についてそう考えたのと同様に）パーソナリティも遺伝するも
のと考えていた。いっぽう20世紀に入って興隆した行動主義の心理学は、
パーソナリティについても強い環境論を提唱するようになる。

　遺伝論と環境論の対立は同時に「変わらないものと変わるもの」の対立で
あり、また「予測志向」と「制御志向」の対立でもあった。もしパーソナリ
ティが遺伝的に決定されるものであるならば、それは人の力では変えられな
いものだが、変わらないものであれば、ある時点でパーソナリティを測定で
きれば、そこから将来のパーソナリティやパーソナリティ関連行動を予測で
きるはずである。いっぽう環境論をとるならば、パーソナリティは生まれて
からの環境によって変わっていくものだし、教育や訓練によって制御できる
はずである。

　こうした遺伝論と環境論、変わらないものと変わるもの、予測志向と制御
志向の対立は、19世紀から20世紀の終わりまでずっと、パーソナリティの
理論に強い影響を与えてきた（渡邊, 2005）。

第2章　パーソナリティ心理学と血液型性格判断　　039

3.2.2 体格・体質と性格

　パーソナリティの形成・発達に関する理論の中で最も歴史が古いのは、人の体格や体質などの生理学的・解剖学的な特徴がパーソナリティを形成していると考えて、そこからパーソナリティの形成を考えようとするものである。前述したガレノスの四体液説も、体を流れる4つの体液のうちどれが優勢かによって人の性格が決まると考えたもので、現在に至るまで欧米の精神文化に強い影響を与えている。血液という「体液」の種類からパーソナリティを推測しようとする血液型性格判断はこうした古典的なパーソナリティ理論の流れを汲んでいると言える。

　いっぽう19世紀までのヨーロッパでは観相学、骨相学など人の外見から性格を理解しようとする考え方が流行したことについても先に述べた。こうした考え方のより洗練されたものがクレッチマーの「体格と性格」（Kretschmer, 1955）である。精神医学者であったクレッチマーは統合失調症と躁うつ病（現在の双極性障害）の患者に特徴的な体格があるという発見をもとに、人の体格を細長型、肥満型、筋骨型に分類して、それぞれの体型が分裂質、躁うつ質、粘着質というパーソナリティ類型と結びついていると主張した。こうした考え方はいずれも、生得性の高い体質や体格を軸にパーソナリティを理解しようとした点で、遺伝論的な傾向を強く持つことが多かった。

　生理学的特徴とパーソナリティとの関係を考える最近の理論としてはクロニンジャーのパーソナリティ理論がある（木島、2014）。クロニンジャーは人のパーソナリティを気質と性格の2つに分けたうえで、気質を「損害回避」「新奇性欲求」「報酬依存」「固執」の4つの側面から理解しようとする。そして、こうした気質の個人差は脳内のドパミン、セロトニン、ノルアドレナリンの分泌のような生理的な特徴と関係していると考える。そして、こうした気質と性格が組み合わさってパーソナリティが形成されると考えるのである。

精神分析学

　パーソナリティの形成や発達に関する心理学に大きな影響を与えたもう一つの立場が、フロイトにはじまる精神分析学である。フロイトは人間の行動に、本人も意識することのできない無意識の過程が与える影響を分析することで、特に欧米における人間観を大きく変化させた。

　前述のように、フロイトが無意識と並んで重視したのがリビドーの力である。リビドーはもともと無意識のなかに抑圧された性欲やそのエネルギーを意味し、フロイトはこれがどのように意識や行動に現れてくるかによってパーソナリティの個人差が生み出されると考えた。とくに、人の発達の過程でリビドーが人体のどの部分（たとえば口唇、肛門、あるいは男根）に固着するかとパーソナリティとの関係や、欲求不満を処理するための防衛機制の働きとパーソナリティとの関係が強調された。

　フロイト以降も精神分析的視点からはパーソナリティ形成や発達についてさまざまな学説が提唱されてきた。現在のパーソナリティ心理学における精神分析学の影響は大きくはないが、心理臨床の現場ではいまも一定の影響力を持っている。

社会的学習理論

　前述した一貫性論争とその後の相互作用論のパーソナリティ心理学では、状況が人の行動に与える影響、人と状況との相互作用がパーソナリティを生み出す過程に注目が集まった。それらの説明理論として重視されたのが社会的学習理論である。

　心理学における学習理論とは、出生後の経験によって行動が形成されたり変化したりするしくみを、おもに条件づけのしくみから理解しようとする立場である。20世紀半ばまでの学習理論ではレスポンデント条件づけ（古典的条件づけ）とオペラント条件づけを通じて行動が直接に形成される過程が詳しく研究されたが、1960年代に入るとバンデューラが、自分自身が直接条件づけられなくても他者の行動の観察によって行動が形成されるしくみを明らかにし、そうした学習を観察学習、あるいは社会的学習とよぶようになった

（Bandura, 1977）。

　個人のパーソナリティを形成するような行動の学習には、こうした社会的学習の過程が深く関係していると考えられるし、また社会的学習を支える認知的な過程やその個人差とパーソナリティとの関係も検討されてきた（Mischel, 1973）。

行動遺伝学と遺伝環境論争の止揚

　オールポート以降のアメリカのパーソナリティ心理学はもともとパーソナリティに遺伝が与える影響をあまり重視しなかったし、第二次大戦をはさんで環境の影響を重視する行動主義の影響力が強くなると、パーソナリティ心理学者が遺伝に言及することはますます少なくなった。このことには、個人の遺伝に関する情報が心理学者からアクセスしにくかったことと、心理学のおもなフィールドが教育であり、変化しないものより変化するものが重視されたことも関係している。

　それが大きく変化したのは1990年代に入って行動遺伝学の影響力が強まってからである。行動遺伝学（behavior genetics）は、人や動物の行動に遺伝が与える影響を、現代的な遺伝学の知識に基づいて実証的なデータから分析しようとするもので、パーソナリティについても行動遺伝学的な研究がさかんに展開されている（山形・高橋, 2023）。

　その結果、さまざまなパーソナリティ特性において、その遺伝率は40〜50%であることが明らかになった。すなわち、あるパーソナリティ特性の個人差に影響する要因が100種類あるとしたら、そのうち40種類から50種類は遺伝要因である、ということである。こうした行動遺伝学の知見は、パーソナリティの形成や発達に遺伝が及ぼす影響力を再発見させたという意味で重要だが、同時に、残りの50〜60%を占める環境の力や、遺伝と環境との相互作用についても新たな関心を引き起こした。

　たとえば、きょうだいを対象にパーソナリティにおける遺伝と環境の影響を細かく分析していくと、知能では家庭環境などきょうだいが共有する環境要因（共有環境）が大きく影響するのに対し、パーソナリティではきょうだ

いそれぞれが別々に経験する環境（非共有環境）のほうが強い影響力を持つことがわかっている。これは発達心理学でパーソナリティの発達が家庭環境より学校などでの社会的環境に大きく影響されると主張されていた（Harris, 1998）のと一致する。今後は行動遺伝学がパーソナリティにおける遺伝環境論争を止揚し、遺伝と環境との相互作用を考える上での重要な基盤となると思われる。

4　パーソナリティ・アセスメント

パーソナリティを心理学的に分析するためには、ひとりひとりのパーソナリティを信頼できる方法で把握したり、測定したりすることが必要になる。そうした方法のことをパーソナリティ・アセスメントという。

4.1　パーソナリティ・アセスメントの2つの方法

パーソナリティ・アセスメントにはまず大きくわけて2つの方法がある。1つめは、その人の体格や外見、生理学的特徴など、それ自体はパーソナリティではないなにかを把握して、そこからその人のパーソナリティを推測する、あるいは「当てる」タイプのアセスメントである。クレッチマーの体格と性格の考え方では、その人の体格をどれかのタイプに当てはめて、そこからパーソナリティを推測しようとするし、この本のテーマである血液型性格判断も、血液型という「それ自体はパーソナリティではない生理学的な特徴」を知ることで、血液型にもとづいた性格類型をその人に当てはめようとする。生まれ年の干支や誕生日の星座、あるいは好きな食べ物などからその人のパーソナリティを当てようとする「性格占い」の多くも、こうしたタイプのアセスメントである。

パーソナリティ・アセスメントのもうひとつの方法が、その人のパーソナリティそのものと関係するような行動の特徴や個人差を観察したり測定したりすることを通じてパーソナリティを把握しようとするものである。20世紀にパーソナリティ心理学が現れてからのパーソナリティに関する心理学は、

第2章　パーソナリティ心理学と血液型性格判断　043

もっぱらこちらの方法を用いてパーソナリティを把握してきた。ここではこうした「パーソナリティそのものを観察したり測定したりする」方法について少しくわしく述べる。

4.2 操作的定義

「パーソナリティそのものを観察したり測定したりする」といっても、パーソナリティや性格は顔つきや髪の色のように直接目で見たり、体重のように感じたりすることはできないもので、「明るい性格」とか「引っ込み思案」というのはそうした目に見えないパーソナリティにつけられた名前である。このように、目に見えないものにつけられた名前のことを構成概念（construct）という。構成概念を観察したり測定したりするためには、それを直接目に見えるものに置き換える必要がある。そうした手続きを操作的定義（operational definition）という。

パーソナリティの場合、目に見えないパーソナリティは、そのパーソナリティ類型や特性を持っている人がとりやすいと考えられる行動、つまりパーソナリティ関連行動に置き換えることで、観察したり測定したりすることが可能になる。「内向的な性格」は観察できないが、それを内向的な人が取りそうな行動、たとえば知らない人といると緊張する、会議などで発言するのが苦手である、などに置き換えて、そうした行動がどのくらい観察されるかを調べて、それを「内向的な性格」の観察、と考える。パーソナリティ以外でも、知能、感情、意欲など多くの心理学的な構成概念が、こうした操作的定義によって観察され、測定されている。

パーソナリティを操作的定義して観察可能な行動に置き換えた上で、それぞれの行動をどのように観察したり測定したりするのか、というのが狭い意味でのパーソナリティ・アセスメントということになる。

4.3 信頼性と妥当性

操作的定義に基づいたものであれ、そうでないものであれ、作成されたパーソナリティ・アセスメントが有用であるかどうかは、その手続きが信頼

性と妥当性の両方を兼ね備えているかどうかで判断される。信頼性とは、その手続きによって観察・測定されるパーソナリティが、アセスメントを繰り返したときにフラフラせずに一貫しているかどうかをいう。一般にパーソナリティは短い期間で大きく変化するようなものとは考えられないので、アセスメントを繰り返した時にも同じような結果が繰り返し得られるはずである。信頼性の基準には大きく、そのアセスメント手続きの内部での信頼性をとらえるもの（内的整合性）と、あるていど時間をあけてアセスメントを繰り返した時の一貫性をとらえるもの（再検査信頼性）がある。

　いっぽう、そのアセスメント手続きが、それがとらえようとしているパーソナリティを正しく測っているかどうかを妥当性という。妥当性は究極的にはそのアセスメントを作成した時の操作的定義が正しいかどうか（構成概念妥当性）で決まる。しかし操作的定義の正しさを直接評価することはできないので、そのアセスメント結果が将来のその人の行動を予測するかどうか（予測的妥当性）や、別の方法でその人のパーソナリティをとらえた結果が一致するかどうか（併存的妥当性）などの基準関連妥当性から評価することが多い。

　血液型性格判断についてもこの信頼性と妥当性を考えることができる。血液型による性格判断の基準となる人の血液型は遺伝的に決定されるから、血液型は繰り返し測定（検査）しても原則的に同じ値を示す。したがって、血液型ごとの性格が明確にされてさえいれば、血液型性格判断は繰り返し行われても信頼性を持って人のパーソナリティをアセスメントできることになる。

　いっぽう血液型性格判断の妥当性については、血液型で性格が決まる、異なるという仮説の理論的な妥当性は置いておいても、血液型からその人の将来の行動が予想できるというエビデンスは現在のところないし、心理学的なパーソナリティ検査などの外的な基準と血液型性格判断の結果に明確な関係があるという証拠も得られていない。血液型性格判断の妥当性は今のところ確立していないと言える。

第2章　パーソナリティ心理学と血液型性格判断　　045

4.4 検査法によるパーソナリティ・アセスメント

　さまざまなパーソナリティ・アセスメント、とくに操作的定義に基づいて作成されたアセスメントの中でもっとも一般的なのが、性格検査、性格テストなどと呼ばれる検査法によるパーソナリティ・アセスメントである。

　検査法のパーソナリティ・アセスメントの中でも代表的なのが、その人がさまざまなパーソナリティ関連行動をどの程度とっているかを紙に書かれた（最近ではコンピュータ画面に示された）質問に回答していく方式でパーソナリティを測定しようとする質問紙法検査である。質問紙法検査にはアセスメントの対象となる本人が回答してもよいし、その人をよく知る他者が回答してもよいが、ほとんどの場合は本人に回答を求める。質問紙には「人前で話をするのは苦手なほうだ」というような文が多数配置されていて、それに「はい」「いいえ」あるいは「あてはまる」「あてはまらない」などで回答していく。その回答結果を定められた方法で採点することで、その人のパーソナリティをとらえることができる。

　質問紙法検査の信頼性は一般的に高く、誰がどのように実施しても、決められた実施法と採点法を守る限りは、一貫した結果が得られることが多い。いっぽう質問紙法検査の妥当性については、質問紙法検査の質問がそれぞれどのような意図や意味を持っていて、どう答えたらどう評価されるかが推測しやすいために、社会的に望ましい方向に回答が偏ることが指摘されている。就職試験で「仕事はできるだけサボりたい」という質問があったとして、もし本音ではサボりたいとしても「はい」と答える人は少ないだろう。こうした社会的望ましさによる偏りを軽減する方法はいくつか考案されているが、効果には限界がある。

　検査法のパーソナリティ・アセスメントには質問紙法のほかに作業検査法、投影法がある。作業検査法検査は一定の作業をさせてその作業量や品質が時間の経過によってどう変化するかからその人のパーソナリティを理解しようとするもので、現在一般的に用いられているものはわが国の内田クレペリン精神検査だけである。内田クレペリン精神検査はパーソナリティ・アセスメ

ントとしてだけでなく職業適性検査として用いられることが多い。いっぽう
投影法検査は人によって感じ方や見え方が異なるような刺激を与えて、それ
にどのように反応するかからその人の性格を捉えようとするものである。投
影法検査で有名なのは左右対称の無意味なインクのしみ（インク・ブロット）
が何に見えるかからパーソナリティを理解しようとするロールシャッハ・テ
ストであり、他にも TAT（絵画統覚法テスト）、PF スタディなどがある。作業
検査法や投影法検査の利点としては、質問紙法検査と比較して検査の意図や、
どう答えたらどういう結果になるかが推測しにくいために、社会的望ましさ
の影響を受けにくいことがあげられる。いっぽうで、作業検査法や投影法検
査の信頼性と妥当性についてはいろいろな考え方や意見がある。

5 パーソナリティの異常

前述のように、パーソナリティの心理学は 20 世紀の前半までは精神医学
と近い関係にあったが、20 世紀後半以降に特性論に基づく量的、統計学的な
パーソナリティ研究が中心になるとともに、そうしたパーソナリティ心理学
が（パーソナリティの異常や不適応ではなく）健常な個人の適応のあり方の個
人差としてパーソナリティをとらえるようになるにつれて、パーソナリティ
の異常は心理学の中心的な問題ではなくなり、「パーソナリティによい悪い
はない」というように、パーソナリティ心理学がパーソナリティを価値中立
的にとらえる傾向も強まった（渡邊, 2022）。

その間に精神医学領域では「パーソナリティ障害」の概念が発達した。
パーソナリティ障害とは、精神疾患の症状は明確には見られないが、パーソ
ナリティに大きな偏りがあることから本人や周囲の不適応を引き起こすもの
で、古くは精神病質性格とか、特定の精神疾患と結びつけられて病前性格と
呼ばれていたものとも関係している（Schneider, 1949）。

5.1 DSM-5 におけるパーソナリティ障害の分類

アメリカ精神医学会が発行する DSM（精神障害の診断・統計マニュアル）で

は1952年の初版からずっとパーソナリティ障害（personality disorders）のセクションが設けられてきたが、2013年のDSM-5では10種類のパーソナリティ障害が3つのクラスター（類型）に分類されている（American Psychiatric Association、2013）。クラスターA群は猜疑性パーソナリティ障害、統合失調質パーソナリティ障害、クラスターB群は反社会性パーソナリティ障害、境界性パーソナリティ障害、演技性パーソナリティ障害、自己愛性パーソナリティ障害、そしてクラスターC群は回避性パーソナリティ障害、依存性パーソナリティ障害、脅迫性パーソナリティ障害である。

5.2　パーソナリティ障害のディメンジョナル・モデル

このように、従来のパーソナリティ障害の診断のモデルは、まずパーソナリティの正常と異常を質的に判断した上で、その異常の性質をやはり質的な類型論によって分類しようとするものであり、カテゴリカル・モデルとよばれる。こうした類型論には、心理学におけるパーソナリティの類型論と同様に、複数の類型に当てはまる、あるいは中間的な症例の扱い、どの類型にもあてはまらない判別不能の症例の扱いなどに問題を生じてきた。

そこでDSM-5では「パーソナリティ障害群の代替モデル」として、特性論的な性質の強いディメンジョナル・モデルが上述のカテゴリカルモデルと併記されている。このモデルでは、パーソナリティ障害を「パーソナリティ機能」と「病的パーソナリティ特性」の2面からとらえる。パーソナリティ機能ではパーソナリティの自己（同一性・自己思考性）と対人関係（共感性・親密さ）の2つの機能が正常に働いているかどうか、病的パーソナリティ特性ではパーソナリティ障害を特徴づけるようなパーソナリティ特性がどの程度あるかを基準として、パーソナリティ障害を量的に診断しようとする（American Psychiatric Association, 2013）。

こうした病的パーソナリティ特性の次元（ディメンジョン）として、否定的感情、離脱、対立、脱抑制、精神病性の5つが挙げられているが、これらはそれぞれパーソナリティ心理学のビッグファイブにおける神経症傾向（の過剰）、外向性（の不足）、調和性（の不足）、誠実性（の不足）、開放性（の過剰）

048　第I部　血液型性格の歴史的展開

と対応している。このように、いちど距離の離れた精神医学とパーソナリティ心理学は、ビッグファイブモデルを媒介として改めて深い関係を築こうとしている。

なお personality disorder ということばは古くは異常人格、人格障害などと日本語訳され、最近はパーソナリティ障害という訳語が使われてきたが、2023年の DSM-5-TR 日本語版（American Psychiatric Association, 2022, 日本精神神経学会ほか, 2023）では「パーソナリティ症」という訳語が用いられている。これは「障害」という語からくる差別や偏見を防ぎ、治癒や軽快の可能性を強調したもので、WHO の ICD-11（国際疾病分類の第11回改訂版；World Health Organization, 2022）の日本語訳でも「パーソナリティ症」の用語が使われる見込みであることから、今後はパーソナリティ症という呼び名が一般的になると思われる。

6 パーソナリティ心理学をめぐる最近の問題

パーソナリティ心理学全体の概説の最後に、この分野で最近注目されている問題のいくつかについてふれておく。

6.1 進化とパーソナリティ

1990年代以降、人や動物の身体構造や外見だけでなく、その行動についても進化論的に分析しようとする進化心理学がさかんになってきた。パーソナリティについても、パーソナリティがどのような環境への適応として形成されてきたのかが進化心理学的に考察されている。

初期の進化心理学では、パーソナリティのような行動の個人差は偶然の遺伝的浮動であり、いま現在それぞれの個人がどのようなパーソナリティを持っているかには適応的な意味はないと考えられることが多かった。パーソナリティはそれがどうであれ適応にはプラスにもマイナスにもならないから維持されているのだ、もしそれが適応に影響するようになったら淘汰圧がかかって個人差が縮小していく（パーソナリティはなくなる）だろう、というの

第2章　パーソナリティ心理学と血液型性格判断　049

である（Tooby & Cosmides, 1990）。

　しかし21世紀に入ると、性淘汰とパーソナリティとの関係が論じられたり、負の頻度依存淘汰（変わった特徴を持った人が少しいることが全体の適応にプラスになる）や生活史戦略（多くの子孫を早く残すか、少ない子孫をじっくり育てるかの個人差）といった概念が提唱されたりして、パーソナリティが個人（個体）の適応に影響し、進化している可能性が指摘されるようになっている（中西, 2023）。

　今後はより詳細なパーソナリティ特性と進化との関係、それを生み出している適応のあり方などが徐々に解明されていくことで、人類にとってパーソナリティがどのような意味を持つかについての新しい視点が発展していくと期待される。

6.2　動物のパーソナリティと行動シンドローム

　パーソナリティを進化的に見るときには、当然のことながら人間以外の動物に見られるパーソナリティにも興味が及ぶ。動物のパーソナリティについての研究は大きく心理学的な研究と動物行動学的な研究の2種類がある（今野ほか, 2014）。心理学的な研究とは、人間のパーソナリティ研究に用いられるのと同じような性格検査やビッグファイブの測定尺度を動物にあてはめることで、動物のパーソナリティを把握しようとするものである。もちろん、人間以外の動物は質問紙法性格検査などを自分で記入することはできないので、動物の行動を人間が観察して評定を行うことになる。

　こうした心理学的な研究の結果、昆虫や魚から霊長類にいたるさまざまな動物にパーソナリティが存在することが示されるとともに、動物種とパーソナリティの現れ方や因子構造とに関係があること、進化的に人類に近い哺乳類の多くでは人間のビッグファイブに類似したパーソナリティ特性の因子が現れることがわかっている（Gosling, 2001）。

　いっぽう動物行動学・行動生態学の分野でも動物の行動に個体差があり、それがある程度時間や状況を越えて一貫していることは認識されていたことに加えて、そうした個体差の間に相関関係があって、そこから動物行動の個

体差を個々の行動より上位の行動シンドローム（behavioral syndrome）に集約することができると考えられるようになった（Sih, Bell & Johnson, 2004）。行動シンドロームはあくまでも行動観察を通じて発見され、行動データで分析されることが心理学的な研究と異なるが、今後は「人間の行動シンドローム」の研究や、心理学的な研究が見出してきたパーソナリティ特性の構造と行動シンドロームとの関係の分析が期待される。

6.3　パーソナリティと非認知能力

　21世紀に入るころから、教育をめぐる議論の中で「非認知能力（non-cognitive abilities）」という言葉がよく使われるようになった（小塩, 2021）。これまで学校が教えてきた言語的スキルや知識など、「知能」の概念で捉えられるような能力を「認知能力」とよぶが、子どもの将来の学歴や経済的成功にはこうした認知能力だけでなく自己制御や対人関係などの「非認知能力」が認知能力と同等かそれ以上の貢献をするため、特に幼児教育では非認知能力を伸ばすことが重要だというのである。

　こうした文脈で取り上げられる非認知能力のリストには「誠実性」「楽観性」「共感性」「自尊感情」など、これまでパーソナリティ特性のひとつとして研究されてきたものが多く含まれている。じっさい、さまざまなパーソナリティ特性と将来の学歴や収入、結婚の成功などの望ましい「アウトカム」との関係は以前から指摘されてきた（Ozer & Benet-Martínez, 2006）。もっとも、そうした関係は一般に相関係数で0.3以下の弱いもので、特定のパーソナリティを持っている個人の将来の成功がパーソナリティだけから保証されるような話ではない。しかし地域レベル、国家レベルのスケールで考えたときには、小さな相関でも、それに注目して教育や訓練を計画することが大きな意味を持ちうる。非認知能力の議論が心理学者や教育学者ではなくもっぱら経済学者に主導されてきたのも、個人レベルでなく地域レベル、国家レベルの問題との関わりからだろう。

　いっぽうでオールポート以来のパーソナリティ心理学者はパーソナリティを「その人独特の適応のあり方で、よし悪しはない」と考えようとする傾向

が強かったが、非認知能力にパーソナリティが組み込まれることは「よいパーソナリティ」を特定することになるし、いっぽうで「ダークトライアド」など「わるいパーソナリティ」を特定しようとする研究や (Zeigler-Hill & Marcus, 2016)、前述のように「パーソナリティ症」を介した精神医学とパーソナリティ心理学の連携も進んでいる。パーソナリティ心理学者は遠からずこの「価値とパーソナリティ」の問題にきちんとした態度を示すことを求められるだろう。

7 血液型性格判断とパーソナリティ心理学

ここまで現在の心理学におけるパーソナリティ研究のすがたについて概説してきた。そうしたパーソナリティ心理学の存在を前提としたときに、血液型性格判断はそのなかにどのように位置づけられるだろうか。この章の最後に、そのことについて考えてみたい。

7.1 血液型性格判断をパーソナリティ心理学の中に位置づける

血液型性格判断とは、ABO 式の血液型と人のパーソナリティが関係する、血液型から人のパーソナリティを理解できる、あるいは ABO 式の血液型（またはそれを決めている生物学的・生理学的な要因）が人のパーソナリティを決めている、という理論的立場と、それに基づいたパーソナリティ・アセスメントの実践の営みである。そこではパーソナリティは血液型に基づく 4 つのタイプ（類型）に分けられて、それぞれの類型に特徴的なパーソナリティ特性が挙げられている。たとえば血液型 A 型のパーソナリティは「几帳面」「まじめ」「がまん強い」などのパーソナリティ特性によって、O 型は「おおらか」「リアリスト」「聞き上手」などのパーソナリティ特性によって記述される。このように、パーソナリティを類型によって分類した上で、各類型のパーソナリティの特徴を特性論的に列挙するという方法はパーソナリティ心理学でもよく用いられるものである。

そもそも血液型性格判断の考え方はパーソナリティ心理学の歴史と照らし

052　第I部　血液型性格の歴史的展開

合わせると、むしろ古典的で正統的とも言える。前述したヒポクラテス、ガレノスの四体液説のように、ヨーロッパには古代ローマ時代から血液などの体液の性質やバランスが人のパーソナリティを決めるという考え方が脈々とあって、血液型性格判断は日本で、日本人によって考案されたけれども（第1章）、そうしたヨーロッパのパーソナリティ観の伝統に連なっているといえるし、そうした意味で「血液型とパーソナリティが関係する」という考え方自体は奇異ではない。

　また、血液型というもの自体も人体の中で遺伝学的、生理学的に意味や役割があって存在するもので、血液型が特定の感染症やウイルスへの感受性など、人の生理学的な特性と関係しているという報告もある（Gustafsson et al, 2005）。そうであれば、血液型とパーソナリティとの関係も「あってもおかしくはない」といえる。

　血液型性格判断の詳細な歴史については別の章に譲るが、血液型性格判断の元となった血液型気質関連説を最初に提唱した古川竹二は東京帝国大学文科大学で教育学とともに心理学を学んでおり、血液型に関するものも含めて、その研究成果を当時も現在も日本を代表する心理学の学会誌である「心理学研究」やドイツの心理学専門誌に発表している点で、学問的系譜としても心理学の伝統をきちんと継承した人物といえる。そして、古川が提唱した血液型気質関連説はクレッチマーの体格による性格類型論に代表される、その当時のドイツ精神医学のトレンドともきちんと連動していた。昭和初頭の時点では古川の血液型気質関連説が「きちんとした心理学の研究」と位置づけられていたのも、彼の立場や研究がこうした学問的な系譜に連なっていたからだといえる。

7.2　血液型性格判断は科学的といえるか

　血液型性格判断を批判する議論の中では、しばしば「血液型性格判断は非科学的だ」といわれるが、これについてはどうだろうか。科学とはなにか、科学的とはどういうことか、ということについては科学哲学などの分野で古くから議論が積み重ねられているが、そうした考えにおおよそ共通するのは

「客観的な証拠（データ）によって正しいかどうか検証できる（検証可能性を
もつ）、あるいは間違っていないかどうか検証できる（反証可能性をもつ）よ
うな命題」が「科学的命題」とよばれ、科学的命題によって構成されるよう
な考えが「科学的」といわれる、ということである。そして「客観的な証拠
（データ）」とは、誰の目からもそれが観察できること（公共性）と、同じ条件
が整えば繰り返し観察できること（再現可能性）を兼ね備えた証拠のことで
ある。血液型性格判断では、こうした条件は満たされるだろうか。

　血液型性格判断（血液型気質関連説）とは、（おもにABO式の）血液型と性
格、気質などのパーソナリティの間に関係がある、という命題である。この
命題が科学的であるというためには、この命題の構成要素、つまり血液型、
パーソナリティ、そして「関係」のそれぞれが客観的な証拠で判断できるこ
とが必要となる。「血液型」については医学的な診断方法が確立されていて、
その手続きに従えば誰の目にも観察できる形でその人の血液型を示すことが
できるし、同じ手続きによってそれを何度でも繰り返し示すことができる。
したがって血液型の判定は「科学的」である。

　では「性格」「気質」などのパーソナリティはどうだろうか。前述のよう
に、心理学者は長年にわたってさまざまなパーソナリティ・アセスメント、
性格検査を開発してきている。そして、そうしたアセスメントの結果は誰の
目にも見える形で示されるし、（再検査信頼性のある検査であれば）検査を繰り
返すことでその人のパーソナリティを何度でも示すことができる。心理学者
が主張するようにパーソナリティ・アセスメントが人のパーソナリティをあ
る程度正しく測定できているとすれば、その結果は人のパーソナリティの科
学的な把握ということができるだろう。

　では血液型とパーソナリティとの「関係」についてはどうだろうか。血液
型については科学的に判別できること、パーソナリティについてもパーソナ
リティ・アセスメントによって科学的に把握できることは前に書いたので、
この二者の関係が誰の目にも見える形で、条件を揃えれば繰り返し確認でき
る形で示されれば、「関係」も科学的に示されたと考えることができる。血
液型については4種類のカテゴリ（分類）、パーソナリティについてはアセス

メントの方法によってカテゴリあるいは数量によって結果が示されるから、その二者の関係を統計的に分析すれば「関係」を科学的に示すことができる。

このように考えると、血液型とパーソナリティに関係があるという血液型性格判断の主張は、先に述べたような一定の条件のもとでは「科学的な仮説」とみなすことができる。そして、科学的な仮説の最大の特徴は、それが本当であるかどうか、間違っていないかどうかを客観的に確認できることなのだから、いよいよ「血液型とパーソナリティには本当に関係があるのか」ということが確認されなければならない。

7.3　血液型とパーソナリティには関係があるのか

第1章にくわしいように、古川竹二の血液型気質関連説は1933年の第18回法医学会を境に影響力を失い、1940年の古川の死後はしばらくのあいだ忘れられていたが、1971年に放送作家の能見正比古がこれを発掘して「血液型でわかる相性」(能見, 1971)などの一般書を著したことをきっかけに社会的なブームとなり、その後もブームを繰り返しながら日本社会に定着するようになった。日本の心理学者がこの問題に再び注意を向けるようになったのも、この時からである(佐藤・渡邊, 1992, 1995)。

しかし、能見の著作や、ブームに乗って出版された血液型性格判断の書籍や雑誌等の記事は心理学的なものではなく、前に述べたような客観的な証拠に基づいて科学的に血液型とパーソナリティとの関係を主張するようなものではなかった。そのため、とくにパーソナリティを専門とする心理学者の多くが血液型性格判断の普及に危機感を持ち、血液型とパーソナリティに本当に関係があるのかを、もっと科学的な方法で検証しようとした。

血液型とパーソナリティの関係についての心理学的研究は、心理学の学会誌に掲載されたり、学会発表されたりする正式な研究として行われたものも多いし、大学の卒業研究などで行われたものも含めれば相当な数にのぼるだろう(白佐・井口, 1993)。そうした研究では、さまざまなパーソナリティ・アセスメントの技法によって測定されたパーソナリティの血液型との関係が検討されているが、そうした研究によって血液型性格判断が主張するような血

液型とパーソナリティとの明確な関係が検証されることはなかった。パーソナリティのさまざまな側面や特性のうちの一部に血液型との関係が見られた例はいくつかあるが、そうした関係には血液型性格判断の主張と一致するものもあれば、そうでないものもあった。最近では縄田（2014, 資料5）が日米の約1万人のデータを用いて血液型とパーソナリティとの関係を検証しているが、そこでもパーソナリティ特性の評定項目68項目のうち血液型との関係があったものは3項目に留まり、血液型がパーソナリティに及ぼす影響（効果量）もきわめて小さかった。

いっぽう海外で発表された研究では、血液型がパーソナリティ特性の文化差と国民・民族間の遺伝的な差異とを媒介していると考えて、ABO式血液型とパーソナリティとの関係を肯定的に分析したアイゼンク（Eysenck, 1982）が有名だし、ABO式血液型を決定する遺伝子多形とクロニンジャーのTCI（Temperament Character Inventory）における固執（persistence）因子との関係を発見した土嶺ら（Tsuchimine et al., 2015）のように、部分的ではあれ血液型とパーソナリティとの関係を肯定的に捉えるものもある。

しかしロジャーズら（Rogers & Glendon, 2013）は古川竹二も含めた広範な文献をレビューした上で、男女各180人ずつの献血を終えたばかりのオーストラリア人にビッグファイブおよび楽観性の尺度を実施しているが、それらのパーソナリティ尺度と血液型の間に統計的に有意な関係は見られなかった。最近ではルポックら（Rupok et al., 2023）がバングラデシュの148人のサンプルで血液型とビッグファイブとの関係を検証して、やはり有意な関係は見られなかったとするなど、血液型とパーソナリティとの間に、血液型性格判断が仮定するような広範で強固な関係を見出すことのできた研究は見られない。

心理学者の多くは、こうした実証研究の結果から、血液型とパーソナリティとの関係については否定的に見ているのが実情である。また、パーソナリティの理論から見ても、人の行動に現れるパーソナリティはその人の側の要因と環境や状況の要因が複雑に相互作用して生み出されるもので、血液型のように遺伝的に決定される変数だけから、血液型性格判断が主張するほど明確に人のパーソナリティが把握できたり、行動が予測できたりするという

ことは相当に考えにくいことだといえる。そうした意味で、血液型性格判断は人のパーソナリティに関する事実というよりも、日本を中心とした世界の一部の地域で比較的広く共有されている「ステレオタイプ」（人の属性からその人のパーソナリティや行動を推測すること）だと考える心理学者の方が多いだろうと思われる（松井・上瀬, 1994）。

　もちろん、ビッグデータの時代になって、血液型とパーソナリティとの間のごく小さな、しかし統計的に偶然とはいえない関係が、いくつかのパーソナリティ特性について見出されることはこれから増えてくるだろうと思われるが、それらの効果量はごく小さく、その知識から人のパーソナリティを理解できる程度はきわめて限られるだろうと思われる。まして、そのことが血液型性格判断全体の正しさを保証することもないだろう。

　前述のように、血液型とパーソナリティに関係があるという仮説そのものは科学的であり、パーソナリティをめぐる思索の歴史的経緯から見ても検討に値するけれども、現在のところその仮説が正しいと言えるような客観的な証拠は集まっていないと考えざるを得ない。その意味で、血液型性格判断は科学的だが正しくない仮説とみるべきである。もちろん、今後の研究で血液型の性格との関係がより確実に検証される可能性はゼロではないのだが、それがなされない限り、血液型とパーソナリティとの関係という証拠のない仮説を正しいと主張し続けることは科学的な態度とはいえないだろう。

引用文献

Allport, G. W. (1937). *Personality: A psychological interpretations.* Holt.
　（オールポート, G. W.　詫摩武俊・青木光悦・近藤由紀子・堀正(訳)（1982）．パーソナリティ
　──心理学的解釈──　新曜社）

American Psychiatric Association(2013). *DSM-5 - Diagnostic and statistical manual of disorders – Fifth Edition.*
　（日本精神神経学会(日本語版用語監修)　高橋三郎・大野裕(監訳)（2014）．DSM-5 精神疾患の診断・統計マニュアル　医学書院）

American Psychiatric Association(2022). *Diagnostic and statistical manual of mental disorders* (5th ed., text rev.).（日本精神神経学会(日本語版用語監修)　高橋三郎・大野裕(監訳)

(2023). DSM-5-TR 精神疾患の診断・統計マニュアル　医学書院)

Bandura, A.(1977). *Social Learning Theory*. Prentice-Hall.

（バンデューラ，A.　原野広太郎(訳)（1979）．社会的学習理論――人間理解と教育の基礎――
金子書房)

Eysenck, H. J.(1982). The biological basis of cross-cultural differences in personality: Blood
group antigens. *Psychological Report, 51*(2), 531-540.

藤井忠義(1967)．西洋の性格学――古典的体液気質論――　大手前女子大学論集, 1, 6-22

古川竹二(1927)．血液型による気質の研究　心理学研究, *2*, 612-634.

古川竹二(1932)．血液型と気質　三省堂

Gosling, S. D.(2001). From mice to men: What can we learn about personality from animal
research? *Psychological Bulletin, 127*(1), 45–86.

Gustafsson, K., Durrbach, A., Seymour, R. M., & Pomiankowski, A.(2005).　The role of ABO
histo-blood group antigens in viral infections. *Trends in Glycoscience and
Glycotechnology, 17*: 285-294. doi:10.4052/tigg.17.285

Harris, J. R.(1998). *The nurture assumption: Why children turn out the way they do*. Free Press.

（ハリス，J. R.　石田理恵(訳)（2000）．子育ての大誤解――子どもの性格を決定するものは何
か――　早川書房)

平野亮(2010)．F・J・ガルの学説に見る骨相学の人間観――骨相学の教育史研究のための基礎的研
究――　神戸大学大学院人間発達環境学研究科研究紀要, *4*(1), 37-46.

石田三千雄(2010)．ラヴァーター観相学の構想とその問題点　徳島大学総合科学部人間社会文化研
究, *18*, 97-112.

Jung, C. G.(1967). *Psychologische Typen: Zehnte, revidierte Auflage*. Rascher Verlag, Zürich.

（ユング，C. G.　林道義(訳)（1987）．タイプ論　みすず書房)

木島伸彦(2014)．クロニンジャーのパーソナリティ理論入門――自分を知り、自分をデザインする
――　北大路書房

今野晃嗣・長谷川壽一・村山美穂(2014)．動物パーソナリティ心理学と行動シンドローム研究にお
ける動物の性格概念の統合的理解．動物心理学研究, *64*(1), 19-35. doi:10.2502/janip.64.1.2.

Krahé, B.(1992). *Personality and social psychology: Towards a synthesis*. London: Sage
Publication.

（クラーエ，B.　堀毛一也(編訳)（1996）．社会的状況とパーソナリティ　北大路書房)

Kretschmer、E.(1955). *Körperbau und Charakter*. 21/22 Berlin, Springer.

（クレッチメル，E.　相場均(訳)（1960）．体格と性格――体質の問題および気質の学説によせ
る研究――　文光堂)

松井豊・上瀬由美子(1994)．血液型ステレオタイプの構造と機能　聖心女子大学論叢, 82, 94-72.

Mischel, W. *Personality and assessment.* John Wiley & Sons Inc, 1968.

　（ミッシェル，W.　詫摩武俊(監訳)（1992）．パーソナリティの理論——状況論的アプローチ誠信書房）

Mischel, W.(1973). Toward a cognitive social learning reconceptualization of personality. *Psychological Review, 80*(4), 252–283.

中西大輔(2023)．進化心理学とパーソナリティ　小田亮・大坪庸介(編)広がる！進化心理学　朝倉書店

縄田健悟(2014)．血液型と性格の無関連性——日本と米国の大規模社会調査を用いた実証的論拠—— 心理学研究, *85*(2), 148-156.

能見正比古(1971)．血液型でわかる相性——伸ばす相手、こわす相手—— 青春出版社

小塩真司(編著)（2021）．非認知能力——概念・測定と教育の可能性　北大路書房

Ozer, D. J., & Benet-Martinez, V.(2006). Personality and the Prediction of Consequential Outcomes. *Annual Review of Psychology, 57*(8), 401-421.

Rogers, M., & Glendon, A. I.(2003). Blood type and personality. *Personality and Individual Differences 34*(7), 1099–1112.

Rupok, T. A., Dey, S., Sweety, S. P., & Bostami, B. (2023). No Tendencies of Personality Traits in Blood Groups: A Cross-Sectional Study. *Journal of Blood and Lymph, 13*(3), 308.

佐藤達哉・渡邊芳之(1992)．現代の血液型性格判断ブームとその心理学的研究　心理学評論, *35*(2), 234-268.

佐藤達哉・渡邊芳之(1995)．古川竹二の血液型気質相関説の成立を巡って——大正末期〜昭和初期におけるある気質論の成立背景—— 性格心理学研究, *3*(1), 51-65.

Scheneider, K.(1949). *Die Psychopathisghen Persönlichkeiten.* Franz Deitiche.

　（シュナイデル，K.　懸田克躬・鰭崎轍(訳)（1954）．精神病質人格　みすず書房）

Sih, A., Bell, A. & Johnson, J. C. (2004). Behavioral syndromes: an ecological and evolutionary overview. *Trends in ecology & evolution 19*(7), 372–378.

白佐俊憲・井口拓自(1993)．血液型性格研究入門——血液型と性格は関係ないと言えるか—— 川島書店

谷伊織・阿部晋吾・小塩真司(編)（2023）．Big Five パーソナリティ・ハンドブック——5つの因子から「性格」を読み解く—— 福村出版

テオプラストス　森進一(訳)．（1982）．人さまざま　岩波書店

Tooby, J. & Cosmides, L. 1990 On the universality of human nature and the uniqueness of the individual: The role of genetics and adaptation. *Journal of Personality* , *58*(1), 17–67.

Tsuchimine, S., Saruwatari, J., Kaneda, A., & Yasui-Furukori, N.(2015). ABO Blood Type and Personality Traits in Healthy Japanese Subjects. *PLOS ONE*, doi:10.1371/journal.

pone.0126983

渡邊芳之(2005). 「遺伝と環境」論争が紡ぎだすもの　佐藤達哉(編)心理学史の新しいかたち　誠信書房

渡邊芳之(2010). 性格とはなんだったのか──心理学と日常概念　新曜社

渡邊芳之(2022). 心理学における性格の概念について　精神科治療学, *37*(6), 597-601.

World Health Organization(2022). *ICD-11: International Classification of Diseases for Mortality and Morbidity Statistics Eleventh Revision.* World Health Organization.

山形伸二・高橋雄介(編) (2023). パーソナリティ (ふたご研究シリーズ　第2巻)　創元社

Zeigler-Hill, V., & Marcus, D. K.(Eds.) (2016). *The Dark Side of Personality: Science and Practice in Social, Personality, and Clinical Psychology.* American Psychological Association.

（ジーグラー・ヒル, V.・マーカス D. K.(編)下司忠大ほか(監訳) (2021). パーソナリティのダークサイド──社会・人格・臨床心理学による科学と実践──　福村出版）

第**3**章／大村政男と血液型性格心理学

●藤田主一

　第3章では、大村政男（1925-2015）が自身の半生をかけて「ABO式血液型と性格」に関わる「埋もれた心理学史」を発掘し、また偽科学ともいうべき現状に鋭いメスを入れてきた歴史を振り返ることにする。さらに、大村が新たに見出した事実と解釈を加え、折に触れて各種データに統計的技法を用いて分析した結果を紹介したい。すなわち、本章は大村がその研究生活の後半生をかけて追い求めた「血液型と性格」との関係について、「これまでとこれから」という視点でまとめたものである。まさに温故知新である。

　なお、とくに断り書きがない限り、以降の1節から8節までの記述は、彼が発表した書籍や論文、論説、蒐集した厖大な資料等を参考・引用しながら、改めてまとめ直したものである（以下、すべての人名は敬称略とする）。

1　大村政男と血液型性格研究

1.1　血液型性格研究の誕生

　大村政男（Figure 3.1）は、1925（大正14）年、東京新宿に生まれた。1948（昭和23）年に日本大学法文学部文学科心理学専攻を卒業した。卒業論文は『人格の適応性に関する心理学的研究』で、指導は渡邊徹であった。大学院（旧制）に在籍後、法務技官として東京少年鑑別所勤務を経て日本大学へ戻り、教育・研究生活に入った。鑑別所での臨床経験は、以後の研究生活に影響を与えた。大村は、もともと神経質（neuroticism）や不安（anxiety）を研究していた学究肌の学者であった。とくにテイラー（Taylor, J. A.）の不安尺度

Figure 3.1　大村政男

（MAS）に関心を向け、米国留学時の研究などを取り入れた成果は、学位論文『顕現性不安の構造に関する研究』（1982年）として実を結んだ。大村は、よく「学者は自分の弱点を研究するものだ」と言っていたが、そのことばどおり、自分自身に神経質や不安の傾向があったためか、その研究に没頭していたようである。

その後、大村は50代後半から、どちらかというと地道な神経質・不安研究を離れ、華々しい「血液型性格心理学」（または血液型性格学）の研究へと進んでいった。大村は、自分自身の弱点を昇華して神経質で不安な特性から脱却したように見えるが、しかし、それは彼に内在していた神経質で粘着気質、かつ完璧性を求める性格が、かえって「血液型と性格との関係」をとことん掘り起こすという行動を醸成したと考えた方が適切である。ここに至るまでの経緯には、彼の研究者人生を変えるほどの劇的な出会いと、抑圧に近い過去の鮮烈な思い出があったからだという。

1.2　古川論文との出会い

1945（昭和20）年の秋ごろというから、太平洋戦争の終戦の年である。まだ若き心理学徒であった大村（当時20歳）は、偶然にも古川竹二（東京女子高等師範学校教授）の論文に出会った。それは、日本心理学会機関誌「心理学研究2巻4号（1927年8月刊）に掲載された『血液型による気質の研究』（pp. 612-634）というタイトルの論文である。

しかし、当時の日本大学心理学研究室では、フロイト（Freud, S）の精神分析に関するものだけでなく、古川竹二の学説（血液型気質相関説）などもそれに準じて研究対象として認められなかった。したがって、20歳の大村は古川学説を研究することができず、1982（昭和57）年まで長い冬眠に入ったのである。この間は、彼に内在していた性格特性そのものを研究するため、神経質や不安の根源を追い求め続けたといえる。

ところが、1982年の春に転機が訪れた。それは、ある日、女子学生Tさ

んが彼の研究室へ転がり込んできたことによる。Tさんは、卒業論文で「血液型とパーソナリティ」をテーマにしようとしたが、生理心理学を専門とするY指導教授から「そんな非科学的な遊びごとは指導できない」と言われたと訴え、彼に救いを求めてきた。Tさんとの出来事がきっかけで、大村の無意識の層に埋もれていた古川論文との記憶がよみがえり、抑圧からの解放感と新たな興味関心が湧き上がったのである。彼は、Y教授に断ってTさんの卒論指導を引き受け、並行してさまざまな内外の文献や資料を蒐集し始めていった。それは、あたかも乾いたスポンジに水が吸い込まれていくような速さであった。ここに、静的（passive）な研究スタイルから動的（active）なスタイルへ飛躍した新しい大村政男が誕生したのである。まさに、心理学者としての鋭い勘であったに違いない。

1.3 最初の学会発表

　大村は、満を持していたかのように「ABO式血液型と性格との関係」の是非について衝撃的な学会発表に着手した。それは、1984（昭和59）年9月21日（金）に開催された日本応用心理学会第51回大会（主催：富士短期大学、現在の東京富士大学）からで、かれこれ40年近くも前のことである。このときの記念すべき発表題目は、「『血液型性格学』は信頼できるか」というものである。大村は、発表論文の冒頭で次のように書き始めている。

　　「血液型（ABO式）」と人間の性格（気質、あるいはパーソナリティ）との関連は、昭和2年に東京女高師の古川竹二によって最初に取り上げられた。昭和7年、東北帝大の田中秀雄もこの関連に触れている（心理学研究2-4, 7-1）。日本医事新報838号では、「血液型気質相関説の検討」と題し、東京医学専門学校の浅田一、公衆衛生院の川上理一、東京慈恵会医科大学の古閑義之の論説を掲載している。浅田は「とにかく血液型と気質との関係は、はなはだ興味深い問題で、……せっかくわが国に生まれた世界に誇るべき（古川）学説をみだりに踏みにじられないようにしたい」といっているが、川上は「過去十数年間学界を賑わしたのである

が、科学上なんらの貢献をしていない」ときめつけている。古閑は「とてもこの複雑な気質・性格が簡単に各血液型によって抽出代表できるものではない」とまとめている。京都大学の佐藤幸治は、その著『人格心理学』に「多くの心理学者の追試はその否定に傾いている。ただ最近、矢田部達郎氏（1950）は、……わずかではあるが、正の相関（$\phi = .187$）が認められた」と書いている。このような数値なら無相関と同じである（ルビは、藤田主一挿入）。

　発表題目だけを見ると、「信頼できる」とも「信頼できない」とも言っていないが、冒頭の文脈からは「本当に信頼できるのだろうか」という否定的なニュアンスが読み取れる。おそらく心理学者としてわが国最初の学会発表は、ABO 式血液型と性格（または気質）との関連について、数名の学者の説を歴史的に位置づけることから始めている。両者の間に関係があるという主張は、ポピュラー・サイコロジスト（大村の命名だが氏名を明らかにしていない）の手によって大衆へ流布され、都合のよい事実だけが話題となる。そこで、大村は実験に着手した。中学生男女を対象に、あらかじめ彼らの血液型を調べ、「これが君の血液型による性格だ」といって性格特徴が書かれている「リスト（実際はA型とB型、AB型とO型を入れ替えたもの)」を渡す。中学生に認知的適合感（当たっていると思う）を尋ねると、何と 89.2%が「合っている」と回答した。彼は、適合度の高さは「思い込み効果」ではないかと結論づけたのである。
　大村は、発表当日に会場で配布された「補遺」の中で、能見正比古著『血液型エッセンス』（1984，角川書店）に掲載されている記述を使用した実験を公表している。ここで、大村が行った実験を紹介しよう。

1.3.1　大村政男の実験
　実験材料は、能見正比古著『血液型エッセンス』（昭和 59 年初版所載の「血液型別、気質の核心」(p.80～81）を拡大コピーしたものを使用し、そのコピーに手を入れて、それぞれ異なるもの3種類を作成した。その3種類を、(1)

オリジナル版、(2) A 型〜 B 型変換版、O 型〜 AB 型変換版、(3) ランダム版、と呼ぶことにする。(1) は能見が構成したままの表、(2) はその表のうち、A 型の気質と B 型の気質を総入れ替えしたり、O 型と AB 型の気質を総入れ替えしたりしたものである。つまり、A 型気質の核心の中味は、実は B 型気質である。(3) は原表所載の各血液型に当てはめられた「生き方の基本」「生活性」「行動性」……などをバラバラにし、ランダム（各血液型のところ）に割り当てたものである。すなわち、まったくデタラメな表ということである。Table 3.1 〜 3.3 は、O 型を例にした (1) オリジナル版、(2) 変換版、(3) ランダム版である。この 3 種類の表は、一見するとその差異が分からないように作られている。

　被験者は、18 〜 25 歳の大学生男女で、すべて「性格」と「血液型」に興味を持っている者である。被験者のうちには、この 2 つ（性格、血液型）のことに興味を持っていないものがいたが、その人たちのデータは整理する際に不完全なデータとともに集計から除外した。具体的な被験者数は、Table 3.4 のとおりである。

Table 3.1　（実験）オリジナル版（O 型）

気質表現の方向	O 型気質の核心
生き方の基本	生命自然の方向に最も強く沿って生きる。欲望の発現も直線的。
生活性	現実性とバイタリティ強く、生活力は旺盛。積極的。耐乏性もある。
行動性	目的志向。目的に向い直進。達成力も大。目的不明確だとズッコケぎみ。その差ハッキリ。
思考や判断	利害の判断確か。信念派。明快な言葉で論理も巧みだが、やや直線的。一部、単純さも。
学習性	好奇心大も分野は限定。記憶は深く身につく。
感情性	日常は安定型。感情は後に尾をひかぬ淡泊さ。感激性。追いつめられると突然メロメロ。
耐久力	目的があればがんばり特に待つ力は強い。が、無意味な我慢はせずダメと見て早いあきらめ。
仕事ぶり	目的の有無と立場の差で集中力にムラ多い。縁の下の力持ちは苦手。
趣味性	現実性の反面強いロマンチックな面。勝負事。収集趣味。記念趣味等。
自分の過去や未来には	過去には肯定的で挫折感を残さない。思い出を愛する。将来は特に経済的安定に関心。

Table 3.2　（実験）O 型～ AB 型変換版

気質表現の方向	O 型気質の核心
生き方の基本	本来生命への執着浅いが生活の安全と社会の中の役割を望むほう。
生活性	合理的機能的な生活を欲する。私生活では趣味性を強調するほう。
行動性	反射神経早く、ビジネス的な能率の良さ。やや人に引きずられる傾向、私生活では気まま。
思考や判断	合理的の一語。批評分析に長じ、角度を変えての解釈巧み。評論家性。重要な判断に迷い。
学習性	理解は要領よく早い。まる暗記軽視の弊も。
感情性	冷静クールな安定面と気ままで動揺しやすい面を合わせ持つ二重性。感傷的なもろさもある。
耐久力	努力の価値を認め、努力家であろうと努力するが、本質的に、根気に欠ける気味がある。
仕事ぶり	何でもソツなくこなす有能型。デザイン器用も、後始末が苦手。
趣味性	空想的。メルヘンチックな趣味性を持つ。最も広い趣味家タイプ。
自分の過去や未来には	過去には、時に感傷的も未来と共に、そうこだわらぬ。現在の重要局面に迷いすぎる傾向。

（注）「O 型気質の核心」と表記しているが、内容はすべて AB 型のものである。

Table 3.3　（実験）ランダム版

気質表現の方向	O 型気質の核心
生き方の基本	強い現状脱皮願望も強い安定希求がからむ。常に向上心を求めて……。（実はA 型の内容）
生活性	公私の生活を分離し堅実な暮らしを望むほうだが、一部に極端な破滅型。（実はA 型の内容）
行動性	反射神経早く、ビジネス的な能率の良さ。やや人に引きずられる傾向、私生活では気まま。（実は AB 型の内容）
思考や判断	合理的の一語。批評分析に長じ、角度を変えての解釈巧み。評論家性。重要な判断に迷い。（実は AB 型の内容）
学習性	一歩一歩納得しなくては先に進まぬ。公式性。（実は A 型の内容）
感情性	冷静クールな安定面と気ままで動揺しやすい面を合わせ持つ二重性。感傷的なもろさもある。（実は AB 型の内容）
耐久力	努力の価値を認め、努力家であろうと努力するが、本質的に、根気に欠ける気味がある。（実は AB 型の内容）
仕事ぶり	何でもソツなくこなす有能型。デザイン器用も、後始末が苦手。（実は AB 型の内容）
趣味性	空想的。メルヘンチックな趣味性を持つ。最も広い趣味家タイプ。（実は AB 型の内容）
自分の過去や未来には	過去には肯定的で挫折感を残さない。思い出を愛する。将来は特に経済的安定に関心。（実は O 型の内容）

（注）「O 型気質の核心」と表記しているが、内容は O 型の気質特徴ではない。

Table 3.4　（実験）被験者数

配付されたアンケート	収集されたデータ	除外数	被験者数
（1）オリジナル版	48 人	22 人	26 人
（2）変換版	91	34	57
（3）ランダム版	98	35	63

　なお、「性格」と「血液型」への興味は、「あなたは『性格』について興味を持っていますか？」と「あなたは『血液型』について興味を持っていますか？」の２問で調べた。回答方法は、「はい・？・いいえ」の３件法である。２問とも肯定（「はい」と回答）した者を被験者とした。

　各被験者に条件に応じた実験用紙の入った封筒を配布し、次のような教示を与え実験を行った。

　「封筒の中に『血液型別の性格』を書いたアンケートが入っています。A型の人はA型のところを、B型の人はB型のところを見てください。O型の人、AB型の人もそれぞれの血液型のところを見てください。自分の血液型の項目を読んで、全体として『合っているか、合っていないか』を直感的に判断し、解答欄の『合っている』か『合っていない』のどちらかに○印を付けて回答してください」

　Table 3.5 ～ 3.7 の中の数字は、「合っている」と回答した人数である。

　自分の血液型の性格が全体として自分に「合っている」と回答した人数をTable 3.5 ～ 3.7 に示した。この実験から、つぎのような結果が算出された。Table 3.5 は、オリジナル版における適合率で、適合率は 88.5% である。Table 3.6 は、変換版の適合率である。O型のものはO型の気質を「全体として合っている」と回答しているが、表題はO型でも中味はAB型で、A型として記載されているのは実はB型なのである。Table 3.6 で適合感を計算すると、見かけの適合率は 87.7% であるが、実際は 8.8% にすぎない。見かけの適合率が高いのは、表示されている特徴がフリーサイズだからである。「O型はこういう傾向である」として与えられると、そのように思い込んでしまうので

ある。これを「思い込み効果」と呼ことにする。Table 3.7 は、ランダム版についての適合率である。この適合率は 90.5% になるが、内容になっているものはランダムに構成された気質特徴にすぎない。

Table 3.5　（実験）オリジナル版における適合傾向（男女計＝ 26 人）

本人の血液型 ＼ 気質	O 型気質	A 型気質	B 型気質	AB 型気質
O 型	5			
A 型		9	2	
B 型	1		3	
AB 型				6

（注）適合率の計算：(5 ＋ 9 ＋ 3 ＋ 6) 人 ÷ 26 人＝ 88.5%

Table 3.6　（実験）変換版における適合傾向（男女計＝ 57 人）

本人の血液型 ＼ 気質	O 型気質とあるが実は AB 型気質	A 型気質とあるが実は B 型気質	B 型気質とあるが実は A 型気質	AB 型気質とあるが実は O 型気質
O 型	13	1		2
A 型		19	1	1
B 型		2	12	
AB 型				6

（注）見かけの適合率の計算：(13 ＋ 19 ＋ 12 ＋ 6) 人 ÷ 57 人＝ 87.7%
　　　実際の適合率の計算：(2 ＋ 1 ＋ 2 ＋ 0) 人 ÷ 57 人＝ 8.8%

Table 3.7　（実験）ランダム版における適合傾向（男女計＝ 63 人）

本人の血液型 ＼ 気質	O 型気質とあるが実は、O1、A3、AB6	A 型気質とあるが実は O5、B5	B 型気質とあるが実は O1、A6、AB3	AB 型気質とあるが実は O3、A1、AB1
O 型	21	1	1	
A 型	2	18		
B 型			1	11
AB 型			1	7

（注 1）O1、A3、AB6 というのは、O 型の気質特徴 1 個、A 型の気質特徴 3 個、AB 型の気質特徴 6 個、計 10 個で構成されていることを意味する。
（注 2）適合率の計算：(21 ＋ 18 ＋ 11 ＋ 7) 人 ÷ 63 人＝ 90.5%
　　　実際の適合率の計算：(2 ＋ 1 ＋ 2 ＋ 0) 人 ÷ 57 人＝ 8.8%

　これらの結果から、気質特徴の「フリーサイズ効果」と、受け取る側の「思い込み効果（△型はこういう傾向だとして与えられると、そう思い込んでしま

うこと）」が歴然として表れている。結局のところ、いわゆる「血液型性格学」は科学的には事実とはいえない。心理学では、テストや評定法などを使って人間の性格を帰納的に把握するが、血液型性格学では、あらかじめ作っておいた枠を人間にはめ込んでしまうのである。A型ですね。A型はこうなのです——といって、フリーサイズのTシャツを、あたかもオーダーメイドのTシャツのように着せてしまうのである。

　この実験から、大村は次のような見解を示している。

(1) 血液型と性格との関連は、心理学的には確定できない。人間の性格とその生理的な機構とを結び付けようとする試みは魅力的であるが、4つの血液型にマッチする性格類型、あるいは性格特性は見当たらない。

(2)「血液型性格学」では、4つの血液型それぞれに適当な気質を与え、あたかもそれらが各血液型に特定なものとして表示しているが、それらの気質はフリーサイズのTシャツのようなもので、だれにでもある程度合致するものである。これを「フリーサイズ効果」という。

(3) それでは「血液型性格学」は無用の代物かというとそうではない。O型の人の行動性はこうだとか、耐久力はこうだ——といわれると「信は力なり」が生じる。「鰯の頭も信心」である。一般に悪い日に結婚式を挙げない。それは迷信ではあるが科学ではどうしようもないことである。人間生活に「科学」では立証できない、非科学的で信仰的なものがあっても仕方がないのではないか。「いい日旅立ち」ということばがある。いい日とはいつか——と尋ねると、旅立つ日がいい日であるという。科学は、当分、このような非科学的なことと平行して生きていかなければならないのである。

　大村による上記の論述の中で、(1) は彼の基本的な研究方向を示したものである。(2) は彼の研究仮説である。ここで初めて「フリーサイズ効果」という用語が登場する。これは、後年の「FBI効果」へ引き継がれることになった考え方である。(3) は科学とそうでないものとの平行論を示したものである。相手を徹底的にたたかないで、生きる道を与えようとするものとい

第3章　大村政男と血液型性格心理学　069

えよう。彼の血液型性格研究の偉大なところである。

　当時の学会発表のスタイルは口頭発表が一般的であったこともあり、このショッキングなタイトルに魅了されたのか、指定された発表会場は傍聴者の立ち見の姿も見られるほど満員で、同時にマスメディアからの取材もあった。また彼の独特な語り口調は不思議な趣きがあり、聴衆を引き付けるのに十分すぎるほど魅力的だった。心理学者としての最初の学会発表は、当時わが国大衆に浸透していた血液型と性格との通説を科学的に撃破しようという試みであった。しかし大村は、世の中には科学では説明できない社会生活の機微や風潮があること、科学的に真実と言えないものが流行することを認め、だからこそ科学的心理学と血液型性格心理学との平行的関係を容認していきたいという信念を持ち続けたのである。

　大村の学会発表は、この記念すべき第1回（第1報）を振り出しに、日本応用心理学会だけでも第31報（31年間）にまで及んだ。日本応用心理学会以外にも、日本心理学会、日本教育心理学会、日本パーソナリティ心理学会などでも発表している。このような発表が影響して、彼は一躍「時の人」になった。当時とすれば社会現象ともいうべき肯定的な因果関係論（ABO式血液型と性格には関係がある）に真っ向から疑義を唱えたので、テレビや新聞、雑誌をはじめ各種の媒体から、この因果関係に対する賛成論・反対論の主張を対立させる意味もあって、引っ張りだこの日々を過ごしていた。日本大学文理学部の研究室へ取材に訪れるマスメディアの関係者も後を絶たなかった。彼は、おそらく正々堂々と反対論者の側にいた最初の心理学者ということになるだろう。それまで、あたかも両者の間に深い関係が存在するかのように話題性豊かなテーマを取り上げてきた賛成論者を、心理学的な科学の目で論破した手法は見事であると言わざるを得ない。

　第1報に続き、彼が1985（昭和60）年8月29日（木）の日本応用心理学会第52回大会（主催：岩手大学）において「第2報」を発表したとき、その日のうちに地元テレビ局から発表内容が報道され、大きな話題と注目を浴びた。Figure 3.2は、同局のニュース番組で当日の学会発表を報じた映像の一部である（写真は藤田主一撮影）。翌日の8月30日（金）には、岩手日報「性

格判断根拠ない；大村日大教授が発表」や河北新報「血液型性格判定科学的根拠なし；大村日大教授アンケート基に指摘」などの新聞社が衝撃的な見出しで、彼の顔写真とともに発表内容を大々的に報道している（Figure 3.3）。

Figure 3.2　テレビニュースの映像
（1985 年 8 月 29 日放送）

Figure 3.3　新聞記事（岩手日報、1985 年 8 月 30 日）

大村は、著書『血液型と性格』（1990，福村出版）、『新訂血液型と性格』（1998，同）の中で、この分野のこれからの科学的なアプローチとして、次の研究課題を取り上げている。

(1) 古川竹二の血液型気質相関説の歴史的研究
(2) 能見正比古によって粉飾された血液型性格学の研究
(3) 心理学の標準検査による各血液型者の性格研究
(4) 血液型性格学（この場合"血液型性格判断"といったほうがいい）を信じている人の性格研究
(5) 対人認知様式における血液型性格判断の研究
(6) 血液型ブーム研究

　その後、彼は着々と成果を挙げるのであるが、ヒポクラテス（Hippocrates）の箴言にもあるように、「人生は短く、術のみちは長い」である。「術」は、医術にも芸術にも通じるし、学術にも当てはまる。現代では、心理学の学問において「血液型と性格」との関係は完全に否定されているものの、研究としては残された課題は多いと思われる。

1.4　原来復の留学と血液型研究

　ABO式血液型と人間の性格や行動のパターン、特に気質の面が関係するという考え方は、わが国で萌芽したユニークな学説である。そのパイオニアは原来復（1882-1922）である。

　松田薫によると、原は長野市に生まれ、東京帝国大学医科大学（現在の東京大学医学部）を卒業、大学院へ進学した。2年ののち、九州のある鉱山会社の病院に勤め、その会社の社長の援助でドイツ・オーストリアへ留学を果たすことになった。1911（明治44）年、原はドイツの医師でハイデルベルグ大学教授のエミール・フライヘル・フォン・デュンゲルン（Emil Freiherr von Dungern, 1867-1961）のもとへ留学する。1913（大正2）年、教授がハンブルグにある市立病院のがん研究所に移ったので、原もハンブルグへ移ることになったということで

Figure 3.4　原来復

ある。

　原は、デュンゲルンのもとで、日本人としてはじめて血液型を知り、ドイツ医学のパワーに驚嘆する。デュンゲルンは「日本人にはB型成分が多い。ほとんどの動物はB型である」と言ったそうである。ヨーロッパにおける極東意識（彼はA型人種優秀論の主唱者の一人で、日本人を軽蔑していた）のあらわれである。原はずっとドイツで研究していたかったが、ヨーロッパに戦雲が棚引いてきたので、デュンゲルンの勧めもあって、早くも1914（大正3）年6月に帰国する。彼が帰国してから1か月後の7月、第一次世界大戦が勃発してしまった。日本は連合国側に立って、ドイツ・オーストリア側と戦うことになる。

　原は帰国後、郷里の長野へ帰省して日本赤十字社病院（日本赤十字社長野支部病院内科）に赴任し血液型の研究を続けるが、彼が研究へ動機づけられたのは血液型による人種差別への反論であった。原は、1916（大正5）5月31日（水）付の『信濃毎日新聞』に次のような記事を寄稿しているので、その一部を原文のまま転載しよう。

　「或る種の猿は幾分のA成分を持つて居るが、一般動物は多くB成分である。欧米人にB成分の少くして日本人に多き理由を以て直に人間の賢愚を論ずることは酷に失する嫌ひもあるが、性質を異にする點などは徐程明瞭なことであらう。此の研究が更に進歩した暁には一家族の遺傳的關係も判然し又進化學上必ずや大なる助けをなすであらう」

　原はこの新聞報道の約2か月後、1916（大正5）年7月25日（火）付の『医事新聞』954号に、助手の小林栄（千葉医学士、1888-1952）と連名で、「血液ノ類属的構造二就テ」という長文の論説（論文）を発表した。類属とはgroupの訳で、血液の類属とはblood-groupのことであるため、現代的にいえば「血液型の構造について」ということになる。これは新聞に掲載された論文ではあるが、血液型と性格に関する世界で最初の文献といえるだろう。人間の個性に関係したところを原文のまま抜き出してみると、次のとおりになる（ただし、新聞は縦書きである）。

第3章　大村政男と血液型性格心理学　073

「類属ノ差違ニ依リ人ノ性質又其他ニ何カ特長ノ存在スルヤ否ヤニ就
テハ未ダ全ク不明ナルモ、予等ガ実験上聊カ奇異ニ感ジタル点ノミヲ左
ニ挙グレバ、実験中此人ハＢニ非ズヤと思ハルヽ人ハ多クハＢナリキ。
如何ナル人カト云ヘバ、身体ノ細ク優シサウナル人々ナリキ。
　曩キニ述ベタル兄弟6人アリテ内5人共ニＡ、1人ダケ零ナル家庭ニ
於テＡノ人々ハ同ジ様ナル性質ヲ有スルモ、零ナル1人ハ全ク異ナル性
質ヲ有セリ。
　又或ル小学校ニテ兄弟1人ガＡニテ1人ガＢノモノアリテ、此ノ2
人ガ又甚シキ性質ノ相違ヲ優セリ。Ａノ方ハ柔順ニテ成績優等級ノ首席
ヲ占ムルニ、Ｂノ方ハ粗暴ニシテ級ノ最下等ノ成績ヲ有セリ。以上ノ如
キハ恐ク偶然ノ事柄ナランモ、然レドモ特ニ斯ノ如キ点ニ就テ調査セバ
興味多キコトヽ信ズ」（ルビは、藤田主一挿入）

この論文を現代文に翻訳すれば、次のようにまとめられるだろう。

(1) 血液型の違いで性格に特長があるのか否かはまだ全く明らかになってい
ないが、この人はＢ型ではないかと思われた人はたいていＢ型であった。体
が細く、優しそうな人たちはたいていＢ型であった。
(2) ある家庭に兄弟6人がいたが、そのうちの5人がＡ型で、1人だけが零
型（注：Ｏ型のこと）であった。Ａ型の5人は同じような性格を持っていたが、
零型の1人はまったく異なっていた。
(3) また、ある小学校に兄弟2人がいたが、1人がＡ型で、1人がＢ型で
あった。この2人は性格的に非常に違っていた。Ａ型のほうは柔順で成績は
首席であったが、Ｂ型のほうは粗暴で成績は最低であった。
(4) このようなことは恐らく偶然かもしれないが、血液型と性格の点につい
て調査をすれば興味深いことと信じている。

　原来復のこの論文は、それから以後の日本の社会に浸透してきた「ABO
式血液型と人間の性格とが関係する」という考え方のルーツであり、彼は血

液型個性研究の先駆者となったが、その業績は後の研究者に引用されなかった。

　そのような事実を振り返ると、埋もれていた原来復にスポットライトをあてた大村政男の学問史的な功績は大きい。

　この後、血液型と性格の関係に注目したのが古川竹二である。彼は血液型と性格の問題を研究として成立させた。そして、学会で議論がおこり、結果的に血液型と性格の関係は否定されるに至った。古川竹二に関係した記述については、第Ⅰ部第1章に詳しい。

　否定された古川学説のその後について、大村は次のように述懐している。

　　「私（大村）は、日本大学付属第二中学校の生徒だったころ、慶應義塾大学医学部教授の林髞（1897-1969、ペンネームは木々高太郎）の弟子の大久保金蔵に『生理学』を教わった。そのとき、血液型と性格についての話も聞いたが、血液型を知らなかったのでたいして関心を持たなかった」

　その大久保の恩師である林髞について、松田薫が著書『「血液型と性格」の社会史』（改訂第二版）（1994，河出書房新社）のなかで触れている。そのことについて、大村は私見を交えて以下のようにまとめている。

　　「1930年代に血液型の大流行があった。そのころ、木々高太郎は、大学生の成績と血液型の関係を調べ、なんの関係もなかったと記述している。また、彼の弟子たちは東京六大学の野球選手を調べ、関係がないとしている」

　矢田部達郎（1893-1958，京都大学名誉教授，YG性格検査の考案者）も、その著書『心理学序説』（1950，創元社）のなかで血液型と気質について触れ、次のような文章を載せている。

「(気質と血液型の間には)僅かではあるが正の相関が認められた。被験者が 1,000 人にもなるので、この相関はまったく無意味ではないと思われる。気質は経験によって変形されることが多く(注:それなら性格ではないか)、かかる変形を度外視すれば、血液型と気質との間に大雑把な対応を認めることができるかもしれない」

矢田部の書籍は、1950 年に創元社から発刊されているが、研究はそれより数年前であろう。

東京慈恵会医科大学の高良武久(1899-1996)は、1931(昭和 6)年に著書『性格学』(三省堂)を刊行している。この書籍の 1938(昭和 13)年版には、次のような注目すべき記述がある。それは「A 型は温順・用心深い。B 型は気軽・社交家。O 型は冷静・自信家」というものである。高良は、「血液型と気質・性格との対応はむずかしく矛盾が出てくる。古川学説は学界に波紋を生じさせ、追試者が続出しているが、いまだ賛否相半ばしている」と付け加えている。このような経緯がありながらも、古川学説は 1945(昭和 20)年の太平洋戦争終結を越えて生き続けていたのである。

大村政男は、目黒宏次・澄子の「人間関係学」も発掘した。古川学説は、「関ヶ原」(昭和 8 年 3 月 28 日、岡山医科大学で開催された「日本法医学会第 18 回総会」における「血液型と気質」に関する論争のこと)を境にそれ以後の学術や社会の表舞台へ登場することが激減してしまったが、その学説はさまざまな形に変貌して現在に至っている。その流れのなかで、ひときわ目立っているものは、1970(昭和 45)年 7 月、現代心理学研究会の目黒宏次と目黒澄子夫妻の『気質と血液型－関係的人間学への試み－』と題する私家版の刊行であろう。目黒夫妻の業績は注目されるべきであるが、そうならなかったのは私家版ということもあるが、翌年に発行された能見正比古の『血液型でわかる相性』(1971, 青春出版社)に飲み込まれてしまったのかもしれない。目黒宏次は『気質と血液型』の「まえがき」で、次のように述べている。

「古川竹二教授の『血液型と気質』の知識を戦前から持っていて、戦

後私たちの協同研究に持ち込んだのは、目黒澄子の方である。以来二十年近く、私の家を訪れる客人はもとより、御用ききの商人に至るまで、血液型と気質説の餌食にされて、人物研究の素材とされたのである。あの人は何型らしい。こういう気質だからと、夢中になって話し合ったり、又どうかすると、三月も半年も血液型と気質が話題にもならず忘れ去られたようになったりしながら、十数年を過した。あの人は何型らしいといった時あたり易い人とそうでない人、何型らしいと思っても百％あてることはむずかしいということ、何度も何度も失敗した末に、個人が相手の血液型を想定する場合、一定の法則があるような気がしてきた。つまりある人がどういう気質をもっているという場合、その人を云々する批評者の血液型が問題になるということを発見した。

それから、私等の血液型は、古川竹二教授の血液型と気質説から、人間関係学、或いは関係的人間学という学説の理論追究に進み、今日漸く仮説として発表するところまで達した」

2 能見正比古の「血液型人間学」

2.1 能見正比古の出現

能見正比古(のみまさひこ)(1925-1981、Figure 3.5)は、1925（大正 14）年 7 月 18 日（土）生まれである。この年の 10 月 4 日（日）に大村政男が誕生しているので、奇しくも能見（B型）と大村（A型）は同い年である。能見は、旧制の第四高等学校（金沢）を経て、東京帝国大学第二工学部電気工学科を卒業、さらに同大学法学部政治学科へ学士入学（中退）した。彼はマルチ人間で、理工系の人でありながら放送作家や多くの文芸的な仕事をこなしていたが、1981（昭和 56）年 10 月 30 日（金）、新宿の某所で講演中に倒れ急逝してしまったのである

Figure 3.5 能見正比古
（『血液型でわかる相性』より）

(享年 57)。

　能見は、なぜ「血液型人間学」という領域に手をつけたのだろうか。その回答に対して、次のような 3 つの情報がある。

(1) 東京大学の学生寮にいたころ、学生の行動が血液型と関連していることを知った（戦時中、人びとは胸に血液型を明示する布を着けていた）。
(2) 血液型と気質・性格との関係に詳しかった実姉の幽香里（東京女高師在学中の 1945 年 4 月、B29 による東京大空襲のときに被災し、それが原因で自死したという）から、さまざまな教示を受けた。
(3) 師匠で評論家の大宅壮一（1900-1970）から、「"血液型と性格をやると儲かるぞ" といわれたから」という（詫摩武俊による）。能見は大宅門下生だった。能見は大宅から「怪獣」と綽名されていたという。

　能見が最初の著書『血液型でわかる相性——伸ばす相手、こわす相手』（青春出版社）を出版したのは 1971（昭和 46）年 9 月なので、彼が 46 歳のときである。一般大衆から見ると、この本の目次は大変魅力的な内容である。たとえば「知られたくない内面公開——無意識にうごめく性格心理」「ひき合う相性、こわれる相性——誰とならウマが合うか」「血液型でわかる愛・異性——相手が反応を起こす突点」「血液型でわかるビジネス・人間関係——ウラを読めない人間は埋没」「血液型で決まる親と子の相性——思考や行動の遺伝関係」「血液型の意識的応用——もっとも効果的に自己を生かす」といった内容に、ABO 式 4 型の特徴を分かりやすく、しかも楽しく書き連ねる。さらに、多くのイラストを挿入したり、異性関係を全面に出したり、芸能人や政治家、スポーツ選手などを例に挙げたりすることで、身近なテーマとして引き込んでしまうので

Figure 3.6
『血液型でわかる相性』の表紙

ある。

　能見は、著書『血液型でわかる相性』（p.36 〜 37）のなかで、「もう一つ、同一人の同じ気質表現も、見る人によって、違ってくる。"アバタもエクボ"というヤツだ。小むずかしくいえば、"外界の刺激に対する心の反応が、一定の表現をとるとき、これを気質とか性格という"のである。……（中略）……性格（または気質）は環境により、また相手によって異なった表現をとる。また、同じ性格表現を、異なった性格の人は、異なったものとして受けとる。これを"性格（気質）の相対性原理"と、私は呼ぶ。従って、人の性格を観察するときは、めいめいが気質に応じて持っている"性格測定用目鏡"の偏差を、できるだけ補正するように心がけねばならないわけである」（原文ママ）と述べている。

　能見は、このような考え方に基づいて、Figure 3.7 のような血液型人間関係図を描き、多くの著書に掲載していった。彼は、この図について次のように解説している（要約）。

　「気質型と気質型のお互いに反応し合うあり方が"相性"なのであり、これが、すべての人間関係のもとになる。相性は、愛情、友情、夫婦関係にも現われるし、職場やビジネスなどの間でも強く作用する。また、一人対一人の相性もあるが、一人対集団、集団対集団の間でも、相性が意外なほど大きな影響を与えるのである。

　A型はO型のおもりをし、O型はA型をリードする。"おもり"というのは、相手の感情や情動を受容し慰め励ますことである。O型がB型をおだて、B型がO型をひっぱる。"ひっぱる"は、リードほど意志的では

Figure 3.7　能見正比古が描いた血液型人間関係図

ないが、結果としてＢ型の活動に合わせてします。Ａ型とＢ型の関係は、たがいにないものを求め合う"ひき合い"と、たがいに反する考え方が、反発し合う"押し合い"である。どちらがそのとき、まさるかが問題となる。Ｏ型とＡＢ型のコンビは、意外と強力で、いいチームである。Ａ・Ｂ・Ｏの三拍子が揃うから、外部に対し、しっかりした強さと有能さを持つ」

　Ａ型とＢ型は反発関係で、おもり関係は見出せない。ただ、Ｏ型はＡＢ型のおもり関係になるが、点線よりも弱い関係になるという。ここで、能見は重要なことわり書きをする。それは、おもりされる側……がする側……をリードするようになってしまうからである。そこで、彼は「おもり関係」を「リード＝おもり関係」と修正する。そこで、Ａ型とＯ型のおもり関係は、「リード＝おもり関係」と改められることになる。さて、どうだろうか。
　能見はその後、矢継ぎ早に非常に多くの書物を世に送り出した。この時代は、テレビが発達したマスコミの爛熟時代である。古川が壇上で演説していた時代とはまったく様相を異にしていた時代なのである。能見の著述は、この時代的風潮に上手に乗って大いに発展した。彼は自分の学問を「血液型人間学」と名づけたが、そのベースは古川学説にあったといってよい。つまり、彼の「血液型人間学」は、古川学説を下敷にしてスマートで巧みに構成されたコピーといわざるを得ないということである。古川が取り上げた各血液型の行動パターンを国語辞書的に書き直したり、面白おかしく解説したりしたのが能見の「血液型人間学」ということである。
　能見の血液型人間学が発展した原動力は、何といっても彼の筆力と話術の力である。古川が学術的で堅かったのに対して、能見は大衆的で柔らかかったということであり、また能見が活躍した時代は彼の方略にも有利であった。この時代、大多数の人びとは自分の血液型を知っていて、自分にかかわる内容がテレビの映像として登場したので、人気がでたのも当然のことであろう。
　能見は、全国レベルで「ＡＢＯの会」を組織し、月刊誌「アボ・メイト」を発行している。発行人は能見正比古、編集人は養嗣子の能見俊賢で、

Figure 3.8 『abo mate』創刊号
（1979 年 10 月 1 日）

Figure 3.9 『abo mate』最終号
（1986 年 4 月 10 日）

Figure 3.8 は創刊号、Figure 3.9 は最終号（69 号）である。

2.2 能見正比古と能見俊賢

　能見俊賢（1948-2006、Figure 3.10）は、能見正比古の養嗣子である。彼（A型）は、父親の正比古が急逝したのち、「大いなる遺産」である「血液型人間学」と「ABO の会」を継承し、さらなる発展をめざして邁進するが、2006（平成 18）年 9 月 27 日（水）、脳出血のため 57 歳で夭逝してしまった。父親と同じ没年齢である。

　浮谷秀一・大村政男・藤田主一は、2009（平成 21）年 8 月 26 日（水）に開催された日本心理学会第 73 回大会（主催：立命館大学）において、『血液型人間学者：能見俊賢を追悼する──血液型人間学の終焉』を発表した。この発表は、血液型人間学（Bloodgroup Anthropology）という偽科学を日本の大衆文化のなかに移植した、能見正比古の後継者能見俊賢を追悼するものであった。以下にその概要をまとめることに

Figure 3.10　能見俊賢（『血液型恋愛成功法』（文化創作出版）より）

しよう。

(1) 能見俊賢は、能見正比古と妻澄子との間に、1948（昭和23）年10月19日（火）、東京で誕生した。1985（昭和60）年3月16日号の「週刊現代」（講談社）は、能見俊賢特集号である。この特集号とその他2,3の資料から推算すると、俊賢は正比古が23歳、妻澄子が20歳のときの子どもであることになる。彼は養嗣子であるという。正比古の研究者である前川輝光もその著『血液型人間学――運命との対話』(1998, 松籟社) において「話が合わなくなる」と書いている。正比古が妻澄子の実家の敷地（東京都板橋区東山町）内に2階建ての家を建てたという記録がある。そのあたりに、俊賢の出生の謎を解く鍵があるように思う。

(2) Figure 3.11 は、独逸（当時の西独）の「AKTUELL」という雑誌に掲載された能見の血液型人間学についての記事で、その見出しは "Ihre Blutgruppe verrät Ihren Charakter"（血液型で性格がわかる「あなたの血液型はあなたの性格を露わにする」）である。右上には、正比古と俊賢の写真が掲載されている。

この記事は、Figure 3.12 の "You are Your Blood Type"（能見俊賢と

Figure 3.11 雑誌記事

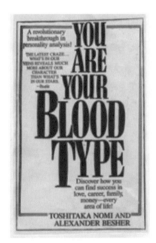

Figure 3.12
"You are Your Blood Type"

Besher, Aとの共著とか）と同じような読み物である。

また、Figure 3.13は、「*Newsweek*」(1985)に掲載された"血液型による型づけ批判"の記事である。左段下に能見俊賢の名前、右段下に大村政男（psychologistと紹介）、富家孝（Dr.と紹介）の名前を見つけることができる。

(3) 正比古と俊賢とは、カウンターパート（対等の立場にある相手）だったといえる。正比古はB型で俊賢がA型であったが、それは現実によく現われていると思う（浮谷・大村・藤田がこんなことを言ってはいけないのだが……）。

能見正比古は、心理学に対してはchallengingなスタンスをとり続けていた。彼は次のように咆哮している。「心理学は部分的には自然科学的な実験方法を採用しているが、中心思想は科学ではない。極端にいえば心理学者の数だけ心理学が存在する」と貶し、「断定できることは今や血液型と人間性との間に大きな関係の実在することが1点の疑う余地なく実証されたということである。史上初めて人間の行動に科学的な基準が与えられたのだ」（『新・血液型人間学』）と断言する。血液型気質相関説を首唱した古川説を抹殺した暴言である。

さらに「カイ自乗検定という計算がよく使われる。ややこしいことを覚えていただく必要はないが、この計算では"危険率"というパーセンテージをハジき出す」（『心理学エッセンス』1977, サンケイ出版）と無茶苦茶な解説をする。俊賢はそこまで攻撃的ではない。彼は「とにかく今まで誰も比較対象として考えなかった血液型人間の行動性・社会の現象の間に、こんなふうに偏りが出ました。どんな意味があるんだろう、共に考えたい、調査して行きま

Figure 3.13　「*Newsweek*」の記事

しょう——こういうテーゼを出しているんであってね。何かが決まったなん
て誰もいっていないし、言える時点でももちろんないし（後略）」。これは、
大西赤人の『血液型の迷路』（1986 朝日新聞社）における俊賢の発言である。
俊賢はこの部分の推敲・点検をしているはずである。A型の気の弱さ？かも
しれない。

(4) 俊賢は日本大学文理学部史学科を卒業している（1971：昭和 46）。卒業論
文は『豊太閤の外征と朝鮮の内情』である。野心的な主題である。彼は正比
古の後継者になったが、父親のようなカリスマ性が無く、しかも正比古の実
子でもなく、さらに正比古の著書の多額の印税収入のために家はすこぶる裕
福であった。彼が若いころ乗り回した Benz は、15 台はあったという。それ
に俊賢は正比古にもできないことをやってのけた。正比古時代の大物会員の
追放である。

　俊賢は正比古と違って狭量だったといえる。最近、古川竹二にルーツを持
たない、創造的な人たちによって新しい血液型性格判断が出現している。俊
賢がさらなる不運に遭わなくてよかったのではないかと考えるのは、皮肉な
見方であろうか？

3　大村政男の挑戦

3.1　血液型性格研究への目覚めと研究発表

　大村が長い冬眠から目覚め、「血液型と性格」との問題に踏み込んだ経緯
については、すでに本章 1 節のなかで述べた。彼は「反血液型研究者」の一
人として、日本応用心理学会での研究発表（1984 年）をスタートに、日本心
理学会や日本教育心理学会などの各学会で、データに基づいた最新の研究成
果や歴史上の事実などを繰り返し発表してきた。また、この間、『血液型と
性格』（1990, 福村出版）、『新訂　血液型と性格』（1998, 福村出版）、『新編 血
液型と性格』（2012, 福村出版）という著書三部作を上梓し、わが国の心理学
界に大きな足跡を残した。著書以外にも、多数の論文を世に送り出した。加
えて、新聞や雑誌などにも心理学者の視点から論評を公表し、わが国の社会

Figure 3.14　大村政男の著書三部作（福村出版）

へ警鐘を鳴らし続けたことは後世に至るまで長く記憶に残すべきことであろう。

　学会活動では、とくに日本応用心理学会において、「『血液型性格学』は信頼できるか」という統一タイトルで毎年継続して発表してきた。当初は、大村の単独発表であったが、途中から浮谷秀一と藤田主一が加わり、1984（昭和59）年の「第1報」から2014（平成26）年の「第31報」まで途切れることなく続いた。学会発表の内容は、「血液型性格学」の歴史と展望だけでなく、大村や浮谷・藤田が収集したデータとその統計分析に基づいたものも含まれる。分析結果から「血液型と性格」との関係は一般化できるものではなく、「血液型性格学は信頼できない」という方向が示された。
　ここで、各回の研究発表のキーワードを示そう。カッコ付の数字は、報告番号である。(1) 古川竹二、占い、思い込み効果、(2) 自分の血液型性格のアセスメント (3) 血液型性格の因子分析、(4) 能見正比古のデータ分析、(5) 能見俊賢のデータ分析、(6) 交通事故と血液型、(7) 血液型項目の入替え実験、(8) 著名人の血液型の推定、(9) プロ野球選手・力士の血液型、(10) 歴史的人物の血液型の推定、(11) キャテルの16PFと血液型、(12) 高校生・大学生におけるFBI効果、(13) 24血液型の吟味、(14) B型者につい

ての吟味、(15) 男性度・女性度と血液型、(16) 紅白出場歌手と血液型、(17) 野球選手の血液型、(18) ソープランドの女性の血液型、(19) 血液型を信じた心理学者、(20) FBI 効果、認知的適合感、(21) 目黒宏次・澄子の研究、(22) ドラえもんの血液型、(23) サザエさんの血液型、(24) お笑い芸人の血液型、(25) テレビタレントの血液型、(26) 能見俊賢、藤田紘一郎、血液型と食物摂取、(27) 能見正比古・俊賢、(28) 県民性・民族性・団体気質、(29) 血液型愛好サークル、(30) 衆議院議員・日韓タレント・アスリートの血液型、(31) 国技大相撲の力士の血液型。

3.2 わが国で流行る血液型心理学

　血液型と性格との間に深い関係があるように感じる錯覚は、わが国の大衆文化のなかに根強く浸透している。古川竹二が着手した学問的な追究は、いつの間にか血液型性格診断とか、血液型占いとか呼ばれるものに変容し、現在でも生き続けている。それではなぜ、わが国でこの問題が流行ったのだろうか。このテーゼに対して、大村は次のようにまとめている。

(1) 単一民族説：日本民族は単一民族とはいえないが、単一のように見える。みな同じ色の頭髪や皮膚の色をしている。アメリカやロシアなどの国民に比べればずっと同質である。そこで、同質すぎるから血液型でグルーピングしたのではないか。

(2) 四民制度説：日本の封建時代には「士農工商」という四民制度（身分制度）があった。それが現代にも存続している。武士は目的のためならどんな苦労にもめげず目標に立ち向かうので O 型、農民は自分が一度こうだと決めたらやり通す責任感がある意地っ張りなので A 型、工人はやることが実にユニークで創造性があるので AB 型、商人は対人関係が広く気さくで抜群の社交性をもつので B 型という置き換えがあるのではないか。A 型は辛抱強い、B 型は明瞭、O 型は意志が強い、AB 型は知的でクール……というイメージが、うまくこの士農工商という四民制度と結びついたのである。

(3) 時代的親和説：太平洋戦争の時代、日本国民は傷害を受けたときのため、

住所・氏名とともに血液型を書いた布切れを衣服の胸に縫いつけていた。そこで、1940年ごろから、日本人にとって血液型は慣習的に親和性があったのではないか。

(4) 日本人勝気説：日本民族は、一般に勝気であるといわれている。この勝気が白色人種の血液型による人種差別の思想と衝突したのではないか。

(5) 古川の研究と能見の筆力説：現代の血液型ブームのきっかけをつくったのは、原来復やわが国の陸海軍の軍医たちである。しかし、血液型気質相関説と呼ばれるものを樹立したのは古川竹二の功績であるが、それを独特な筆力で拡大した能見正比古の影響ではないか。

(6) グレートマザー説：わが国の血液型ブームは、一般に女性たちによって支持されている。そこで、恋愛・結婚などについての女性の普遍的無意識（グレートマザー）が、血液型と相性とを結びつけているのではないか。

(7) マスメディアのパワー説：テレビや週刊誌が、面白い話題として積極的に取り上げたからではないか。

　わが国において血液型が流行った主要因として、大村は上記の (5)(6)(7) ではないかと推測している。

3.3　大村政男の FBI 効果

　血液型と性格とが関係していると感じるのは、偉大な錯覚である。しかし、偉大な錯覚ではあっても、それが事実であるかのように感じ取られてしまうことがある。わが国の心理学界では、血液型性格学の虚構性や非科学性を多くの証拠によって明らかにしてきた。それはすでに定説となっているが、それでも一般大衆のなかには、血液型と性格との間に科学的な関係があると信じ、思い込んでいる人びとが存在する。

　大村は、一般大衆が「当たっている」ように感じてしまうトリックについて、「FBI 効果」という概念を提唱した。FBI は、もちろんアメリカ合衆国連邦捜査局（Federal Bureau of Investigation）のことで、司法省に属する警察機

関のひとつである。「FBI 効果」の発想は、「血液型と性格との関係を信じる人は、FBI でも捕まえられないのだ」という大村独特の遊び心を含んだ洒落た命名からくるものだ。

大村の構想は、すでに日本応用心理学会（応心）第 51 回大会（1984）の『発表論文集』のなかに見られ、そこでは「思い込み効果ではないか？」と記されていた。また発表当日に配布された『補遺』のなかで、次のように書いている。「"血液型性格学"では、4 つの血液型のそれぞれに適当な気質を与え、あたかもそれらが各血液型に特定なものとして表示しているが、それらの気質はフリーサイズの T シャツのようなもので、だれにでもある程度合致するものである。これを"フリーサイズ効果"という」

さらに、応心第 53 回大会（1986）の『発表論文集』で、「いわゆる血液型性格学（あるいは血液型人間学）なるものは、ラベリング効果（O 型気質はこれ、A 型気質はそれというようなラベル付けによって、人びとを欺瞞する）、フリーサイズ効果（だれにでも少しは適合するような行動のパターンを用意しておいて人びとを欺瞞してしまう）、インプリンティング効果（あなたは B 型、それならばこれです──といって特徴を書いたリストを出す。それが頭の中に刷り込まれてしまう）を利用している偽科学である」と記載しているが、まだ「FBI 効果」という記述は見られない。学会発表としてその名称が最初に登場するのは、応心第 56 回大会（1989）における「小講演 I：科学と偽科学の対決──血液型性格学の虚構性」の折に配布された小冊子の中である。

それでは、「FBI 効果」に潜む 3 つのトリックを説明しよう。なお、Figure 3.15 は、かつてあるテレビ局発行の雑誌に掲載されたカットを大村がアレンジさせたものである。

(1) フリーサイズ効果（Freesize Effect）：FBI の"F"は、Freesize の"F"である。A 型者の特徴のひとつである「堅実な暮らしを望む」、同じく B 型者「マイペースな暮らしを望む」などの行動は、その血液型だけの特徴ではなく、他の血液型者にも当てはまるフリーサイズの T シャツのようなものである（注）。

(注) 今ではバーナム効果（Barnum Effect）として知られている。

Figure 3.15 大村政男の FBI 効果

(2) ブラックボックス効果（Black Box Effect）：FBI の "B" は、Black Box の "B" である。人の心は偉大なブラックボックスである。このボックスのなかに ABO 式 4 群の記号が付いたディスクが入っている。自分の血液型のディスクを取り出してプレーヤーに入れてみると、かねがね思い悩んでいた「本当の自分」に会えるのである。

(注) FBI の "B" は、FBI の構想当初、「ラベリング効果：LaBeling Effect」と説明されていたが、その後「ブランド効果：Brand Effect」に修正された経緯がある。

(3) インプリンティング効果（Imprinting Effect）：FBI の "I" は、Imprinting の "I" である。刻印づけ、あるいは刷り込み効果である。「これが A 型の特徴です」といわれると、それが心のなかに刷り込まれて、忘れられないものになってしまうのである。インプットされた情報はなかなか消去されず、ますます強固なものになる傾向がある。

3.4 大村政男とマスメディア──能見俊賢との攻防

(1) 1982（昭和 57）年 5 月 17 日（月）19：30 〜 20：00 に、NHK 総合テレビジョン「ウルトラアイ」で「診断あなたの血は（1 – 血液型 –）」が放送された。ここでは、山岡淳（日本大学文理学部教授）が、一般人には非常に珍しい筆圧実験を登場させ血液型と体質との関係を追究している。

また、1984（昭和 59）年 2 月 21 日（火）8：40 〜 9：30 に、NHK 総合テレビジョン「おはよう広場」で「どこまでホント "血液型人間学"」が放送さ

れた。能見俊賢とともに出演していた大村は、ニセモノの血液型性格特徴でも 63 人のうち 57 人（90.5%）が引っかかってしまうことを証明した。すなわち「A 型」と書いてあると中身が「B 型」であっても「O 型」であっても、A 型の人は「これが自分の性格だ」と認知してしまうのである。そのときの様子について、俊賢は「アサヒ芸能」（1985 年 9 月 26 日）に所載の記事のなかで、NHK の番組での大村の姿勢（データに基づく反血液型）を次のように批判する。「学会の権威をかざして、感情論でものをいうので、不快になった。（中略）学会で発表したという数値はせいぜい数百単位でしょう。数百はデータじゃない。うち（ABO の会）の基本データは 2, 3 万人ですよ。大村教授のような感情論が先に立った人とは、論争なんてバカバカしくてやりたくない」それからも他局では、血液型肯定論者（能見俊賢）と血液型否定論者（大村政男）とをテレビ画面などで対峙させる番組を企画したため、大村がテレビやラジオへ出演する機会も増えたのである。

(2) 大村の「反血液型人間学」と俊賢の「血液型人間学」との攻防は、テレビ画面での討論、新聞や雑誌などの紙面ではなばなしく火花を散らした。たとえば、「朝日ジャーナル」（1985 年 3 月 8 日）では、大村が「"血の商人" の餌食になるな——デタラメぶりは立証された」というセンセーショナルなタイトルで偽科学を論破すると、俊賢は「学問としての体系化は数百年先」と防衛する。また、鈴木芳正は「血液交換で性格変化を調べたい」と非現実的な論を展開する。そして『現代無用物事典』（朝日ジャーナル編，新潮文庫，1989 年 1 月 25 日刊）のなかに「血液型性格判断」が取り上げられた。

(3) 血液型と性格との関連性について疑問を呈した書物に、森本毅郎の "TBS 日曜ゴールデン特版" 編『血液型人間学のウソ』（日本実業出版社，1985 年 3 月 15 日初版）を取り上げることができる（Figure 3.16）。この書物は、森本自身の血液型にまつわる話から始まったものである。森本は血液型検査の結果、自分は AB 型だと知り、AB 型の特徴に当てはまる自分を誇りに思い、また周囲の人びとからも「森本は典型的な AB 型者」と言われ続けで納得していた。しかし、彼の娘が「遺伝的に両親の血液型（AB 型と O 型）から自分（O 型）は生まれるはずがない、自分はこの家の子どもではない」と訴えたの

Figure 3.16 『血液型人間学のウソ』の表紙

である。あわてた森本が再検査したところ、自分は AB 型ではなく A 型だったことが判明した。この身につまされた個人的体験から、能見正比古・俊賢父子の「血液型人間学」を正面から批判することに取り組んでいった。

森本はこのような血液型と性格に関連に対する不信から、血液型で性格がわかるというのはインチキではないか？　それは心理的なトリックではないかという疑念から、血液型ブームへの不信感を番組の企画が練られていった。それが、1984 年 7 月 15 日（日）の TBS「諸君！スペシャルだ　ブームに異議あり！血液型信仰を斬る」の放送である。彼とスタッフが共通に考えていたことは、「お遊びか占いにすぎないと思っていた血液型性格学が、いつのまにか会社の人事にまで影響を与えるまでになっている。個人では選択できないことがらで人生を左右されるというのは許せない」との正義感だという。番組後の賛否両論の反響はすさまじかったようで、「おもしろくなかった。気持ちのうえでは楽しくなかった」「科学的にはそうなんだろうけど、どうもね……」「なにも。若い女の子たちの夢をつぶすことはないでしょう」「科学、科学といえばいいってものではないでしょう？」などという反応も目立ったようである。森本をはじめ番組スタッフたちは、「心のどこかで、本当は科学的には根拠がないのかもしれない、でも信じたいという心理に、土足でふみこんでしまったのかもしれません」と述懐している。

この書籍は、その番組を基にして出版されたのである。もちろん、書籍発刊の前年（1984）に大村が応心第 51 回大会で発表した発表した事実も掲載さ

れているし、その発表結果などの結論も開示する。

(4) 1985（昭和60）年9月25日（水）「サンケイ新聞」（夕刊）の「ゆうかん特報'85」に、「〝血液型論争〟がっぷり四つに」という見出しで、社会部の記者が「血液型人間学」に対する大村と俊賢の言い分を紹介している (Figure 3.17)。

　大村は、同年8月に開催された日本応用心理学会第52回大会（主催：岩手大学）における研究発表を基に、一刀両断に批判する。「いま流行の『血液型性格判断』は、古川竹二の学説を"焼き直したもの"にすぎない。血液型分類を信じている人は、だれにでも当てはまりそうな表現のラベルに引きずられて、"自分の血液型の特徴"と思い込んでいるだけである。これで人を判断されたら、新しい差別につながる」

Figure 3.17　サンケイ新聞の記事（1985年9月25日夕刊）

この大村の批判に対して、俊賢は次のように反発している。「血液型がなぜ気質に影響を与えるのか、この解明はこれからである。父（正比古）の代から集めたデータは 15 ～ 16 万人に及ぶ。本当の実用科学になり得ていない心理学の手法で、しかもわずか数百人のデータで有意差が出ないと批判しても、そんな感情論にかかわっている時間はない。血液型分類のすべてのメカニズムがわからなければ学問ではないと決めつけるのは、学問のとるべき態度ではない」

大村と俊賢による相反する主張に、詫摩武俊（東京都立大学教授）は、「血液型は親から子に遺伝し、一生変わらない。それで、性格と関係しているのではないかという素朴な関心がある。血液型分類を信じている人は、単純で、人と仲良くしたいという傾向がつよいのではないか」と指摘する。

(5) 写真週刊誌「FLASH」の 851 号（2005 年 1 月 25 日号）は、珍しくも「血液型性格判断」についての特集を組んでいる。どこが珍しいかというと、反対論も載せているからである。この特集の執筆者のなかから、俊賢と大村の主張をそのまま引用しよう。もともとのスタンスの違いを理解できるはずである。

【提唱者：能見俊賢氏】数十万に及ぶデータで科学的に実証されている！

血液型は今のところ、人間が持つ唯一客観的な違いなんです。この違いをもって、性格との関連性を見ていこうと考えたのが、故・能見正比古（俊賢氏の父）の"血液型人間学"なんです。

普通に考えても、血液型という物質の違いが性質に無関係であるわけがないですよね。それを皆さんに説明するために、アンケート調査・各分野の人々の血液型分布調査・スポーツ選手や子供の行動観測の３点から、30 年間数十万にも及ぶデータを取ってきたんですよ。そのほとんどで血液型別の隔たりを見せています。それがなぜ出るのかを、各分野から検証しているわけです。

科学的実証性がないと言う人がいますが、僕に反論するだけのデータを集めてきた人がまったくいない。学会という権威では認められないか

ら、排除しているだけです。

　占いや決めつけの性格"診断"とははっきり違います。僕が言ってるのは、科学的に実証されている新しい学問なんですよ。"血液型人間学"の研究をして批判するならわかりますが、占いや決めつけの放送だけを見て、弾圧するのなら徹底的に抗戦します。まあ、ガリレオの地動説のように、新しい学説ってのは常に弾圧されるものなんですがね（笑）。

【一部否定：大村政男氏】能見説はフィクション。でも廃れないでしょうね

　能見正比古氏の説は、壮大なフィクション。皆幻覚にとらわれてるんですね。昭和の初期に現われた血液型と性格を関連づける説を、模倣して書きまくっただけなんです。彼の文章力と、マスメディアの発達という時代がなしたワザです。心理学の分野でデータの統計的検定をしても、血液型と性格を関連づける結果は出てこない。これは断言してもいいですね。

　でも僕は血液型と性格を関連づける考えは、昔から好きなんですよ（笑）。心理学とは違う分野から、新しい切り口をもって血液型に迫れば、性格との関連性が証明される可能性はあります。あくまで可能性ですよ。何年後になるかもわかりません（笑）。

　これだけ血液型性格診断が流行するのは、日本文化のなかに、それを受け入れる性質があるから。単一民族というイメージを分類して理解したいという欲求につながるのでしょうか。それから、日本は血族信仰が強いということも関連していますね。

　生まれ持った体質の違いは大きいと思っていま

Figure 3.18 「血液型と性格とは関係ないのだ！」（大村政男）

094　第Ⅰ部　血液型性格の歴史的展開

す。体質と性格を関連づける学説は多いんですよ。血液型と性格の関連性も、脳や免疫、遺伝子の分野から証明されることに、これから期待したいところですね。

3.5 結語

　大村政男は、心理学徒のころから「血液型と性格」の関係する領域に大きな興味を抱いていた。しかし、当時のさまざまな事情が重なり、かなりの期間その領域に触れることを抑圧せざるを得なかった。その後、ある学生の卒論をきっかけに、無意識の層に潜伏していた血液型への思いが甦ったのである。その思いは、「血液型と性格」との関係を信じる、信じないということではなく、心理学という科学から見て、その風潮を認めてよいものか否かという観点が大きかったといえよう。

　大村の興味の範囲は広がり、古川竹二の研究に至る前後の歴史だけでなく、能見正比古・俊賢父子が示した非科学性の検証にまで及んだが、その詳細な記述は、よくここまで調べ上げたものだと思うものばかりである。しかも彼は、第二次世界大戦（太平洋戦争）にまつわる軍事体制や戦記物などに大きな関心を寄せていたこともあり、彼の「軍隊と血液型」との記述には目を見張るものがある。

　第1回目の学会発表は、当時わが国大衆に浸透していた血液型と性格との常識論を科学的に撃破しようという試みであった。しかし大村は、科学では説明できない社会生活や風潮があること、科学的に真実と言えないものが流行することを認め、だからこそ科学的心理学と血液型心理学（血液型気質相関説、血液型人間学）との平行的関係を容認していきたいという信念を持ち続けていることが理解できる。大村政男の彼らしいところである。

　大村政男が第一に評価されるべきことは、見過ごされてきた「埋もれた心理学史」の発掘であろう。「血液型」という医学的・生理学的なニュアンスの高い領域に、これまで純真な心理学は大きくタッチしてこなかった。現在のところ、血液型心理学のブームは沈静化したかに見えるが、今後バイオリズム的なプロフィールを描いて何度目かの復活を遂げるに違いない。そのと

きこそ第二、第三の大村政男の登場が必要である。

　大村政男が人生の3分の2に至るころから「血液型心理学」の魅力に取り憑かれたのには、いったいどのような意味があったのだろうか。ある人びとは「大村政男は血液型の信者ではないか」「隠れキリシタンであろう」と揶揄しているが、大村自身も「そうかもしれない、ただ、この関係に大変魅力があることは間違いない」と漏らしている。大村がまだ果たし得なかった研究者としての魂を、私たち後塵を拝する心理学者は忘れてはならない。

　大村は、最後の著書『新編血液型と性格』(2012, 福村出版) の「あとがき」のなかで次のように述べている。「この書物が多数の人びとの愛読書になり、研究者たちの問題の書となることを祈念してペンを擱く」と。そこには、大村がやり残した研究と問題提起への思いがひしひしと伝わってくる。「血液型ブームは必ず繰り返す」と言っていた大村の先見性は正しい。埋もれた心理学史の発掘と大衆社会に浸透した現象の追究は、次世代の研究者へ向けた彼の期待と願いである。大村政男がこの研究に捧げた人生は、末永く心理学界の歴史に残ることだろう。

引用文献

藤田主一(1996). 血液型性格類型論と性格検査との関係について　城西大学女子短期大学部紀要, *13*(1), 29-41.

松田薫(1994). 血液型と性格の社会史——血液型人類学の起源と展開——　改訂第二版　河出書房新社

大村政男(1990). 血液型と性格　福村出版

大村政男(1998). 新訂 血液型と性格　福村出版

大村政男(2006). 図解雑学 心理学　ナツメ社

大村政男(2012). 新編 血液型と性格　福村出版

大村政男・浮谷秀一・藤田主一(2007).「血液型気質相関説」の史的評論——原来復の時代から古川竹二の時代まで——　応用心理学研究, *33*(1), 1-12.

大村政男・浮谷秀一・藤田主一(2008).「血液型気質相関説」の史的評論Ⅱ——目黒宏次・澄子と能見正比古の構想を中心として——　応用心理学研究, *33*(2), 59-72.

大村政男・浮谷秀一・藤田主一(2009).「血液型気質相関説」の史的評論Ⅲ——追悼 能見俊賢・中国における血液型性格判断を中心にして——　応用心理学研究, *34*(2), 97-106.

第4章／「血液型人間学」に
踊った人々

●山岡重行

1　「血液型人間学」の登場

　古川竹二の血液型性格関連説は、心理学の学説でありパーソナリティ心理
学の文脈に位置づけられるものであった（第2章）。また、古川説が登場する
歴史的背景は、白人帝国主義国家のアジア人差別に対する、大日本帝国の威
信をかけた反論として生み出されたものであった（終章）。心理学の学説とし
ての血液型性格関連説は300ほどの追試研究が発表され、1930年代前半に
は心理学を含んだ科学の文脈からは消えていった（第1章）。しかし、古川は
「血液で職業と結婚の適否が分かる」などという文章も発表し大衆にアピー
ルしており、血液型性格関連説は人々の記憶の中に潜伏していたものと思わ
れる。

　その血液型性格関連説が突然復活したのは、1971年のことである。放送作
家の能見正比古が『血液型でわかる相性』（青春出版社）を発表したのである。
この能見の本が今に至る血液型性格判断、あるいは血液型占いの直接の源流
である。しかしその内容は能見の独創ではなく、古川説の現代語訳なのであ
る。大村（1990）は、能見の主張する各血液型の特徴は古川説を面白可笑し
く引き延ばしたものにすぎないと批判している。大村の血液型人間学に対す
る取り組みは第3章を参照されたい。

　しかし、内容は古川説の現代語訳であっても、能見正比古の最大の発明は、
血液型を、集団記述の道具から個人記述の道具に転換したことであろう。

デュンゲルンから古川竹二の考え方は、基本的に国民性や民族性など、ある集団の特性を記述する道具として血液型を使用していた。それに対し、能見以降の血液型性格判断は個人のパーソナリティを記述する道具なのである。そのために「相性」という概念が強調されるのである。もっとも、前述のように古川は既に「血液で職業と結婚の適否が分かる」という文章を発表しており、個人のパーソナリティや相性を記述する発想自体は古川が発明しており、能見正比古はそのアイディアを重点的にコピーしたと考えることもできる。

　筆者は大学生を対象に血液型性格に関する調査を 1999 年から断続的に行っている。1999 年は、週刊誌などの関連記事も減り書店の本棚から関係コーナーも消え血液型性格判断ブームは終局を迎えたように思われる（白佐, 1999）状況だった。それが 2004 年には 1 年間で約 70 本もの血液型性格関連説に関するテレビ番組が放送された（上村・サトウ, 2006）。これは、はじめに血液型性格特集を組んだ「発掘！あるある大事典Ⅱ」（関西テレビ）という番組がその週の視聴率トップを取ったため、各テレビ局が追随した結果であった。各局で 2 時間から 3 時間の特番も多く放送された。後述するように、それらの番組では特に B 型が否定的に描かれることが多かった。

　2004 年 12 月に放送倫理・番組向上機構（BPO）の青少年委員会は、各テレビ局に対して次のような要望を出している。

　　「血液型をめぐるこれらの『考え方や見方』を支える根拠は証明されておらず、本人の意思ではどうしようもない血液型で人を分類、価値づけするような考え方は社会的差別に通じる危険がある。血液型判断に対し、大人は"遊び"と一笑に付すこともできるが、判断能力に長けていない子どもたちの間では必ずしもそういうわけにはいかない。こうした番組に接した子どもたちが、血液型は性格を規定するという固定観念を持ってしまうおそれがある。

　　青少年委員会は、放送各局に対し、自局の番組基準を遵守し、血液型によって人間の性格が規定されるという見方を助長することのないよう

要望する。血液型で人を分類、価値付けするような考え方は社会的差別に通じる危険がある」

　このBPOの要望以降、2004年のように露骨に血液型性格を肯定するテレビ番組は放送されていないようである。しかしバラエティ番組におけるタレントのトークではタレントが血液型性格を肯定する個人的見解を表明することはある。また、タレント紹介、アニメやゲームのキャラクター紹介には星座とともに血液型が記入されることが定番となっている。

　2007年9月に『B型自分の説明書』が出版されシリーズ累計620万部を突破するベストセラーになり、2008年には血液型性格関連本が多数出版された。血液型性格判断はこのようにブームと鎮静化を繰り返し、半世紀にわたって日本社会に定着してきた。

2　「血液型人間学」の根拠

　2005年4月17日の「朝日中学生ウイークリー」に「血液型と性格関係あるの?」という記事が掲載された。父親の能見正比古とともに「血液型人間学」を標榜した能見俊賢は、この記事の中で次のように取材に答えている。

> 「百ジャンル以上、十万人以上から取ったデータで(血液型と性格の)関係は実証され尽くされている。」
> 「一般の人が『当てはまる』と実感を持ったからこそ、世の中でこれだけ広まっている。そうでなければ、こうはならないはずです。」

　能見俊賢が主張するように、血液型と性格の関係は「実証され尽くされている」のだろうか。能見親子が血液型性格の根拠とするものを少し検討してみよう。

　大西赤人(1986)の『「血液型」の迷路』(朝日新聞社)で、能見俊賢はインタビューに対し次のように答えている。

「ABO式血液型というのは、血液だけの問題じゃなくて、脳細胞の一つ一つから筋肉組織、内臓、皮膚、爪、髪の毛、とにかく全身の材料の違いを示す唯一の物質なんですよ。だからこれはもう、データを取る以前に、ごく自然に理論的に考えたって、例えば大西さんと私では、A型とB型という全く性能・構造の違った材料が全身に満ち満ちているわけですから、その材料の違いが我々の特性に影響を与えないわけがないんですよね。ただ、どの程度影響があるかはデータによって捕まえなきゃいけない。

人間の性格は特殊なものだから材料には無関係だ、なんていうのは感情論に過ぎないわけで、全身の材料が違えば、気質も体質も含めて影響を受けないはずがない、と。これが非常に素直な理論で、感情的に受け付けない人は別として、まあ、まともな人は『影響があるだろう』と考えますよね。」

「性格その他への血液型の影響のメカニズムも将来は丹念に裏付けなきゃいけないわけですね。ただいまの所は、とにかく現象面でハッキリとこれだけ関連性がある、と。こんな傾向がある、と。これを取りあえずやって行こう、と。」

血液型によって性格が異なるという能見俊賢の主張の根拠となる理屈は、体を構成する「材料」の違いが影響し異なる性格を生み出すはずだ、という極めて素朴な考え方である。古代ギリシャのガレノスの体液説に連なる考え方だと言うことができるだろう（第2章参照）。ただABO式血液型が異なる性格を生み出すメカニズムは分からないから、自分たちがやっていることは「血液型で性格が異なることを明確に示すことだ」と能見俊賢は主張しているのである。

では「血液型によって性格が異なること」を能見親子はどのような方法で明確に示しているのだろうか。能見俊賢は大西のインタビューに対し次のように答えている。

「その年（筆者注：『血液型で分かる相性』を出版した1971年）から翌年にかけて、2万人に及ぶ気質アンケート調査をして、ここから本格的なデータの裏付けを始めたわけですね。

　当初は、一番手っ取り早く、『血液型で分かる相性』の読者アンケート。普通の読者カードの返りとは比べものにならないくらいスゴく返ってくる訳です。そういう読者だから、次の情報をほしがっていることもあって、こちらがアンケートを頼んでも、自分だけじゃなく家族や友達まで調べて……ある人は、アンケート用紙をコピーして、百枚ぐらい集めてくれたんですよ。そんな大変な協力に支えられて、トータルで二万枚ぐらい集まって。

　当時、五十問ぐらいでしたかね。なるだけ価値評価の入らない日常生活での好みや行動の傾向を答えていただいたわけです。それを全部集計して、ご存じの日本人平均の血液型分布と照らして、異常な偏りに統計学上の有意差検定を施したりしながら、これまでの分析・観察を付加して、『これが△型の基本気質の普遍傾向ではなかろうか』というようなことを少しずつ掴んで行く、と。それから、もう一方では、スポーツ、政治、経済——そうした専門分野、特殊分野の血液型を丹念に集めたんですよね。で、その偏りと日本人平均とのずれを調べて行った、と。」

　では、その専門分野、特殊分野の事例を見てみよう。

　「O型は政治家タイプ」であり、「その政治好きが日常でも目立つし、仲間作りは熱心で、権力への関心は一番高い」と能見親子は主張している。その根拠になったのは1976年の衆議院議員の血液型分布であるようだ。血液型が判明した1976年の衆議院議員の412名のうち、A型122名（29.61%）、O型155名（37.62%）、B型75名（18.20%）、AB型60名（14.81%）だった。χ^2検定の結果有意な結果が得られたというのである。

　確認のために、A型38.1%、O型30.7%、B型21.8%、AB型9.4%という日本人の血液型分布を元に期待度数を算出しχ^2値を算出したところ、$\chi^2 =$

28.587（*df*=3, *p*<.001）であり確かに有意な結果が得られた。ただし観測度数と期待度数のずれはO型よりもAB型の方が大きく、この結果を基にするのであれば、「AB型は政治家タイプ」と主張するべきであろう。では、この結果を基にO型、あるいはAB型は政治家タイプと主張して良いのだろうか。

　まず、どのようなパーソナリティ特性をもって「政治家タイプ」と見なすのか定義する必要がある。能見親子が主張しているのは「衆議院議員にAB型あるいはO型が多い」のであり、それは「AB型あるいはO型は政治家に必要とされるパーソナリティ特性を持っているためだろう」という推定に基づいている。

　この推定の前段階である「衆議院議員にAB型あるいはO型が多い」は事実なのだろうか。衆議院議員は選挙によってメンバーが変動する。メンバーが変動しても日本人の血液型分布よりもA型が少なくAB型あるいはO型が多いことが繰り返し確認されるのであれば、「衆議院議員にはA型が少なくAB型あるいはO型が多い」と主張することは可能である。草野（1995）は1994年の衆議院議員と参議院議員の血液型分布を、草野（2001）は2000年の衆議院議員と参議院議員の血液型分布を調査し、いずれも日本人全体の血液型分布と差はないことを報告している。つまり、「衆議院議員にはA型が少なくAB型あるいはO型が多い」と主張することさえできないのである。主張できるのは、「1976年の衆議院議員にはA型が少なくAB型あるいはO型が多かった」ということだけである。

　では、もしもその後も継続して「衆議院議員にはA型が少なくAB型あるいはO型が多い」ことが認められれば、「AB型あるいはO型は政治家タイプ」と主張できるのだろうか。世襲議員が多い日本の国会では、ある特定の血液型が多くなる可能性は今後もあるだろう。もしそうなった場合、その多くなった血液型の特性が政治家に適しているということになるのだろうか。

　問題となるのは「政治家」の定義である。衆議院議員は政治家である。参議院議員も政治家である。都道府県知事や地方議会の議員も政治家である。現在は議席を得ていないが次の選挙に向けて政治活動を行っている者も政治家である。つまり衆議院議員は政治家の一部にすぎない。一部を持って全体

を語ることはできないのである。

このように能見親子の主張は、たまたまどこかの血液型の割合が日本人全体より多い職業を探してきて、その職業と血液型性格をこじつけて論じているにすぎないし、その職業の定義も曖昧なものである。「実証され尽くされている」とはほど遠い状況であり、まともな実証が一つもないのが実情なのである。

能見俊賢が主張する「十万人以上から取ったデータによる実証」について少し検討してみよう。草野（1995）は、このデータ数に関して次のような偽装が行われていることを紹介している。

　　　「能見さん親子の著書によれば『血液型人間学』（73 年）では 5000 人、
　　『新・血液型人間学』（80 年発行）には 15000 人、『血液型活用学』（84
　　年）では 24000 人がサンプルになっていると言います。そのそれぞれが
　　多いときには 40 以上の質問に答えたので、概算で述べ 15 万人分とカウ
　　ントしています」

つまり、15 万人のデータというのは実質 1/40 の 3750 人のデータということになる。これは明白なサンプル数の偽装である。

またこのデータを収集した方法は、能見正比古が 1974 年に発表した『血液型愛情学』（サンケイ出版）によれば、能見あての 3500 人の愛読者カードからほぼランダムに選んだ 2160 人とその家族や知人にアンケートを郵送し、回答を得たのだという。能見はその後血液型性格診断のファンクラブである「ABO の会」をつくり、この会員達にアンケート調査を行ってデータを増やしていった。能見の血液型性格診断の著書を買い、切手を貼って愛読者カードを送る人物は能見の血液型性格判断の支持者といってよいだろう。能見は調査対象をランダムに選んだとしているが、もとになった集団が血液型性格判断支持者の集団なのである。例えば、ジャイアンツのファン感謝デーに集まったプロ野球ファンに好きな球団をたずねれば、ほとんどの者が「ジャイアンツ」と答えるだろう。ジャイアンツ・ファンもプロ野球ファンであるが、

これでは「プロ野球ファンがどの球団を推しているか」の調査データとして使い物にはならない。血液型性格支持者や血液型性格判断ファンクラブのデータを何十万人分集めても、血液型性格に関するデータとしては無意味なのである。

　さらに、能見親子は様々な著書や取材で、血液型人間学は何十万人分の調査データに基づいていると喧伝していたが、その調査結果は全く発表されていない。その著書に示されたデータは、能見俊賢の言う専門分野、特殊分野の血液型がほとんどである。その中でも前述の衆議院議員の血液型分布はサンプル数がかなり多い方である。プロ野球新人王受賞者63人の血液型分布、大相撲年少入幕力士ベスト11の血液型分布といったように100に満たないものが多いのである。それもプロ野球選手名鑑、テレビスター名鑑などと照らし合わせたものでしかない。

　そもそも、少数のデータでは偶然による偏りが生じる。サイコロを1回ころがして、1から6のうちのどれかの数字が出る理論的確率は1/6=0.1667、すなわち16.67％でどの数字に関しても同じある。しかし、サイコロをころがす回数が少ないと、それぞれの目が出る回数が同じにはならない。サイコロを6回ころがして、1から6の目が1回ずつ出る確率は、（6の階乗）／（6の6乗）=6!/6^6 = 720/46656 = 0.0154321、すなわち1.54321％である。つまりサイコロを6回ころがすとほとんどの場合、いずれかの数字が複数回出現するという偏りが生じる。前述の大相撲年少入幕力士ベスト11が、A型4人、O型2人、B型4人、AB型1人でO型が少ないことから、能見正比古は1992年の『血液型であなたが見える』（広済堂出版）では、「O型は大器晩成型」と主張している。これは、サイコロを6回転がして3が出なかったら、「このサイコロは_____な性格なので3が出ない」と主張するようなものである。そこに偶然以上の意味はないのである。

　ところで、ある職業にある血液型が有意に多い状況が続いていたとしても、それが何を意味するのだろうか。能見親子は「政治家にO型が多いのは、O型は仲間作りは熱心で、権力への関心が一番高いから」というようなロジックを多用し、ある職業にある血液型が多いことを血液型性格の証明と考えて

104　　第Ⅰ部　血液型性格の歴史的展開

いるようである。しかし、職業と性格を結びつけるものは、「能見親子が推測した（こじつけた）血液型性格」であって、そのこと自体の証明が全く為されていない。同じ職業に従事する者はみんな同じ性格だとでも言うのだろうか。ある職業に特定の血液型が多かったとしても、そこに偶然以上の意味はない。そこにあるのは、意味があるように見せかけるこじつけだけである。

　何十万人ではないが、能見正比古の『新・血液型人間学』（1980 年発行）では、「人と一緒にする食事について、美味しく感じる最高は」という質問に対する 5286 名の調査結果を披露している。この質問自体意味が曖昧だが、回答の選択肢が「多数の仲間と賑やかに」「親しい友人 2・3 人と」「家族そろって最高」「一人よりはましという程度」「一人で食べてもうまいものはうまい」なのである。

　この選択肢には一緒に食べる人数とその相手との関係という 2 つの要因が含まれており、単純な比較はできない選択肢である。このような意味不明の質問がなされているのであれば、何十万人分のデータがもし存在したとしても意味はない。ただし、それは心理学者である筆者の判断であり、能見親子は意味があると考えたからこのような調査項目を使用して調査を行ったのだろう。であればなおさら著書等で発表するはずである。血液型性格の本を書くことを主な生業としていた人物が、その本のネタになる調査データを発表しないということは、データ自体が存在しない可能性も含めて、発表できないということなのだと判断せざるを得ない。

　能見親子が血液型性格の根拠として用いるもう一つの材料が、有名人の血液型である。「あの人物が ＿＿＿＿ な人間であるのは、☆型の□□□な性格が強くあらわれているからだ」という論法である。多くの人が知っている有名人は、マスメディアを通して一定のパーソナリティ・イメージが形成されている。無論、その有名人の本当のパーソナリティがそのイメージと一致するとは限らないが、多くの人が言っていることは正しいと思い込んで自分もそのイメージを共有する。その有名人に関する「＿＿＿＿ な人間」の部分が、自分の持つその人物のパーソナリティ・イメージと合致すると、合意的妥当化によって自分の人物評価が肯定されたと思い込む。被肯定感は報酬となり、

第 4 章　「血液型人間学」に踊った人々　　105

その後の「☆型の□□□な性格」という説明の部分まで受け入れてしまうのだと考えられる。

　能見正比古が読売ジャイアンツ終身名誉監督の長嶋茂雄についてどのよう論じているか紹介しょう。長嶋茂雄は選手時代からプロ野球のスーパースターであり、ジャイアンツの監督としても活躍した人物である。その一方で、いわゆる天然キャラであり、独特の言語感覚でバラエティ番組などでも人気を博していた。能見正比古は1971年の『血液型でわかる相性』では、仕事に集中し優れた業績を上げるAB型の代表が長嶋と記述している。野球への集中とAB型特有の物に対する執着の少なさが、長嶋の「物忘れ癖」の原因となると解説している。ところが1978年の『新・血液型人間学』（けいせい出版）では、一つのことに興味を集中させると、他のことがおルスになり不用心になるB型の首位打者が長嶋だと記述している。その不用心さが「物忘れ癖」の原因になるのだという。

　では、B型あるいはAB型は、あることに集中して高い業績を上げる一方、それ以外のことは執着しなかったり不用心になったりして「物忘れ癖」があるというのだろうか。ある課題に処理資源を投入すれば他の課題に投入すべき資源が不足しパフォーマンスが低下するということはあるだろう。だがそれはB型やAB型だけの話ではなく、状況的に誰でもそうなるのである。有名人をある血液型の代表選手に仕立て上げたところで、個人のエピソードで記述できるのは個人のことだけなのである。長嶋茂雄のエピソードで記述できるのは長嶋茂雄個人のことだけである。個人のエピソードをB型あるいはAB型全体に一般化することはできない。部分で全体を語ることはできないのである。不必要な一般化がもたらすものは社会的ステレオタイプの形成と強化、そして偏見の増幅だけである。

　また、「血液型人間学」はABO式の血液型によって性格が異なるという主張であり、当然AB型とB型は異なる性格とされている。長嶋の血液型はB型が正しいようだが、長嶋の野球の業績と「物忘れ癖」をAB型性格で説明するのであれば、同じ傾向をB型性格で説明できないはずである。どちらの血液型でも長嶋の野球の業績と「物忘れ癖」を説明できるであれば、それは

「血液型人間学」が「こじつけ」に他ならないことの証明である。

「百ジャンル以上、十万人以上から取ったデータで関係は実証され尽くされている」という能見俊賢の自信満々な言葉とは裏腹に、血液型人間学は血液型と性格の関係を実証するまともなデータを全く示していないのである。

3　「血液型人間学」を肯定する科学者たち

能見正比古が口火を切りブームとなった血液型性格判断は、様々な著者が無秩序に著書を発表した。それらは血液型占いであり、本書が検証する価値もないものである。本章の最後に、2人の科学者が主張した血液型性格説について検証してみたい。

前述の朝日中学生ウイークリー（2005）の「血液型と性格関係あるの？」という記事は肯定派2名、否定派2名と総括1名のインタビューを元にした記事である。能見俊賢とともに肯定派として登場したのが聖マリアンナ医科大学教授（当時）で発生生物学者の浅尾哲朗である。浅尾は神経細胞のシナプスにも血液型物質があることから、血液型によってシナプスが作られやすさが変わってくると考え、次のような仮説を披露している。「A型はシナプスが作られやすいため、いろんな情報を拾いやすく、行動に抑制がきくようになる。一方、B型は細かい情報を拾いにくい。このような結果、血液型と思考パターンには関係があるのではないか。」

浅尾（2004）『血液型と母音と性格』（論創社）と浅尾（2005）『血液型と母音でわかる新型性格診断』（ブックマン社）の2冊の著書が発表されているが、明らかに2004年のテレビ業界における血液型性格ブームを背景として出版されたものである。ただしこの2冊はほぼ同じ内容であり、後者では浅尾は監修となっており、おそらく前者をもとにライターがわかりやすくまとめた簡易版の印象が強い。

浅尾（2004）は、性格を理性的な思考パターンと情緒的な気質、およびその他の第3の小要因によって形作られるものと考えている。血液型で規定されるのは思考パターンであり、情緒的な気質は名付けられた名前の母音によ

り規定されると主張している。慎重、自己中心的、大胆、個性的といった情緒的な気質の部分は血液型の影響を受けない（p.38）と、よく言われる各血液型の特徴を排除している。

　浅尾（2004）は、「謙虚に観察を繰り返し、各血液型に特有な性質を抽出し検討を加えた結果」次のような各血液型の思考パターンを見出したとしている。

　　「A型は、過去の経験から得られた情報を元に改良を加える方向で意思決定する。そのため慎重や規則遵守といわれる思考パターンになる。過去の出来事との連続性に縛られる傾向があり、行動に一貫性があり、常識的で、自由な発想は不得意である。行動する前に、最終的な行動の結果まで考える思索型であるため、消極的とみられがちで、行動も抑制的である。周囲との調和を考え、配慮する。

　　B型は、心に浮かんだ欲求充足のために躊躇せず思いっきり行動する行動型で、未来に向けて挑戦し、過去のことに捕らわれず自由で独創的な発想をする。問題解決のために思いついたことをまずやってみる試行錯誤が発想の原点。思索よりも欲求充足のための行動であり、周囲への影響など考慮しないで、全エネルギーで行動するため周囲を振り回し、自己中心的とみられがちである。

　　O型は、現在の状況に適合した行動をとるために、現状に対応して臨機応変で柔軟な思考パターンを特徴とする。現状把握のために感覚機能が優れた感覚型であり、具体的な形を求め、物欲も出世欲も強い。対人関係も臨機応変で細やかである。状況の変化に対応して行動を決定する。

　　AB型は、A型とB型の思考パターンを併せ持ち思索型と行動型の両面を持つ。思考力も行動力もあり何でも適当にこなすことができる。ものの見方が自由で思いつきが豊かで柔軟な思考ができる。その反面、思考力も行動力も中途半端である」

　浅尾（2004）は観察から各血液型の思考パターンの仮説を立て、自分の専

門分野である発生生物学の知見を応用してこのような思考パターンが形成される生物学的な基盤について考えた。すなわち、血液型によりシナプスの形成されやすさと、脳内の興奮の流れる主要なルートが異なるために思考パターンが異なるという仮説である。

A型は、過去経験を次の行動の指針とする側頭葉型で、シナプスが形成されやすく衝動が抑制されやすい。B型は、過去や現在に縛られずやりたいことをやる前頭葉型で、シナプスが形成されにくく、抑制が弱く衝動的に行動する。O型は、現在おかれた環境からの感覚情報に反射的に反応する後頭葉型で、冷静で感情的ではなく、環境に依存し意志決定する。AB型は、A型のパターンとB型のパターンを使い分けるため二面性があるように見える。

浅尾（2004）は前書きで次のように論じている。「科学はもともと、自分の目で観察し、肌で感じ、疑問を抱き、解決していく姿勢から始まる。疑問や知識を教科書や論文からだけに頼る学者や研究者が、本当に科学的な精神活動をしているのか疑わしい」

また浅尾（2004）は、大村政男をはじめとする心理学者の態度を次のように評している。

　「性格を扱うのを本業とする心理学者は完全否定の立場を取り、特に大村政男氏は古川・能見説の不備を指摘しつつ、『血液型－性格説』という錯覚を国民に植え付けたと両氏を批判し、なかばこの論争は決着を見たかのような状態であった。（中略）

　確かに古川氏のデータ処理、能見氏の統計処理に不備はあったかもしれない。しかし結論を導く過程の技術に問題ありという理由だけで『血液型－性格』説を完全否定することは短兵急すぎるのではないだろうか。（中略）

　後になって振り返れば不備とか問題とかはどんな分野でも山ほど出てくるのは常である。個人の欠点を挙げつらい、死者にむち打つような仕事をライフワークにするようなまねは慎みたいものだ。微かな事象や密かな傾向を感じ取る感覚は、科学者というより人間あるいは生き物とし

て必須な能力なのではあるまいか。(中略)

　先の心理学者を含め、大半の学者や研究者は否定論者である。その論拠は、血液型を決めているのは単なる物質である、性格のような複雑な精神活動と関連があるはずがない、第一教科書の何処にも書いてないではないか、そんな論文は先進国のどこからも送られてこないではないか、そんなことを扱うのは迷信好きの無知な大衆であり、神聖な学者が取り組むものではない……といったところだろう」

　このような真の科学的態度に立ち、浅尾 (2004) は自分の目で多くの観察を繰り返した結果、遺伝要因である血液型は思考パターンを規定し、環境要因である個人の名前の母音の響きが感情や情緒を含んだ気質を規定するという仮説を立てたという。

　浅尾 (2004) の独創的なポイントは、血液型と「名前の母音」を組み合わせた点にある。浅尾はこの組み合わせについて、後書きで次のように書いている。

　　「日本人の性格に興味を持つようになったのは 20 年前『いい名前悪い名前』という実用書を読んだことが切っ掛けだった。読んでいてなるほどとうなずける内容であり、触発されたのだが同時に、名前の関わる部分は性格の全部ではないとも気づき、性格にやはり関わりを持つらしい血液型と組み合わせる必然性を感じた」

　また浅尾 (2004) は、性格を規定する原因となるものが「血液型、名前の母音、知能、教育、生活環境、その他の環境要因」であり、形成された性格が「顔相、手相、筆跡、くせ」に現れる (p.163) と主張している。

　では、仮説通りシナプス形成や脳内の興奮の流れる主要ルートが血液型によって異なるのだろうか。浅尾 (2004) は、A 型は側頭葉型で、O 型は後頭葉型であることを支持する MRI による大脳機能検査から得られている (p.81) と記しているが、詳細は不明である。視覚刺激を与えたとき (おそら

（O型は）視覚中枢の後頭部後頭葉だけが活性化することをMRIが示したというが、他の型はどこが反応したのか記述がない。何人ぐらいのMRI検査を実施したのかも不明である。またB型は前頭葉型とだろうと書くだけでMRIの結果はないし、AB型にいたっては記述すらない。シナプス形成の血液型による違いに関しては、推測だけで実証データはない。

　もう一人の血液型肯定派の科学者は、東京医科歯科大学名誉教授の藤田紘一郎である。藤田（2006）の『パラサイト式血液型診断』（新潮社）では、第1章で「血液型とは性格や体質が作られる先天的な材質であり、何らかの形で性格にも関わっていると考えるのが自然」という能見俊賢の言葉を引用し、「全く同意する」と態度を明らかにしている。同書の後書きでは、罹患率や重症度に血液型による差があり、免疫力までも違っているとなれば、「性格は血液型によって決められている」と考える方が自然だと主張している。藤田（2010）の『血液型の科学』（祥伝社）では、血液型により生まれながらに免疫力の差があり、その結果、血液型で性格がある一定方向に向かうと主張している。藤田（2006, 2010）は、腸内細菌が持つ血液型物質の遺伝子が体内に潜り込む遺伝子移入のために人間の血液型が生まれたと主張している。

　藤田（2010）は、人間が生活環境に適した体質に変化していったとすれば、人間性や性格も影響を受け、それを遺伝子に受け継いでいても不思議ではないと考えている。集団で狩りを行っていた紀元前3万年前くらいのクロマニョン人からホモ・サピエンスは、はじめは全員O型で、胃酸を多く分泌し肉類を効率よく消化する消化器官を持っていた。アフリカから世界各地に移住した人類のうちアジアに移住した新モンゴロイドは穀物栽培と定住生活に適応し、穀物や農作物の消化に適した腸内細菌の遺伝子移入により紀元前2万5千年から1万5千年前、A型人間が誕生した。ヒマラヤ山岳地帯に移住した者は遊牧生活を営み乳製品の消化に適した腸内細菌の遺伝子移入により、紀元前1万年前、B型人間が誕生した。そしてA型人間とB型人間の混血によって1千年前にAB型人間が誕生した、というのである。

「狩猟民族のO型は、最も免疫力が強いため、他人との接触を恐れず社交的で、新しいものに挑戦するフロンティアスピリットにあふれ自己主張の強い性格になった。狩猟民族の生活スタイルと、免疫力の強さから細かいことにこだわらず大胆で自信にあふれる性格になった。

農耕民族のA型は、免疫力が弱くいろいろな病気にかかりやすいために、周囲の人に気を遣い慎重で用心深く神経質な性格になった。農耕を中心とする生活のために計画的で几帳面な性格になった。

遊牧民族のB型は、O型の次に免疫力が強くO型と同じような行動を取るが、肺炎やサルモネラ菌に弱いために大勢の人の中に入ろうとしない生活スタイルから、常識や慣習にとらわれない自由奔放な性格になった。

A型とB型の混血によるAB型は、AとBそれぞれの特性を使い分けるため、二重人格や天才型になる。最も免疫力が低く、他者との接触を避け疑い深くなったり内向的な性格になった。」

前川（2011）は、藤田のO型狩猟民族、A型農耕民族、B型遊牧民族、AB型混血による新人類という概念は、その発生年代も含めて、ピーター・J・ダダモ（1998）の『ダダモ博士の血液型健康ダイエット』（集英社）のアイデアをそっくりそのまま使用していることを指摘している。

藤田（2010）は、能見正比古の手法について次のように記述している。

「能見正比古氏の性格分析は、数千人の人を観察した記録にもとづいています。総計四万人に及ぶ気質調査は、当初彼がコツコツ集めた数千人のアンケート調査から始まりました。その後の膨大な調査は、すべて能見氏の手作業によって進められました。この手法は厳密な科学研究の基準に達していないところがあるかもしれませんが、長い間膨大な資料を観察することで、明らかな傾向が見えてくるはずです。」

調査結果が公表されていないことや、調査対象の人数が「のべ人数」であ

ることを知ってか知らずか、藤田（2010）は能見正比古に対する一定の信頼を表明している。藤田（2006）自身、プロ野球選手の本塁打、安打、打点それぞれのトップ10を紹介してO型とB型ばかりだと、能見正比古の少数の職業事例と血液型の偏りを結びつける手法を踏襲している。浅尾（2004）も、有名スポーツ選手はO型とB型が、ベテラン俳優ではAB型が、ベテラン女優ではB型とAB型が有意に多いと、やはり能見の手法を踏襲している。

さて、2人の科学者の各血液型の描写だが、表現はどうであれ、能見正比古たちが主張する内容に回帰していないだろうか。A型は、周囲の人に気を遣い慎重で用心深く神経質で几帳面。B型は、常識や慣習にとらわれず自由奔放で自己中心的。O型は、社交的で自己主張が強く大雑把で大胆。AB型は、A型B型の二面性を持ち二重人格の天才型。

後述するが、1990年代前半には「AB型は天才型」とは言われていなかった。どちらかというと「B型は天才型」と言われていたようである（第7章）。また、「O型は大雑把」とも言われていなかったのである。もし発生生物学的に、あるいは遺伝子的にABO式の血液型で性格が規定されるのであれば、たかだか何10年かの短い時間で性格が変化するはずがない。つまり、血液型性格を肯定する2人の科学者がやっていることは、後付けの説明なのである。古川説から能見説をもとに現在よく言われている各血液型の特徴という結論が先にあるのだ。その結論が導かれる理由、ABO式の血液型によって異なる性格が生み出される仕組みを自分の専門知識から考えただけなのである。

この2人の科学者が強調するのは、「血液型性格が当てはまる実感」である。浅尾（2004）は、一般人の多くは身近に接する人の行動から血液型と性格の因果関係を感じており、科学者にも同じ思いを持つ者がいるはずだと書いている。藤田（2010）は、人間の心にとってはたとえ科学的根拠に欠けていても「当てはまる実感」があれば凄い力を発揮すると気づいたと書いている。前述のように能見俊賢も、「一般の人が『当てはまる』と実感を持ったからこそ、世の中でこれだけ広まっている」と、多くの人の「血液型性格が当てはまる実感」こそが血液型人間学の正しさの証しであるかのように語っ

第4章　「血液型人間学」に踊った人々　113

ている。これも後述するが、「あてはまる実感」を与えることは簡単であるし、「あてはまる実感」はそのことの正しさの証明にもならないのである（第6章）。

　これは、バーナム効果（あるいはフォアラー効果）と呼ばれる現象である。誰にでも該当するような曖昧で一般的な性格記述を、自分や自分の所属集団だけに当てはまる性格だと認識する現象なのである。自分以外の多くの人にも当てはまるのに、自分や自分たちにだけ当てはまると思い込むのである。ちなみに藤田（2010）も「フォアラー効果」について言及しているが、「相反する主張をすると一方を事実として受け入れてしまうこと」と、かなり独特な解釈をしている。ともあれ、科学者にもバーナム効果が起こることが2人の科学者の実例によって証明されたということになるだろう。

　高橋（2016）は、科学者の方が一般人よりも「魔術」に騙されやすい傾向があることを指摘している。科学者は常に合理的に思考することに慣れすぎているため、体験したことのないような非合理な現象に遭遇すると、逆に簡単に騙されてしまう、というのである。高橋は「プロジェクト・アルファ」の事例を紹介している。マクドネル・ダグラス航空会社社長だったジェイムス・マクドネルは1979年、ワシントン大学に「マクドネル超心理学研究所」を設立するため50万ドルを寄付した。同大学物理学科教授ピーター・フィリップスが所長に就任した。ちなみに、「超心理学(Parapsychology)」とは超能力を科学的に研究する学問分野である。子どもの超能力研究を行うと発表し300人近い応募者の中から17歳と18歳の2人の少年が選ばれた。様々な実験が行われ、2人の少年は様々な「超能力」を発揮した。しかし、この2人の少年は奇術師ジェームズ・ランディの弟子だったのであり、彼らが示した「超能力」は奇術だったのである。ランディが計画した潜入計画が「プロジェクト・アルファ」なのである。計画開始直後、ランディはフィリップス所長に超能力実験に関する11項目の注意事項を送ったが、研究員たちによってことごとく無視された。誰一人2人の少年がトリックを使って「超能力」を示したと疑う者はいなかったのである。研究員たちは「超能力」に関する研究をしていたのであり、不可解な現象が実

験で観察されればそれは2人の少年の「超能力」と認識されたのである。その現象が「超能力」以外のトリックによっても引き起こすことが可能だという発想が研究員たちにはなかったのである。1983年、ランディは「プロジェクト・アルファ」の全容を公開し、科学者たちによって「超能力」と認定された2人の少年の能力が全てトリックだったこと、科学者たちが簡単に騙され2人の少年の「超能力」について信じ込んでしまったことを暴露した。

　最後に「バクスター効果」について紹介したい。クリーブ・バクスターは元CIAの技術者であり、ポリグラフ（嘘発見器）による調査方法を確立、CIA退職後にポリグラフ検査官養成学校を設立、ポリグラフの技術開発と機器改良を目的として「バクスター研究財団」を設立した人物である。バクスターは観葉植物にポリグラフをつなぎ、組織内の水分の動きを測定していた。観葉植物を燃やしたらどうなるかとバクスターが考えただけで、ポリグラフは突如強い反応を示した。ほかにも人間や動物の反応や思考に対する植物のポリグラフ反応を検証し続け、「植物は他者の思考を読み取り、感情的に反応している」「植物は思考する」との結論に至り、これを「バクスター効果」として1968年に *The International Journal of Parapsychology* に論文を発表した。「植物にも心がある」という主張はロマンティックな興味を誘いマスコミでは話題になったが、主流の科学者や超心理学会からも真摯に相手にされることはなかった。現在では「バクスター効果」はアナログ装置であるポリグラフの揺らぎにすぎないと見なされている。バクスターはポリグラフの専門家であったが、植物学者ではなかった。植物につないだポリグラフの反応を、人間の精神活動から生じる反応と同じものと解釈してしまったのである。

　つまり、浅尾哲朗も藤田紘一郎もそれぞれの分野の専門家だが、性格研究の専門家ではなかったということである。

　血液型性格に限らず、俗説はもともと矛盾や論理の飛躍などが多く、論理的な一貫性があるものではない。その俗説が「当てはまる実感」を強く抱いた知識人は、自分の専門的知識を総動員して、俗説の欠落した部分を埋めていき自分で納得できるような一貫性のある説に仕立てあげる。もとの俗説を

第4章　「血液型人間学」に踊った人々　　115

科学的な説として受容し、妥当性を確信していくのである。知識人には、「俗説を信じる愚者」という自己評価を避けようとする、一般の人々よりも強い動機づけが存在するだろう。かくして知識人は自説を公表し賛同者を獲得し、みんなが納得確信するものは本物だという認知的不協和の罠に陥っていくのである。騙された被害者が騙した加害者をサポートし、新たな加害者になっていくのである。そして知識人だからこそ影響力も大きく、広告塔になることでその害も大きくなるのである。藤田(2010)が言うように、人間の心にとってはたとえ科学的根拠に欠けていても「当てはまる実感」があれば凄い力を発揮するのである。

　知識人は自分の専門領域に関してのみ知識人なのであり、それ以外は素人同然(あるいは素人以下)であることを自覚すべきなのである。

引用文献

浅尾哲朗(2004). 血液型と母音と性格　論創社

浅尾哲朗(2005). 血液型と母音でわかる新型性格診断　ブックマン社

藤田紘一郎(2006). パラサイト式血液型診断　新潮社

藤田紘一郎(2010). 血液型の科学——かかる病気、かからない病気——　祥伝社

草野直樹(1995). 「血液型性格判断」の虚実　かもがわ出版

草野直樹(2001). 血液型性格判断のウソ・ホント　かもがわ出版

前川輝光(2011). A型とB型——二つの世界——　鳥影社

大村政男(1990). 血液型と性格　福村出版

大西赤人(1986). 「血液型」の迷路——性格判断ブームを検証する——　朝日新聞社

白佐俊憲(1999). 血液型性格判断の妥当性の検討(2)　北海道女子短期大学部研究紀要, 36, 1-18.

髙橋昌一郎(2016). 反オカルト論　光文社

上村晃弘・サトウタツヤ(2006). 疑似性格理論としての血液型性格関連説の多様性　パーソナリティ研究, 15(1), 33-47.

第 II 部

データに見る血液型性格

　第 II 部は、山岡が 1999 年から 2019 年までに行った調査結果から、血液型性格について検証する。第 5 章では、人々は血液型性格をどのようなものとして捉えているのか、血液型性格をどの程度知っているのか、どの程度信じているのか、どのような理由で信じるのか、どのような理由で信じないのか明らかにする。第 6 章では、血液型が異なることで性格が異なるのか、「AB 型は二重人格」のように血液型性格肯定派が主張する性格項目を使って検証する。また、バーナム効果の実験結果についても紹介する。第 7 章では、各血液型のイメージの良さ、好きな血液型と嫌いな血液型、血液型性格が生む快体験と不快体験などから、血液型性格が生み出す問題、血液型差別について検証する。終章では第 1 章からの議論を近現代史の観点から俯瞰して血液型性格とは何だったのか検討する。

第5章 血液型性格を信じる理由

◉山岡重行

1 血液型性格はどのようなものとして認識されているのだろうか

　若者たちは血液型性格をどのようなものと捉えているのだろうか。このことを明らかにするために大学生を対象に調査を行った。

1.1 研究1：大学生にとって血液型性格診断とは何か
1.1.1 方法

調査対象者　首都圏私立大学6校の男女大学生3207名（男性1142名、女性2064名、未記入1名）。平均年齢19.05歳（SD=1.651）。

使用した質問　調査対象者にとって「血液型性格判断」とはどのようなものかを、「相性占い」「性格占い」「科学的性格検査」「人間科学」「運命」「遊び・娯楽」「話のきっかけ・話題」「迷信」「偏見」「差別」の10の選択肢の

Table 5.1　血液型性格とは何か

	相性占い		性格占い		科学的性格検査		人間科学		運命	
	度数	%	度数	%	度数	%	度数	%	度数	%
最も当てはまる	211	6.60	599	18.70	75	2.30	42	1.30	15	0.50
当てはまる	1085	33.80	1142	35.60	198	6.20	138	4.30	116	3.60
当てはまらない	1911	59.60	1466	45.70	2934	91.50	3027	94.40	3076	95.90
合計	3207	100.00	3207	100.00	3207	100.00	3207	100.00	3207	100.00

118　第Ⅱ部　データに見る血液型性格

中から選択させた。調査対象者のイメージに合うものを複数回答可で○で囲んで選択させ、その中で最もイメージに合うもの一つに◎を付けるよう求めた。調査は 1999 年 4 月と 2005 年 5 月、2019 年 1 月と 4 月に実施した。

1.1.2 結果

選択結果を Table 5.1 に示した。○と◎を合わせた選択率が 50％以上だった選択肢は、「性格占い」「遊び・娯楽」「話のきっかけ・話題」の 3 つであり、「相性占い」の選択率も 40％を超えている。「迷信」「偏見」と捉えている者も約 20％おり、無視できない選択率である。一方、「科学的性格検査」「人間科学」「運命」「差別」と捉えている者はほとんどいないことが明らかになった。

調査年と選択率の関係を検討した。単純化するために、○と◎を合わせて「当てはまる」とした。選択率が 20％以上だった 6 項目について調査年と選択率の関係を検討した。

「相性占い」のクロス表を Table 5.2 に示した。χ^2 値（χ^2=120.130, df=2, p<.001）は有意であり、調整済残差から、1999 年、2005 年と比較すると 2019 年では当てはまるが減り、当てはまらないが増えている。

「性格占い」のクロス表を Table 5.3 に示した。χ^2 値（χ^2=29.752, df=2, p<.001）は有意であり、調整済残差から、1999 年と比較すると 2019 年は当てはまるが減り、当てはまらないが増えている。

遊び娯楽		話のきっかけ		迷信		偏見		差別	
度数	％	度数	％	度数	％	度数	％	度数	％
488	15.20	432	13.50	126	3.90	122	3.80	12	0.40
1212	37.80	1328	41.40	508	15.80	519	16.20	187	5.80
1507	47.00	1447	45.10	2573	80.20	2566	80.00	3008	93.80
3207	100.00	3207	100.00	3207	100.00	3207	100.00	3207	100.00

Table 5.2 「相性占い」のクロス表

調査年月		当てはまらない	当てはまる	合計
1999 年	度数	732	568	1300
	期待度数	774.6	525.4	1300
	調査年月の%	56.30%	43.70%	100.00%
	相性占いの%	38.30%	43.80%	40.50%
	調整済み残差	− 3.1	3.1	
2005 年	度数	739	621	1360
	期待度数	810.4	549.6	1360
	調査年月の%	54.30%	45.70%	100.00%
	相性占いの%	38.70%	47.90%	42.40%
	調整済み残差	− 5.2	5.2	
2019 年	度数	440	107	547
	期待度数	325.9	221.1	547
	調査年月の%	80.40%	19.60%	100.00%
	相性占いの%	23.00%	8.30%	17.10%
	調整済み残差	10.9	− 10.9	
合計	度数	1911	1296	3207
	期待度数	1911	1296	3207
	調査年月の%	59.60%	40.40%	100.00%
	相性占いの%	100.00%	100.00%	100.00%

Table 5.3 「性格占い」のクロス表

調査年月		当てはまらない	当てはまる	合計
1999 年	度数	549	751	1300
	期待度数	594.3	705.7	1300
	調査年月の%	42.20%	57.80%	100.00%
	性格占いの%	37.40%	43.10%	40.50%
	調整済み残差	− 3.3	3.3	
2005 年	度数	611	749	1360
	期待度数	621.7	738.3	1360
	調査年月の%	44.90%	55.10%	100.00%
	性格占いの%	41.70%	43.00%	42.40%
	調整済み残差	− 0.8	0.8	
2019 年	度数	306	241	547
	期待度数	250	297	547
	調査年月の%	55.90%	44.10%	100.00%
	性格占いの%	20.90%	13.80%	17.10%
	調整済み残差	5.3	− 5.3	
合計	度数	1466	1741	3207
	期待度数	1466	1741	3207
	調査年月の%	45.70%	54.30%	100.00%
	性格占いの%	100.00%	100.00%	100.00%

「遊び・娯楽」のクロス表を Table 5.4 に示した。χ^2 値（χ^2=47.422, df=2, p<.001）は有意であり、調整済残差から、1999 年と比較すると 2019 年は当てはまるが増え、当てはまらないが減少している。

「話のきっかけ・話題」のクロス表を Table 5.5 に示した。χ^2 値（χ^2=23.854, df=2, p<.001）は有意であり、調整済残差から、1999 年と比較する 2005 年は当てはまるが増え、当てはまらないが減少している。

「迷信」のクロス表を Table 5.6 に示した。χ^2 値（χ^2=114.999, df=2, p<.001）は有意であり、調整済残差から、2005 年と比較すると 2019 年は当てはまるが増え、当てはまらないが減少している。

「偏見」のクロス表を Table 5.7 に示した。χ^2 値（χ^2=1.913, df=2, ns）は有意ではなかった。

Table 5.4 「遊び・娯楽」のクロス表

調査年月		当てはまらない	当てはまる	合計
1999 年	度数	667	633	1300
	期待度数	610.9	689.1	1300
	調査年月の%	51.30%	48.70%	100.00%
	遊び娯楽の%	44.30%	37.20%	40.50%
	調整済み残差	4.0	− 4.0	
2005 年	度数	654	706	1360
	期待度数	639.1	720.9	1360
	調査年月の%	48.10%	51.90%	100.00%
	遊び娯楽の%	43.40%	41.50%	42.40%
	調整済み残差	1.1	− 1.1	
2019 年	度数	186	361	547
	期待度数	257	290	547
	調査年月の%	34.00%	66.00%	100.00%
	遊び娯楽の%	12.30%	21.20%	17.10%
	調整済み残差	− 6.7	6.7	
合計	度数	1507	1700	3207
	期待度数	1507	1700	3207
	調査年月の%	47.00%	53.00%	100.00%
	遊び娯楽の%	100.00%	100.00%	100.00%

第 5 章　血液型性格を信じる理由　　121

Table 5.5 「話題・話のきっかけ」のクロス表

調査年月		当てはまらない	当てはまる	合計
1999 年	度数	652	648	1300
	期待度数	586.6	713.4	1300
	調査年月 の %	50.20%	49.80%	100.00%
	話題きっかけ2値 の %	45.10%	36.80%	40.50%
	調整済み残差	4.7	− 4.7	
2005 年	度数	555	805	1360
	期待度数	613.6	746.4	1360
	調査年月 の %	40.80%	59.20%	100.00%
	話題きっかけ2値 の %	38.40%	45.70%	42.40%
	調整済み残差	− 4.2	4.2	
2019 年	度数	240	307	547
	期待度数	246.8	300.2	547
	調査年月 の %	43.90%	56.10%	100.00%
	話題きっかけ2値 の %	16.60%	17.40%	17.10%
	調整済み残差	− 0.6	0.6	
合計	度数	1447	1760	3207
	期待度数	1447	1760	3207
	調査年月 の %	45.10%	54.90%	100.00%
	話題きっかけ2値 の %	100.00%	100.00%	100.00%

Table 5-6 「迷信」のクロス表

調査年月		当てはまらない	当てはまる	合計
1999 年	度数	1063	237	1300
	期待度数	1043	257	1300
	調査年月 の %	81.80%	18.20%	100.00%
	迷信2値 の %	41.30%	37.40%	40.50%
	調整済み残差	1.8	− 1.8	
2005 年	度数	1160	200	1360
	期待度数	1091.1	268.9	1360
	調査年月 の %	85.30%	14.70%	100.00%
	迷信2値 の %	45.10%	31.50%	42.40%
	調整済み残差	6.2	− 6.2	
2019 年	度数	350	197	547
	期待度数	438.9	108.1	547
	調査年月 の %	64.00%	36.00%	100.00%
	迷信2値 の %	13.60%	31.10%	17.10%
	調整済み残差	− 10.5	10.5	
合計	度数	2573	634	3207
	期待度数	2573	634	3207
	調査年月 の %	80.20%	19.80%	100.00%
	迷信2値 の %	100.00%	100.00%	100.00%

Table 5.7 「偏見」のクロス表

調査年月		当てはまらない	当てはまる	合計
1999 年	度数	1053	247	1300
	期待度数	1040.2	259.8	1300
	調査年月 の %	81.00%	19.00%	100.00%
	偏見2値 の %	41.00%	38.50%	40.50%
	調整済み残差	1.2	− 1.2	
2005 年	度数	1073	287	1360
	期待度数	1088.2	271.8	1360
	調査年月 の %	78.90%	21.10%	100.00%
	偏見2値 の %	41.80%	44.80%	42.40%
	調整済み残差	− 1.4	1.4	
2019 年	度数	440	107	547
	期待度数	437.7	109.3	547
	調査年月 の %	80.40%	19.60%	100.00%
	偏見2値 の %	17.10%	16.70%	17.10%
	調整済み残差	0.3	− 0.3	
合計	度数	2566	641	3207
	期待度数	2566	641	3207
	調査年月 の %	80.00%	20.00%	100.00%
	偏見2値 の %	100.00%	100.00%	100.00%

1.1.3 考察

　血液型性格を生活の糧にしていた能見親子は「血液型人間学」を標榜し、血液型性格判断は「人間科学」であると主張していた。しかし能見親子の主張とは異なり、血液型性格を「人間科学」や「科学的性格検査」と認識している者は10%未満なのである。多くの者にとって血液型性格は人間科学ではないにしても、かつては単なる遊びや話のきっかけを越えたものであり、何らかの指針を得る手掛かりになりそうな「占い」と認識されていたと言うことができる。しかし近年では、そのような「占い」にさえならないただの遊びであり、迷信と捉える者が増えているのである。

　また、「話のきっかけ・話題」と認識する人が2005年に増加したことは、2004年のテレビにおける血液型性格ブームの影響だと解釈できる。前述（第1章・第4章）の通り、1年間で約70本もの血液型性格関連のテレビ番組が放送されたのだから、単純計算でも週に1本以上放送されたことになる。学校で話題になることも多かったと思われる。例えば、2004年11月1日月曜

日の朝日新聞夕刊には次のような読者の声が紹介されている。

> 「血液型別の性格の違いを扱った番組を多く見かけます。そのせいか友人の息子さんは同級生から『おまえは☆型だからダメだ！』と言われ落ち込んでしまったらしいです。血液型で人を判断する番組は止めて欲しい」

BPO青少年委員会に寄せられた次のような意見が同委員会のHPで紹介されている（2020年2月19日閲覧）。

> 「B型は悪いものと一方的に決めつけている。子どもが通う学校で『お前はB型だろう』といじめが始まっている」
> 「学校で『B型だから』とみんなにいろいろ言われ、心では本当に傷つきました。性格悪い＝B型って、いい加減やめろってかんじ」

これらのテレビ番組の影響に関しては、この後も随時検討していく。

2 血液型性格の熟知度と確信度

では、若者たちはどの程度各血液型の性格特徴や相性などを知っているのだろうか。若者たちはどの程度血液型性格を信じているのだろうか。それらの程度は調査年代によって変化しているのだろうか。これらの問題を明らかにするために調査を行った。

2.1 研究2：人々はどれくらい血液型性格の知識があり信じているのか
2.1.1 方法
調査対象者　首都圏私立大学6校の大学生と通信教育部の社会人大学生10047名（男性3642名、女性6381名、未記入24名）。平均年齢19.93歳（SD=4.683）。

使用した質問 「各血液型の性格の特徴や血液型による相性をどの程度よく知っているか」を、「1：全く知らない、2：あまり知らない、3：少し知っている、4：よく知っている」の4件法で、また「血液型性格診断をどの程度信じているか」を、「1：全く信じていない、2：あまり信じていない、3：少し信じている、4：信じている」の4件法でそれぞれ回答させた。

2.1.2　結果と考察

血液型性格をどの程度知っているか（以下熟知度）の回答の度数分布表をTable 5.8 に示した。血液型性格をどの程度信じているか（以下確信度）の回答の度数分布表を Table 5.9 に示した。熟知度に関して最も多い回答は「少し知っている」であり、確信度に関して最も多い回答は「少し信じている」だった。

調査対象者の血液型と性別によって血液型性格の熟知度と確信度が異なるかどうかを検討する。調査対象者を血液型と性別により8群に分け、各群の熟知度と確信度の平均と標準偏差を Table 5.10 に示した。Table 5.10 に従い熟知度と確信度を従属変数とした2要因分散分析を実施した。

熟知度では血液型の主効果（$F=2.951$, $df=3/10006$, $p<.05$）と性別の主効果（$F=498.383$, $df=1/10006$, $p<.001$）が認められた（Figure 5.1）。血液型の主効果に関して Bonferroni 法多重比較を行ったが有意差は認められなかった。性別の主効果は、女性の方が男性よりも熟知度が高いことを示している。確信度でも血液型の主効果（$F=5.056$, $df=3/10007$, $p<.01$）と性別の主効果（$F=498.060$, $df=1/10007$, $p<.001$）が認められた（Figure 5.2）。血液型に関して Bonferroni

Table 5.8	血液型性格熟知度の度数分布表	
熟知度	度数	%
よく知っている	1087	10.80
少し知っている	5682	56.60
あまり知らない	2641	26.30
全く知らない	628	6.30
合計	10038	100.00

Table 5.9	血液型性格確信度の度数分布表	
確信度	度数	%
信じている	1131	11.30
少し信じている	4440	44.20
あまり信じていない	3004	29.90
全く信じていない	1464	14.60
合計	10039	100

法多重比較からB型よりもA型とO型の方が確信度が高いことを示す有意差が認められた。性別に関しては熟知度と同様に、女性の方が確信度が高かった。

　女性の方が男性よりも「占い好き」とは、よく聞く話である。女性雑誌「an・an」や「sweet」は毎年11月から12月になると占い特集号や占いムック本を発売している。占い特集号の表紙に書かれるコピーはほぼ決まっていて「あなたの恋愛と運命」である。

　多くの社会では男性が権力を握ってきた。男性は力を手に入れ、自分の人生を自分で切り開くことを求められてきた。社会の権力構造から排除されていた女性にとって、よりよい人生を手に入れる生存方略は力のある男性と結びつくことだった。権力を持たない女性が力のある男性から愛されるためにできることは、「美しく魅力的になること」と「自分の恋愛と運命を占うこと」だった。その社会的伝統が現代でも女性雑誌に強く反映されていると考えることができるだろう。また、少年マンガの主題が「闘争」であるのに対し、少女マンガの主題は圧倒的に「恋愛」である。少女マンガは少女たちに恋愛の夢を刷り込んでいく。恋愛で重要なのは相性であり、相性を知るためには性格を知ることも必要になる。能見正比古の最初の血液型性格本が「血

Table 5.10　血液型と性別ごとの熟知度と確信度の平均と標準偏差

血液型	性別	熟知度			確信度		
		平均	標準偏差	度数	平均	標準偏差	度数
A型	女性	2.868	0.638	2481	2.680	0.822	2480
	男性	2.510	0.795	1374	2.274	0.872	1374
B型	女性	2.890	0.668	1377	2.663	0.823	1378
	男性	2.478	0.823	825	2.135	0.948	825
O型	女性	2.823	0.686	1910	2.706	0.808	1909
	男性	2.465	0.806	1085	2.270	0.897	1084
AB型	女性	2.831	0.654	608	2.668	0.815	608
	男性	2.449	0.769	356	2.247	0.903	357
合計	女性	2.856	0.661	6376	2.683	0.818	6375
	男性	2.483	0.802	3640	2.239	0.901	3640
	合計	2.720	0.738	10016	2.522	0.875	10015

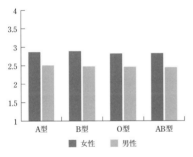

Figure 5.1　熟知度

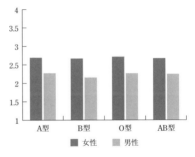

Figure 5.2　確信度

液型でわかる相性」であることからもわかるように、血液型性格には「相性占い」と「性格占い」の側面があるのである。

　前述の通り、約40％が血液型性格判断は「相性占い」であると回答し、約55％が「性格占い」と回答している。これを男女別に見てみると、「相性占い」の選択率は男性28.9％に対して女性は46.8％、「性格占い」の選択率は男性42.4％に対して女性60.9％である。「相性占い（χ^2=97.877, df=1, p<.001）」でも「性格占い（χ^2=101.614, df=1, p<.001）」でも有意な χ^2 値が得られており、血液型性格を「占い」と認識しているのは男性よりも女性に多いのである。女性が占い好きである理由は前述のようにいろいろ考えられるが、血液型性格の熟知度と確信度が女性の方が男性よりも高いことの原因の一つは、女性の占い好きにあると解釈できる。

　血液型性格の熟知度と確信度に性差が認められたが、本稿の目的は血液型性格における性差の検討ではないため、以下の分析では基本的に性差は扱わないことにする。

　では、調査年によって熟知度と確信度は異なるのだろうか。本研究のデータは1999年から2019年まで断続的に収集したものである。収集年ごとに分析していては結果が煩雑になるために、1999年から2002年までを第1期、2004年から2005年を第2期、2009年から2013年を第3期、2014年から2019年までを第4期として比較することにする。

　各調査時期ごとの熟知度と確信度の平均と標準偏差を Table 5.11 に示した。

Table 5.11 に基づき調査時期を独立変数とした1要因分散分析を行った。熟知度では有意な主効果（F=122.023, df=3/10034, p<.001）が認められ、Bonferroni 法多重比較から第2期と第3期が最も熟知度が高く、次が第1期、最も低いのが第4期であることを示す有意差が認められた（Figure 5.3）。確信度でも有意な主効果（F=143.709, df=3/10035, p<.001）が認められ、Bonferroni 法多重比較から最も確信度が高いのは第2期であり、次が第1期、そして第3期、第4期と低下することを示す有意差が認められた（Figure 5.4）。

　前述（第1章・第4章）のように第2期に含まれる 2004 年には、約 70 本もの血液型性格関連のテレビ番組が放送された。2005 年にもその影響はかなり残っていたものと解釈できる。また第4期が最も熟知度も確信度も低いのは、2004 年 12 月の BPO の要望によりテレビから露骨な血液型肯定情報が発信されなくなって 10 年以上経過したことの影響だと解釈できる。

　BPO の要望により血液型性格に関して規制されたのはテレビ番組だけであり、雑誌を含む書籍やインターネットでの情報発信が規制されたわけではない。実際、2007 年 9 月には『B 型自分の説明書』が出版され、2008 年にかけて「血液型自分の説明書」シリーズは累計 540 万部を突破するベストセラーになった。この人気に便乗して 2008 年には多くの血液型性格本が出版された。2008 年 12 月にはニンテンドー DS ソフト『みんなで自分の説明書～B 型、A 型、AB 型、O 型～』まで発売されている。第3期の熟知度の高さには 2008 年の書籍における血液型性格ブームが影響している可能性もあるだろう。確かに第3期の熟知度は第2期と同程度の高さであるが、その一方

Table 5.11　各調査時期ごとの血液型性格熟知度と確信度

調査時期	熟知度			確信度		
	度数	平均	標準偏差	度数	平均	標準偏差
1994-2002 年	3521	2.636	0.750	3521	2.587	0.861
2004-2005 年	2215	2.878	0.687	2215	2.732	0.836
2009-2013 年	2352	2.854	0.702	2352	2.493	0.859
2014-2019 年	1950	2.531	0.744	1951	2.200	0.874

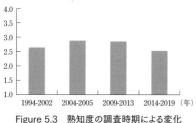
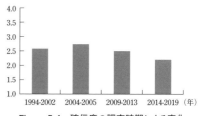

Figure 5.3　熟知度の調査時期による変化　　　　Figure 5.4　確信度の調査時期による変化

で第3期の確信度は確実に低下しているのである。

　書籍の場合は手に取って読まなければその情報に影響されることはない。一方、テレビ番組の場合は、積極的に視聴していなくてもテレビを点けていれば音声情報は聞こえてくる。情報バラエティ番組の場合はテレビを点けておいて面白そうなところや気になったところだけ視聴するという見方も可能である。さらに年間70本ということは、週に1本以上の血液型性格関連のテレビ番組が放送されたことになるわけで、積極的な視聴でなくてもテレビ番組が発信する血液型性格肯定情報に多くの者が影響される可能性は高くなるだろう。そしてテレビから露骨な血液型肯定情報が発信されなくなってある程度の時間が経過すると、テレビ番組が与えた影響力も徐々に消えていくことが Figure 5.3 と Figure 5.4 から窺われるのである。

3　なぜ信じる？　なぜ信じない？　血液型性格！

　では、どんな理由で血液型性格を信じるようになるのだろうか。どんな理由で信じないのだろうか。自由記述による調査を実施した。

3.1　研究3：信じる理由・信じない理由の自由記述調査
3.1.1　方法
調査対象者　首都圏私立大学6校の大学生3584名（男性1342名、女性2242名、未記入3名。平均年齢19.02歳（$SD=1.883$）。
手続　1999年4月、2005年5月、2009年4月の調査で、確信度の質問に

「信じている」および「少し信じている」と回答した者には信じる理由を、「あまり信じていない」および「全く信じていない」と回答した者には信じない理由を、それぞれ自由記述により回答してもらった。

3.1.2　結果と考察

　信じる理由の自由記述の回答と信じない理由の自由記述の回答をそれぞれ9つのカテゴリに分類した。信じる理由を Table 5.12 に、信じない理由を Table 5.13 に示した。

　信じる理由に関して、圧倒的に多かった回答が1の「当てはまる実感」である。他のカテゴリに分類された回答がいずれも 10% 未満であるのに対し、この「当てはまる実感」には自由記述回答の 67.1% が集中している。これは以下のような回答が含まれている。「血液型性格でよく言う性格の特徴や相性が自分や周囲の人間に当てはまる。日々の生活や今までの経験上当てはまる実感がある。当たらないところもあるが当たっているところも確かにある。他者から自分の血液型を当てられたことがあるので何か関係があると思う。」このように「当てはまる実感」とは、血液型性格が正しいという実感や、偶然とは思えないほど血液型と性格が関連しているという実感のために血液型性格を信じる、というものである。2の「他者の血液型を当てることができる」や3の「同じ血液型の人には共通する性格や行動のパターンがある」、4の「相性の善し悪しがある」も「当てはまる実感」に分類することも可能であり、これらを合わせると信じる理由の 82.7% が「当てはまる実感」ということになってしまう。

　一方、信じない理由に関しては、それほど集中していない。一番多い2の「4類型だけではない」でも 22.7% である。これは、以下のような回答が含まれる。「人間の性格は4つに分類できるほど単純ではない。人それぞれ異なる性格がある。同じ血液型の人が全員同じ性格のはずがない。血液型もABO だけではない。」人間の性格にしても、血液型分類法にしても単純に4つに分類することができないので、ABO 式の4類型で人間の性格を語る血液型性格は信じることができないという回答である。

130　　第Ⅱ部　データに見る血液型性格

Table 5.12　血液型性格を信じる理由の分類

信じる理由	度数	%
1；自分や周囲の人間に当てはまると実感する。　当たらないところもあるが当たっているところもある。	1410	67.1
2；他者の血液型を当てることができる。当てたことがある。	82	3.9
3；同じ血液型の人には共通する性格や行動のパターンがある。	153	7.3
4；相性の善し悪しがある。友人には☆型が多い。☆型とは合わない。	93	4.4
5；多くの人が信じている。マスコミでよく言われている。そういったことを信じやすい。	49	2.3
6；遺伝や体質など何らかの生物学的影響があると思う。他の占いよりは根拠がありそう。	63	3.0
7；楽しいから。話題として盛り上がるから。占いが楽しいから。良いことだけ信じるから。	81	3.9
8；本の影響。たくさん本が出ている。雑誌にもよく載っている。本の内容が当てはまる。	96	4.6
9；テレビの影響。テレビの実験や調査結果を見て。テレビで言っていた特徴が当てはまる。	75	3.6
合計	2102	100

Table 5.13　血液型性格を信じない理由の分類

信じる理由	度数	%
1；自分や周囲の人間に当てはまらない。　当たっているところもあるが当たらないところもある。	182	14.5
2；人間の性格は4つに分類できるほど単純ではない。同じ血液型の人が全員同じ性格のはずがない。	284	22.7
3；同じ血液型でも性格が異なる人が多い。違う血液型でも性格が似ている人がいる。	93	7.4
4；相性は血液型に関係がない。相性が悪いとされる型の友人がいる。	28	2.2
5；血液型と性格は関係しない。性格は環境によって形成される。	262	20.9
6；科学的な根拠・証明がない。日本だけの俗説。　本に書いてある各型の特徴に一貫性がない。	256	20.5
7；興味がない。知らない。	52	4.2
8；誰にでも当てはまる項目。他の血液型の特徴も自分に当てはまる。思い込みに過ぎない。	64	5.1
9；血液型で性格を判断したくない・されたくない。差別・偏見・先入観だから。	30	2.4
合計	1251	100

　次に多かった信じない理由は、5 の「環境形成説」で 20.9％である。これは以下のような回答が含まれる。「遺伝によって決まっている血液型と、環境に影響される性格は関係しない。性格は環境によって形成される。生育環境によって性格は決定される」。性格形成における環境の役割を重視する立場から、生得的に決定される血液型と性格の関連を信じることができないという回答である。

　「環境形成説」とほぼ同じ割合で、20.5％だったのが 6 の「科学的根拠なし」である。これは以下のような回答が含まれる。「科学的な根拠や科学的証明がない。日本だけに広がっている俗説や迷信だから。ただの占いだから。

ただの遊びにすぎないから。血液型性格の本によって書いてある各血液型の特徴が異なるなど一貫性がないから」。科学的根拠がないし論理的にもおかしいから血液型性格を信じることができないという回答である。

1の「当てはまる実感なし」は4番目に多い14.5%だった。これは以下のような回答が含まれる。「血液型性格でよく言う性格の特徴や相性が、自分や周囲の人間に当てはまらない。他者から自分の本来の血液型とは異なる他の血液型っぽいと言われる。当たっているところもあるが当たらないところもある。他人から自分の血液型を当てられたことがない。」信じる理由で最も多かった「当てはまる実感」がないから信じることができないという回答である。

このように見てみると、「当てはまる実感」があると単純に血液型性格を信じる人が多いが、少し冷静に考えてみると血液型性格は信じることができないことに気づくように思われる。おそらく「当てはまる実感」が強いほど様々な矛盾点をマスキングして論理的思考を停止させてしまうのだろう。面白いことに「当たっているところもあるが当たらないところもある」という回答が、信じる理由にも信じない理由にも挙げられている。当てはまる部分に感じた「当てはまる実感」がリアリティを持つほど、当てはまらない部分は無視できるほど些末な部分であると認知的に解釈し、血液型性格を信じるようになるのだろう。逆に「当てはまる実感」のリアリティが低いほど、当たっているのは些末な部分であり当てはまらない部分が認知的にクローズアップされて血液型性格を信じないようになるのだと解釈できる。

これらの自由記述の回答を参考に、血液型性格を信じる理由と信じない理由に関する質問項目を作成し調査を行った。

3.2 研究4：信じる理由・信じない理由の項目評定による調査

3.2.1 方法

調査対象者 首都圏私立大学4校の大学生と通信教育部の社会人大学生合計3385名（男性1238名、女性2147名、未記入1名）。平均年齢21.51歳（*SD*=7.351）。

使用した質問項目　自由記述の回答を参考に、血液型性格を信じる理由に関して次の9項目の質問を作成した。「血液型の特徴が自分や周囲の人間に当てはまるから」「他者の血液型を当てることができるから」「同じ血液型の人には共通する性格や行動のパターンがあると思うから」「自分と相性が善い血液型、相性が悪い血液型があるから」「マスコミや世間の人々がよく言っているから」「血液型と性格には遺伝や体質など何らかの生物学的根拠がありそうだから」「話題として盛り上がり楽しいから」「血液型性格の本がたくさん出ており、本の内容が当てはまるから」「テレビでやっていた実験や調査結果を見たから」。

　同様に自由記述の回答を参考に、血液型性格を信じない理由に関して次の9項目の質問を作成した。「血液型の特徴が自分や周囲の人間に当てはまらないから」「人それぞれの性格があり人間の性格は4つに分類できるほど単純ではないから」「同じ血液型でも性格が異なる人や違う血液型でも性格が似ている人がいるから」「相性と血液型は関係がないから」「性格は環境によって形成されるのであり血液型は関係しないものだから」「科学的な根拠や証明がない俗説・迷信だから」「興味・関心がないから」「他の血液型の特徴でも自分に当てはまるものがあり、誰にでも当てはまる内容だから」「血液型性格は差別・偏見・先入観だから」。

手続　確信度の質問に「信じている」および「少し信じている」と回答した者には信じる理由に関する質問項目に、「あまり信じていない」および「全く信じていない」と回答した者には信じない理由に関する質問項目にそれぞれ回答を求めた。回答方法はどちらも、

　「1：まったくあてはまらない、2：少し当てはまる、3：当てはまる、4：とてもよく当てはまる」の4件法である。

3.2.2　結果と考察

　9つの信じる理由の平均と標準偏差を Table 5.14 に、9つの信じない理由の平均と標準偏差を Table 5.15 に示した。

　信じる理由の一要因分散分析結果から、理由の違いの有意な主効果

（F=171.412, df=1/1572, p<.001）が認められた（Figure 5.5）。Bonferroni 法多重比較から、9つの信じる理由の中で最も平均値が高かったのは「血液型の特徴が自分や周囲の人間に当てはまるから」であることを示す有意差が認められた。次に平均値が高かったのは「同じ血液型の人には共通する性格や行動のパターンがあると思うから」と「話題として盛り上がり楽しいから」だった。前2項目は研究3と整合する「当てはまる実感」であるが、血液型性格を信じる理由として「話題として盛り上がり楽しいから」が実は重要なのだろう。

　生物は快を求め不快を避ける。何らかの賞（快となる全ての刺激）と結びつ

Table 5.14　血液型性格を信じる理由の評定平均 (n=1528)

信じる理由	平均	標準偏差
①血液型の特徴が自分や周囲の人間に当てはまるから	3.047	0.745
②他者の血液型を当てることができるから	2.147	1.476
③同じ血液型の人には共通する性格や行動のパターンがあると思うから	2.795	0.901
④自分と相性が善い血液型、相性が悪い血液型があるから	1.983	1.001
⑤マスコミや世間の人々がよく言っているから	2.157	1.006
⑥血液型と性格には遺伝や体質など何らかの生物学的根拠がありそうだから	2.185	0.940
⑦話題として盛り上がり楽しいから	2.772	1.106
⑧血液型性格の本がたくさん出ており、本の内容が当てはまるから	2.559	1.478
⑨テレビでやっていた実験や調査結果を見たから	1.952	0.931

Table 5.15　血液型性格を信じない理由の評定平均 (n=1864)

信じない理由	平均	標準偏差
①血液型の特徴が自分や周囲の人間に当てはまらないから	2.589	0.943
②人それぞれの性格があり人間の性格は4つに分類できるほど単純ではないから	3.581	1.690
③同じ血液型でも性格が異なる人や違う血液型でも性格が似ている人がいるから	3.531	1.938
④相性と血液型は関係がないから	3.215	0.889
⑤性格は環境によって形成されるのであり血液型は関係しないものだから	3.220	1.395
⑥科学的な根拠や証明がない俗説・迷信だから	3.090	1.765
⑦興味・関心がないから	2.528	2.647
⑧他の血液型の特徴でも自分に当てはまるものがあり、誰にでも当てはまる内容だから	3.298	0.877
⑨血液型性格は差別・偏見・先入観だから	2.697	1.084

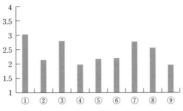

Figure 5.5 　血液型性格を信じる理由

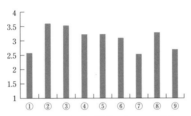

Figure 5.6 　血液型性格を信じない理由

いた（と思われる）行動を多く取るようになり、賞を得られない反応、あるいは罰（不快となる全ての刺激）に結びついた（と思われる）反応は消失していく。これがオペラント条件付けの基本的な考え方である。

　血液型性格の話をして盛り上がって楽しかった、この快経験が、血液型性格に対する動機付けを高めるのである。楽しかったから、次に血液型性格の話になったときにもっと話ができるように、各血液型の性格特徴や相性について調べようと思う者もいるだろう。調べていくうちにこれは自分に当てはまる、ここはあの人に当てはまると「当てはまる実感」が強くなるのだと考えられる。

　信じない理由の一要因分散分析結果から、理由の違いの有意な主効果（F=95.492, df=1/1863, p<.001）が認められた（Figure 5.6）。Bonferroni 法多重比較から、9つの信じない理由の中で最も平均値が高かったのは「人それぞれの性格があり人間の性格は4つに分類できるほど単純ではないから」と「同じ血液型でも性格が異なる人や違う血液型でも性格が似ている人がいるから」であることを示す有意差が認められた。その次に平均値が高かったのは

「他の血液型の特徴でも自分に当てはまるものがあり、誰にでも当てはまる内容だから」だった。

　研究3で、「『当てはまる実感』があると単純に血液型性格を信じる人が多いが、少し冷静に考えてみると血液型性格は信じることができないことに気づくように思われる」と書いたが、研究4の結果も同じことを示すものだと解釈できる。おそらく血液型性格の話をして盛り上がり、「楽しい」という快感情と「当てはまる実感」が強いほど論理的思考を停止させてしまうのだと考えられる。

　では、血液型によって本当に性格が異なるのだろうか。血液型性格論者が主張するような性格の違いがあるのだろうか。第6章ではそのことを検討しよう。

引用文献

第7章を参照。

第6章 血液型性格の虚妄性

●山岡重行

1 無作為抽出の大規模調査は血液型性格を 否定できるのだろうか？

　どうすれば血液型と性格に関係があることを実証することができるのだろうか。まずは、ある性格特性を表す質問項目の平均値や肯定率が血液型によって統計学的に異なることを、複数回継続して示すことだろう。

　松井（1991）は、JNN データバンクが調査した「性格・人柄」に関する 24 の質問項目への回答を血液型別に再分析している（資料3）。再分析したのは 1980 年、82 年、86 年、88 年の 4 年分のデータで、調査対象は各年約 3 千名、合計 11766 名である。データの偏りをなくすために、全国の都市部に住む 13 歳から 59 歳の男女から無作為 3 段抽出により調査対象を選出している。回答方法は、「誰とでも気軽につきあう」「目標を決めて努力する」「先頭に立つのが好き」などの「性格・人柄」に関する文章が自分に当てはまるかどうかの 2 択で回答するものであった。各項目に対する血液型別の肯定率を χ^2 検定により比較した結果、24 項目のうち 80 年は 3 項目、82 年も 3 項目、86 年は 4 項目、88 年も 4 項目で有意な結果が認められた。しかし 4 年間連続して血液型による肯定率の差が認められたのは、「物事にこだわらない」という項目だけであった。もし、「物事にこだわらない」という傾向が血液型によって異なるのであれば、肯定率が最も高い血液型や肯定率の順位が毎年一定になるはずであるが、肯定率が最も高い血液型は 80 年は B 型、82 年は O 型、86 年は AB 型と O 型、88 年は B 型と年ごとに変化している。ここから

松井は、次のように結論づけている。

「『血液型によって人の性格が異なる』という血液型ステレオタイプが妥当なものであれば、統計的に正しい手法で得られた本報告のデータにも血液型による一貫した差が見られるはずである。しかし 24 項目という多数のデータを分析したにもかかわらず一貫した結果は得られなかった。以上の結果は ABO 式血液型による性格の差には、年度を超えた一貫性が見られないことを明らかにしている。本資料のデータから見る限り、血液型ステレオタイプは妥当性を欠くと結論される。」

　ただしこの松井の研究で一貫して認められた「物事にこだわらない」における有意な結果であるが、最も肯定率が高い血液型は前述のように調査年によって変動するが、最も肯定率が低い血液型は一貫して A 型だった。A 型とその他の血液型に分けると、「物事にこだわらない」の肯定率は各年とも有意差があり、関連係数が年を追うごとに高くなることを報告している。これに関して松井は、予言の自己充足現象が進行している可能性が示唆されると考察している。

　縄田（2014）は 2004 年度と 2005 年度の日本での層化 2 段無作為抽出法により住民基本台帳から抽出された 20 歳から 69 歳の男女のデータ（2004 年度は n=2987、2005 年度は n=3763、以下「日本データ」）と、2004 年度のアメリカでの調査機関の回答者会員組織から標本抽出した 18 歳から 99 歳の男女のデータ（n=4979、以下「アメリカデータ」）を利用し、一般的な生活に対する態度に関する質問への回答を血液型により比較している（資料 5）。これは「日頃の生活の中で充実感を感じている」「老後が気になる」などの 21 から 26 の質問項目であり、回答方法は「1：全く当てはまらない〜5：ぴったり当てはまる」の 5 件法である。性格検査項目ではないが、性格との関連が深いと考えられる性格態度に関する質問と説明されている。1 要因分散分析の結果、2004 年の日本データでは 21 項目中「子供の将来が気にかかる」において有意な主効果（F=3.2873, df=3/2874, p=.49）が認められた。2005 年の日本

データでは使用した26項目のうち有意な主効果は1項目も認められなかった。2004年のアメリカデータでは21項目中、「他の人の生活水準を意識している（F=2.892, df=3/3082, p=.034）」と「子供の将来が気にかかる（F=3.064, df=3/3046, p=.027）の2項目で有意な主効果が認められた。「子供の将来が気にかかる」で認められた主効果に関して、日本ではAB型が最も得点が高かったがアメリカではAB型が最も得点が低いという一貫しない結果だった。縄田はこの3項目の主効果は分散分析を繰り返したために偶然生じる範囲のものであり、効果量からも意味があるものとはいえず、この研究結果を「血液型と性格の無関連性を積極的に示す実証的根拠」と見なし、血液型と性格は無関連であると結論づけている。

　これらのランダムサンプリングにより得られた調査結果に血液型による一貫した差異が認められないことは重要である。これらの研究の労を高く評価するものである。しかし、これだけで縄田（2014）が主張するように「血液型と性格は無関連」と結論づけることができるのだろうか。

　松井（1991）が分析した項目も、縄田（2014）が分析した項目も、心理学の性格検査として標準化された質問項目ではない。縄田が使用した項目には「将来、大きな出費や高額の買い物の予定がある」「現在の生活に精一杯でほとんど貯蓄ができない」など、性格を反映した生活態度と見なすには疑問がある項目も見受けられる。さらに、両者が使用した質問項目は、「各血液型の性格」だと血液型性格肯定派が主張する項目ではないのである。例えば、縄田は「宗教を熱心に信仰している」という項目を使用している。血液型性格肯定論者にとっては、「血液型によって信仰心に違いがある」などと誰も言っていないのだから差が出ないのは当然であり、そのことが血液型と性格の無関連性の証明にはならない、と反論する余地が残されているのである。血液型と性格の無関連性を直接示すためには、この反論の余地をなくすことが必要であろう。そのためには、「各血液型の性格」だと血液型性格肯定派が主張する項目を使用することが必要になる。その血液型性格項目に血液型による差が出ないことを確認することなしには「血液型と性格は無関連」と結論づけることができないだろう。

2 血液型性格項目に血液型による違いが出るのだろうか?

2.1 研究5：血液型性格項目の自己認知度の比較

2.1.1 方法

調査対象者 首都圏私立大学6校の大学生と通信教育部の社会人大学生
10047名（男性3642名、女性6381名、未記入24名）。平均年齢19.93歳
（SD=4.683）。

使用した質問 渡辺（1994）が用いた血液型性格項目を使用した。これは、6
冊の血液型性格本のうち3冊以上に共通して特定の血液型の特徴として記述
されていた項目である。各血液型につき7項目、合計28項目を血液型性格
項目として採用した。「以下の文章が自分にどのくらい当てはまるかを、次の
1〜5の中から選んで回答欄の数字に○をつけて下さい」という教示文で回
答を求めた。回答方法は「1：全く当てはまらない、2：あまり当てはまらな
い、3：どちらともいえない、4：やや当てはまる、5：よく当てはまる」の5
件法である。

手続 28の血液型性格項目の質問と、熟知度と確信度の質問から構成される
調査用紙を作成した。通常の授業時間の一部を利用して質問紙調査を行った。
調査は1999年4月、2001年4月、2002年4月、2004年4月、2005年1月
と5月、2009年4月、2010年4月、2011年4月、2012年4月、2013年4月、
2014年4月、2015年4月、2016年4月、2017年4月、2018年4月、2019
年1月と4月に実施した。通信教育部の社会人学生に関しては2011年から
2012年にかけて郵送により調査を実施した。

2.1.2 結果と考察

　熟知度と確信度の回答の合計が6以上の者を血液型性格高受容群（以下、
高受容群）、5以下の者を血液型性格低受容群（以下、低受容群）とした。

　全体、高受容群、低受容群それぞれの各項目の平均値と標準偏差、1要因
分散分析とBonferroni法多重比較の結果をTable 6.1〜6.4に示した。全体

140　　　第Ⅱ部　データに見る血液型性格

では、28 項目中 15 項目で血液型の違いの有意な主効果が認められた。高受容群では 28 項目中 25 項目で血液型の違いの有意な主効果が認められた。しかし、低受容群では 1 項目も有意な主効果は認められなかった。

Table 6.1　A 型項目の平均と標準偏差、および 1 要因分散分析結果（全体）

項目	血液型	全体				高受容群				低受容群			
		度数	平均	標準偏差	分析結果	度数	平均	標準偏差	分析結果	度数	平均	標準偏差	分析結果
A1 責任感あり	A 型	3862	3.583	1.057	$F=1.671$	1867	3.701	1.012	$F=4.454$	1995	3.472	1.087	$F=0.227$
	B 型	2208	3.534	1.077	$df=3/10043$	1038	3.571	1.052	$df=3/4842$	1168	3.500	1.098	$df=3/5190$
	O 型	3007	3.538	1.077	ns	1486	3.613	1.047	$p<.01$	1517	3.467	1.099	ns
	AB 型	970	3.524	1.052		455	3.582	1.065	A>B	514	3.477	1.034	
	合計	10047	3.553	1.067		4846	3.635	1.037	$\eta^2=.0029$	5194	3.478	1.087	
A2 本音よりも建前を重視する方である	A 型	3861	2.921	1.058	$F=4.707$	1866	2.958	1.040	$F=8.617$	1995	2.886	1.074	$F=1.133$
	B 型	2208	2.831	1.048	$df=3/10042$	1038	2.770	1.042	$df=3/4841$	1168	2.888	1.050	$df=3/5190$
	O 型	3007	2.908	1.052	$p<.01$	1486	2.948	1.011	$p<.001$	1517	2.869	1.092	ns
	AB 型	970	2.959	1.053	A・AB>B	455	2.947	1.033	A・AB>B	514	2.969	1.072	
	合計	10914	2.901	1.054	$\eta^2=.0014$	4846	2.914	1.034	$\eta^2=.0053$	5194	2.890	1.074	
A3 思慮深く、物事に対して慎重な態度をとる	A 型	3862	3.412	1.126	$F=20.133$	1867	3.489	1.081	$F=35.080$	1995	3.340	1.162	$F=0.564$
	B 型	2207	3.194	1.095	$df=3/10042$	1038	3.076	1.090	$df=3/4842$	1168	3.298	1.091	$df=3/5190$
	O 型	3007	3.275	1.079	$p<.001$	1486	3.233	1.097	$p<.001$	1517	3.318	1.061	ns
	AB 型	970	3.302	1.096	A>B・O・AB	455	3.323	1.108	A・O・AB>B	514	3.282	1.087	
	合計	10046	3.312	1.106	$\eta^2=.0060$	4846	3.306	1.102	$\eta^2=.0213$	5194	3.318	1.110	
A4 感情が豊かで繊細である	A 型	3862	3.586	1.041	$F=5.415$	1867	3.751	0.970	$F=4.807$	1995	3.432	1.081	$F=1.649$
	B 型	2207	3.484	1.071	$df=3/10042$	1038	3.641	1.068	$df=3/4842$	1168	3.344	1.054	$df=3/5190$
	O 型	3007	3.507	1.064	$p<.01$	1486	3.629	1.030	$p<.01$	1517	3.388	1.084	ns
	AB 型	970	3.527	1.077	A>B・O	455	3.673	1.011	A>O・AB>B	514	3.401	1.116	
	合計	10046	3.534	1.059	$\eta^2=.0016$	4846	3.683	1.015	$\eta^2=.0030$	5194	3.396	1.080	
A5 協調性がある	A 型	3862	3.560	1.032	$F=10.561$	1867	3.681	1.000	$F=15.600$	1995	3.447	1.049	$F=0.762$
	B 型	2207	3.439	1.069	$df=3/10041$	1038	3.483	1.047	$df=3/4841$	1168	3.399	1.048	$df=3/5190$
	O 型	3006	3.554	1.044	$p<.001$	1485	3.697	1.002	$p<.001$	1517	3.415	1.065	ns
	AB 型	970	3.418	1.039	A・O>B・AB	455	3.451	1.067	A・O>B・AB	514	3.387	1.014	
	合計	10045	3.518	1.046	$\eta^2=.0031$	4845	3.622	1.022	$\eta^2=.0096$	5194	3.421	1.059	
A6 礼儀正しい	A 型	3862	3.741	0.887	$F=0.925$	1867	3.812	0.862	$F=3.160$	1995	3.676	0.906	$F=1.765$
	B 型	2207	3.720	0.888	$df=3/10042$	1038	3.713	0.886	$df=3/4842$	1168	3.727	0.890	$df=3/5190$
	O 型	3007	3.709	0.881	ns	1486	3.752	0.861	$p<.05$	1517	3.665	0.898	ns
	AB 型	970	3.744	0.862		455	3.752	0.879	A>B	514	3.739	0.848	
	合計	10046	3.727	0.883		4846	3.767	0.869	$\eta^2=.0020$	5194	3.690	0.894	
A7 内向的で、問題を自分の中だけで解決する	A 型	3862	3.369	1.170	$F=3.385$	1867	3.318	1.163	$F=3.152$	1995	3.417	1.175	$F=1.111$
	B 型	2207	3.373	1.184	$df=3/10041$	1038	3.310	1.196	$df=3/4842$	1168	3.431	1.172	$df=3/5190$
	O 型	3006	3.326	1.177	$p<.05$	1486	3.224	1.178	$p<.05$	1517	3.430	1.167	ns
	AB 型	970	3.463	1.151	AB>O	455	3.393	1.177	AB>O	514	3.521	1.124	
	合計	10045	3.366	1.174	$\eta^2=.0010$	4846	3.295	1.177	$\eta^2=.0019$	5194	3.434	1.167	

Table 6.2　B型項目の平均と標準偏差、および1要因分散分析結果（全体）

		全体				高受容群				低受容群			
		度数	平均	標準偏差	分析結果	度数	平均	標準偏差	分析結果	度数	平均	標準偏差	分析結果
B1 行動的であり、好奇心旺盛である	A型	3861	3.407	1.065	F=6.362	1867	3.440	1.037	F=12.124	1994	3.376	1.089	F=0.467
	B型	2207	3.525	1.072	df=3/10041	1038	3.672	1.027	df=3/4842	1167	3.393	1.094	df=3/5188
	O型	3007	3.453	1.059	p<.001	1486	3.559	1.018	p<.001	1517	3.350	1.087	ns
	AB型	970	3.401	1.055	B>A・AB	455	3.470	1.051	B>O>A, B>AB	514	3.342	1.056	
	合計	10045	3.446	1.064	η^2=.0019	4846	3.529	1.034	η^2=.0075	5192	3.369	1.086	
B2 慎重さに欠けている	A型	3862	2.847	1.190	F=19.762	1867	2.805	1.188	F=33.059	1995	2.887	1.191	F=0.709
	B型	2208	3.075	1.185	df=3/10043	1038	3.227	1.152	df=3/4842	1168	2.940	1.198	df=3/5190
	O型	3007	3.000	1.183	p<.001	1486	3.090	1.177	p<.001	1517	2.912	1.183	ns
	AB型	970	2.961	1.166	B・O・AB>A	455	2.969	1.187	B>O・AB>A	514	2.951	1.149	
	合計	10047	2.954	1.188	η^2=.0059	4846	2.998	1.188	η^2=.0201	5194	2.912	1.186	
B3 マイペース型で周囲の影響を受けにくい	A型	3862	3.073	1.146	F=40.511	1867	2.933	1.141	F=69.244	1995	3.204	1.136	F=1.043
	B型	2208	3.398	1.133	df=3/10043	1038	3.556	1.094	df=3/4842	1168	3.258	1.149	df=3/5190
	O型	3007	3.133	1.145	p<.001	1486	3.078	1.149	p<.001	1517	3.189	1.140	ns
	AB型	970	3.228	1.130	B>AB>A, B>O	455	3.202	1.153	B>O・AB>A	514	3.249	1.110	
	合計	10047	3.177	1.148	η^2=.0120	4846	3.136	1.158	η^2=.0411	5194	3.216	1.138	
B4 友人関係が広く、気さくで社交性がある	A型	3862	3.043	1.110	F=2.525	1867	3.143	1.111	F=7.486	1995	2.949	1.102	F=1.194
	B型	2207	3.043	1.146	df=3/10042	1038	3.141	1.131	df=3/4842	1168	2.956	1.152	df=3/5190
	O型	3007	3.081	1.156	ns	1486	3.279	1.118	p<.001	1517	2.887	1.159	ns
	AB型	970	2.967	1.136		455	3.035	1.141	O>A・B・AB	514	2.907	1.130	
	合計	10046	3.047	1.135		4846	3.174	1.123	η^2=.0046	5194	2.929	1.133	
B5 人情もろい	A型	3862	3.604	1.064	F=1.644	1867	3.735	1.023	F=2.657	1995	3.480	1.086	F=1.668
	B型	2207	3.555	1.085	df=3/10041	1038	3.729	1.028	df=3/4841	1168	3.399	1.111	df=3/5190
	O型	3006	3.606	1.058	ns	1485	3.779	0.998	p<.05	1517	3.440	1.088	ns
	AB型	970	3.553	1.051		455	3.626	1.044	O>AB	514	3.492	1.049	
	合計	10045	3.589	1.066		4845	3.737	1.019	η^2=.0016	5194	3.451	1.089	
B6 楽観的である	A型	3862	3.320	1.268	F=24.747	1867	3.246	1.259	F=36.510	1995	3.390	1.272	F=1.701
	B型	2207	3.593	1.241	df=3/10041	1038	3.704	1.222	df=3/4842	1168	3.493	1.251	df=3/5190
	O型	3006	3.493	1.232	p<.001	1486	3.573	1.219	p<.001	1517	3.416	1.241	ns
	AB型	970	3.425	1.240	B>O>A,B>AB	455	3.420	1.221	B>AB>A, O>A	514	3.426	1.258	
	合計	10045	3.442	1.253	η^2=.0073	4846	3.461	1.249	η^2=.0221	5194	3.424	1.257	
B7 すぐに動揺してしまうことがある	A型	3862	3.602	1.088	F=1.331	1867	3.673	1.058	F=3.751	1995	3.535	1.112	F=1.172
	B型	2207	3.559	1.116	df=3/10041	1038	3.641	1.124	df=3/4842	1168	3.486	1.105	df=3/5190
	O型	3006	3.552	1.103	ns	1486	3.559	1.068	p<.05	1517	3.547	1.135	ns
	AB型	970	3.572	1.104		455	3.556	1.101	A>O	514	3.588	1.109	
	合計	10045	3.575	1.100		4846	3.620	1.080	η^2=.0023	5194	3.533	1.117	

Table 6.3 O型項目の平均と標準偏差、および 1 要因分散分析結果（全体）

		全体				高受容群				低受容群			
		度数	平均	標準偏差	分析結果	度数	平均	標準偏差	分析結果	度数	平均	標準偏差	分析結果
O1 積極的で、かつ実行力がある	A型	3862	3.049	1.054	F=2.379	1867	3.099	1.036	F=4.182	1995	3.003	1.070	F=0.497
	B型	2208	3.102	1.078	df=3/10043	1038	3.198	1.053	df=3/4842	1168	3.016	1.094	df=3/5190
	O型	3007	3.069	1.066	ns	1486	3.170	1.033	p<.01	1517	2.970	1.088	ns
	AB型	970	3.000	1.086		455	3.026	1.094	B>AB	514	2.979	1.079	
	合計	10047	3.062	1.066		4846	3.135	1.045	η^2=.0026	5194	2.994	1.081	
O2 ものの言い方や表現法はもちろん欲望の表し方もストレートである	A型	3862	3.120	1.216	F=9.098	1867	3.085	1.206	F=16.272	1995	3.154	1.224	F=0.613
	B型	2208	3.288	1.238	df=3/10043	1038	3.405	1.229	df=3/4842	1168	3.182	1.236	df=3/5190
	O型	3007	3.162	1.211	p<.001	1486	3.198	1.208	p<.001	1517	3.125	1.213	ns
	AB型	970	3.154	1.191	B>A・O・AB	455	3.114	1.167	B>O>A, B>AB	514	3.189	1.213	
	合計	10047	3.173	1.218	η^2=.0027	4846	3.191	1.214	η^2=.0010	5194	3.155	1.222	
O3 個人主義的で、ともすれば自己中心的になってしまう	A型	3862	3.051	1.135	F=24.382	1867	2.993	1.109	F=43.415	1995	3.105	1.157	F=0.754
	B型	2208	3.282	1.119	df=3/10043	1038	3.450	1.067	df=3/4842	1168	3.131	1.143	df=3/5190
	O型	3007	3.049	1.114	p<.001	1486	3.028	1.106	p<.001	1517	3.071	1.121	ns
	AB型	970	3.150	1.071	B>A・O・AB	455	3.174	1.092	B>AB>A, B>O	514	3.130	1.052	
	合計	10047	3.111	1.123	η^2=.0072	4846	3.119	1.112	η^2=.0262	5194	3.103	1.133	
O4 意志が強い	A型	3862	3.257	1.083	F=0.894	1867	3.311	1.076	F=0.318	1995	3.207	1.087	F=0.822
	B型	2208	3.251	1.083	df=3/10043	1038	3.300	1.065	df=3/4842	1168	3.206	1.096	df=3/5190
	O型	3007	3.243	1.095	ns	1486	3.284	1.081	ns	1517	3.202	1.107	ns
	AB型	970	3.307	1.020		455	3.334	1.038		514	3.284	1.005	
	合計	10047	3.256	1.081		4846	3.302	1.071		5194	3.213	1.087	
O5 人がよくて人間味がある	A型	3862	3.276	0.899	F=0.685	1867	3.364	0.872	F=3.142	1995	3.194	0.916	F=1.888
	B型	2207	3.298	0.898	df=3/10042	1038	3.368	0.856	df=3/4842	1168	3.235	0.930	df=3/5190
	O型	3007	3.296	0.904	ns	1486	3.447	0.845	p<.05	1517	3.151	0.934	ns
	AB型	970	3.260	0.895		455	3.360	0.884	O>A	514	3.171	0.897	
	合計	10046	3.285	0.900		4846	3.390	0.862	η^2=.0019	5194	3.188	0.923	
O6 目的のためとあらば、最大限の勇気と根性を発揮する	A型	3862	3.495	1.066	F=1.690	1867	3.532	1.066	F=2.020	1995	3.461	1.064	F=1.581
	B型	2207	3.540	1.059	df=3/10042	1038	3.581	1.027	df=3/4842	1168	3.503	1.087	df=3/5190
	O型	3007	3.510	1.090	ns	1486	3.602	1.064	ns	1517	3.418	1.107	ns
	AB型	970	3.452	1.093		455	3.490	1.049		514	3.414	1.130	
	合計	10046	3.505	1.074		4846	3.560	1.056		5194	3.453	1.089	
O7 情熱的である	A型	3862	3.108	1.084	F=1.612	1867	3.189	1.068	F=7.034	1995	3.032	1.093	F=1.138
	B型	2206	3.152	1.113	df=3/10040	1038	3.304	1.105	df=3/4842	1167	3.018	1.103	df=3/5189
	O型	3006	3.114	1.097	ns	1486	3.246	1.063	p<.001	1517	2.986	1.116	ns
	AB型	970	3.064	1.028		455	3.044	1.008	B>A・AB, O>AB	514	3.084	1.046	
	合計	10044	3.115	1.089		4846	3.217	1.071	η^2=.0043	5193	3.021	1.098	

第 6 章 血液型性格の虚妄性 143

Table 6.4 AB型項目の平均と標準偏差、および1要因分散分析結果（全体）

		全体				高受容群				低受容群			
		度数	平均	標準偏差	分析結果	度数	平均	標準偏差	分析結果	度数	平均	標準偏差	分析結果
AB1 飽きっぽい	A型	3862	3.464	1.196	F=13.434	1867	3.427	1.195	F=17.169	1995	3.498	1.197	F=1.720
	B型	2208	3.659	1.162	df=3/10043	1038	3.754	1.143	df=3/4842	1168	3.574	1.174	df=3/5190
	O型	3007	3.546	1.180	p<.001	1486	3.549	1.184	p<.001	1517	3.547	1.175	ns
	AB型	970	3.486	1.198	B>O>A, B>AB	455	3.521	1.198	B>O>A, B>AB	514	3.457	1.197	
	合計	10047	3.534	1.186	η^2=.0040	4846	3.543	1.187	η^2=.0105	5194	3.525	1.186	
AB2 親密な人間関係を避けたがる傾向がある	A型	3862	2.293	1.142	F=3.840	1867	2.150	1.101	F=7.101	1995	2.427	1.165	F=0.695
	B型	2208	2.344	1.142	df=3/10043	1038	2.278	1.076	df=3/4842	1168	2.401	1.194	df=3/5190
	O型	3007	2.315	1.159	p<.01	1486	2.172	1.114	p<.001	1517	2.455	1.187	ns
	AB型	970	2.428	1.191	AB>A・O	455	2.376	1.166	AB>O・A, B>A	514	2.475	1.212	
	合計	10047	2.324	1.153	η^2=.0011	4846	2.205	1.108	η^2=.0044	5194	2.434	1.183	
AB3 クールでドライな印象が強い	A型	3862	2.740	1.274	F=2.336	1867	2.710	1.284	F=5.030	1995	2.767	1.265	F=0.769
	B型	2208	2.796	1.278	df=3/10043	1038	2.765	1.289	df=3/4842	1168	2.822	1.268	df=3/5190
	O型	3007	2.716	1.252	ns	1486	2.629	1.274	p<.01	1517	2.804	1.225	ns
	AB型	970	2.802	1.222		455	2.870	1.248	AB>O	514	2.743	1.198	
	合計	10047	2.751	1.264		4846	2.712	1.280	η^2=.0031	5194	2.788	1.247	
AB4 合理的にものを考える傾向がある	A型	3862	3.301	1.010	F=1.199	1867	3.304	1.024	F=7.896	1995	3.298	0.996	F=1.350
	B型	2207	3.262	1.054	df=3/10042	1038	3.145	1.026	df=3/4842	1168	3.366	1.068	df=3/5190
	O型	3007	3.284	1.024	ns	1486	3.241	1.008	p<.001	1517	3.326	1.039	ns
	AB型	970	3.330	1.062		455	3.382	1.070	A・AB>B	514	3.282	1.054	
	合計	10046	3.290	1.029		4846	3.258	1.026	η^2=.0049	5194	3.320	1.031	
AB5 妙にメルヘンチックな面がある	A型	3862	3.033	1.282	F=4.326	1867	3.176	1.246	F=4.433	1995	2.899	1.301	F=1.157
	B型	2207	2.955	1.274	df=3/10042	1038	3.101	1.271	df=3/4842	1168	2.825	1.263	df=3/5190
	O型	3007	2.973	1.270	p<.01	1486	3.088	1.254	p<.01	1517	2.864	1.275	ns
	AB型	970	3.105	1.286	AB>B・O	455	3.310	1.248	AB>B・O	514	2.928	1.292	
	合計	10046	3.005	1.278	η^2=.0013	4846	3.146	1.256	η^2=.0027	5194	2.875	1.284	
AB6 ソツがなく、意外と親切である	A型	3862	3.444	0.864	F=0.125	1867	3.499	0.851	F=0.660	1995	3.393	0.872	F=1.079
	B型	2207	3.437	0.849	df=3/10042	1038	3.462	0.836	df=3/4842	1168	3.415	0.859	df=3/5190
	O型	3007	3.432	0.867	ns	1486	3.507	0.823	ns	1517	3.358	0.902	ns
	AB型	970	3.443	0.854		455	3.481	0.849		514	3.409	0.859	
	合計	10046	3.439	0.860		4846	3.492	0.839		5194	3.389	0.877	
AB7 気分にムラがあって、ともすると二重人格のように見えることがある	A型	3862	2.906	1.318	F=35.589	1867	2.891	1.295	F=63.744	1995	2.921	1.339	F=1.169
	B型	2207	2.986	1.327	df=3/10041	1038	3.030	1.305	df=3/4842	1168	2.945	1.346	df=3/5190
	O型	3006	2.900	1.332	p<.001	1486	2.830	1.293	p<.001	1517	2.968	1.368	ns
	AB型	970	3.369	1.246	AB>A・B・O	455	3.745	1.201	AB>B>A・O	514	3.039	1.191	
	合計	10045	2.967	1.324	η^2=.0011	4846	2.982	1.313	η^2=.0380	5194	2.952	1.335	

調査年による影響を検討する。研究2と同様に、1999年から2002年まで
を第1期、2004年から2005年を第2期、2009年から2013年を第3期、
2014年から2019年までを第4期として比較することにする。

　第1期の全体、高受容群、低受容群それぞれの各項目の平均値と標準偏差、
1要因分散分析とBonferroni法多重比較の結果をTable 6.5〜6.8に示した。
全体では、28項目中13項目で血液型の違いの有意な主効果が認められた。
高受容群では28項目中14項目で血液型の違いの有意な主効果が認められた。
しかし、低受容群では1項目も有意な主効果は認められなかった。

「第1期　1999-2002年」とはどのような時代か

　本書第1章「血液型カルチャー史」（サトウタツヤ）によれば、「再衰退
期」。

　1994年、「現代のエスプリ」324号「血液型と性格」特集号が出版され、
心理学的観点からの批判がまとめられた。

　1970年代の半ば頃から20年以上にわたって続いてきた大衆の中での第
二の血液型（血液型性格判断）ブームは1990年代の後半になって、週刊
誌などの誌面を賑わしていた関連記事も減り、書店の本棚から関係コー
ナーも消え、1999年1月現在ではどうやら終局を迎えたように思われる
（白佐, 1999）。Amazonの書籍コーナーで「血液型性格」で検索したところ、
1999年は血液型性格14冊、星座など血液型と他の占いを組み合わせたも
のが2冊、2000年は血液型単独が10冊と組み合わせが1冊、2001年は
5冊と組み合わせ1冊、それに血液型別子育てが4冊、2002年は4冊と組
み合わせ1冊であり、確かに減少していることがわかる。

　またこの時期、血液型人間学の後継者である能見俊賢のホームページは
会員限定で、一般には非公開となっていたことを記憶している。

第6章　血液型性格の虚妄性　　145

Table 6.5　A型項目の平均と標準偏差、および1要因分散分析結果（第1期　1999-2002年）

		全体				高受容群				低受容群			
		度数	平均	標準偏差	分析結果	度数	平均	標準偏差	分析結果	度数	平均	標準偏差	分析結果
A1 責任感あり	A型	1358	3.680	1.000	F=2.075	688	3.756	0.982	F=3.130	670	3.603	1.013	F=0.350
	B型	776	3.571	1.085	df=3/3517	384	3.560	1.090	df=3/1727	392	3.582	1.082	df=3/1786
	O型	1032	3.630	1.025	ns	487	3.708	0.990	p<.05	545	3.560	1.050	ns
	AB型	355	3.594	1.022		172	3.669	1.065	A>B	183	3.525	0.977	
	合計	3521	3.633	1.029		1731	3.690	1.019	η^2=.0054	1790	3.577	1.036	
A2 本音よりも建前を重視する方である	A型	1358	2.827	1.052	F=1.830	688	2.881	1.045	F=2.727	670	2.772	1.057	F=1.397
	B型	776	2.759	1.044	df=3/3517	384	2.698	1.043	df=3/1727	392	2.819	1.042	df=3/1786
	O型	1032	2.767	1.057	ns	487	2.797	0.999	p<.05	545	2.741	1.107	ns
	AB型	355	2.887	1.065		172	2.855	1.024	A>B	183	2.918	1.104	
	合計	3521	2.801	1.053		1731	2.814	1.031	η^2=.0047	1790	2.788	1.074	
A3 思慮深く、物事に対して慎重な態度をとる	A型	1358	3.496	1.103	F=6.334	688	3.584	1.087	F=13.482	670	3.405	1.113	F=0.075
	B型	776	3.296	1.136	df=3/3517	384	3.169	1.140	df=3/1727	392	3.421	1.119	df=3/1786
	O型	1032	3.351	1.078	p<.001	487	3.300	1.089	p<.001	545	3.396	1.068	ns
	AB型	355	3.403	1.129	A>B・O	172	3.430	1.082	A>B・O	183	3.377	1.174	
	合計	3521	3.400	1.108	η^2=.0054	1731	3.397	1.111	η^2=.0229	1790	3.403	1.107	
A4 感情が豊かで繊細である	A型	1358	3.611	1.034	F=1.807	688	3.747	0.968	F=2.171	670	3.472	1.080	F=0.906
	B型	776	3.508	1.048	df=3/3517	384	3.633	1.076	df=3/1727	392	3.385	1.007	df=3/1786
	O型	1032	3.545	1.026	ns	487	3.610	1.014	ns	545	3.486	1.034	ns
	AB型	355	3.558	1.102		172	3.721	1.005		183	3.404	1.168	
	合計	3521	3.564	1.042		1731	3.681	1.010		1790	3.450	1.060	
A5 協調性がある	A型	1358	3.543	1.062	F=5.162	688	3.677	1.023	F=5.109	670	3.406	1.085	F=0.909
	B型	776	3.412	1.108	df=3/3517	384	3.492	1.091	df=3/1727	392	3.334	1.121	df=3/1786
	O型	1032	3.483	1.062	p<.01	487	3.591	1.040	p<.01	545	3.385	1.074	ns
	AB型	355	3.321	1.078	A>B・AB	172	3.372	1.114	A>B・AB	183	3.273	1.044	
	合計	3521	3.474	1.076	η^2=.0044	1731	3.582	1.056	η^2=.0088	1790	3.370	1.085	
A6 礼儀正しい	A型	1358	3.806	0.882	F=1.379	688	3.871	0.856	F=1.879	670	3.740	0.904	F=0.100
	B型	776	3.755	0.910	df=3/3517	384	3.776	0.912	df=3/1727	392	3.735	0.908	df=3/1786
	O型	1032	3.742	0.850	ns	487	3.766	0.853	ns	545	3.721	0.848	ns
	AB型	355	3.811	0.887		172	3.866	0.911		183	3.760	0.863	
	合計	3521	3.777	0.880		1731	3.820	0.874		1790	3.735	0.884	
A7 内向的で、問題を自分の中だけで解決する	A型	1358	3.345	1.206	F=1.470	688	3.302	1.207	F=1.708	670	3.388	1.204	F=1.800
	B型	776	3.370	1.192	df=3/3517	384	3.211	1.209	df=3/1727	392	3.526	1.155	df=3/1786
	O型	1032	3.338	1.211	ns	487	3.189	1.204	ns	545	3.472	1.203	ns
	AB型	355	3.485	1.182		172	3.390	1.240		183	3.574	1.121	
	合計	3521	3.362	1.202		1731	3.259	1.211		1790	3.463	1.186	

Table 6.6　B型項目の平均と標準偏差、および1要因分散分析結果（第1期　1994-2002年）

		全体				高受容群				低受容群			
		度数	平均	標準偏差	分析結果	度数	平均	標準偏差	分析結果	度数	平均	標準偏差	分析結果
B1 行動的であり、好奇心旺盛である	A型	1358	3.379	1.060	F=2.742	688	3.408	1.038	F=3.855	670	3.348	1.081	F=1.155
	B型	776	3.477	1.059	df=3/3517	384	3.604	1.049	df=3/1727	392	3.352	1.055	df=3/1786
	O型	1032	3.454	1.039	p<.05	487	3.565	0.998	p<.01	545	3.354	1.066	ns
	AB型	355	3.327	1.014		172	3.465	1.005	B>A	183	3.197	1.008	
	合計	3521	3.417	1.050	η^2=.0023	1731	3.501	1.029	η^2=.0067	1790	3.335	1.064	
B2 慎重さに欠けている	A型	1358	2.761	1.209	F=5.781	688	2.706	1.202	F=12.413	670	2.816	1.214	F=0.491
	B型	776	2.949	1.207	df=3/3517	384	3.135	1.215	df=3/1727	392	2.765	1.173	df=3/1786
	O型	1032	2.919	1.189	p<.01	487	2.988	1.174	p<.001	545	2.857	1.200	ns
	AB型	355	2.938	1.196	B・O>A	172	3.029	1.206	B・O・AB>A	183	2.853	1.184	
	合計	3521	2.866	1.204	η^2=.0049	1731	2.913	1.209	η^2=.0211	1790	2.821	1.197	
B3 マイペース型で周囲の影響を受けにくい	A型	1358	3.080	1.165	F=15.492	688	2.965	1.173	F=27.335	670	3.199	1.146	F=0.242
	B型	776	3.427	1.150	df=3/3517	384	3.620	1.087	df=3/1727	392	3.237	1.181	df=3/1786
	O型	1032	3.162	1.162	p<.001	487	3.103	1.175	p<.001	545	3.215	1.149	ns
	AB型	355	3.270	1.157	B>A・O, AB>A	172	3.267	1.218	B>AB>A,B>O	183	3.273	1.100	
	合計	3521	3.200	1.167	η^2=.0130	1731	3.179	1.186	η^2=.0453	1790	3.220	1.149	
B4 友人関係が広く、気さくで社交性がある	A型	1358	3.094	1.104	F=2.236	688	3.227	1.109	F=1.506	670	2.958	1.083	F=1.140
	B型	776	3.037	1.105	df=3/3517	384	3.195	1.122	df=3/1727	392	2.883	1.066	df=3/1786
	O型	1032	3.052	1.138	ns	487	3.249	1.103	ns	545	2.877	1.141	ns
	AB型	355	2.924	1.158		172	3.047	1.128		183	2.809	1.177	
	合計	3521	3.052	1.120		1731	3.208	1.113		1790	2.902	1.108	
B5 人情もろい	A型	1358	3.669	1.064	F=1.389	688	3.813	0.993	F=1.940	670	3.522	1.115	F=1.186
	B型	776	3.577	1.055	df=3/3517	384	3.737	1.017	df=3/1727	392	3.421	1.070	df=3/1786
	O型	1032	3.622	1.061	ns	487	3.739	0.996	ns	545	3.517	1.107	ns
	AB型	355	3.600	0.993		172	3.616	1.011		183	3.585	0.979	
	合計	3521	3.628	1.055		1731	3.756	1.002		1790	3.505	1.089	
B6 楽観的である	A型	1358	3.223	1.286	F=11.719	688	3.193	1.279	F=17.674	670	3.254	1.293	F=0.842
	B型	776	3.535	1.261	df=3/3517	384	3.701	1.214	df=3/1727	392	3.372	1.287	df=3/1786
	O型	1032	3.439	1.267	p<.001	487	3.579	1.261	p<.001	545	3.314	1.260	ns
	AB型	355	3.301	1.245	O>A, B>AB・A	172	3.238	1.236	B>AB>A,O>A	183	3.361	1.254	
	合計	3521	3.363	1.277	η^2=.0099	1731	3.419	1.273	η^2=.0298	1790	3.309	1.278	
B7 すぐに動揺してしまうことがある	A型	1358	3.640	1.079	F=1.124	688	3.696	1.068	F=2.217	670	3.582	1.089	F=0.616
	B型	776	3.563	1.135	df=3/3517	384	3.617	1.143	df=3/1727	392	3.510	1.126	df=3/1786
	O型	1032	3.572	1.106	ns	487	3.532	1.094	ns	545	3.607	1.116	ns
	AB型	355	3.609	1.066		172	3.657	1.039		183	3.563	1.092	
	合計	3521	3.600	1.098		1731	3.629	1.091		1790	3.572	1.105	

Table 6.7　O型項目の平均と標準偏差、および1要因分散分析結果（第1期　1994-2002年）

		全体				高受容群				低受容群			
		度数	平均	標準偏差	分析結果	度数	平均	標準偏差	分析結果	度数	平均	標準偏差	分析結果
O1 積極的で、かつ実行力がある	A型	1358	3.046	1.044	F=3.329	688	3.095	1.047	F=2.320	670	2.996	1.040	F=1.504
	B型	776	3.058	1.063	df=3/3517	384	3.159	1.078	df=3/1727	392	2.959	1.041	df=3/1786
	O型	1032	3.046	1.054	p<.05	487	3.142	1.032	ns	545	2.960	1.067	ns
	AB型	355	2.862	1.125	A・B・O>AB	172	2.919	1.147		183	2.809	1.105	
	合計	3521	3.030	1.061	η^2=.0028	1731	3.105	1.061		1790	2.958	1.055	
O2 ものの言い方や表現法はもちろん欲望の表し方もストレートである	A型	1358	3.127	1.243	F=4.895	688	3.122	1.230	F=7.141	670	3.133	1.256	F=0.338
	B型	776	3.322	1.232	df=3/3517	384	3.435	1.235	df=3/1727	392	3.212	1.219	df=3/1786
	O型	1032	3.232	1.220	p<.01	487	3.318	1.196	p<.001	545	3.154	1.236	ns
	AB型	355	3.116	1.233	B>A	172	3.076	1.190	O>A,B>A・AB	183	3.153	1.275	
	合計	3521	3.200	1.235	η^2=.0042	1731	3.242	1.224	η^2=.0123	1790	3.159	1.243	
O3 個人主義的で、ともすれば自己中心的になってしまう	A型	1358	3.066	1.157	F=7.237	688	2.994	1.137	F=13.392	670	3.139	1.173	F=0.297
	B型	776	3.299	1.148	df=3/3517	384	3.443	1.116	df=3/1727	392	3.158	1.162	df=3/1786
	O型	1032	3.128	1.129	p<.001	487	3.090	1.124	p<.001	545	3.162	1.134	ns
	AB型	355	3.203	1.127	B>A・O	172	3.174	1.141	B>A・O	183	3.230	1.115	
	合計	3521	3.149	1.147	η^2=.0061	1731	3.139	1.141	η^2=.0227	1790	3.159	1.152	
O4 意志が強い	A型	1358	3.351	1.088	F=0.272	688	3.398	1.097	F=0.610	670	3.303	1.077	F=0.129
	B型	776	3.308	1.102	df=3/3517	384	3.320	1.083	df=3/1727	392	3.296	1.121	df=3/1786
	O型	1032	3.329	1.078	ns	487	3.353	1.067	ns	545	3.306	1.088	ns
	AB型	355	3.335	1.043		172	3.424	1.060		183	3.251	1.023	
	合計	3521	3.333	1.083		1731	3.371	1.082		1790	3.297	1.084	
O5 人がよくて人間味がある	A型	1358	3.339	0.898	F=0.139	688	3.438	0.844	F=0.469	670	3.237	0.940	F=0.624
	B型	776	3.331	0.909	df=3/3517	384	3.391	0.878	df=3/1727	392	3.273	0.935	df=3/1786
	O型	1032	3.315	0.897	ns	487	3.454	0.830	ns	545	3.191	0.936	ns
	AB型	355	3.332	0.937		172	3.459	0.926		183	3.213	0.934	
	合計	3521	3.330	0.904		1731	3.434	0.856		1790	3.229	0.937	
O6 目的とあらば、最大限の勇気と根性を発揮する	A型	1358	3.452	1.091	F=3.310	688	3.462	1.100	F=3.501	670	3.442	1.082	F=1.906
	B型	776	3.531	1.066	df=3/3517	384	3.563	1.063	df=3/1727	392	3.500	1.070	df=3/1786
	O型	1032	3.540	1.086	p<.05	487	3.657	1.050	p<.05	545	3.435	1.108	ns
	AB型	355	3.361	1.099	O>AB	172	3.459	1.078	O>A	183	3.268	1.114	
	合計	3521	3.486	1.086	η^2=.0028	1731	3.539	1.078	η^2=.0060	1790	3.435	1.092	
O7 情熱的である	A型	1358	3.183	1.099	F=0.780	688	3.272	1.094	F=1.969	670	3.093	1.098	F=1.164
	B型	776	3.218	1.117	df=3/3517	384	3.313	1.113	df=3/1727	392	3.125	1.114	df=3/1786
	O型	1032	3.205	1.101	ns	487	3.349	1.064	ns	545	3.075	1.118	ns
	AB型	355	3.116	1.090		172	3.122	1.050		183	3.109	1.129	
	合計	3521	3.190	1.102		1731	3.288	1.087		1790	3.096	1.110	

Table 6.8　AB 型項目の平均と標準偏差、および 1 要因分散分析結果（第 1 期　1994-2002 年）

		全体				高受容群				低受容群			
		度数	平均	標準偏差	分析結果	度数	平均	標準偏差	分析結果	度数	平均	標準偏差	分析結果
AB1 飽きっぽい	A 型	1358	3.382	1.193	F=3.171	688	3.374	1.188	F=5.484	670	3.391	1.199	F=0.042
	B 型	776	3.514	1.147	df=3/3517	384	3.622	1.124	df=3/1727	392	3.408	1.161	df=3/1786
	O 型	1032	3.382	1.212	p<.05	487	3.372	1.215	p<.01	545	3.391	1.209	ns
	AB 型	355	3.313	1.235		172	3.250	1.266	B>A・O・AB	183	3.372	1.206	
	合計	3521	3.404	1.194	η^2=.0027	1731	3.416	1.195	η^2=.0094	1790	3.393	1.194	
AB2 親密な人間関係を避けたがる傾向がある	A 型	1358	2.287	1.140	F=2.434	688	2.147	1.066	F=5.471	670	2.430	1.196	F=0.315
	B 型	776	2.379	1.146	df=3/3517	384	2.365	1.102	df=3/1727	392	2.393	1.190	df=3/1786
	O 型	1032	2.280	1.164	ns	487	2.113	1.104	p<.01	545	2.429	1.197	ns
	AB 型	355	2.425	1.236		172	2.349	1.197	B>A・O	183	2.497	1.270	
	合計	3521	2.319	1.159		1731	2.206	1.102	η^2=.0094	1790	2.429	1.202	
AB3 クールでドライな印象が強い	A 型	1358	2.782	1.314	F=1.424	688	2.756	1.311	F=2.098	670	2.809	1.317	F=0.713
	B 型	776	2.889	1.283	df=3/3517	384	2.878	1.286	df=3/1727	392	2.901	1.283	df=3/1786
	O 型	1032	2.777	1.276	ns	487	2.690	1.290	ns	545	2.855	1.260	ns
	AB 型	355	2.825	1.261		172	2.901	1.250		183	2.754	1.271	
	合計	3521	2.809	1.291		1731	2.779	1.295		1790	2.837	1.287	
AB4 合理的にものを考える傾向がある	A 型	1358	3.285	1.022	F=1.380	688	3.289	1.036	F=2.628	670	3.281	1.008	F=1.379
	B 型	776	3.322	1.047	df=3/3517	384	3.211	1.029	df=3/1727	392	3.431	1.054	df=3/1786
	O 型	1032	3.289	1.043	ns	487	3.257	1.037	p<.05	545	3.317	1.049	ns
	AB 型	355	3.403	1.038		172	3.471	1.023	AB>B	183	3.339	1.051	
	合計	3521	3.306	1.035		1731	3.281	1.035	η^2=.0045	1790	3.331	1.035	
AB5 妙にメルヘンチックな面がある	A 型	1358	3.124	1.267	F=6.254	688	3.241	1.220	F=5.561	670	3.003	1.303	F=1.680
	B 型	776	2.979	1.260	df=3/3517	384	3.081	1.285	df=3/1727	392	2.880	1.228	df=3/1786
	O 型	1032	3.068	1.249	p<.001	487	3.152	1.208	p<.01	545	2.993	1.280	ns
	AB 型	355	3.316	1.210	AB>B・O	172	3.517	1.142	AB>A・B・O	183	3.126	1.245	
	合計	3521	3.095	1.257	η^2=.0053	1731	3.208	1.229	η^2=.0096	1790	2.986	1.275	
AB6 ソツがなく、意外と親切である	A 型	1358	3.447	0.846	F=1.581	688	3.528	0.812	F=2.219	670	3.364	0.872	F=0.633
	B 型	776	3.478	0.842	df=3/3517	384	3.529	0.851	df=3/1727	392	3.429	0.831	df=3/1786
	O 型	1032	3.399	0.855	ns	487	3.444	0.796	ns	545	3.360	0.903	ns
	AB 型	355	3.479	0.848		172	3.616	0.797		183	3.350	0.876	
	合計	3521	3.443	0.848		1731	3.513	0.816		1790	3.375	0.873	
AB7 気分にムラがあって、ともすると二重人格のように見えることがある	A 型	1358	2.929	1.318	F=11.850	688	2.919	1.294	F=18.612	670	2.939	1.344	F=0.542
	B 型	776	2.991	1.320	df=3/3517	384	2.987	1.312	df=3/1727	392	2.995	1.330	df=3/1786
	O 型	1032	2.912	1.326	p<.001	487	2.862	1.296	p<.001	545	2.956	1.352	ns
	AB 型	355	3.366	1.251	AB>A・B・O	172	3.680	1.241	AB>A・B・O	183	3.071	1.191	
	合計	3521	2.982	1.320	η^2=.0100	1731	2.994	1.313	η^2=.0313	1790	2.970	1.328	

第 2 期の全体、高受容群、低受容群それぞれの各項目の平均値と標準偏差、1 要因分散分析と Bonferroni 法多重比較の結果を Table 6.9 ～ 6.12 に示した。全体では、28 項目中 12 項目で血液型の違いの有意な主効果が認められた。高受容群では 28 項目中 20 項目で血液型の違いの有意な主効果が認められた。低受容群でも 2 項目で有意な主効果が認められた。

「第 2 期　2004-2005 年」とはどのような時代か

　本書第 1 章「血液型カルチャー史」（サトウタツヤ）によれば、「再隆盛期」。

　2004 年 2 月 21 日から約 1 年間、約 70 本もの血液型性格関連説に関するテレビ番組が放送された。これらの番組では血液型と性格の関連を肯定していた。放送倫理・番組向上機構（略称 BPO）から要望が出された結果（2004 年 12 月）、2005 年 2 月でこうした番組はほとんど放送されなくなった（上村・サトウ, 2006）。

　ほとんどがバラエティー番組として制作されたものである。同じ課題状況で各血液型の人物の行動の違いを比較する演出が多用され、その VTR についてタレントがコメントする番組が多かった。特に各血液型の幼児の行動の違いを強調する番組が印象に残っている。中には幼児に対するヤラセや血液型を偽装した番組も存在した（第 7 章参照）。

　Amazon で検索した血液型性格本は 2004 年は 17 冊、他の占いと組み合わせた本が 4 冊に英語学習が 4 冊、2005 年は 4 冊と組み合わせ 5 冊だった。2004 年は第 1 期よりは出版された本が増えているが、テレビ番組におけるブームに便乗した復刻版が多いような印象が強い。

150　　　第Ⅱ部　データに見る血液型性格

Table 6.9　A 型項目の平均と標準偏差、および 1 要因分散分析結果（第 2 期　2004-2005 年）

		全体				高受容群				低受容群			
		度数	平均	標準偏差	分析結果	度数	平均	標準偏差	分析結果	度数	平均	標準偏差	分析結果
A1 責任感あり	A 型	856	3.704	1.032	F=1.341	496	3.748	1.013	F=1.867	360	3.644	1.056	F=0.359
	B 型	486	3.603	1.092	df=3/2211	261	3.567	1.103	df=3/1307	225	3.644	1.081	df=3/900
	O 型	650	3.645	1.029	ns	421	3.663	1.012	ns	229	3.611	1.060	ns
	AB 型	223	3.592	1.000		133	3.639	0.980		90	3.522	1.030	
	合計	2215	3.653	1.042		1311	3.674	1.029		904	3.624	1.060	
A2 本音よりも建前を重視する方である	A 型	856	3.034	1.071	F=4.261	496	3.054	1.023	F=4.062	360	3.006	1.134	F=1.052
	B 型	486	2.821	1.055	df=3/2211	261	2.785	1.041	df=3/1307	225	2.862	1.071	df=3/900
	O 型	650	2.945	1.036	p<.01	421	2.962	0.997	p<.01	229	2.913	1.105	ns
	AB 型	223	2.942	1.018	A>B	133	3.008	1.019	A>B	90	2.844	1.016	
	合計	2215	2.952	1.054	η^2=.0057	1311	2.966	1.021	η^2=.0092	904	2.930	1.100	
A3 思慮深く、物事に対して慎重な態度をとる	A 型	856	3.436	1.102	F=10.000	496	3.440	1.128	F=8.892	360	3.431	1.066	F=2.199
	B 型	486	3.099	1.108	df=3/2211	261	3.019	1.072	df=3/1307	225	3.191	1.143	df=3/900
	O 型	650	3.257	1.142	p<.001	421	3.211	1.155	p<.001	229	3.341	1.115	ns
	AB 型	223	3.350	1.088	A>B・O	133	3.376	1.084	A>B・O, AB>B	90	3.311	1.098	
	合計	2215	3.301	1.121	η^2=.0134	1311	3.276	1.132	η^2=.0200	904	3.336	1.104	
A4 感情が豊かで繊細である	A 型	856	3.662	1.055	F=0.946	496	3.804	0.981	F=0.990	360	3.467	1.122	F=0.237
	B 型	486	3.584	1.107	df=3/2211	261	3.736	1.090	df=3/1307	225	3.409	1.103	df=3/900
	O 型	650	3.612	1.068	ns	421	3.729	1.043	ns	229	3.397	1.082	ns
	AB 型	223	3.552	1.029		133	3.647	1.009		90	3.411	1.048	
	合計	2215	3.619	1.068		1311	3.751	1.026		904	3.429	1.098	
A5 協調性がある	A 型	856	3.637	1.091	F=7.075	496	3.718	1.053	F=8.673	360	3.525	1.134	F=0.560
	B 型	486	3.442	1.134	df=3/2211	261	3.452	1.121	df=3/1307	225	3.431	1.152	df=3/900
	O 型	650	3.734	1.041	p<.001	421	3.848	0.986	p<.001	229	3.524	1.106	ns
	AB 型	223	3.561	1.020	A・O>B	133	3.541	1.077	A>B, O>B・AB	90	3.589	0.935	
	合計	2215	3.615	1.084	η^2=.0095	1311	3.689	1.058	η^2=.0195	904	3.508	1.113	
A6 礼儀正しい	A 型	856	3.815	0.903	F=0.431	496	3.853	0.910	F=2.251	360	3.764	0.891	F=0.611
	B 型	486	3.780	0.917	df=3/2211	261	3.713	0.927	df=3/1307	225	3.858	0.900	df=3/900
	O 型	650	3.799	0.908	ns	421	3.810	0.871	ns	229	3.777	0.973	ns
	AB 型	223	3.744	0.829		133	3.677	0.822		90	3.844	0.833	
	合計	2215	3.796	0.900		1311	3.793	0.894		904	3.799	0.909	
A7 内向的で、問題を自分の中だけで解決する	A 型	856	3.387	1.199	F=2.804	496	3.351	1.180	F=3.688	360	3.436	1.225	F=0.756
	B 型	486	3.356	1.287	df=3/2211	261	3.418	1.270	df=3/1307	225	3.284	1.306	df=3/900
	O 型	650	3.211	1.214	p<.05	421	3.140	1.222	p<.05	229	3.341	1.191	ns
	AB 型	223	3.359	1.134	A>O	133	3.361	1.137	B>O	90	3.356	1.135	
	合計	2215	3.326	1.218	η^2=.0038	1311	3.298	1.211	η^2=.0084	904	3.366	1.228	

第 6 章　血液型性格の虚妄性　　151

Table 6.10　B型項目の平均と標準偏差、および1要因分散分析結果（第2期　2004-2005年）

		全体 度数	平均	標準偏差	分析結果	高受容群 度数	平均	標準偏差	分析結果	低受容群 度数	平均	標準偏差	分析結果
B1 行動的であり、好奇心旺盛である	A型	856	3.507	1.053	F=2.516	496	3.540	1.032	F=5.875	360	3.461	1.081	F=0.939
	B型	486	3.630	1.068	df=3/2211	261	3.759	1.059	df=3/1307	225	3.480	1.061	df=3/900
	O型	650	3.615	1.020	ns	421	3.670	1.011	p<.01	229	3.515	1.033	ns
	AB型	223	3.475	1.094		133	3.346	1.087	B>A・AB, O>AB	90	3.667	1.081	
	合計	2215	3.563	1.052		1311	3.606	1.042	η^2=.0133	904	3.500	1.064	
B2 慎重さに欠けている	A型	856	2.851	1.240	F=10.265	496	2.835	1.210	F=12.621	360	2.872	1.282	F=1.616
	B型	486	3.214	1.191	df=3/2211	261	3.330	1.173	df=3/1307	225	3.080	1.200	df=3/900
	O型	650	3.069	1.236	p<.001	421	3.154	1.214	p<.001	229	2.913	1.264	ns
	AB型	223	2.924	1.150	B>A・AB, O>A	133	2.827	1.145	B・O>A・AB	90	3.067	1.150	
	合計	2215	3.002	1.227	η^2=.0137	1311	3.035	1.213	η^2=.0282	904	2.954	1.246	
B3 マイペース型で周囲の影響を受けにくい	A型	856	2.992	1.171	F=18.374	496	2.823	1.129	F=23.514	360	3.225	1.190	F=2.611
	B型	486	3.473	1.115	df=3/2211	261	3.536	1.086	df=3/1307	225	3.400	1.146	df=3/900
	O型	650	3.137	1.141	p<.001	421	3.152	1.143	p<.001	229	3.109	1.140	ns
	AB型	223	3.197	1.142	B>A・O・AB	133	3.098	1.114	B>O>A, B>AB	90	3.344	1.172	
	合計	2215	3.161	1.161	η^2=.0243	1311	3.098	1.152	η^2=.0512	904	3.251	1.168	
B4 友人関係が広く、気さくで社交性がある	A型	856	3.168	1.068	F=4.332	496	3.216	1.056	F=10.301	360	3.103	1.083	F=0.772
	B型	486	3.148	1.159	df=3/2211	261	3.146	1.148	df=3/1307	225	3.151	1.174	df=3/900
	O型	650	3.328	1.107	p<.01	421	3.492	1.059	p<.001	229	3.026	1.131	ns
	AB型	223	3.081	1.140	O>A・B・AB	133	2.993	1.151	O>A・B・AB	90	3.211	1.117	
	合計	2215	3.202	1.110	η^2=.0058	1311	3.268	1.097	η^2=.0231	904	3.106	1.122	
B5 人情もろい	A型	856	3.696	1.073	F=1.337	496	3.758	1.059	F=3.204	360	3.611	1.089	F=0.308
	B型	486	3.768	1.052	df=3/2211	261	3.923	0.989	df=3/1307	225	3.587	1.095	df=3/900
	O型	650	3.789	1.048	ns	421	3.934	0.986	p<.05	229	3.524	1.106	ns
	AB型	223	3.677	0.988		133	3.744	1.035		90	3.578	0.912	
	合計	2215	3.737	1.053		1311	3.846	1.022	η^2=.0073	904	3.580	1.077	
B6 楽観的である	A型	856	3.301	1.301	F=9.930	496	3.222	1.291	F=11.643	360	3.411	1.307	F=1.294
	B型	486	3.689	1.260	df=3/2211	261	3.759	1.255	df=3/1307	225	3.609	1.263	df=3/900
	O型	650	3.500	1.237	p<.001	421	3.551	1.221	p<.001	229	3.406	1.262	ns
	AB型	223	3.431	1.303	B・O>A	133	3.414	1.238	B・O>A	90	3.456	1.400	
	合計	2215	3.458	1.281	η^2=.0133	1311	3.454	1.272	η^2=.0260	904	3.464	1.295	
B7 すぐに動揺してしまうことがある	A型	856	3.676	1.135	F=2.083	496	3.677	1.109	F=3.837	360	3.675	1.172	F=0.767
	B型	486	3.702	1.082	df=3/2211	261	3.839	1.055	df=3/1307	225	3.542	1.094	df=3/900
	O型	650	3.563	1.117	ns	421	3.558	1.087	p<.01	229	3.572	1.174	ns
	AB型	223	3.574	1.120		133	3.579	1.130	B>O	90	3.567	1.112	
	合計	2215	3.638	1.118		1311	3.661	1.097	η^2=.0087	904	3.605	1.147	

Table 6.11　O 型項目の平均と標準偏差、および 1 要因分散分析結果（第 2 期　2004-2005 年）

		全体				高受容群				低受容群			
		度数	平均	標準偏差	分析結果	度数	平均	標準偏差	分析結果	度数	平均	標準偏差	分析結果
O1 積極的で、かつ実行力がある	A型	856	3.139	1.045	F=2.154	496	3.153	1.033	F=5.213	360	3.119	1.063	F=0.450
	B型	486	3.154	1.066	df=3/2211	261	3.172	1.033	df=3/1307	225	3.133	1.106	df=3/900
	O型	650	3.245	1.025	ns	421	3.318	1.011	p<.01	229	3.109	1.039	ns
	AB型	223	3.063	1.072		133	2.932	1.046	O>AB	90	3.256	1.087	
	合計	2215	3.166	1.048		1311	3.188	1.032	η^2=.0118	904	3.134	1.069	
O2 ものの言い方や表現法はもちろん欲望の表し方もストレートである	A型	856	3.090	1.229	F=4.449	496	3.046	1.187	F=4.826	360	3.150	1.284	F=1.805
	B型	486	3.325	1.294	df=3/2211	261	3.376	1.291	df=3/1307	225	3.267	1.299	df=3/900
	O型	650	3.094	1.221	p<.01	421	3.140	1.241	p<.01	229	3.009	1.181	ns
	AB型	223	3.099	1.219	B>A・O	133	2.993	1.171	B>A・AB	90	3.256	1.277	
	合計	2215	3.144	1.243	η^2=.0060	1311	3.137	1.230	η^2=.0110	904	3.154	1.264	
O3 個人主義的で、ともすれば自己中心的になってしまう	A型	856	3.008	1.166	F=10.579	496	2.968	1.137	F=12.202	360	3.064	1.205	F=1.399
	B型	486	3.352	1.197	df=3/2211	261	3.452	1.121	df=3/1307	225	3.236	1.272	df=3/900
	O型	650	3.022	1.129	p<.001	421	2.993	1.112	p<.001	229	3.074	1.162	ns
	AB型	223	3.058	1.087	B>A・O・AB	133	3.113	1.049	B>A・O・AB	90	2.978	1.141	
	合計	2215	3.093	1.162	η^2=.0142	1311	3.087	1.131	η^2=.0272	904	3.101	1.206	
O4 意志が強い	A型	856	3.258	1.064	F=0.872	496	3.278	1.058	F=1.287	360	3.231	1.074	F=1.161
	B型	486	3.263	1.086	df=3/2211	261	3.310	1.070	df=3/1307	225	3.209	1.104	df=3/900
	O型	650	3.340	1.055	ns	421	3.390	1.067	ns	229	3.249	1.028	ns
	AB型	223	3.309	0.953		133	3.218	0.932		90	3.444	0.973	
	合計	2215	3.289	1.056		1311	3.314	1.052		904	3.251	1.061	
O5 人がよくて人間味がある	A型	856	3.384	0.875	F=2.117	496	3.427	0.854	F=2.759	360	3.325	0.900	F=0.706
	B型	486	3.395	0.922	df=3/2211	261	3.433	0.868	df=3/1307	225	3.351	0.980	df=3/900
	O型	650	3.459	0.852	ns	421	3.556	0.819	p<.05	229	3.280	0.884	ns
	AB型	223	3.296	0.829		133	3.361	0.820		90	3.200	0.837	
	合計	2215	3.400	0.875		1311	3.463	0.844	η^2=.0063	904	3.308	0.910	
O6 目的のためとあらば、最大限の勇気と根性を発揮する	A型	856	3.532	1.044	F=0.573	496	3.621	1.034	F=1.530	360	3.408	1.046	F=2.641
	B型	486	3.514	1.057	df=3/2211	261	3.536	0.994	df=3/1307	225	3.489	1.126	df=3/900
	O型	650	3.585	1.082	ns	421	3.649	1.078	ns	229	3.467	1.082	p<.05
	AB型	223	3.583	1.040		133	3.459	0.965		90	3.767	1.122	AB>A
	合計	2215	3.549	1.057		1311	3.597	1.034		904	3.479	1.086	η^2=.0087
O7 情熱的である	A型	856	3.235	1.086	F=2.020	496	3.254	1.090	F=5.325	360	3.208	1.081	F=0.220
	B型	486	3.325	1.124	df=3/2211	261	3.479	1.108	df=3/1307	225	3.147	1.118	df=3/900
	O型	650	3.291	1.103	p<.01	421	3.363	1.057	p<.01	229	3.157	1.174	ns
	AB型	223	3.126	1.028		133	3.060	1.013	B>A・AB, O>AB	90	3.222	1.047	
	合計	2215	3.260	1.095		1311	3.314	1.081	η^2=.0121	904	3.181	1.110	

第 6 章　血液型性格の虚妄性　　153

Table 6.12 AB 型項目の平均と標準偏差、および1要因分散分析結果（第 2 期　2004-2005 年）

		全体				高受容群				低受容群			
		度数	平均	標準偏差	分析結果	度数	平均	標準偏差	分析結果	度数	平均	標準偏差	分析結果
AB1 飽きっぽい	A 型	856	3.490	1.204	F=5.974	496	3.500	1.198	F=5.673	360	3.475	1.215	F=1.338
	B 型	486	3.733	1.185	df=3/2211	261	3.828	1.169	df=3/1307	225	3.622	1.197	df=3/900
	O 型	650	3.454	1.151	p<.001	421	3.475	1.162	p<.01	229	3.415	1.131	ns
	AB 型	223	3.516	1.193	B>A・O	133	3.579	1.150	B>A・O	90	3.422	1.254	
	合計	2215	3.535	1.187	η^2=.0080	1311	3.565	1.182	η^2=.0129	904	3.491	1.194	
AB2 親密な人間関係を避けたがる傾向がある	A 型	856	2.189	1.136	F=1.421	496	2.057	1.064	F=1.397	360	2.372	1.206	F=0.446
	B 型	486	2.253	1.165	df=3/2211	261	2.169	1.082	df=3/1307	225	2.351	1.249	df=3/900
	O 型	650	2.132	1.111	ns	421	2.064	1.077	ns	229	2.258	1.162	ns
	AB 型	223	2.269	1.086		133	2.226	1.049		90	2.333	1.142	
	合計	2215	2.195	1.130		1311	2.098	1.071		904	2.334	1.199	
AB3 クールでドライな印象が強い	A 型	856	2.736	1.285	F=2.466	496	2.726	1.288	F=4.197	360	2.750	1.284	F=0.091
	B 型	486	2.689	1.321	df=3/2211	261	2.655	1.302	df=3/1307	225	2.729	1.344	df=3/900
	O 型	650	2.599	1.294	ns	421	2.494	1.305	p<.01	229	2.790	1.253	ns
	AB 型	223	2.843	1.273		133	2.895	1.251	A・AB>O	90	2.767	1.307	
	合計	2215	2.696	1.296		1311	2.655	1.297	η^2=.0095	904	2.757	1.292	
AB4 合理的にものを考える傾向がある	A 型	856	3.268	1.039	F=1.008	496	3.254	1.069	F=1.506	360	3.286	0.998	F=0.207
	B 型	486	3.206	1.080	df=3/2211	261	3.188	1.074	df=3/1307	225	3.227	1.089	df=3/900
	O 型	650	3.199	1.070	ns	421	3.171	1.042	ns	229	3.249	1.122	ns
	AB 型	223	3.309	1.073		133	3.376	1.012		90	3.211	1.156	
	合計	2215	3.238	1.061		1311	3.227	1.056		904	3.254	1.068	
AB5 妙にメルヘンチックな面がある	A 型	856	3.216	1.321	F=1.057	496	3.298	1.287	F=1.632	360	3.103	1.359	F=0.647
	B 型	486	3.113	1.304	df=3/2211	261	3.088	1.329	df=3/1307	225	3.142	1.277	df=3/900
	O 型	650	3.131	1.265	ns	421	3.181	1.263	ns	229	3.039	1.265	ns
	AB 型	223	3.090	1.339		133	3.196	1.305		90	2.933	1.380	
	合計	2215	3.156	1.303		1311	3.208	1.291		904	3.080	1.317	
AB6 ソツがなく、意外と親切である	A 型	856	3.521	0.857	F=0.589	496	3.518	0.862	F=3.620	360	3.525	0.851	F=0.371
	B 型	486	3.486	0.870	df=3/2211	261	3.410	0.839	df=3/1307	225	3.573	0.899	df=3/900
	O 型	650	3.591	0.861	ns	421	3.615	0.878	p<.05	229	3.546	0.829	ns
	AB 型	223	3.507	0.859		133	3.429	0.864	O>B	90	3.622	0.842	
	合計	2215	3.532	0.862		1311	3.519	0.865	η^2=.0082	904	3.552	0.856	
AB7 気分にムラがあって、ともすると二重人格のように見えることがある	A 型	856	2.868	1.360	F=26.570	496	2.841	1.329	F=26.621	360	2.906	1.403	F=3.833
	B 型	486	2.988	1.392	df=3/2211	261	3.046	1.361	df=3/1307	225	2.920	1.428	df=3/900
	O 型	650	2.814	1.326	p<.001	421	2.772	1.326	p<.001	229	2.891	1.325	p<.05
	AB 型	223	3.700	1.195	AB>A・B・O	133	3.887	1.126	AB>B>O, AB>A	90	3.422	1.245	AB>A・B・O
	合計	2215	2.962	1.365	η^2=.0348	1311	2.966	1.353	η^2=.0576	904	2.957	1.381	η^2=.0126

第 3 期の全体、高受容群、低受容群それぞれの各項目の平均値と標準偏差、1 要因分散分析と Bonferroni 法多重比較の結果を Table 6.13 ～ 6.16 に示した。全体では、28 項目中 9 項目で血液型の違いの有意な主効果が認められた。高受容群では 28 項目中 14 項目で血液型の違いの有意な主効果が認められた。しかし、低受容群では 1 項目も有意な主効果は認められなかった。

「第 3 期　2009-2013 年」とはどのような時代か

　本書第 1 章「血液型カルチャー史」（サトウタツヤ）によれば、「再再隆盛期」。書籍の大ブーム＝ 2024 年時点での最後の血液型性格ブームの時期を含んでいる。

　2007 年 9 月に文芸社より『B 型自分の説明書』が出版され，以後各血液型の説明書が発売された。『血液型自分の説明書』シリーズは累計 540 万部を突破するベストセラーになった。従来の血液型性格本とは異なり、「☆型は～という特徴があり」式の説明文がなく、チェックリスト形式の文章の羅列という形式の書籍であり、「チェックが多いと☆型度が高い」ではなく、「多いのも☆型、少ないのも☆型」であり、チェックした文章によって自分自身の輪郭が明瞭化される（ような気になる）構成になっている。自己認識のためのツールである。

　2008 年 12 月には任天堂のゲーム機 DS 用ソフト『みんなで自分の説明書～ B 型、A 型、AB 型、O 型～』まで発売された。2012 年には『続 B 型自分の説明書』など続編が出版され、シリーズ累計 620 万部の大ヒットというわりには続編はたいして話題にならなかった。

　Amazon で検索したところ血液型性格で 32 冊、他の占いと組み合わせたものが 7 冊と、2008 年は多くの血液型性格本が出版された。『☆型の教科書』『☆型の取扱説明書』『☆型：本当の自分がわかる本』と、タイトルだけ見てもブーム便乗型が多いことがわかる。

　2009 年は 26 冊、組み合わせ 1 冊、2010 年は 9 冊と組み合わせ 2 冊、2011 年は 10 冊と組み合わせ 1 冊、2012 年は 7 冊と血液型別ダイエットが 4 冊、2013 年は 13 冊と組み合わせ 2 冊と出版ブームも 2 年程度だったようだ。また、血液型性格をネタにしたコミックエッセイ本が増えている。

Table 6.13　A型項目の平均と標準偏差、および1要因分散分析結果（第3期　2009-2013年）

		全体				高受容群				低受容群			
		度数	平均	標準偏差	分析結果	度数	平均	標準偏差	分析結果	度数	平均	標準偏差	分析結果
A1 責任感あり	A型	915	3.541	1.047	F=0.026	467	3.647	1.022	F=1.307	448	3.431	1.062	F=1.683
	B型	508	3.530	1.038	df=3/2354	258	3.632	0.990	df=3/1199	249	3.418	1.075	df=3/1147
	O型	718	3.546	1.096	ns	377	3.549	1.108	ns	339	3.540	1.088	ns
	AB型	217	3.535	1.072		101	3.455	1.145		115	3.626	0.977	
	合計	2358	3.539	1.062		1203	3.597	1.054		1151	3.480	1.065	
A2 本音よりも建前を重視する方である	A型	914	2.920	1.072	F=2.400	466	2.927	1.069	F=4.416	448	2.913	1.076	F=0.622
	B型	508	2.856	1.053	df=3/2353	258	2.775	1.038	df=3/1198	249	2.948	1.059	df=3/1147
	O型	718	3.003	1.050	ns	377	3.082	1.032	p<.01	339	2.917	1.065	ns
	AB型	217	3.023	1.164		101	2.980	1.140	O>B	115	3.061	1.194	
	合計	2357	2.941	1.071		1202	2.948	1.062	η^2=.0109	1151	2.937	1.081	
A3 思慮深く、物事に対して慎重な態度をとる	A型	915	3.421	1.215	F=7.262	467	3.518	1.026	F=12.710	448	3.319	1.378	F=0.224
	B型	507	3.158	1.057	df=3/2353	258	3.058	1.055	df=3/1199	249	3.261	1.051	df=3/1147
	O型	718	3.252	1.066	p<.001	377	3.215	1.079	p<.001	339	3.295	1.055	ns
	AB型	217	3.194	1.067	A>B・O・AB	101	3.139	1.123	A>B・O・AB	115	3.235	1.020	
	合計	2357	3.292	1.129	η^2=.0092	1203	3.293	1.073	η^2=.0308	1151	3.291	1.187	
A4 感情が豊かで繊細である	A型	915	3.559	1.039	F=1.724	467	3.722	0.949	F=1.717	448	3.388	1.102	F=0.313
	B型	507	3.448	1.066	df=3/2353	258	3.574	1.053	df=3/1199	249	3.317	1.066	df=3/1147
	O型	718	3.483	1.064	ns	377	3.602	1.000	ns	339	3.351	1.119	ns
	AB型	217	3.429	1.125		101	3.584	1.032		115	3.304	1.186	
	合計	2357	3.500	1.061		1203	3.641	0.996		1151	3.354	1.107	
A5 協調性がある	A型	915	3.510	0.998	F=3.370	467	3.593	0.968	F=4.187	448	3.424	1.023	F=0.471
	B型	507	3.426	1.008	df=3/2352	258	3.454	0.966	df=3/1198	249	3.398	1.050	df=3/1147
	O型	717	3.584	1.008	p<.05	376	3.668	0.974	p<.01	339	3.493	1.036	ns
	AB型	217	3.396	1.045	O>B	101	3.356	1.026	O>B・AB	115	3.426	1.068	
	合計	2356	3.504	1.009	η^2=.0043	1202	3.567	0.978	η^2=.0104	1151	3.439	1.036	
A6 礼儀正しい	A型	915	3.692	0.859	F=0.169	467	3.730	0.836	F=0.498	448	3.652	0.882	F=0.204
	B型	507	3.684	0.868	df=3/2353	258	3.667	0.863	df=3/1199	249	3.703	0.875	df=3/1147
	O型	718	3.710	0.899	ns	377	3.727	0.873	ns	339	3.684	0.925	ns
	AB型	217	3.668	0.845		101	3.654	0.899		115	3.687	0.799	
	合計	2357	3.694	0.872		1203	3.709	0.859		1151	3.676	0.885	
A7 内向的で、問題を自分の中だけで解決する	A型	915	3.412	1.123	F=0.944	467	3.323	1.116	F=0.947	448	3.505	1.125	F=0.635
	B型	507	3.404	1.142	df=3/2352	258	3.326	1.127	df=3/1199	249	3.486	1.154	df=3/1147
	O型	717	3.368	1.149	ns	377	3.350	1.123	ns	339	3.395	1.173	ns
	AB型	217	3.516	1.191		101	3.525	1.119		115	3.496	1.252	
	合計	2356	3.407	1.141		1203	3.349	1.121		1151	3.467	1.158	

Table 6.14　B型項目の平均と標準偏差、および1要因分散分析結果（第3期　2009-2013年）

		全体				高受容群				低受容群			
		度数	平均	標準偏差	分析結果	度数	平均	標準偏差	分析結果	度数	平均	標準偏差	分析結果
B1 行動的であり、好奇心旺盛である	A型	914	3.484	1.053	F=1.423	467	3.467	1.011	F=3.131	447	3.501	1.096	F=0.312
	B型	507	3.578	1.031	df=3/2352	258	3.686	0.970	df=3/1199	248	3.460	1.079	df=3/1145
	O型	718	3.457	1.048	ns	377	3.475	0.992	p<.05	339	3.434	1.108	ns
	AB型	217	3.489	1.028		101	3.574	1.099	B>A, O>AB	115	3.426	0.956	
	合計	2356	3.496	1.045		1203	3.525	1.007	η^2=.0078	1149	3.465	1.082	
B2 慎重さに欠けている	A型	915	2.878	1.152	F=5.667	467	2.809	1.142	F=9.599	448	2.949	1.158	F=0.156
	B型	508	3.122	1.148	df=3/2354	258	3.248	1.113	df=3/1199	249	2.988	1.173	df=3/1147
	O型	718	3.046	1.162	p<.01	377	3.114	1.137	p<.001	339	2.971	1.186	ns
	AB型	217	3.018	1.194	B・O>A	101	3.000	1.217	B・O>A	115	3.026	1.181	
	合計	2358	2.995	1.161	η^2=.0072	1203	3.015	1.153	η^2=.0235	1151	2.971	1.171	
B3 マイペース型で周囲の影響を受けにくい	A型	915	3.102	1.112	F=12.815	467	3.019	1.116	F=17.526	448	3.188	1.101	F=1.441
	B型	508	3.427	1.094	df=3/2354	258	3.585	1.026	df=3/1199	249	3.257	1.135	df=3/1147
	O型	718	3.047	1.153	p<.001	377	3.019	1.156	p<.001	339	3.077	1.151	ns
	AB型	217	3.157	1.140	B>A・O・AB	101	3.050	1.062	B>A・O・AB	115	3.244	1.204	
	合計	2358	3.160	1.131	η^2=.0161	1203	3.143	1.129	η^2=.0420	1151	3.176	1.135	
B4 友人関係が広く、気さくで社交性がある	A型	915	2.985	1.130	F=1.510	467	3.026	1.123	F=1.806	448	2.942	1.138	F=0.471
	B型	507	3.039	1.145	df=3/2353	258	3.105	1.147	df=3/1199	249	2.972	1.141	df=3/1147
	O型	718	3.103	1.118	ns	377	3.180	1.084	ns	339	3.015	1.147	ns
	AB型	217	3.014	1.095		101	2.960	1.113		115	3.061	1.087	
	合計	2357	3.035	1.127		1203	3.086	1.116		1151	2.982	1.135	
B5 人情もろい	A型	915	3.580	1.065	F=2.294	467	3.683	1.014	F=2.421	448	3.473	1.107	F=0.377
	B型	507	3.527	1.073	df=3/2352	258	3.612	1.031	df=3/1198	249	3.438	1.110	df=3/1147
	O型	717	3.649	1.039	ns	376	3.763	0.988	ns	339	3.531	1.078	ns
	AB型	217	3.461	1.186		101	3.485	1.171		115	3.461	1.187	
	合計	2356	3.579	1.072		1202	3.676	1.026		1151	3.481	1.106	
B6 楽観的である	A型	915	3.365	1.245	F=5.359	467	3.257	1.207	F=9.604	448	3.478	1.274	F=0.441
	B型	507	3.611	1.195	df=3/2352	258	3.705	1.189	df=3/1199	249	3.514	1.195	df=3/1147
	O型	717	3.544	1.193	p<.01	377	3.597	1.199	p<.001	339	3.484	1.188	ns
	AB型	217	3.447	1.283	B・O>A	101	3.535	1.246	B・O>A	115	3.357	1.313	
	合計	2356	3.480	1.226	η^2=.0068	1203	3.483	1.217	η^2=.0235	1151	3.475	1.235	
B7 すぐに動揺してしまうことがある	A型	915	3.505	1.091	F=0.136	467	3.621	1.032	F=2.564	448	3.384	1.139	F=1.242
	B型	507	3.487	1.116	df=3/2352	258	3.512	1.113	df=3/1199	249	3.462	1.121	df=3/1147
	O型	717	3.481	1.122	ns	377	3.578	1.062	ns	339	3.381	1.172	ns
	AB型	217	3.456	1.213		101	3.307	1.239		115	3.591	1.184	
	合計	2356	3.489	1.117		1203	3.558	1.080		1151	3.421	1.150	

Table 6.15　O型項目の平均と標準偏差、および1要因分散分析結果（第3期　2009-2013年）

		全体				高受容群				低受容群			
		度数	平均	標準偏差	分析結果	度数	平均	標準偏差	分析結果	度数	平均	標準偏差	分析結果
O1 積極的で、かつ実行力がある	A型	915	3.108	1.063	$F=1.071$	467	3.467	1.011	$F=1.055$	448	3.100	1.110	$F=0.698$
	B型	508	3.173	1.055	$df=3/2354$	258	3.686	0.970	$df=3/1199$	249	3.100	1.067	$df=3/1147$
	O型	718	3.084	1.105	ns	377	3.475	0.992	ns	339	3.053	1.173	ns
	AB型	217	3.194	1.018		101	3.574	1.099		115	3.226	0.992	
	合計	2358	3.123	1.070		1203	3.525	1.007		1151	3.099	1.108	
O2 ものの言い方や表現法はもちろん欲望の表し方もストレートである	A型	915	3.138	1.196	$F=2.335$	467	2.809	1.142	$F=6.821$	448	3.250	1.151	$F=0.764$
	B型	508	3.307	1.236	$df=3/2354$	258	3.248	1.113	$df=3/1199$	249	3.153	1.261	$df=3/1147$
	O型	718	3.166	1.185	ns	377	3.114	1.137	$p<.001$	339	3.142	1.191	ns
	AB型	217	3.217	1.152		101	3.000	1.217	B>A・O	115	3.261	1.200	
	合計	2358	3.190	1.198		1203	3.015	1.153	$\eta^2=.0168$	1151	3.198	1.192	
O3 個人主義的で、ともすれば自己中心的になってしまう	A型	915	3.043	1.104	$F=12.415$	467	3.019	1.116	$F=13.866$	448	3.045	1.108	$F=1.776$
	B型	508	3.345	1.023	$df=3/2354$	258	3.585	1.026	$df=3/1199$	249	3.169	1.037	$df=3/1147$
	O型	718	2.986	1.094	$p<.001$	377	3.019	1.156	$p<.001$	339	2.979	1.100	ns
	AB型	217	3.157	1.056	B>A・O	101	3.050	1.062	B>A・O・AB	115	3.157	1.081	
	合計	2358	3.101	1.087	$\eta^2=.0156$	1203	3.143	1.129	$\eta^2=.0335$	1151	3.063	1.089	
O4 意志が強い	A型	915	3.278	1.084	$F=0.367$	467	3.026	1.123	$F=0.846$	448	3.257	1.105	$F=0.595$
	B型	508	3.268	1.058	$df=3/2354$	258	3.105	1.147	$df=3/1199$	249	3.181	1.060	$df=3/1147$
	O型	718	3.231	1.126	ns	377	3.180	1.084	ns	339	3.245	1.134	ns
	AB型	217	3.304	1.018		101	2.960	1.113		115	3.339	0.917	
	合計	2358	3.264	1.085		1203	3.086	1.116		1151	3.245	1.086	
O5 人がよくて人間味がある	A型	915	3.222	0.920	$F=1.066$	467	3.683	1.014	$F=2.479$	448	3.203	0.923	$F=0.064$
	B型	507	3.253	0.859	$df=3/2353$	258	3.612	1.031	$df=3/1199$	249	3.177	0.907	$df=3/1147$
	O型	718	3.269	0.922	ns	376	3.763	0.988	ns	339	3.183	0.965	ns
	AB型	217	3.152	0.892		101	3.485	1.171		115	3.174	0.901	
	合計	2357	3.236	0.905		1202	3.676	1.026		1151	3.189	0.929	
O6 目的のためとあらば、最大限の勇気と根性を発揮する	A型	915	3.597	1.051	$F=0.312$	467	3.257	1.207	$F=0.412$	448	3.641	1.031	$F=0.648$
	B型	507	3.621	1.032	$df=3/2353$	258	3.705	1.189	$df=3/1199$	249	3.598	1.031	$df=3/1147$
	O型	718	3.568	1.072	ns	377	3.597	1.199	ns	339	3.540	1.072	ns
	AB型	217	3.562	1.087		101	3.535	1.246		115	3.557	1.078	
	合計	2357	3.590	1.057		1203	3.483	1.217		1151	3.593	1.047	
O7 情熱的である	A型	915	3.049	1.070	$F=1.697$	467	3.621	1.032	$F=4.295$	448	3.016	1.130	$F=0.778$
	B型	506	3.146	1.071	$df=3/2351$	258	3.512	1.113	$df=3/1199$	248	3.057	1.028	$df=3/1146$
	O型	717	3.071	1.084	ns	377	3.578	1.062	$p<.01$	339	3.003	1.116	ns
	AB型	217	2.963	1.004		101	3.307	1.239	B・O>AB	115	3.113	0.998	
	合計	2355	3.069	1.069		1203	3.558	1.080	$\eta^2=.0106$	1150	3.030	1.091	

Table 6.16　AB 型項目の平均と標準偏差、および 1 要因分散分析結果（第 3 期　2009-2013 年）

		全体				高受容群				低受容群			
		度数	平均	標準偏差	分析結果	度数	平均	標準偏差	分析結果	度数	平均	標準偏差	分析結果
AB1 飽きっぽい	A型	915	3.391	1.219	F=10.283	467	3.304	1.221	F=13.971	448	3.482	1.211	F=1.208
	B型	508	3.732	1.137	df=3/2354	258	3.830	1.137	df=3/1199	249	3.627	1.129	df=3/1147
	O型	718	3.620	1.176	p<.001	377	3.687	1.161	p<.001	339	3.561	1.176	ns
	AB型	217	3.553	1.197	B・O>A	101	3.723	1.106	B・O・AB>A	115	3.417	1.256	
	合計	2358	3.549	1.194	η^2=.0129	1203	3.572	1.194	η^2=.0338	1151	3.530	1.189	
AB2 親密な人間関係を避けたがる傾向がある	A型	915	2.316	1.149	F=2.877	467	2.203	1.127	F=5.119	448	2.433	1.160	F=0.087
	B型	508	2.366	1.109	df=3/2354	258	2.298	1.055	df=3/1199	249	2.426	1.152	df=3/1147
	O型	718	2.359	1.166	p<.05	377	2.263	1.126	p<.01	339	2.460	1.202	ns
	AB型	217	2.571	1.227	AB>A	101	2.683	1.248	AB>A・B・O	115	2.478	1.209	
	合計	2358	2.363	1.154	η^2=.0037	1203	2.283	1.128	η^2=.0126	1151	2.444	1.174	
AB3 クールでドライな印象が強い	A型	915	2.695	1.213	F=1.553	467	2.642	1.218	F=1.429	448	2.750	1.208	F=0.465
	B型	508	2.833	1.275	df=3/2354	258	2.833	1.323	df=3/1199	249	2.823	1.222	df=3/1147
	O型	718	2.703	1.207	ns	377	2.695	1.225	ns	339	2.714	1.191	ns
	AB型	217	2.737	1.213		101	2.782	1.262		115	2.704	1.177	
	合計	2358	2.731	1.225		1203	2.712	1.248		1151	2.751	1.202	
AB4 合理的にものを考える傾向がある	A型	915	3.354	0.996	F=2.512	467	3.358	1.004	F=4.235	448	3.350	0.990	F=0.435
	B型	507	3.227	1.028	df=3/2353	258	3.093	1.021	df=3/1199	249	3.366	1.019	df=3/1147
	O型	718	3.376	0.977	ns	377	3.329	0.958	p<.01	339	3.431	0.996	ns
	AB型	217	3.364	1.106		101	3.337	1.177	A・O>B	115	3.383	1.048	
	合計	2357	3.334	1.009		1203	3.290	1.013	η^2=.0105	1151	3.381	1.003	
AB5 妙にメルヘンチックな面がある	A型	915	2.997	1.263	F=1.413	467	3.073	1.220	F=0.560	448	2.917	1.304	F=1.591
	B型	507	2.978	1.237	df=3/2353	258	3.109	1.221	df=3/1199	249	2.843	1.243	df=3/1147
	O型	718	2.904	1.266	ns	377	3.056	1.257	ns	339	2.743	1.255	ns
	AB型	217	3.088	1.353		101	3.228	1.311		115	2.983	1.376	
	合計	2357	2.973	1.267		1203	3.088	1.239		1151	2.857	1.285	
AB6 ソツがなく、意外と親切である	A型	915	3.406	0.888	F=0.615	467	3.435	0.887	F=1.356	448	3.375	0.889	F=0.053
	B型	507	3.375	0.863	df=3/2353	258	3.392	0.840	df=3/1199	249	3.357	0.887	df=3/1147
	O型	718	3.432	0.866	ns	377	3.483	0.806	ns	339	3.381	0.926	ns
	AB型	217	3.359	0.882		101	3.307	0.914		115	3.400	0.856	
	合計	2357	3.403	0.875		1203	3.430	0.855		1151	3.375	0.895	
AB7 気分にムラがあって、ともすると二重人格のように見えることがある	A型	915	2.879	1.339	F=5.356	467	2.887	1.334	F=11.736	448	2.871	1.347	F=0.174
	B型	507	3.036	1.297	df=3/2352	258	3.023	1.275	df=3/1199	249	3.048	1.322	df=3/1147
	O型	717	2.939	1.357	p<.01	377	2.828	1.296	p<.001	339	3.059	1.415	ns
	AB型	217	3.258	1.287	AB>A・O	101	3.663	1.298	AB>A・B・O	115	2.913	1.174	
	合計	2356	2.966	1.335	η^2=.0068	1203	2.963	1.324	η^2=.0285	1151	2.969	1.347	

第4期の全体、高受容群、低受容群それぞれの各項目の平均値と標準偏差、1要因分散分析とBonferroni法多重比較の結果をTable 6.17〜6.20に示した。全体では、28項目中3項目で血液型の違いの有意な主効果が認められた。高受容群では28項目中6項目で血液型の違いの有意な主効果が認められた。しかし、低受容群では1項目も有意な主効果は認められなかった。

「第4期　2014-2019年」とはどのような時代か

　本書第1章の「血液型カルチャー史」ではこの時期に言及していないが、第3期の出版ブームも去り、血液型性格が話題になることも少なくなり、「再再再衰退期」ということになるだろう。

　数少ない話題として、2014年、縄田健悟（現福岡大学）の論文「血液型と性格の無関連性――日本と米国の大規模社会調査を用いた実証的論拠」が心理学研究に掲載され、新聞社会面等で紹介されたことがあげられる（資料5）。

　Amazonで検索した血液型性格本であるが、2014年は14冊と組み合わせ1冊、2015年13冊、2016年8冊と組み合わせ1冊、それに血液型別片付け術4冊、2017年は9冊と組み合わせ1冊、2018年は2冊、2019年は3冊だった。これはAmazonで検索して書名と書影から血液型性格説を肯定する立場の本をざっくりカウントした数字なのでそれほど厳密なものではないが、全体的に血液型性格説を肯定する本の出版数が減少していることは確かだろう。

　2004年12月のBPOの要望以来、日本のテレビからは露骨な血液型性格説を肯定する番組が放送されていない。フジテレビ系列の朝のワイドショー「情報プレゼンター　とくダネ！」では1999年4月の放送開始以来「きょうの占い！血液型選手権」が放送され、今日一番運勢が良い血液型を毎朝発表していた。このコーナーも2010年3月には放送終了となり、定期的に血液型を話題にするテレビ番組はなくなった。出版業界でも血液型性格説を肯定する本の出版は少なくなり、コミックエッセイ的方向にシフトしているのである。

Table 6.17　A 型項目の平均と標準偏差、および 1 要因分散分析結果（第 4 期　2014-2019 年）

		全体				高受容群				低受容群			
		度数	平均	標準偏差	分析結果	度数	平均	標準偏差	分析結果	度数	平均	標準偏差	分析結果
A1 責任感あり	A 型	733	3.312	1.148	$F=1.374$	216	3.537	1.060	$F=0.727$	517	3.219	1.172	$F=1.198$
	B 型	438	3.400	1.081	$df=3/1949$	135	3.496	0.961	$df=3/597$	302	3.354	1.131	$df=3/1345$
	O 型	607	3.259	1.143	ns	201	3.398	1.105	ns	404	3.201	1.150	ns
	AB 型	175	3.280	1.123		49	3.388	1.096		126	3.238	1.134	
	合計	1953	3.312	1.130		601	3.469	1.056		1349	3.245	1.153	
A2 本音よりも建前を重視する方である	A 型	733	2.963	1.024	$F=0.553$	216	3.051	0.985	$F=0.438$	517	2.927	1.039	$F=0.518$
	B 型	438	2.941	1.035	$df=3/1949$	135	2.933	1.038	$df=3/597$	302	2.947	1.036	$df=3/1345$
	O 型	607	2.995	1.043	ns	201	3.035	0.987	ns	404	2.975	1.073	ns
	AB 型	175	3.046	0.915		49	3.041	0.865		126	3.048	0.937	
	合計	1953	2.975	1.023		601	3.018	0.987		1349	2.957	1.039	
A3 思慮深く、物事に対して慎重な態度をとる	A 型	733	3.217	1.059	$F=0.302$	216	3.232	1.031	$F=2.002$	517	3.211	1.071	$F=0.195$
	B 型	438	3.160	1.040	$df=3/1949$	135	2.956	1.028	$df=3/597$	302	3.248	1.035	$df=3/1345$
	O 型	607	3.191	1.019	ns	201	3.149	1.019	ns	404	3.218	1.019	ns
	AB 型	175	3.171	1.058		49	3.184	1.202		126	3.167	1.002	
	合計	1953	3.192	1.042		601	3.138	1.044		1349	3.217	1.040	
A4 感情が豊かで繊細である	A 型	733	3.484	1.033	$F=2.760$	216	3.704	0.995	$F=1.409$	517	3.393	1.036	$F=2.005$
	B 型	438	3.372	1.066	$df=3/1949$	135	3.607	1.030	$df=3/597$	302	3.265	1.067	$df=3/1345$
	O 型	607	3.359	1.106	$p<.05$	201	3.517	1.087	ns	404	3.282	1.111	ns
	AB 型	175	3.554	1.026		49	3.755	1.011		126	3.476	1.025	
	合計	1953	3.427	1.064	$\eta^2=.0042$	601	3.624	1.037		1349	3.339	1.066	
A5 協調性がある	A 型	733	3.565	0.941	$F=1.734$	216	3.801	0.853	$F=1.814$	517	3.466	0.959	$F=1.721$
	B 型	438	3.495	0.989	$df=3/1949$	135	3.570	0.919	$df=3/597$	302	3.460	1.020	$df=3/1345$
	O 型	607	3.448	1.033	ns	201	3.692	0.961	ns	404	3.329	1.049	ns
	AB 型	175	3.457	0.957		49	3.674	0.922		126	3.373	0.961	
	合計	1953	3.503	0.983		601	3.702	0.913		1349	3.415	1.001	
A6 礼儀正しい	A 型	733	3.596	0.894	$F=1.563$	216	3.704	0.804	$F=0.519$	517	3.551	0.925	$F=2.004$
	B 型	438	3.632	0.831	$df=3/1949$	135	3.622	0.762	$df=3/597$	302	3.639	0.862	$df=3/1345$
	O 型	607	3.555	0.864	ns	201	3.647	0.830	ns	404	3.507	0.878	ns
	AB 型	175	3.703	0.873		49	3.755	0.855		126	3.683	0.882	
	合計	1953	3.601	0.869		601	3.671	0.807		1349	3.570	0.895	
A7 内向的で、問題を自分の中だけで解決する	A 型	733	3.340	1.125	$F=0.844$	216	3.278	1.081	$F=0.304$	517	3.366	1.143	$F=1.688$
	B 型	438	3.363	1.101	$df=3/1949$	135	3.356	1.123	$df=3/597$	302	3.371	1.091	$df=3/1345$
	O 型	607	3.381	1.104	ns	201	3.249	1.108	ns	404	3.453	1.096	ns
	AB 型	175	3.486	1.055		49	3.225	1.177		126	3.587	0.990	
	合計	1953	3.371	1.107		601	3.281	1.106		1349	3.414	1.105	

Table 6.18　B 型項目の平均と標準偏差、および1要因分散分析結果（第 4 期　2014-2019 年）

		全体				高受容群				低受容群			
		度数	平均	標準偏差	分析結果	度数	平均	標準偏差	分析結果	度数	平均	標準偏差	分析結果
B1 行動的であり、好奇心旺盛である	A 型	733	3.248	1.082	F=2.818	216	3.255	1.080	F=4.658	517	3.246	1.084	F=0.955
	B 型	438	3.432	1.133	df=3/1949	135	3.667	1.000	df=3/597	302	3.325	1.176	df=3/1345
	O 型	607	3.272	1.117	p<.05	201	3.468	1.114	p<.01	404	3.181	1.107	ns
	AB 型	175	3.349	1.113	B>A	49	3.612	0.996	B>A	126	3.246	1.143	
	合計	1953	3.306	1.109	η^2=.0043	601	3.448	1.078	η^2=.0229	1349	3.244	1.117	
B2 慎重さに欠けている	A 型	733	2.965	1.130	F=1.175	216	3.037	1.157	F=1.078	517	2.934	1.119	F=0.462
	B 型	438	3.091	1.162	df=3/1949	135	3.252	0.983	df=3/597	302	3.023	1.229	df=3/1345
	O 型	607	3.012	1.132	ns	201	3.154	1.171	ns	404	2.936	1.108	ns
	AB 型	175	2.983	1.096		49	3.082	1.170		126	2.944	1.068	
	合計	1953	3.009	1.135		601	3.128	1.126		1349	2.956	1.136	
B3 マイペース型で周囲の影響を受けにくい	A 型	733	3.116	1.122	F=1.459	216	2.894	1.101	F=8.368	517	3.209	1.118	F=0.896
	B 型	438	3.231	1.154	df=3/1949	135	3.356	1.231	df=3/597	302	3.179	1.115	df=3/1345
	O 型	607	3.183	1.109	ns	201	2.975	1.074	p<.001	404	3.292	1.111	ns
	AB 型	175	3.269	1.046		49	3.571	1.137	B・AB>A・O	126	3.151	0.988	
	合計	1953	3.176	1.119		601	3.080	1.146	η^2=.0404	1349	3.222	1.104	
B4 友人関係が広く、気さくで社交性がある	A 型	733	2.875	1.123	F=0.645	216	2.963	1.177	F=1.007	517	2.838	1.098	F=1.953
	B 型	438	2.938	1.196	df=3/1949	135	3.044	1.099	df=3/597	302	2.894	1.237	df=3/1345
	O 型	607	2.839	1.227	ns	201	3.095	1.267	ns	404	2.715	1.190	ns
	AB 型	175	2.851	1.130		49	3.265	1.221		126	2.691	1.054	
	合計	1953	2.876	1.173		601	3.050	1.195		1349	2.800	1.156	
B5 人情もろい	A 型	733	3.403	1.023	F=0.989	216	3.551	1.033	F=0.104	517	3.340	1.014	F=1.763
	B 型	438	3.311	1.138	df=3/1949	135	3.556	1.077	df=3/597	302	3.199	1.150	df=3/1345
	O 型	607	3.333	1.035	ns	201	3.582	1.007	ns	404	3.210	1.029	ns
	AB 型	175	3.411	1.046		49	3.633	0.883		126	3.325	1.094	
	合計	1953	3.361	1.055		601	3.569	1.021		1349	3.268	1.059	
B6 楽観的である	A 型	733	3.465	1.208	F=1.303	216	3.444	1.219	F=1.641	517	3.474	1.205	F=0.327
	B 型	438	3.566	1.234	df=3/1949	135	3.607	1.246	df=3/597	302	3.546	1.232	df=3/1345
	O 型	607	3.519	1.212	ns	201	3.557	1.152	ns	404	3.503	1.243	ns
	AB 型	175	3.640	1.062		49	3.837	0.943		126	3.564	1.099	
	合計	1953	3.520	1.203		601	3.551	1.185		1349	3.507	1.212	
B7 すぐに動揺してしまうことがある	A 型	733	3.563	1.036	F=1.413	216	3.699	0.963	F=0.622	517	3.507	1.061	F=1.723
	B 型	438	3.477	1.107	df=3/1949	135	3.570	1.175	df=3/597	302	3.434	1.076	df=3/1345
	O 型	607	3.591	1.057	ns	201	3.587	0.977	ns	404	3.592	1.098	ns
	AB 型	175	3.640	1.012		49	3.653	0.855		126	3.635	1.070	
	合計	1953	3.560	1.057		601	3.629	1.010		1349	3.528	1.077	

Table 6.19　O型項目の平均と標準偏差、および1要因分散分析結果（第4期　2014-2019年）

		全体				高受容群				低受容群			
		度数	平均	標準偏差	分析結果	度数	平均	標準偏差	分析結果	度数	平均	標準偏差	分析結果
O1 積極的で、かつ実行力がある	A型	733	2.876	1.054	F=2.367	216	2.949	1.040	F=3.997	517	2.845	1.060	F=0.698
	B型	438	3.041	1.139	df=3/1949	135	3.274	1.047	df=3/597	302	2.934	1.165	df=3/1345
	O型	607	2.901	1.055	ns	201	3.045	1.041	p<.01	404	2.834	1.057	ns
	AB型	175	2.960	1.069		49	3.367	1.055	B>A	126	2.802	1.036	
	合計	1953	2.928	1.076		601	3.088	1.051	η^2=.0197	1349	2.858	1.081	
O2 ものの言い方や表現法はもちろん欲望の表し方もストレートである	A型	733	3.121	1.176	F=0.506	216	3.171	1.118	F=2.138	517	3.101	1.200	F=0.093
	B型	438	3.162	1.181	df=3/1949	135	3.289	1.158	df=3/597	302	3.103	1.189	df=3/1345
	O型	607	3.112	1.211	ns	201	3.060	1.203	ns	404	3.139	1.218	ns
	AB型	175	3.223	1.115		49	3.469	1.157		126	3.127	1.088	
	合計	1953	3.137	1.182		601	3.185	1.162		1349	3.115	1.192	
O3 個人主義的で、ともすれば自己中心的になってしまう	A型	733	3.085	1.097	F=1.104	216	2.944	0.963	F=5.887	517	3.143	1.144	F=1.608
	B型	438	3.103	1.070	df=3/1949	135	3.356	0.981	df=3/597	302	2.987	1.091	df=3/1345
	O型	607	3.018	1.088	ns	201	3.010	1.086	p<.01	404	3.022	1.092	ns
	AB型	175	3.149	0.947		49	3.347	1.165	B>A・O	126	3.071	0.841	
	合計	1953	3.074	1.075		601	3.092	1.039	η^2=.0287	1349	3.065	1.092	
O4 意志が強い	A型	733	3.055	1.071	F=2.681	216	3.134	1.059	F=2.371	517	3.021	1.075	F=1.141
	B型	438	3.116	1.064	df=3/1949	135	3.133	1.028	df=3/597	302	3.106	1.082	df=3/1345
	O型	607	3.007	1.095	p<.05	201	3.030	1.024	ns	404	3.000	1.129	ns
	AB型	175	3.251	1.064	AB>O	49	3.469	1.023		126	3.167	1.071	
	合計	1953	3.071	1.078	η^2=.0041	601	3.127	1.041		1349	3.047	1.093	
O5 人がよくて人間味がある	A型	733	3.100	0.871	F=1.161	216	3.250	0.859	F=1.587	517	3.037	0.870	F=1.729
	B型	438	3.183	0.884	df=3/1949	135	3.259	0.855	df=3/597	302	3.146	0.896	df=3/1345
	O型	607	3.122	0.916	ns	201	3.373	0.869	ns	404	2.998	0.917	ns
	AB型	175	3.200	0.884		49	3.490	0.820		126	3.087	0.886	
	合計	1953	3.134	0.890		601	3.313	0.859		1349	3.054	0.892	
O6 目的のためとあらば、最大限の勇気と根性を発揮する	A型	733	3.407	1.051	F=2.553	216	3.505	1.012	F=1.078	517	3.366	1.066	F=1.789
	B型	438	3.489	1.080	df=3/1949	135	3.600	0.979	df=3/597	302	3.437	1.121	df=3/1345
	O型	607	3.310	1.105	ns	201	3.403	1.040	ns	404	3.265	1.137	ns
	AB型	175	3.331	1.132		49	3.551	1.081		126	3.246	1.143	
	合計	1953	3.388	1.083		601	3.496	1.020		1349	3.340	1.108	
O7 情熱的である	A型	733	2.892	1.035	F=1.628	216	3.005	1.023	F=1.056	517	2.845	1.038	F=1.338
	B型	438	2.849	1.085	df=3/1949	135	3.074	1.027	df=3/597	302	2.752	1.097	df=3/1345
	O型	607	2.820	1.040	ns	201	2.960	1.019	ns	404	2.755	1.046	ns
	AB型	175	3.006	0.919		49	3.225	0.798		126	2.921	0.952	
	合計	1953	2.871	1.039		601	3.023	1.006		1349	2.804	1.047	

Table 6.20 AB 型項目の平均と標準偏差、および 1 要因分散分析結果（第 4 期　2014-2019 年）

		全体				高受容群				低受容群			
		度数	平均	標準偏差	分析結果	度数	平均	標準偏差	分析結果	度数	平均	標準偏差	分析結果
AB1 飽きっぽい	A 型	733	3.675	1.140	F=2.363	216	3.694	1.104	F=1.159	517	3.667	1.155	F=1.591
	B 型	438	3.751	1.172	df=3/1949	135	3.844	1.132	df=3/597	302	3.709	1.190	df=3/1345
	O 型	607	3.839	1.101	ns	201	3.876	1.104	ns	404	3.819	1.102	ns
	AB 型	175	3.714	1.082		49	3.898	1.085		126	3.643	1.077	
	合計	1953	3.747	1.131		601	3.805	1.109		1349	3.720	1.141	
AB2 親密な人間関係を避けたがる傾向がある	A 型	733	2.397	1.138	F=2.047	216	2.259	1.219	F=0.657	517	2.455	1.098	F=1.677
	B 型	438	2.356	1.147	df=3/1949	135	2.200	1.013	df=3/597	302	2.427	1.198	df=3/1345
	O 型	607	2.519	1.161	ns	201	2.368	1.155	ns	404	2.597	1.161	ns
	AB 型	175	2.457	1.163		49	2.245	1.090		126	2.540	1.184	
	合計	1953	2.431	1.150		601	2.281	1.143		1349	2.499	1.149	
AB3 クールでドライな印象が強い	A 型	733	2.722	1.263	F=0.238	216	2.676	1.332	F=1.006	517	2.741	1.234	F=0.339
	B 型	438	2.706	1.211	df=3/1949	135	2.526	1.164	df=3/597	302	2.788	1.226	df=3/1345
	O 型	607	2.751	1.213	ns	201	2.637	1.246	ns	404	2.817	1.190	ns
	AB 型	175	2.783	1.087		49	2.878	1.235		126	2.746	1.027	
	合計	1953	2.733	1.220		601	2.646	1.259		1349	2.775	1.200	
AB4 合理的にものを考える傾向がある	A 型	733	3.303	0.967	F=0.940	216	3.352	0.918	F=4.524	517	3.282	0.987	F=1.596
	B 型	438	3.260	1.066	df=3/1949	135	2.970	0.914	df=3/597	302	3.387	1.105	df=3/1345
	O 型	607	3.257	0.987	ns	201	3.184	0.944	p<.01	404	3.295	1.009	ns
	AB 型	175	3.166	1.029		49	3.184	1.149	A＞B	126	3.159	0.983	
	合計	1953	3.267	1.002		601	3.196	0.955	η^2=.0222	1349	3.298	1.021	
AB5 妙にメルヘンチックな面がある	A 型	733	2.694	1.223	F=0.077	216	2.907	1.243	F=2.517	517	2.605	1.205	F=1.436
	B 型	438	2.710	1.278	df=3/1949	135	3.170	1.225	df=3/597	302	2.500	1.249	df=3/1345
	O 型	607	2.727	1.276	ns	201	2.801	1.304	ns	404	2.693	1.264	ns
	AB 型	175	2.720	1.197		49	3.061	1.248		126	2.587	1.154	
	合計	1953	2.710	1.249		601	2.943	1.265		1349	2.606	1.229	
AB6 ソツがなく、意外と親切である	A 型	733	3.396	0.868	F=1.089	216	3.500	0.868	F=0.040	517	3.352	0.865	F=1.678
	B 型	438	3.381	0.814	df=3/1949	135	3.511	0.762	df=3/597	302	3.328	0.828	df=3/1345
	O 型	607	3.316	0.872	ns	201	3.483	0.782	ns	404	3.230	0.904	ns
	AB 型	175	3.394	0.823		49	3.510	0.794		126	3.349	0.833	
	合計	1953	3.368	0.854		601	3.498	0.809		1349	3.310	0.867	
AB7 気分にムラがあって、ともすると二重人格のように見えることがある	A 型	733	2.944	1.240	F=0.897	216	2.926	1.131	F=8.252	517	2.952	1.283	F=0.990
	B 型	438	2.916	1.301	df=3/1949	135	3.133	1.239	df=3/597	302	2.815	1.319	df=3/1345
	O 型	607	2.926	1.320	ns	201	2.876	1.216	p<.001	404	2.951	1.372	ns
	AB 型	175	3.091	1.161		49	3.755	1.031	AB＞A・B・O	126	2.833	1.108	
	合計	1953	2.945	1.272		601	3.023	1.198	η^2=.0398	1349	2.910	1.304	

164　　第Ⅱ部　データに見る血液型性格

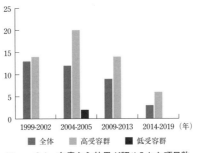

Figure 6.1　有意な主効果が認められた項目数

　第1期から第4期にかけて、全体、高受容群、低受容群で有意な主効果が認められた項目の数を Figure 6.1 に示した。高受容群において有意な主効果が認められた項目数が、Figure 5.4 の確信度の変化にほぼ対応していることが分かる。確信度が高い時期には有意な主効果が認められる項目が多くなり、確信度が低下すると高受容群でも有意な主効果が認められた項目数が減少するのである。高受容群で最も多くの有意な主効果が認められたのが、数多くの血液型性格関連のテレビ番組が放送された 2004 年とその影響が残っている 2005 年の調査結果を合わせた第2期である。またその第2期では、血液型性格の知識があまりなくあまり信じていない低受容群でも、有意な主効果が2項目で認められている。

　第2期は 2004 年 4 月、2005 年 1 月、2005 年 5 月の 3 回の調査を含んでいる。2004 年 4 月は血液型性格関連のテレビ番組はまだあまり放送されていない時期、2005 年 1 月はほとんどの血液型性格関連のテレビ番組が放送され終わった時期、2005 年 5 月は血液型性格関連のテレビ番組が放送されて 3 ヶ月以上経過した時期である。血液型性格項目の自己評定に、2004 年のテレビ番組の影響で血液型の違いによる差が生じたのであれば、2005 年 1 月が最も多くの差が認められるはずである。

　2004 年 4 月のデータ（$n=480$）のうち、高受容群（$n=278$）の回答者の血液型を独立変数とした1要因分散分析では 28 項目中 9 項目で有意な主効果が認められたが、低受容群（$n=202$）では有意な主効果が認められた項目はなかった。2005 年 1 月のデータ（$n=375$）のうち、高受容群（$n=238$）の 1 要因

分散分析で有意な主効果が認められたのは28項目中15項目であり、低受容群（*n*=137）でも6項目で有意な主効果が認められている。2005年5月のデータ（*n*=1360）のうち、高受容群の1要因分散分析では28項目中11項目で有意な主効果が認められ、低受容群でも2項目で有意な主効果が認められている。

2005年5月の調査では、血液型性格関連のテレビ番組の視聴に関して質問している（山岡，2006）。

2004年に放送された血液型性格関連のテレビ番組をどのくらい見たかを、「1；全く見なかった〜4；とてもたくさん見た」の4件法で、それらのテレビ番組を見た人にはどの程度楽しめたかを、「1；全く楽しめなかった〜4；とても楽しんだ」の4件法で回答を求めた。

血液型テレビ番組の視聴頻度は、「全く見なかった」17.5%（239名）、「少し見た」56.2%（765名）、「たくさん見た」20.7%（282名）、「とてもたくさん見た」5.6%（76名）だった。テレビ番組を見た1123名の享受度は、「全く楽しめなかった」3.8%（43名）、「楽しめなかった」17.1%（192名）、「楽しんだ」63.8%（717名）、「とても楽しんだ」15.2%（171名）だった。

多くの者が血液型性格関連のテレビ番組を視聴しており、視聴した者の多くは好意的に受容したことがわかる。テレビ番組の影響を検討するために、テレビ番組を見なかった239名と見たけれど楽しめなかったと答えた235名の計474名をテレビ番組低享受群、テレビ番組を見て楽しんだ888名を高享受群とした。

テレビ番組高享受群と低享受群に分け、群ごとに血液型性格項目の自己評定値に回答者の血液型を独立変数とした1要因分散分析を行った。その結果、高享受群では12項目で血液型の主効果が認められたが、低享受群では有意な血液型の主効果が認められた項目はなかった。

これらの結果は、「血液型性格項目の自己認知」における回答者の血液型による有意な主効果は、血液型性格関連のテレビ番組の集中放送により生み出された部分が大きいことを示している。

ちなみに、熟知度と確信度の合計点6点以上を血液型性格高受容群、5点

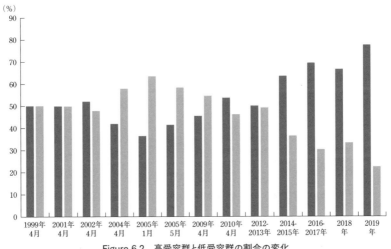

Figure 6.2　高受容群と低受容群の割合の変化

以下を低受容群としたのは、1999年の調査でこの基準によりほぼ50％ずつに分割することができたからである。調査時期による高受容群と低受容群の割合の変化を Figure 6.2 に示した。Figure 6.2 から最も低受容群が少ないのは 2005 年 1 月であることが分かる。

　血液型という生理学的要因によって何らかの性格が異なるのであれば、血液型性格の知識があまりなくあまり信じていない血液型性格低受容群でも高受容群と同程度の血液型性格項目の自己評定における有意差が認められるはずである。しかし、低受容群で認められた有意な主効果は血液型性格関連のテレビ番組が多数集中的に放送された第 2 期だけなのである。研究 5 の結果は、血液型性格項目の自己評定における有意差は、血液型性格に関する知識や確信によって生じた知識汚染であると判断できる。つまり、知識汚染がなければ本来、このような血液型による有意差は生じないのである。前述の「血液型という人間の体を構成する材料の違いが人間の特性に影響を与えて異なる性格を生み出す」という能見親子の主張には妥当性がないのである。

　また Figure 6.2 からわかるように、血液型性格の知識がかなりあり、かなり信じている高受容群自体が減少している。それだけではなく、高受容群で認められる血液型性格項目の自己評定値における血液型の違いの有意な主効

第 6 章　血液型性格の虚妄性　　167

果の数も近年特に減少している。前述のようにテレビ番組から露骨な血液型肯定情報が排除されて約15年である。血液型性格の知識に関する情報や血液型性格の妥当性を確信するための情報がテレビから供給されないのである。無論、血液型性格関連の書籍やインターネットの血液型性格肯定情報は何ら制限されていない。しかし、本研究の結果を見ると、情報源としての効果が大きいのはテレビなのである。研究5の結果は、テレビからの血液型性格肯定情報が10年以上供給されないと、知識汚染の効果も低減することを示しているのである。

3 「当てはまる実感」は血液型性格の正しさの証明になるのだろうか？

「一般の人が『当てはまる』と実感を持ったからこそ、世の中でこれだけ広まっている。そうでなければ、こうはならないはずです。」

第4章で述べたように、能見俊賢は2005年の「朝日中学生ウィークリー」の取材に対してこのように回答している。多くの人が「当てはまる実感」を持ったことが血液型性格の正しさの何よりの証明だと主張したかったものと思われる。研究3と研究4から血液型性格を信じる最大の理由は、「当てはまる実感」であることが明らかになっている。この「当てはまる実感」は血液型性格の正しさの証明となるのだろうか。まず、血液型性格の内容から検討してみよう。

大村（1990）は血液型性格診断の内容は極めて曖昧で、どの血液型の人が見ても自分に当てはまるように思えるフリーサイズのものであることを指摘し、これをフリーサイズ効果と呼んでいる（第3章）。例えば能見正比古が1977年に発表した『血液型エッセンス』（サンケイ出版）では、「親分のO、リーダーのA、親方のB、大黒柱AB」、「がめついO、細かいA、けちんぼB、出し惜しみAB」、「ごますりO、ごもっともA、太鼓持ちB、調子いいAB」と表現している。同じ特徴を言葉を換えて表現しているだけ（長谷川, 1994）であり、どの血液型にも指導的立場の中心人物がいて、その人物に取

り入ろうとする者がどの血液型にもいるということなのである。どの血液型の指導者が見ても、どの血液型の取り入り者が見ても「当てはまる実感」があることだろう。

さらに血液型性格診断が主張する各血液型の特徴は一つではない。一つの特徴では当てはまらないと思う者でも、たくさんある他の特徴のどれかは当てはまる可能性が高くなる。例えば能見正比古は1980年の『新・血液型人間学』の中で、「O型には極端な変人もいれば、極端に平凡な人もいる。O型に共通する特徴は、一人一人が違うことである」と書いている。普通の日本語では「一人一人が違うこと」を「共通する特徴」とは言わない。大多数の人がとる決まり切った行動を平凡、逆にほとんどの人がとらないような行動をとる人を変人と定義すれば、全ての人間の行動は平凡から変人の間のどこかに位置することになる。これに当てはまらない人間はO型に限らず存在しない。このように血液型性格診断の内容は誰が見ても、少なくとも一部分は自分に「当てはまる実感」が得られるようにできているのである。

誰にでも当てはまるフリーサイズの内容なのに、なぜ4つの異なる性格類型が存在すると思ってしまうのだろうか。大村（1990）は、このようなフリーサイズの項目をいくつかまとめて「☆型の特徴」というラベルを付けると、その傾向は☆型に特有なものに見えてくると主張し、ラベリング効果と呼んでいる（第3章）。確かに人間には「カテゴリによる差の強調」という認知傾向がある。同じカテゴリに分類されたもの同士の類似は大きく差は小さく感じられ、異なるカテゴリに分類されたもの同士の類似は小さく差は大きく感じられるのである。

血液型性格の場合、「A型は慎重」「B型はマイペース」「O型はおおざっぱ」「AB型は二重人格」というような各血液型のキャッチフレーズ的な特徴を強調しておけば、後はフリーサイズの項目を並べてもカテゴリによる差の強調によって異なる性格類型に見えてくるのだろう。

さらに、「☆型の特徴」というラベルが付けられたものを☆型の人が見て、自分に当てはまると思うとそこに書かれたものが自分の全体的な性格であると暗示にかかってしまうと大村（1990）は主張している。血液型性格を信じ

第6章　血液型性格の虚妄性　　169

る者の特徴として、気分にムラがあり人付き合いが好きで、複雑な思考をするよりも権威に頼って生きていこうとするのんきな人たち（詫摩・松井, 1985, 資料 2）、あるいは単純な認知様式を持ち偏見が強い人たち（坂元, 1988）というパーソナリティ傾向があることが報告されている。一言で言えば、暗示にかかりやすい人たちと言うことができる。

大村（1990）は大学生と短大生 279 名を実験参加者として実験を行った。血液型性格の本から各血液型の性格特徴を 20 ずつ抜き出し各血液型の性格特徴というラベルを付けた 4 種類のリストを実験参加者に読んでもらい、自分に最も良く当てはまるものを一つ選ばせた。その結果、どの血液型のグループでも自分の血液型と同じラベルが付いたリストを選択した者が一番多かったのだが、実はこのリストは、A 型と O 型、B 型と AB 型のラベルを付け替えてあったのである。つまり A 型の性格特徴というラベルが付いたリストに書いてあるのは、O 型の性格特徴だったのである。血液型性格診断が正しいのであれば O 型の者は「A 型の性格特徴」というラベルが付いたリストを選ぶ人が多いはずだが、そうはならなかったのである。

内容よりもラベルや肩書きに判断が左右されることをラベリング効果と呼ぶ。また、このように誰にでも当てはまりそうな当たり障りのない文章を「あなたの性格特徴」として見せると、他の人にではなく自分によく当てはまると思ってしまうことをバーナム効果と呼ぶ。ではこのバーナム効果の実験を紹介しよう。

3.1 研究 6：バーナム効果実験

3.1.1 方法

実験参加者　首都圏の 4 年制私立女子大学の 1 年生 270 名。

実験手続　血液型性格に関する質問紙調査を行った 2 週間後、「この前行った調査にはパーソナリティ尺度が含まれており、その分析結果ができたのでお知らせする」として、各人の名前と出席番号を書いた封筒に実験用紙を入れホチキスで封をした物を手渡した。実験用紙には以下の文章が記入してあった。

「あなたの回答を心理学的に分析したところ、あなたには以下のような性格傾向があることが判明しました。

あなたは外向的で愛想が良く他の人ととても親しくすることもあれば、内向的で慎重で人とあまり打ち解けないこともあります。自分の考えや感情、今までの経験などを他の人にさらけ出しすぎることは賢いことではないと考えています。ある程度の変化と多様性を好み、制約や制限に縛られると不満を感じます。自分の判断や行為が正しかったのかどうか、真剣に悩むことがあります。性格にいくらかの欠点はありますが通常はそれを補うことができます。そして、他の人に自分を好きになってもらいたい、誉めてもらいたいと強く願っています」

これは Forer（1949）が実験に用いた項目をアレンジしたものである。全員に同じ内容の結果をフィードバックするために、ほかの者のフィードバック用紙を見ると実験操作が成立しない。そこで、「この性格検査結果は個人情報なので、個人情報保護法の観点から、他の人の結果を見たり、見せ合ったりしてはいけない」とフィードバック前に厳重に注意し、同意を得た上でフィードバックを行った。

このフィードバック用紙の文章を読んだ後で、「別紙のあなたの性格診断結果がどの程度、あなたが自分で思っているあなた自身の性格に当てはまると思いますか？」として適合度を回答してもらった。回答方法は「6；とても良く当てはまる、5；当てはまる、4；どちらかと言えば当てはまる、3；どちらかと言えば当てはまらない、2；当てはまらない、1；全く当てはまらない」の6件法である。

統制群には同じ内容の文章を、「多くの人に一般的に当てはまる性格傾向」として配布し、それを読んだ後で実験群と同様に適合度に回答してもらった。

3.1.2　結果と考察

実験群（n=191, M=5.016, df=0.824）と統制群（n=79, M=4.329, df=1.022）の適合度を t 検定で比較した。その結果、実験群の方が適合度が高いことを示す

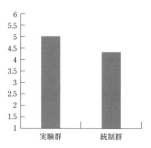

Figure 6.3　バーナム効果実験結果

有意差が認められた（t=5.793, df=268, p<.001, Figure 6.3）。一人一人に「あなたの性格診断結果」を手渡すと、「多くの人に当てはまる性格傾向」として配布した場合よりも明らかに「自分に当てはまる実感」が強くなるのである。

　Snyder, Larsen & Bloom（1976）は実験参加者を4群に分け、一つ目の群には投影法の心理検査を、二つめの群には占星術を、三つめの群には筆跡学（筆跡占い）を行い、研究6と同様にForer（1949）が用いたフィードバックを与えている。四つめの群には研究6の統制群と同様に「多くの人に一般的に当てはまる性格傾向」として同じ文章を見せた。この診断結果（統制群の場合は一般的性格傾向）が自分の性格を言い当てていると思うか、それともはずれであると思うかを質問した。その結果、心理検査条件で自分に当てはまるとした実験参加者が最も多かったが、占星術や筆跡学の診断結果とした条件でもかなり多くの者が自分の性格を言い当てていると回答したのである。しかし、「多くの人に一般的に当てはまる性格傾向」とした統制条件では自分の性格を言い当てていると答えた者は3つの実験条件よりもはるかに少なかったのである。つまり心理検査でも占いでも何かをやって、多くの人に当てはまるような当たり障りのない性格記述を「あなたの性格診断」として示すと、「自分に当てはまる実感」が強くなり自分の性格を言い当てているものとして受け入れてしまうのである。

　このバーナム効果が生じるポイントは、フィードバックする性格記述のフリーサイズ性にある。誰にでも当てはまるような当たり障りのないフリーサイズの性格記述であるからバーナム効果が生じるのである。例えば、「あな

たは自分ではそのつもりはなくとも、相手の気持ちを傷つけてしまうことがあります」であればバーナム効果が生じるだろうが、「あなたは相手の気持ちを傷つけて喜ぶサディストです」のような極端な内容ではバーナム効果は生じないのである。誰にでも当てはまる性格記述であるにもかかわらず、それがまさに自分の性格を言い当てていると強く思い込んでしまうことがバーナム効果なのである。「自分に当てはまる実感」はバーナム効果により生じるのであり、「自分に当てはまる実感」を与えることは難しいことではない。この「自分に当てはまる実感」は血液型性格の正しさの証明にはならないのである。

4　なぜ血液型と性格に関係があると思い込んでしまうのだろうか？

　「自分に当てはまる実感」はバーナム効果により説明できる。では、「他者に当てはまる実感」はどうなのだろうか。

　我々は他者の行動の原因を推定するとき、往々にして状況の影響力を過小評価して、その人物のパーソナリティの影響力を過大評価してしまう。ある行動を取ったのは、その人物がそういう行動を取りやすいパーソナリティをしているからだ、と判断してしまうのである。この認知的バイアスを基本的帰属錯誤（fundamental attribution error）と呼ぶ。同じ行動をとっていても自分の行動は状況に影響されたものであるが、他者の行動はその人物のパーソナリティの現れと判断するのである。

　「過去経験により構造化された知識」をスキーマ（schema）と呼ぶ。人間は新しい情報を自分が持っているスキーマに適合するように認識し、その情報がスキーマと矛盾する場合はスキーマに適合するように変容するのである。決まり切った考え方や行動の仕方をステレオタイプ（stereotype）という。その中でも、「特定の集団に属しているものは特定の共通する性質を持つという、その社会に広く普及した極めて単純化された信念」を社会的ステレオタイプと呼ぶ。血液型性格も社会的ステレオタイプのひとつである。

　ステレオタイプもスキーマの一種である。あるステレオタイプや信念を持

つとそれが予期的スキーマになり、その予期に従って新しい情報を探索し、解釈するようになる。例えば、A型の人で慎重な人も慎重でない人もいるし、A型以外の人でも慎重な人も慎重でない人もいる。自分の回りの人間を見るときに「A型は慎重だ」というスキーマを持っていると、A型の人の慎重な行動ばかりを見てしまい、A型の人の慎重ではない行動やA型以外の人の慎重な行動は無視あるいは例外視してしまう。「事実」としては「A型の人だけが慎重なわけではない」のだが、A型は慎重だと思っている人にとっては「A型の人は慎重だ」という「当てはまる実感」が生じてA型ステレオタイプを強化していくのである。このように自分の信念や偏見、先入観などのスキーマに適合する情報を優先的に認識し、適合しない情報は無視あるいは例外視（サブタイプ化）してしまうことを、情報処理における予期確認傾向、あるいは確証バイアスと呼ぶ。この確証バイアスは意図して行うわけではない。人間の知覚システムが錯視を生み出すようにできているように、人間の情報処理システム自体が確証バイアスを生み出すようにできているのである。

　自分自身に関するスキーマを自己スキーマ（self-schema）と呼ぶ（Markus, 1977）。特定の明確な自己スキーマは自分自身に関する情報処理の枠組みとして機能する。さらに他者の行動の解釈の枠組みとしても機能するようになり、自己スキーマに関連した領域の他者の情報を求め、その領域の判断に確信を持つようになるのである。血液型性格診断を信じ込んでいる者は自分の血液型に対応した自己スキーマを形成しているといえる。その結果、自分の血液型性格に応じた行動をとったり、自分とは合わないとされる血液型の人を避けるようになる。また、他者を判断するときも血液型性格を基準にして評価してしまうのである。さらに他者からの期待に応じた行動をとるようになる自己充足的予言（self-fulfilling prophecy）も働いて、もともとは血液型による性格の違いはないのだが、信じている人達だけは血液型性格に対応した行動をとるようになる可能性がある。前述の松井（1991, 資料3）の研究で見られた、A型が年を追うごとに「物事にこだわらない」の肯定率が低下していくことも、自己充足的予言の一例なのである。これも知識汚染なのである。

　では、どのようなプロセスで知識汚染が生じるのか考えてみよう。まずは

マスコミ情報の発信である。テレビ番組や書籍の形で一次情報が発信され、それを受けた二次情報が雑誌やネットで発信される。これは科学的な情報ではなく娯楽情報であり、社会の多くの人が受容しやすいように面白くおかしく作られた情報である。情報発信という形で社会レベルの影響力が発動する。面白いと認識するとその情報への動機付けが高まり、情報を受け取った個人の内面に浸透しやすくなるのである。

　そのマスコミ情報を受けて友人・知人が血液型性格を話題にする。血液型性格は多くの人に「話題・話のきっかけ」「遊び・娯楽」として受容されており（研究1参照）、会話が盛り上がる。楽しい会話に水を差してはいけない、という社会的スキルが働き、自分にとって不快な会話でも強行に否定したり反論したりしないでいることも多くなる。反論したとしても「遊びであり本気ではない」と言われたり、「そこでムキになるのが☆型だよね」などと言われ、不快な思いをした人たちの口を閉ざし血液型性格への反論や被害の訴えを出にくくするのである。

　このように不快に思っても反論しないでいると、多元的無知が生じる。集団内でメンバーの自由で率直な態度の表明が行われない状況では、自分では集団規範や共有される態度を信じていないが、他の人は信じていると思いこむことで、たとえ私的にはその規範を無意味な嫌悪すべきものと感じている場合でも、公的には信じているように振る舞ってしまうのである。童話の「裸の王様」はまさに多元的無知の話である。本当は存在しない王様の服を、自分以外の人達には見えていると思うと自分も見えるふりをしてしまうのである。周りの人がみんな見えるふりをしているので、見えないのは自分だけだと思ってしまうのである。この多元的無知が生じると、集団の中で自分が少数派になり、周囲の人々が多数派に見えてきて多数派からの無言の同調圧力を感じるようになる。するとますます反論できずに周りの会話に合わせてしまう。話題の重要度が低く、友人・知人集団と仲が良い場合は特に同調が起こりやすい（木下, 1964）。仲の良い友人たちと、重要度の低い血液型性格の話をしているとき、このような身近な友人・知人の集団レベルの影響力を受けて同調が生じるのである。

マスコミで話題になっているだけではなく、自分の身近な友人・知人も血液型性格を話題にしている。多元的無知が生じ世間の多くの人が血液型性格を信じているように思えてくる。すると多くの人が合意している意見や態度を正しいものと判断する合意的妥当化が生じる。その認知的に推測された世間的な合意により社会的リアリティを感じそれを判断基準にするという世間レベルの影響力が生じる。

　そのような環境に置かれると、個人の認知が変容してくると考えられる。血液型性格に関する会話を快経験として受容し、「君は☆型だから___なんだ」「君の___なところはまさに☆型だよね」というような他者からのフィードバックを受容する。個人の性格認知の枠組みとして血液型性格が機能するようになる。バーナム効果や確証バイアスにより、「☆型の自分には確かに☆型の特徴が当てはまる」と思うと、自己スキーマが血液型性格に適合する方向で変容する。自己充足的予言が生じ、☆型的な言動が増えてくることもあるだろう。個人の性格認知の枠組みとなった血液型性格は、他者の性格認知の枠組みとしても機能するようになる。このようにして血液型性格が、対人認知方略のデフォルトとして個人の認知システムに組み込まれるようになるのである。

5　知識汚染説に対する反論を否定する

　血液型性格の知識がかなりある血液型性格高受容群の自己スキーマが知識汚染によって変容するというのであれば、知識があまりない低受容群で認められた血液型の主効果（研究5参照）は知識汚染では説明できないのではないかと思う方もいるだろう。低受容群に関しても知識汚染で説明できるのである。

　第一に、低受容群で血液型の主効果が認められたのは、前述のように血液型性格関連のテレビ番組集中放送の影響が強い2005年1月と5月の調査だけである。それも、放送終了から時間が経過した5月の調査では1月の調査よりも有意な主効果の数が減少しているのである。また5月の調査では、

2004年に集中放送された血液型性格関連のテレビ番組を楽しんでみた高享受群では有意な主効果が認められているが、テレビ番組を見なかった、あるいは見たけれど楽しめなかった低享受群では主効果は認められないのである。このことは「自分は血液型性格をよく知っている」という認知が生じる前のテレビ番組を楽しんで見た段階で、知識汚染が始まることを意味している。

　第二に、人間にとって最も興味を引く情報は自己に関連した情報である。血液型性格のテレビ番組を、何かほかのことをしながら視聴していて、自分の血液型の話題になったらそのコーナーだけきちんと視聴した者もいただろう。自分の血液型の性格に関する情報をまずは取り入れるのである。そこで楽しんで見た段階で知識汚染が始まるのである。2004年の血液型性格番組の集中放送という特殊な事情を考慮すると、多くの者がそれらの番組を楽しんで見ており、2005年の調査では血液型性格の知識がかなりある高受容群の割合が最も高くなっている。本研究で使用した熟知度の質問は「各血液型の性格の特徴や血液型による相性をどの程度よく知っていますか？」である。自分は楽しんで血液型性格のテレビ番組を見たけれど、自分以外の血液型の特徴や相性なんかはよく知らないし、詳しい人に比べたら自分はそんなによく知っている方ではない、と判断し回答した者もいただろう。血液型性格のテレビ番組の集中放送はこのような「にわか」な人たちも知識汚染し自己スキーマに影響を与えるようになると考えられる。

　この知識汚染説、あるいは思い込み説は1999年の最初の調査結果を発表したときから主張している説であり、その後のデータでも再現され確度が高くなっている。この知識汚染説を否定する血液型性格肯定論者がいる。「ABO FAN」名義で1990年代後半から血液型性格ホームページを運営している「おおわだしょうぞう」である（2004年6月26日朝日新聞土曜版「こだわり会館」より）。近年は「金澤正由樹」のペンネームで何冊かの血液型性格本を自費出版している人物である。2014年に幻冬舎ルネッサンスから自費出版した『統計でわかる　血液型人間学入門』において金澤は、山岡（1999）の調査結果で、血液型性格高受容群において、血液型性格項目の自己評定値に血液型による有意差が見られた15項目に注目した。例えば高受容群では、AB

型の特徴とされる「二重人格」で実際に AB 型の平均値が一番高いことを示す有意差が認められており、このように通説通りの結果が出た項目では、次のようになると主張している。

「思い込みが存在するなら、その血液型の性格特性を知っていればいるほど自分に当てはまっていると回答するので、他の血液型との差が大きくなるはずである。このため、『その血液型の性格特性を知っている割合』を X 軸、『他の血液型との差』を Y 軸としてグラフを描くと、グラフは単純な右上がりの直線とならないとおかしい」

（『統計でわかる 血液型人間学入門』31 ページより引用）

　この文章を読んだとき、金澤が私のデータをどのように使ってグラフを作成したのか全く理解できなかった。X 軸の「その血液型の性格特性を知っている割合」のデータは私の調査では取っていないからである。Y 軸に関しても他の血液型とはどれを指すのか、不明確である。

　そこで何とか考えてみたところ、Y 軸の数値は、最大の評定平均値と他の 3 つの血液型の評定平均値の平均の差を取ったものであることが分かった。例えば「二重人格」では、最も得点が高い AB 型の平均値と他の 3 つの血液型の平均値を平均した値との差を取ったものである。

　問題は X 軸である。これはどうやら渡辺（1994）の研究で使われた血液型性格項目が「一般に何型の血液型の人にこの性格の持ち主が多いと言われているか」という質問の結果であることが判明した。

　渡辺は各項目それぞれの全調査対象者（有効回答数 102 名）の平均正答率と、各血液型の調査対象者の自分の血液型の特徴とされる質問項目での平均正答率を記載している。金澤は各血液型の調査対象者の平均正答率を X 軸としていたのである。AB 型の「二重人格」のように想定した血液型が最高点になった 8 項目の血液型別正答率と平均点の差を Table 6.21 に、想定外の血液型が最高点になった 7 項目の血液型別正答率と平均点の差を Table 6.22 にそれぞれ示した。これに基づいて散布図（Figure 6.4, Figure 6.5）を作成し相関

178　　第Ⅱ部　データに見る血液型性格

Table 6.21　想定した血液型が最高点になった項目における平均点の差と血液型別正答率

想定された血液型	想定した血液型が最高点になった項目	X軸 血液型別正答率	Y軸 他の血液型との差	高受容群の平均点				他の血液型との差の算出
				A型	B型	O型	AB型	
A	思慮深く物事に対して慎重な態度をとる	0.842	0.199	**3.555**	3.245	3.322	3.500	3.555-(3.245+3.322+3.500)/3
AB	気分にムラがあって二重人格のように見える	0.667	0.769	3.008	3.177	2.808	**3.767**	3.767-(3.008+3.177+2.808)/3
B	慎重さに欠けている	0.720	0.300	2.694	**3.136**	2.847	2.967	3.136-(2.694+2.847+2.967)/3
B	マイペース型で周囲の影響を受けにくい	0.640	0.408	2.981	**3.517**	3.028	3.317	3.517-(2.981+3.028+3.317)/3
A	協調性がある	0.474	0.178	**3.713**	3.483	3.706	3.417	3.713-(3.483+3.706+3.417)/3
B	楽観的である	0.520	0.483	3.177	**3.816**	3.723	3.100	3.816-(3.177+3.723+3.100)/3
O	目的のためとあらば最大限の勇気と根性を発揮する	0.259	0.329	3.359	3.442	**3.729**	3.400	3.729-(3.359+3.442+3.400)/3
AB	妙にメルヘンチックな面がある	0.333	0.543	3.076	3.082	3.113	**3.633**	3.633-(3.076+3.082+3.113)/3

Table 6.22　想定外の血液型が最高点になった項目における平均点の差と血液型別正答率

想定された血液型	想定外の血液型が最高点になった項目	X軸 血液型別正答率	Y軸 他の血液型との差	高受容群の平均点				他の血液型との差の算出
				A型	B型	O型	AB型	
O	ものの言い方、表現法、欲望の表し方もストレート	0.185	0.241	3.057	**3.449**	3.401	3.167	3.449-(3.057+3.401+3.167)/3
O	個人主義的で自己中心的	0.074	0.284	2.981	**3.374**	3.040	3.250	3.374-(2.981+3.040+3.250)/3
A	内向的で問題を自分の中だけで解決する	0.658	0.189	3.347	3.225	3.011	**3.383**	3.383-(3.347+3.225+3.011)/3
B	すぐに動揺してしまう	0.440	0.209	**3.793**	3.578	3.475	3.700	3.793-(3.578+3.475+3.700)/3
B	行動派で好奇心旺盛	0.400	0.252	3.423	3.524	**3.684**	3.350	3.684-(3.423+3.524+3.350)/3
AB	親密な人間関係を避けたがる	0.333	0.236	2.143	**2.306**	1.966	2.100	2.306-(2.143+1.966+2.100)/3
AB	飽きっぽい	0.250	0.419	3.343	**3.769**	3.390	3.317	3.769-(3.343+3.390+3.317)/3

係数を算出したところ、金澤のグラフと相関係数を再現することができた。

　金澤が知識汚染説（思い込み説）を否定する最大の根拠は、「その血液型の性格特性を知っている割合が高いほど、他の血液型との差が大きくなるはずだが、山岡（1999）の評定値間の差（Y軸）と、渡辺（1994）の『本人の血液型での正答率（X軸）』は右上がりの正の相関関係を示さないから、高受容群の『思い込み』は存在しない」、ということのようである。

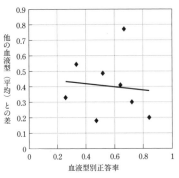
Figure 6.4　想定した血液型が最高点になった項目

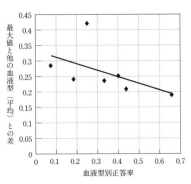
Figure 6.5　想定外の血液型が最高点になった項目

　ではこの金澤の指摘は妥当なものなのだろうか。金澤が X 軸の指標とした渡辺（1994）の「本人の血液型での正答率」であるが、正答率算出に使用したデータ数は、A 型項目 38 名、B 型項目 25 名、O 型項目 27 名、AB 型項目 12 名である。各血液型 40 名にも満たない調査対象者の平均正答率を、その血液型の性格特性を知っている割合の指標として一般化することはできない。これはあくまでも渡辺（1994）の研究の中で他の指標と組み合わせることで意味を持つ指標に過ぎない。40 名にも満たない極めて少数のデータから算出された指標は、渡辺の研究データと切り離してしまうと何の意味も持たない数値なのである。

　さらに、1992 年に行った北海道大学文学部と教養学部の 102 名の学生を対象にした調査結果を、1999 年の首都圏の私立大学 5 校の様々な学部学科の 1300 名の学生の調査結果とリンクさせることの妥当性を考えてみよう。年代を超えての一般化と地域を越えての一般化の問題が存在するのである。

　まず年代のことを考えると、90 年代初めまでに出版された血液型性格本に記載されている各血液型性格の内容が 99 年にまで不変であるわけではない。例えば、90 年代初めまでは B 型の特徴とされていた「天才型」が 1990 年代後半、遅くとも 1999 年には AB 型の特徴とされるようになった。金澤正由樹こと ABO FAN のホームページには B 型の特徴として「感情の現れ方がストレート」と書いてあるが、渡辺（1994）が 6 冊の本から O 型の特徴として使

用した「ものの言い方や表現法はもちろん欲望の表し方もストレートである」は 1999 年には B 型の特徴と判断された可能性も無視できない。「自己中心的な血液型」でネット検索すると「B 型」が数多く出現することから、渡辺（1994）が O 型の特徴として使用した「個人主義的でともすれば自己中心的になってしまう」も、B 型の特徴と判断された可能性も大である。また現在は「おおざっぱな O 型」と良く聞くが、渡辺（1994）が使用した血液型性格項目には含まれていない。つまり、1990 年代初期までは少なくとも O 型の主要な特徴として「おおざっぱ」とは言っていなかったことになる。

　このように血液型の特徴とされるものは時代によって変化しており、ここからも渡辺（1994）の「本人の血液型での正答率（血液型の性格特性を知っている割合）」は一般化できないし、金澤正由樹の「正しく回答／間違って回答」という判断自体が無意味である。

　また、地域的な影響を考えると、私立大学と比較すると少人数の国立大学の同じ学部の学生の間では、ある情報が共有されやすく偏りが生じやすいのである。例えば、ある血液型性格情報が口コミで伝えられ広がったら、1992 年北海道大学文学部と教養学部独自のローカルな血液型性格として定着していた可能性もある。これは可能性の指摘にすぎないが、渡辺（1994）の結果の一般化を主張する場合には考慮しないといけない可能性である。

　このように、データ数の少なさ、血液型性格の年代による変化、調査対象による偏り等により、渡辺（1994）の「血液型の性格特性を知っている割合」を「本人の血液型での正答率」として一般化することはできないのである。一般化できない数値を、あたかも妥当性が証明された確かな指標とする前提自体が間違っているのであり、その間違った前提に基づいた議論は全て間違いである。

　さらに言えば、草野直樹（1995）が『「血液型性格判断」の虚実』で指摘しているように、ある特徴が血液型性格本の著者によっては異なる血液型の特徴とされたり、同じ特徴が同一著者によって複数の血液型の特徴とされるなど、血液型性格の内容に定説はないのである。金澤正由樹は能見説の信者のようであるが、一般人は能見説かどうかなど関係なく、たまたま読んだ本や

たまたま見たテレビ番組の内容が血液型性格として記憶されてしまう。それでも大まかな血液型性格イメージは共有されているのだろうが、本人が血液型性格特徴を知っているつもりでも、その内容は人によって微妙に異なる可能性が高い。

　前述のように、時代によって血液型性格の内容が変化することもあり、「その血液型の性格特性を知っている割合（渡辺, 1994）が高いほど、他の血液型との差（山岡, 1999）が大きくなるはず」という金澤正由樹の主張は成立し得ないものである。無関係な二つの指標に関連が見られないことは当然であり、その無関係性は何の証明にもならないのである。

　金澤正由樹は思い込み説を否定する別データとして、低受容群でも高受容群と同じ傾向が見られることをあげている。もっとも、金澤は、高受容群を「血液型について豊富で正確な知識があり関係を信じている『血液型大好き』グループ」、低受容群を「ほとんど知識がなく関係も信じていない『血液型無関心』グループ」と言い換えている。金澤は「わかりやすいように言い換えた」としているが、これは意図的な歪曲である。

　まず、血液型性格がどの程度好きか、あるいはどの程度関心があるかなどは質問していないのでこのような名称にすること自体不適切である。また、熟知度は「あなたは各血液型の性格の特徴や血液型による相性の違いなどについてどれくらいよく知っていますか」という質問であり、豊富で正確な知識を持っているかどうかなどは質問していない。さらに、1999 年の調査で「全く知らない」と回答した者は全体の 9.4%,「よく知っている」と回答した者も全体の 7.9％に過ぎない。「あまり知らない」が 28.3%、過半数の 54.4%が「少し知っている」なのである。高受容群の中でも「よく知っている」は14.9%であり、高受容群の 83.4%が「少し知っている」なのである。同様に、低受容群の中でも「全く知らない」と回答したのは 18.7%であり、「あまり知らない」が 54.8%で最多だが、「少し知っている」も 1/4 の 25.5%いるのである。金澤の言い換えは、調査データが示す現実から乖離した異なるものに意図的に歪曲しているのである。あくまでも血液型性格を受容する程度が高いか低いかの相対的な違いであって、全肯定あるいは全否定ではないので

ある。

金澤正由樹は高受容群で有意な主効果が認められた15項目の「最大の評定平均値と他の3つの血液型の評定平均値の平均の差」と、有意な主効果が認められない低受容群の「最大の評定平均値と他の3つの血液型の評定平均値の平均の差」の相関（$n=15$）を計算し$r=0.52$の正の相関が見られたことから低受容群でも自己評定の方向性は高受容群と同じであるとして、「知識を持っていても持っていなくても同じ方向に差が出ているということである。『血液型無関心』グループは知識がほとんどないのだから、そもそも"思い込み"ようがない」と主張し知識汚染説（思い込み説）を否定するデータであると豪語している。

前述のように知識がほとんどないのは低受容群の18.7％にすぎず、8割以上は全く知らないわけではないのである。この事実を無視して低受容群を「血液型性格の知識がない血液型無関心グループ」と言い換えることで知識汚染説（思い込み説）を否定したように見せかけることは、姑息なごまかしでしかない。ごまかしでは何も証明できないし否定もできない。

また後述する坂元（1989）の実験は、血液型性格の知識が乏しく血液型性格をあまり信じていない実験参加者でも、血液型性格の知識を与えるだけで「歪んだ認知により血液型と性格の関連を信じていく」ことを示唆している。同じ情報の記憶でも、その前後に与える情報によって再生や再認が影響されることが知られている。

Cohen（1981）は事前に異なる職業情報を与えると、その後見せた同じビデオの再認テストにおいて与えられた職業ステレオタイプに一致する場面の成績が良いことを報告している。Snyder & Cantor（1979）は、ある人物の行動に関する同じ文章を読ませた後でその人物に関する異なった職業情報を与えると、その職業ステレオタイプに反する部分よりも一致する部分の再生数が多くなることを報告している。このように記憶とそれにより形成されるある人物に関するスキーマは、認知者が持っていたある人物の情報ではなく、事前あるいは事後に与えられた情報によっても容易に変容するのである。血液型性格でも「自分に知識がある」という認識はなくても、与えられた情報

第6章　血液型性格の虚妄性　183

によって人間に関する認知は容易に変容するのである。

　能見親子が標榜した「血液型人間学」の本質は、血液型の偏りが偶然生じたある少数の職業グループのデータと、血液型性格をこじつけてあたかも血液型と性格に関係があるように見せかけることだった。本来関係がないものを自分勝手な思い込みを前提に関連付けて知識汚染説（思い込み説）を否定したように見せかける金澤正由樹＝ABO FAN は、まさしく「血液型人間学」の正統な後継者にふさわしいのである。

引用文献

第7章を参照。

第7章

血液型性格の差別性

●山岡重行

1 各血液型のイメージの変化

　第7章では、血液型性格が生み出す問題について考えていこう。前述のように、血液型性格も社会的ステレオタイプの一つである。ステレオタイプには思考の節約という機能がある (Lippmann, 1922)。人間は全ての情報を細部にわたり検討することは不可能であり、自分が持つスキーマを当てはめて他者を判断する。しかし、このような情報処理は処理の効率化と同時に勘違いや思い違いを生み出す原因にもなるのである。

　ステレオタイプのもう一つの機能は、自己の態度や行動を正当化することである (Allport, 1961)。終章で詳述するが、19世紀から20世紀前半の白人帝国主義の時代、「有色人種は白人より劣る人間だから、白人が有色人種を支配するのは当然だ」というように自分の偏見や差別を正当化していたのである。

　個人差を無視したある人々に対する単純化されて偏った認知がステレオタイプである。このステレオタイプに相手への否定的感情が結びついたものが偏見である。さらに偏見が行動に表れたものを差別と呼ぶ。つまり、ステレオタイプは相手への偏見や差別を生み出す素地となるのである。

　血液型は自分の意思で選択することも、基本的に変えることもできない身体的特徴である。その血液型で、誰かを否定的に扱うことは差別である。冒頭で見たように、血液型性格はアジア人差別、それもB型を否定的属性を持

Table 7.1　上瀬・松井（1991）の調査結果（％）

	A 型	B 型	O 型	AB 型	なし
隣には住みたくない	6	18	2	20	51
仲間として一緒のクラブに入りたくない	6	9	2	13	64
結婚したくない	10	12	3	22	50
好きになれない	5	12	2	14	60

つ血液型と見なす 20 世紀初頭のヨーロッパ人の主張に対する反論として考えられたものである（終章参照）。その血液型性格と血液型差別の関係を検討していく。

　Table 7.1 は、上瀬・松井（1991）が女子大生 318 名を対象に行った調査結果である。「隣に住みたくないタイプの血液型はどれか」といった質問に対して、「A・B・O・AB・なし」の中から選択して回答を求めた結果である。「なし」を除くとどの質問項目も AB 型が最も多く次に多いのが B 型であり、最も少ないのは O 型であることが分かる。

　佐藤・宮崎・渡邊（1991）は、次のような方法で血液型のイメージを比較している。はじめに大学生 197 名に、各血液型のイメージを自由記述で書いてもらい、10 名以上の者が共通して書いた性格特性語を抽出し、各血液型の性格特性語とした。A 型は「几帳面」「神経質」「真面目」、O 型は「おおらか」「おおざっぱ」「おっとり」、B 型は「明るい」「マイペース」「個性的」「いい加減」「わがまま」「自己中心的」「楽天的」「面白い」、AB 型は「二重人格」「二面性がある」「変わり者」「よく分からない」だった。次にイメージ調査の回答者とは別の大学生 226 名に、この 18 の性格特性語の望ましさを 1 から 5 の 5 段階で評定してもらった。「几帳面」「神経質」「真面目」の 3 語の評定値の平均が A 型の望ましさ得点となるように、各血液型の性格特性語の平均が望ましさ得点になる。各血液型の望ましさ得点の平均値を Figure 7.1 に示した。最も望ましさが高いのが O 型、次が A 型、次が B 型、最も低いのが AB 型ということになる。これは上瀬・松井（1991）と整合する結果であり、1990 年代初頭は最もイメージが良いのが O 型、2 番目が A 型、3 番目が B 型、4 番目が AB 型だったと判断できる。

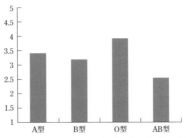

Figure 7.1 　各血液型の望ましさ得点（佐藤・宮崎・渡邊, 1991）

ではその後、血液型のイメージには変化があったのだろうか。1999年から2019年までの調査結果から見てみよう。

1.1　研究7：各血液型のイメージの良さ

1.1.1　方法

調査対象者　首都圏私立大学6校の大学生と通信教育部の社会人大学生7354名（男性2586名、女性4764名、未記入4名）。平均年齢20.244歳（SD=5.495）。

使用した質問　1999年、2005年、2009年の調査では各血液型のイメージを持っている調査対象者に、2010年から2019年の調査では全調査対象者に、各血液型のイメージの良さを「とてもイメージがよいが10点、とてもイメージが悪いが0点」の10点満点で点数をつけてもらった。

また全調査対象者に、「自分と相性がよい血液型・好きな血液型がありますか？」および「自分と相性が悪い血液型・嫌いな血液型がありますか？」として、それぞれ「A・B・O・AB・無し」の当てはまるものを○で囲んで回答してもらった。

手続　血液型イメージと相性に関する質問項目を含む調査用紙を作成した。通常の授業時間の一部を利用して質問紙調査を行った。調査は1999年4月、2005年1月と5月、2009年4月、2010年4月、2011年4月、2012年4月、2013年4月、2014年4月、2015年4月、2016年4月、2017年4月、2018年4月、2019年1月と4月に実施した。通信教育部の社会人学生に関しては2011年から2012年にかけて郵送により調査を実施した。

1.1.2 結果と考察

1999年を第1期、2005年を第2期、2009年から2011年を第3期、2012年から2015年を第4期、2016年から2019年を第5期とした。

各期の血液型イメージ得点の平均と標準偏差をTable 7.2に示した（Figure 7.2）。各期ごとに対応のある1要因分散分析を行った。その結果、イメージする血液型の違いの有意な主効果がどの時期でも認められた。

Table 7.2　血液型イメージの変化

	調査年	1999年	2005年	2009-2011年	2012-2015年	2016-2019年	分散分析結果	
A型イメージ	平均	6.872	6.998	7.003	7.035	7.011	F=0.851	
	標準偏差	2.037	2.121	1.957	2.107	1.913	df=4/5795	ns
	度数	696	951	726	2159	1268		
B型イメージ	平均	5.371	5.066	5.307	5.651	6.028	F=25.874	
	標準偏差	2.395	2.437	2.377	2.375	2.456	df=4/5797	p<.001
	度数	696	952	728	2159	1267	5期>4期>3期・2期, 5期>1期	
O型イメージ	平均	7.474	7.956	7.717	7.277	6.801	F=25.476	
	標準偏差	1.976	2.020	1.903	3.939	2.102	df=4/5795	p<.001
	度数	696	951	727	2160	1266	2期・3期>4期>5期、 2期>1期>5期	
AB型イメージ	平均	5.279	5.518	6.069	6.180	6.213	F=34.033	
	標準偏差	2.227	2.334	2.109	2.347	2.202	df=4/5789	p<.001
	度数	696	950	723	2159	1266	5期・4期・3期>1期・ 2期	
分散分析結果（全てp<.001）	F	191.806	402.936	204.603	210.609	97.371		
	df	3/2085	3/2847	3/2163	3/6474	3/3789		
	多重比較	O>A>B=AB	O>A>AB>B	O>A>AB>B	O>A>AB>B	A>O>AB>B		

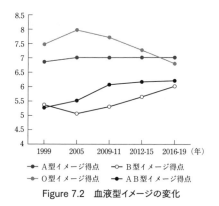

Figure 7.2　血液型イメージの変化

Bonferroni 法多重比較の結果第 1 期では、最もイメージが良いのは O 型、次が A 型であり、イメージが悪いのは B 型と AB 型であることを示す有意差が認められた。B 型と AB 型のイメージ得点には有意差は認められなかった。第 2 期から第 4 期の多重比較から、最もイメージが良いのは O 型、次が A 型であり、次が AB 型であり、最もイメージが悪いのは B 型であることを示す有意差が一貫して認められた。ただし Figure 7.2 が示すように、各血液型のイメージの差は第 2 期をピークに縮小傾向にある。最後の第 5 期であるが、多重比較から最もイメージが良いのは A 型であり、次が O 型、3 番目が AB 型、最もイメージが悪いのは B 型であることを示す有意差が認められた。今まで調査時期を 4 期に分けていたが、研究 7 で 5 期に分けた理由は、O 型イメージが A 型よりも低下したことを示すためである。

　血液型ごとに調査時期の違いを独立変数とした 1 要因分散分析を行った。A 型以外では有意な主効果が認められ、Bonferroni 法多重比較から AB 型と B 型は次第にイメージが良くなり、対照的に O 型は次第にイメージが悪くなっていることを示す有意差が認められた。

　前述のように、上瀬・松井（1991）と佐藤・宮崎・渡邊（1991）の 2 つの研究から、1990 年代初頭は O 型、A 型、B 型、AB 型の順にイメージが良かったことがわかる。佐藤・宮崎・渡邊（1991）の望ましさ得点から、O 型（M=3.92）と A 型（M=3.41）は肯定的イメージ、B 型（M=3.19）は中点の範囲であり、明らかにイメージが否定的だったのは AB 型（M=2.55）だけだったと判断できる。

　1990 年代後半になり B 型と AB 型のイメージに変化が生じる。佐藤・宮崎・渡邊（1991）の研究から、当時の大学生が「二重人格」「二面性がある」「変わり者」「よく分からない」を AB 型の人物の特徴としてイメージしていたことがわかるが、1990 年代後半「AB 型は天才型」と広く言われ始めたのである。ハッキリした出所は不明であるが、「天才型」は、「変わり者」「よく分からない」を言い換えたものと推測できる。最も少数派である AB 型を否定的に描写することを「差別」と批判されることを恐れたマスコミの言い換えなのだと考えられる。

1985年3月に日本実業出版社から出版された『血液型人間学のウソ（森本毅郎の"TBS日曜ゴールデン特版"編）』の70ページに、「AB抗原をもつ百日咳菌は天才型か」という小見出しが使われている。このことから、「AB型は天才型」というフレーズが1990年代後半に発明されたわけではないといえる。しかし、天才型と言われていた血液型がもう一つ存在する。B型である。

　坂元（1989）は、ある人物に関する先行情報が後に与えられる情報の記憶に影響することを実験によって示している。坂元が先行情報として用いた刺激が、A型あるいはB型の血液型性格情報である。B型の血液型性格として坂元が用いた情報が、「ずぼらで、傷つかなく、ずぶとく、マイペースで天才型」なのである。この研究から1980年代後半には「B型は天才型」とも言われていたことが分かる。

　「AB型はA型の特徴とB型の特徴を併せ持つ」という血液型性格の論法から考えると、AB型とB型のどちらにも「天才型」というフレーズが使われていても不思議ではない。また前述のように、ある特徴が血液型性格本の著者によっては異なる血液型の特徴とされたり、同じ特徴が同一著者によって複数の血液型の特徴とされる（草野, 1995）など、血液型性格の内容に定説はないのである。本研究でも使用している渡辺（1994）が6冊の血液型性格本から抽出したB型あるいはAB型の性格項目に「天才型」が含まれていないことからも、1980年代当時「天才型」はB型あるいはAB型のキャッチフレーズになるような主要な特徴ではなかったと判断できる。

　後述するが、1999年4月に行った血液型性格に由来する快体験の自由記述調査で、「天才型と言われてうれしかった」というAB型の回答が複数あった。ここから、遅くとも1999年はじめまでに「AB型は天才型」と広く言われ始めたと判断できる。前述のように、2004年は血液型性格関連のテレビ番組が1年間に集中的に多数放送された。そのいくつかの番組でも、AB型の独創的なアイデアを賞賛する意味で「さすが天才型のAB型、素晴らしい発想です」というようなフレーズが使われていた。またAB型の理解不能な言動にも「さすが天才型のAB型の考えることは凡人には分かりません」というようなフレーズも使われていた。つまり、「AB型は天才型」というフレーズは

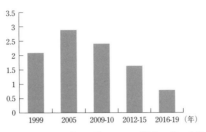

Figure 7.3　O型とB型のイメージ得点の差の変化

「天才」と「変人」の2つの意味で用いられていたのであるが、この「天才」という言葉が持つ肯定的な意味合いがAB型のイメージを向上させたのだと解釈できる。

　血液型イメージの5期以外の全ての時期で平均値が最も高かったのはO型であり、最も低かったのはB型である。このO型イメージとB型イメージの差に注目したい。この差に調査時期を独立変数とした1要因分散分析を行ったところ有意な主効果（F=61.076, df=4/5793, p<.001）が認められた。Bonferroni法多重比較からこの差が最も大きかったのは第2期であり、次が第1期と第3期、4番目が第4期であり最も差が小さいのが第5期である（Figure 7.3）。このこともO型とB型の血液型イメージの差を拡大したのは2004年の血液型性格関連テレビ番組の1年間の集中放送であることを示している。

2　血液型性格関連のテレビ番組が増幅する「血液型差別」

　2004年の多くのテレビ番組で否定的な扱いが際だったのがB型であった。例えば「発掘！あるある大事典Ⅱ（4月4日・フジテレビ系列）」では『B型にひどい目にあったA型被害者の会』、「脳力探検クイズ！ホムクル（6月5日・TBS系列）」では『B型男性と交際歴がある怒れる女性30人』といったコーナーが放送された。これらのコーナーでは、自分がいかにB型の相手にひどい目にあったかを訴えるVTRが放送されたのである。

　『B型にひどい目にあったA型被害者の会』ではB型の上司に振り回され

るA型の部下、B型の姑に夫の借金を自分のせいにされたA型の主婦、20年連れ添ったB型の妻に捨てられたA型夫の3名が顔を覆面で隠して被害を訴えていた。「脳力探検クイズ！ホムクル」では、マイペースで自己中心的なB型男性は「抱かれたくない男」ランキング上位を独占していることを紹介した後で、「なぜB型男性はこんなに嫌われているのだろうか」、という流れで『B型男性と交際歴がある怒れる女性30人』のコーナーを放送した。このコーナーでは、マンガ『だめんず・うぉ～か～』作者の倉田真由美を含む女性たちがB型男性と交際しているときにこんな嫌な目に遭ったと口々に訴えていた。さらに、これらの番組でA型やO型、AB型から受けた被害を訴えるコーナーは放送されていない。加害者としてやり玉に挙げられ告発されたのは、B型だけだったのである。

　2004年の多くの血液型性格関連テレビ番組で多用されたのが、血液型別グループを同じ状況においてその行動の違いを比較するという演出である。

　「決定！これが日本のベスト100（6月13日・テレビ朝日）」では各血液型の主婦グループの食べ放題の焼き肉店での行動を比較していた。主に肉の焼き方と食べ方、フルーツとスイーツの食べ方に注目していた。A型の主婦たちは焼き網の自分の領域を守って肉を焼いて食べ、その後にフルーツ、ケーキとお茶で終わりにしていた。フォークでとりやすいようにメロンにナイフで細かく切れ目を入れて「A型らしい几帳面で上品な食べ方」というナレーションが付けられていた。O型は肉の焼き方やメロンの切り方、スイーツの食べ方がA型よりも雑ではあるが、肉・フルーツ・ケーキとお茶の順番で終わりにしていた。AB型も同様の流れで落ち着いて食べていた。A型・O型・AB型はそれぞれ軽快で楽しそうな、あるいは爽やかなBGMが流れていたが、「さていよいよB型です」とアナウンスされ、BGMがムソルグスキーの『バーバ・ヤーガの小屋』に変わった（『はげ山の一夜』だったかもしれない）。その後、B型主婦たちが大量に肉を持って来て、焼きすぎて焦がし食べられなくなった肉を皿に積み上げ、また肉を持って来て同じように焼き、フルーツやケーキを食べてまた肉を持って来て焼き、「焼いたのを見るだけでお腹いっぱいになっちゃった」などと言って大量に食べ残す様が放送され、その

映像には「Ｂ型は欲望に任せて食べたいものを何でも持って来た」とか「Ｂ型はみんな自己中心的」といったナレーションが付けられていた。

　2004年の血液型性格関連のテレビ番組の血液型別の行動比較で多用されたのが、幼稚園児や保育園児のウォッチングだった。血液型性格に関する情報や先入観のない子供たちの行動に違いがあればそれは血液型による性格の違いの現れだ、という理屈である。「超スパスパ人間学！（10月7日・TBS）」では、幼稚園の先生がケーキが入っている箱を園児達がいる部屋に置いて「先生が帰ってくるまで食べちゃダメ」と言って退室し、各血液型の園児達が先生の言いつけを守るかどうかを比較した。

　Ａ型の子供たちはケーキの箱が置いてあるテーブルから離れた場所でおとなしく遊んでいた。Ｏ型の子供は箱を開けてケーキが入っていることを確認したが食べなかった。AB型の子供たちも同様に先生の言いつけを守り食べなかった。最後にＢ型の子供たちの映像が放送された。Ｂ型の園児たちが先生の言いつけに背き、ケーキを食べてしまう映像が放送され、それがＢ型性格の表れであると解説された。

　放送されたのはここまでである。しかし、このケーキを食べた園児の一人が著者の友人Ｋ氏の親族だった（以下Ｋ氏の許諾を得て掲載）。Ｋ氏がこの園児に何でケーキを食べたのか尋ねたところ、「だって、カメラを持ったお兄ちゃんがずっと『ケーキ食べちゃいなよ』って言ってたんだもん！」と答えたそうである。明らかな「やらせ」である。さらに、この園児はＢ型ではなかったのである。子供たちのグループを作る前に、制作スタッフは子供たちをしばらく観察していたという。この番組で「Ｂ型グループ」として放送したのは、元気が良くやんちゃそうな子供たちを血液型とは無関係に集めたグループだったらしいのである。この番組の制作スタッフは「先生の言いつけに従わずにケーキを食べてしまう園児の映像」が欲しかったのであり、「やらせ」によってその映像を撮り、それを「Ｂ型の性格が反映された行動」として放送したのである。

　また2004年の多くのテレビ番組では、Ｂ型を望ましくない性格特性を持つ者として描くだけでなく、他の血液型、特に日本人で最も多いＡ型と相性

第7章　血液型性格の差別性　　193

が悪い血液型として紹介していた。11月28日放送の「決定！これが日本の
ベスト100　血液型相性ランキング」では「A型女性と相性がいいランキン
グ」の1位はO型で最下位B型とした後で、「B型夫を持つA型妻の皆さん
は、B型夫のここが我慢できない」として、「B型夫は金銭感覚がなく、お金
の使い方に計画性がない」、「ショッピング中に寄り道をして、その日の妻の
計画をめちゃくちゃにする」、「妻の具合が悪く一緒に居て欲しいときでも友
だちに誘われて飲みに行ってしまう」、などのコメントが紹介されていた。こ
れらのヤラセやでっち上げを含んだ演出がB型のイメージを悪化させたので
ある。

　先ほど紹介した6月13日放送の「決定！これが日本のベスト100」では、
「嫌いな血液型ランキング」の1位はB型で最下位はO型と紹介する一方で、
「友だちにしたいランキング」の1位はO型・最下位B型、「モテる血液型
男性ランキング」の1位はO型・最下位B型、「モテる女性ランキング」の
1位はA型・最下位B型、などと紹介されていた。10月24日放送の「決
定！これが日本のベスト100　超最新血液型ランキング」では、「結婚したい
女性ランキング」の1位はA型、「恋人にしたい女性ランキング」の1位は
O型、「結婚したい男性」と「恋人にしたい男性」の1位はどちらもO型、
「信用できる血液型ランキング」の1位はA型で2位はO型、などと紹介さ
れていた。このようにB型が否定的に描かれる一方で、O型とA型は肯定
的に描かれていたのである。

3　好きな血液型・嫌いな血液型

　では、「相性の良い血液型・好きな血液型」はどのように変化しているだ
ろうか。Table 7.3 は好きな血液型と調査時期のクロス表である。有意な χ^2
値が得られた（χ^2=172.138, df=16, p<.001）。全体的な傾向として1期から4期
まで2割前後の者がO型を、1割がA型を挙げている。5期になり「好きな
血液型なし」が増え、O型やA型が好きな者が半減したが、それでもO型
は1割強に選択されている。調整済残差から1999年はAB型が少なく、

Table 7.3　好きな血液型と調査時期のクロス表（全体）

好きな血液型		1999年	2005年	2009-2011年	2012-2015年	2016-2019年	合計
A型	度数	140	143	130	218	76	707
	期待度数	125.3	131.2	120.3	207.7	122.6	707
	好きな型の%	19.80%	20.20%	18.40%	30.80%	10.70%	100.00%
	年代の%	10.80%	10.50%	10.40%	10.10%	6.00%	9.60%
	調整済み残差	1.50	1.20	1.00	0.90	− 4.90	
B型	度数	82	97	116	150	59	504
	期待度数	89.3	93.6	85.7	148	87.4	504
	好きな型の%	16.30%	19.20%	23.00%	29.80%	11.70%	100.00%
	年代の%	6.30%	7.10%	9.30%	7.00%	4.60%	6.90%
	調整済み残差	− 0.90	0.40	3.70	0.20	− 3.50	
O型	度数	245	312	220	415	142	1334
	期待度数	236.4	247.6	226.9	391.8	231.3	1334
	好きな型の%	18.40%	23.40%	16.50%	31.10%	10.60%	100.00%
	年代の%	18.80%	22.90%	17.60%	19.30%	11.20%	18.20%
	調整済み残差	0.70	5.00	− 0.60	1.50	− 7.10	
AB型	度数	32	44	37	130	67	310
	期待度数	54.9	57.5	52.7	91.1	53.7	310
	好きな型の%	10.30%	14.20%	11.90%	41.90%	21.60%	100.00%
	年代の%	2.50%	3.20%	3.00%	6.00%	5.30%	4.20%
	調整済み残差	− 3.50	− 2.00	− 2.40	5.00	2.00	
なし	度数	801	766	745	1242	928	4482
	期待度数	794.1	832	762.4	1316.4	777	4482
	好きな型の%	17.90%	17.10%	16.60%	27.70%	20.70%	100.00%
	年代の%	61.60%	56.20%	59.70%	57.60%	73.00%	61.10%
	調整済み残差	0.40	− 4.10	− 1.10	− 3.90	9.50	
合計	度数	1300	1362	1248	2155	1272	7337
	期待度数	1300	1362	1248	2155	1272	7337
	好きな型の%	17.70%	18.60%	17.00%	29.40%	17.30%	100.00%
	年代の%	100.00%	100.00%	100.00%	100.00%	100.00%	100.00%

2005 年は O 型が多く AB 型と「なし」が少なく、2009 年から 2011 年は B 型が多く AB 型が少なく、2012 年から 2015 年は AB 型が多く「なし」が少なく、2016 年から 2019 年は A 型・B 型・O 型が少なくなり AB 型と「なし」が多くなっていたと判断できる。

「相性の悪い血液型・嫌いな血液型」はどのように変化しているのだろうか。Table 7.4 は嫌いな血液型と調査時期のクロス表である。有意な χ^2 値が得られた（χ^2=152.298, df=16, p<.001）。好きな血液型と比較すると嫌いな血液型の方が「なし」が多いが、1 割強に選択されているのが B 型である。しかし、それも 5 期には半減している。その中でも調整済残差から 2005 年は A 型と B 型が多く「なし」が少なく、2009 年から 2011 年は A 型と O 型が多く「なし」が少なく、2012 年から 2015 年は A 型が少なく、2016 年から 2019 年は A 型・B 型・O 型・AB 型が少なくなり「なし」が多くなっていたと判断できる。

では、回答者の血液型別に見てみよう。A 型の「相性の良い血液型・好きな血液型」はどのように変化しているだろうか。Table 7.5 は A 型の好きな血液型と調査時期のクロス表である。有意な χ^2 値が得られた（χ^2=91.694, df=16, p<.001）。全体的に A 型は O 型が好きで、次に A 型が好きであるがそれも 5 期には半減している。調整済残差から 1999 年は A 型が多く AB 型が少なく、2005 年は O 型が多く「なし」が少なく、2009 年から 2011 年は B 型が多く AB 型が少なく、2012 年から 2015 年は AB 型が多く「なし」が少なく、2016 年から 2019 年は A 型・B 型・O 型が少なくなり AB 型と「なし」が多くなっていたと判断できる。

A 型の「相性の悪い血液型・嫌いな血液型」はどのように変化しているだろうか。Table 7.6 は A 型の嫌いな血液型と調査時期のクロス表である。有意な χ^2 値が得られた（χ^2=50.612, df=16, p<.001）。やはり A 型は相性が悪いといわれる B 型を嫌う傾向が目立つが、それも 5 期には半減している。調整済残差から 2005 年は B 型が多く「なし」が少なく、2009 年から 2011 年は「なし」が少なく、2016 年から 2019 年は B 型が少なく「なし」が多くなっていたと判断できる。

Table 7.4 嫌いな血液型と調査時期のクロス表（全体）

嫌いな血液型		1999 年	2005 年	2009-2011 年	2012-2015 年	2016-2019 年	合計
A 型	度数	65	95	72	78	34	344
	期待度数	61	63.9	58.5	101.2	59.5	344
	嫌いな型の%	18.90%	27.60%	20.90%	22.70%	9.90%	100.00%
	年代の%	5.00%	7.00%	5.80%	3.60%	2.70%	4.70%
	調整済み残差	0.60	4.40	2.00	− 2.80	− 3.70	
B 型	度数	141	207	157	272	80	857
	期待度数	151.8	159.1	145.7	252.1	148.3	857
	嫌いな型の%	16.50%	24.20%	18.30%	31.70%	9.30%	100.00%
	年代の%	10.80%	15.20%	12.60%	12.60%	6.30%	11.70%
	調整済み残差	− 1.00	4.50	1.10	1.60	− 6.60	
O 型	度数	20	33	32	35	14	134
	期待度数	23.7	24.9	22.8	39.4	23.2	134
	嫌いな型の%	14.90%	24.60%	23.90%	26.10%	10.40%	100.00%
	年代の%	1.50%	2.40%	2.60%	1.60%	1.10%	1.80%
	調整済み残差	− 0.90	1.80	2.10	− 0.80	− 2.10	
AB 型	度数	88	103	89	175	47	502
	期待度数	88.9	93.2	85.3	147.7	86.9	502
	嫌いな型の%	17.50%	20.50%	17.70%	34.90%	9.40%	100.00%
	年代の%	6.80%	7.60%	7.10%	8.10%	3.70%	6.80%
	調整済み残差	− 0.10	1.20	0.50	2.80	− 4.90	
なし	度数	986	924	897	1598	1095	5500
	期待度数	974.5	1021	934.8	1617.7	952	5500
	嫌いな型の%	17.90%	16.80%	16.30%	29.10%	19.90%	100.00%
	年代の%	75.80%	67.80%	71.90%	74.10%	86.20%	75.00%
	調整済み残差	0.80	− 6.70	− 2.70	− 1.20	10.20	
合計	度数	1300	1362	1247	2158	1270	7337
	期待度数	1300	1362	1247	2158	1270	7337
	嫌いな型の%	17.70%	18.60%	17.00%	29.40%	17.30%	100.00%
	年代の%	100.00%	100.00%	100.00%	100.00%	100.00%	100.00%

Table 7.5　A 型の好きな血液型と調査時期のクロス表

好きな血液型		1999 年	2005 年	2009-2011 年	2012-2015 年	2016-2019 年	合計
A 型	度数	74	72	49	105	35	335
	期待度数	60.5	62.5	55.3	101.8	54.9	335
	好きな型 の %	22.10%	21.50%	14.60%	31.30%	10.40%	100.00%
	年代 の %	14.80%	13.90%	10.70%	12.50%	7.70%	12.10%
	調整済み残差	2.00	1.40	− 1.00	0.40	− 3.10	
B 型	度数	16	20	30	38	10	114
	期待度数	20.6	21.3	18.8	34.6	18.7	114
	好きな型 の %	14.00%	17.50%	26.30%	33.30%	8.80%	100.00%
	年代 の %	3.20%	3.90%	6.60%	4.50%	2.20%	4.10%
	調整済み残差	− 1.10	− 0.30	2.90	0.70	− 2.20	
O 型	度数	99	124	95	173	46	537
	期待度数	97.1	100.2	88.7	163.1	88	537
	好きな型 の %	18.40%	23.10%	17.70%	32.20%	8.60%	100.00%
	年代 の %	19.80%	24.00%	20.70%	20.50%	10.10%	19.40%
	調整済み残差	0.20	2.90	0.80	1.00	− 5.40	
AB 型	度数	8	12	7	42	24	93
	期待度数	16.8	17.3	15.4	28.2	15.2	93
	好きな型 の %	8.60%	12.90%	7.50%	45.20%	25.80%	100.00%
	年代 の %	1.60%	2.30%	1.50%	5.00%	5.30%	3.40%
	調整済み残差	− 2.40	− 1.40	− 2.40	3.20	2.50	
なし	度数	304	289	277	484	339	1693
	期待度数	306	315.8	279.7	514.3	277.3	1693
	好きな型 の %	18.00%	17.10%	16.40%	28.60%	20.00%	100.00%
	年代 の %	60.70%	55.90%	60.50%	57.50%	74.70%	61.10%
	調整済み残差	− 0.20	− 2.70	− 0.30	− 2.60	6.50	
合計	度数	501	517	458	842	454	2772
	期待度数	501	517	458	842	454	2772
	好きな型 の %	18.10%	18.70%	16.50%	30.40%	16.40%	100.00%
	年代 の %	100.00%	100.00%	100.00%	100.00%	100.00%	100.00%

Table 7.6　A 型の嫌いな血液型と調査時期のクロス表

嫌いな血液型		1999 年	2005 年	2009-2011 年	2012-2015 年	2016-2019 年	合計
A 型	度数	13	6	9	13	4	45
	期待度数	8.1	8.4	7.4	13.7	7.3	45
	嫌いな型 の %	28.90%	13.30%	20.00%	28.90%	8.90%	100.00%
	年代 の %	2.60%	1.20%	2.00%	1.50%	0.90%	1.60%
	調整済み残差	1.90	− 0.90	0.60	− 0.20	− 1.40	
B 型	度数	88	114	92	148	38	480
	期待度数	86.8	89.5	79.3	146.1	78.3	480
	嫌いな型 の %	18.30%	23.80%	19.20%	30.80%	7.90%	100.00%
	年代 の %	17.60%	22.10%	20.10%	17.50%	8.40%	17.30%
	調整済み残差	0.20	3.20	1.70	0.20	− 5.50	
O 型	度数	13	11	7	13	6	50
	期待度数	9	9.3	8.3	15.2	8.2	50
	嫌いな型 の %	26.00%	22.00%	14.00%	26.00%	12.00%	100.00%
	年代 の %	2.60%	2.10%	1.50%	1.50%	1.30%	1.80%
	調整済み残差	1.50	0.60	− 0.50	− 0.70	− 0.80	
AB 型	度数	24	31	31	51	22	159
	期待度数	28.7	29.7	26.3	48.4	25.9	159
	嫌いな型 の %	15.10%	19.50%	19.50%	32.10%	13.80%	100.00%
	年代 の %	4.80%	6.00%	6.80%	6.00%	4.90%	5.70%
	調整済み残差	− 1.00	0.30	1.00	0.50	− 0.90	
なし	度数	363	355	319	619	382	2038
	期待度数	368.3	380.1	336.7	620.5	332.3	2038
	嫌いな型 の %	17.80%	17.40%	15.70%	30.40%	18.70%	100.00%
	年代 の %	72.50%	68.70%	69.70%	73.30%	84.50%	73.50%
	調整済み残差	− 0.60	− 2.80	− 2.10	− 0.10	5.80	
合計	度数	501	517	458	844	452	2772
	期待度数	501	517	458	844	452	2772
	嫌いな型 の %	18.10%	18.70%	16.50%	30.40%	16.30%	100.00%
	年代 の %	100.00%	100.00%	100.00%	100.00%	100.00%	100.00%

B型の「相性の良い血液型・好きな血液型」と調査時期のクロス表を Table 7.7 に示した。有意な χ^2 値が得られた（χ^2=39.287, df=16, p<.001）。全体的に見るとB型が好きな血液型はO型であり、次がB型と言うことができる。この傾向は5期になって減少してもいきなり半減まではしない。調整済残差から1999年はO型が多く、2005年はO型が多く「なし」が少なく、2009年から2011年はA型が多くAB型が少なく、2016年から2019年はO型が少なくなり「なし」が多くなっていたと判断できる。

B型の「相性の悪い血液型・嫌いな血液型」と調査時期のクロス表を Table 7.8 に示した。有意な χ^2 値が得られた（χ^2=77.756, df=16, p<.001）。全体的に見るとB型は相性が悪いとされるA型が嫌いだったが、その傾向も第2期をピークに次第に減少している。調整済残差から2005年はA型が多く「なし」が少なく、2012年から2015年はA型が少なく、2016年から2019年はA型とB型が少なく「なし」が多くなっていたと判断できる。

O型の「相性の良い血液型・好きな血液型」と調査時期のクロス表を Table 7.9 に示した。有意な χ^2 値が得られた（χ^2=73.076, df=16, p<.001）。全体的にO型はO型が好きで2番目にA型が好きであるが、やはりその傾向は5期に半減している。調整済残差から2009年から2011年はB型が多く、2012年から2015年はO型が多く「なし」が少なく、2016年から2019年はA型・B型・O型が少なくなりAB型と「なし」が多くなっていたと判断できる。

O型の「相性の悪い血液型・嫌いな血液型」と調査時期のクロス表を Table 7.10 に示した。有意な χ^2 値が得られた（χ^2=70.359, df=16, p<.001）。O型は2期から4期にかけてB型とAB型が嫌いだったが、その傾向は5期に半減している。調整済残差から1999年はB型が少なく「なし」が多く、2005年はB型とAB型が多く「なし」が少なく、2012年から2015年もB型とAB型が多く「なし」が少なく、2016年から2019年はB型とAB型が少なくなり「なし」が多くなっていたと判断できる。

Table 7.7　B型の好きな血液型と調査時期のクロス表

好きな血液型		1999 年	2005 年	2009-2011 年	2012-2015 年	2016-2019 年	合計
A 型	度数	13	15	23	23	14	88
	期待度数	16.2	17	15.7	23	16.1	88
	好きな型 の %	14.80%	17.00%	26.10%	26.10%	15.90%	100.00%
	年代 の %	4.40%	4.80%	8.00%	5.50%	4.80%	5.50%
	調整済み残差	− 0.90	− 0.60	2.10	0.00	− 0.60	
B 型	度数	34	39	35	62	29	199
	期待度数	36.6	38.5	35.6	52	36.3	199
	好きな型 の %	17.10%	19.60%	17.60%	31.20%	14.60%	100.00%
	年代 の %	11.50%	12.50%	12.20%	14.70%	9.90%	12.40%
	調整済み残差	− 0.50	0.10	− 0.10	1.70	− 1.40	
O 型	度数	67	80	45	65	39	296
	期待度数	54.4	57.3	52.9	77.4	54	296
	好きな型 の %	22.60%	27.00%	15.20%	22.00%	13.20%	100.00%
	年代 の %	22.60%	25.60%	15.60%	15.40%	13.30%	18.40%
	調整済み残差	2.10	3.70	− 1.30	− 1.80	− 2.50	
AB 型	度数	9	10	3	18	12	52
	期待度数	9.6	10.1	9.3	13.6	9.5	52
	好きな型 の %	17.30%	19.20%	5.80%	34.60%	23.10%	100.00%
	年代 の %	3.00%	3.20%	1.00%	4.30%	4.10%	3.20%
	調整済み残差	− 0.20	0.00	− 2.30	1.40	0.90	
なし	度数	173	168	182	253	200	976
	期待度数	179.3	189	174.5	255.1	178.1	976
	好きな型 の %	17.70%	17.20%	18.60%	25.90%	20.50%	100.00%
	年代 の %	58.40%	53.80%	63.20%	60.10%	68.00%	60.60%
	調整済み残差	− 0.80	− 2.70	1.00	− 0.20	2.90	
合計	度数	296	312	288	421	294	1611
	期待度数	296	312	288	421	294	1611
	好きな型 の %	18.40%	19.40%	17.90%	26.10%	18.20%	100.00%
	年代 の %	100.00%	100.00%	100.00%	100.00%	100.00%	100.00%

Table 7.8　B型の嫌いな血液型と調査時期のクロス表

嫌いな血液型		1999 年	2005 年	2009-2011 年	2012-2015 年	2016-2019 年	合計
A 型	度数	36	70	38	34	11	189
	期待度数	34.7	36.6	33.8	49.3	34.5	189
	嫌いな型 の %	19.00%	37.00%	20.10%	18.00%	5.80%	100.00%
	年代 の %	12.20%	22.40%	13.20%	8.10%	3.70%	11.70%
	調整済み残差	0.30	6.50	0.80	− 2.70	− 4.70	
B 型	度数	10	13	8	10	3	44
	期待度数	8.1	8.5	7.9	11.5	8	44
	嫌いな型 の %	22.70%	29.50%	18.20%	22.70%	6.80%	100.00%
	年代 の %	3.40%	4.20%	2.80%	2.40%	1.00%	2.70%
	調整済み残差	0.80	1.70	0.10	− 0.50	− 2.00	
O 型	度数	4	9	11	14	6	44
	期待度数	8.1	8.5	7.9	11.5	8	44
	嫌いな型 の %	9.10%	20.50%	25.00%	31.80%	13.60%	100.00%
	年代 の %	1.40%	2.90%	3.80%	3.30%	2.00%	2.70%
	調整済み残差	− 1.60	0.20	1.20	0.90	− 0.80	
AB 型	度数	22	15	14	27	12	90
	期待度数	16.5	17.4	16.1	23.5	16.4	90
	嫌いな型 の %	24.40%	16.70%	15.60%	30.00%	13.30%	100.00%
	年代 の %	7.40%	4.80%	4.90%	6.40%	4.10%	5.60%
	調整済み残差	1.50	− 0.70	− 0.60	0.90	− 1.20	
なし	度数	224	205	217	335	262	1243
	期待度数	228.5	240.9	222.4	324.3	227	1243
	嫌いな型 の %	18.00%	16.50%	17.50%	27.00%	21.10%	100.00%
	年代 の %	75.70%	65.70%	75.30%	79.80%	89.10%	77.20%
	調整済み残差	− 0.70	− 5.40	− 0.80	1.50	5.40	
合計	度数	296	312	288	420	294	1610
	期待度数	296	312	288	420	294	1610
	嫌いな型 の %	18.40%	19.40%	17.90%	26.10%	18.30%	100.00%
	年代 の %	100.00%	100.00%	100.00%	100.00%	100.00%	100.00%

Table 7.9 O型の好きな血液型と調査時期のクロス表

好きな血液型		1999 年	2005 年	2009-2011 年	2012-2015 年	2016-2019 年	合計
A 型	度数	41	42	46	73	22	224
	期待度数	38.9	41.9	38.3	63.3	41.6	224
	好きな型 の %	18.30%	18.80%	20.50%	32.60%	9.80%	100.00%
	年代 の %	10.90%	10.30%	12.40%	11.90%	5.50%	10.30%
	調整済み残差	0.40	0.00	1.40	1.50	− 3.60	
B 型	度数	24	28	38	38	14	142
	期待度数	24.7	26.6	24.3	40.1	26.4	142
	好きな型 の %	16.90%	19.70%	26.80%	26.80%	9.90%	100.00%
	年代 の %	6.40%	6.90%	10.20%	6.20%	3.50%	6.50%
	調整済み残差	− 0.20	0.30	3.20	− 0.40	− 2.80	
O 型	度数	65	91	67	155	53	431
	期待度数	74.9	80.6	73.7	121.8	80	431
	好きな型 の %	15.10%	21.10%	15.50%	36.00%	12.30%	100.00%
	年代 の %	17.20%	22.40%	18.10%	25.30%	13.20%	19.90%
	調整済み残差	− 1.40	1.40	− 1.00	4.00	− 3.70	
AB 型	度数	4	9	6	16	15	50
	期待度数	8.7	9.4	8.5	14.1	9.3	50
	好きな型 の %	8.00%	18.00%	12.00%	32.00%	30.00%	100.00%
	年代 の %	1.10%	2.20%	1.60%	2.60%	3.70%	2.30%
	調整済み残差	− 1.80	− 0.10	− 1.00	0.60	2.10	
なし	度数	243	236	214	331	299	1323
	期待度数	229.8	247.5	226.2	373.7	245.7	1323
	好きな型 の %	18.40%	17.80%	16.20%	25.00%	22.60%	100.00%
	年代 の %	64.50%	58.10%	57.70%	54.00%	74.20%	61.00%
	調整済み残差	1.50	− 1.30	− 1.40	− 4.20	6.00	
合計	度数	377	406	371	613	403	2170
	期待度数	377	406	371	613	403	2170
	好きな型 の %	17.40%	18.70%	17.10%	28.20%	18.60%	100.00%
	年代 の %	100.00%	100.00%	100.00%	100.00%	100.00%	100.00%

Table 7.10　O 型の嫌いな血液型と調査時期のクロス表

嫌いな血液型		1999 年	2005 年	2009-2011 年	2012-2015 年	2016-2019 年	合計
A 型	度数	12	12	18	19	13	74
	期待度数	12.8	13.8	12.6	21	13.7	74
	嫌いな型 の %	16.20%	16.20%	24.30%	25.70%	17.60%	100.00%
	年代 の %	3.20%	3.00%	4.90%	3.10%	3.20%	3.40%
	調整済み残差	− 0.30	− 0.60	1.70	− 0.50	− 0.20	
B 型	度数	30	60	43	86	32	251
	期待度数	43.6	46.9	42.9	71.1	46.6	251
	嫌いな型 の %	12.00%	23.90%	17.10%	34.30%	12.70%	100.00%
	年代 の %	8.00%	14.80%	11.60%	14.00%	7.90%	11.60%
	調整済み残差	− 2.40	2.30	0.00	2.20	− 2.50	
O 型	度数	1	5	4	4	0	14
	期待度数	2.4	2.6	2.4	4	2.6	14
	嫌いな型 の %	7.10%	35.70%	28.60%	28.60%	0.00%	100.00%
	年代 の %	0.30%	1.20%	1.10%	0.70%	0.00%	0.60%
	調整済み残差	− 1.00	1.60	1.10	0.00	− 1.80	
AB 型	度数	31	55	40	82	13	221
	期待度数	38.4	41.3	37.7	62.6	41	221
	嫌いな型 の %	14.00%	24.90%	18.10%	37.10%	5.90%	100.00%
	年代 の %	8.20%	13.50%	10.80%	13.30%	3.20%	10.20%
	調整済み残差	− 1.40	2.50	0.40	3.10	− 5.10	
なし	度数	303	274	266	424	345	1612
	期待度数	279.8	301.3	275.3	456.4	299.1	1612
	嫌いな型 の %	18.80%	17.00%	16.50%	26.30%	21.40%	100.00%
	年代 の %	80.40%	67.50%	71.70%	68.90%	85.60%	74.20%
	調整済み残差	3.00	− 3.40	− 1.20	− 3.50	5.80	
合計	度数	377	406	371	615	403	2172
	期待度数	377	406	371	615	403	2172
	嫌いな型 の %	17.40%	18.70%	17.10%	28.30%	18.60%	100.00%
	年代 の %	100.00%	100.00%	100.00%	100.00%	100.00%	100.00%

Table 7.11 AB 型の好きな血液型と調査時期のクロス表

好きな血液型		1999 年	2005 年	2009-2011 年	2012-2015 年	2016-2019 年	合計
A 型	度数	12	14	12	13	5	56
	期待度数	10.6	10.7	10.4	15	9.3	56
	好きな型 の %	21.40%	25.00%	21.40%	23.20%	8.90%	100.00%
	年代 の %	9.50%	11.00%	9.80%	7.30%	4.50%	8.40%
	調整済み残差	0.50	1.20	0.60	− 0.60	− 1.60	
B 型	度数	8	10	13	8	6	45
	期待度数	8.5	8.6	8.3	12.1	7.5	45
	好きな型 の %	17.80%	22.20%	28.90%	17.80%	13.30%	100.00%
	年代 の %	6.30%	7.90%	10.60%	4.50%	5.50%	6.80%
	調整済み残差	− 0.20	0.50	1.90	− 1.40	− 0.60	
O 型	度数	14	17	12	12	3	58
	期待度数	11	11.1	10.7	15.5	9.6	58
	好きな型 の %	24.10%	29.30%	20.70%	20.70%	5.20%	100.00%
	年代 の %	11.10%	13.40%	9.80%	6.70%	2.70%	8.70%
	調整済み残差	1.00	2.10	0.40	− 1.10	− 2.40	
AB 型	度数	11	13	21	48	16	109
	期待度数	20.7	20.8	20.2	29.2	18.1	109
	好きな型 の %	10.10%	11.90%	19.30%	44.00%	14.70%	100.00%
	年代 の %	8.70%	10.20%	17.10%	27.00%	14.50%	16.40%
	調整済み残差	− 2.60	− 2.10	0.20	4.40	− 0.60	
なし	度数	81	73	65	97	80	396
	期待度数	75.1	75.7	73.4	106.2	65.6	396
	好きな型 の %	20.50%	18.40%	16.40%	24.50%	20.20%	100.00%
	年代 の %	64.30%	57.50%	52.80%	54.50%	72.70%	59.60%
	調整済み残差	1.20	− 0.60	− 1.70	− 1.60	3.10	
合計	度数	126	127	123	178	110	664
	期待度数	126	127	123	178	110	664
	好きな型 の %	19.00%	19.10%	18.50%	26.80%	16.60%	100.00%
	年代 の %	100.00%	100.00%	100.00%	100.00%	100.00%	100.00%

AB 型の「相性の良い血液型・好きな血液型」と調査時期のクロス表を Table 7.11 に示した。有意な χ^2 値が得られた（χ^2=42.949, df=16, p<.001）。全体的に見て、AB 型の好みはあまり集中しないが、AB 型が好きな傾向があるようである。調整済残差から 1999 年は AB 型が少なく、2005 年は O 型が多く AB 型が少なく、2012 年から 2015 年は AB 型が多く、2016 年から 2019 年は O 型が少なくなり「なし」が多くなっていたと判断できる。

AB 型の「相性の悪い血液型・嫌いな血液型」と調査時期のクロス表を Table 7.12 に示した。有意な χ^2 値が得られた（χ^2=34.576, df=16, p<.001）。全体的に見ると AB 型は B 型がやや嫌いであったが、やはりその傾向は 5 期に半減している。調整済残差から 1999 年は AB 型が多く、2009 年から 2011 年は O 型が多く、2016 年から 2019 年は AB 型が少なくなり「なし」が多くなっていたと判断できる。

嫌いな血液型がある調査対象者と嫌いな血液型がない調査対象者に血液型の違いがあるかどうか検討してみた。嫌いな血液型の有無と調査対象者の血液型のクロス表を Table 7.13 に示した。調整済残差から、嫌いな血液型がある群（嫌悪群）に B 型が少なく、ない群（非嫌悪群）に B 型が多いと言うことができる。

嫌いな血液型の有無によって血液型イメージは異なるのだろうか。嫌いな血液型があれば、当然その血液型のイメージは悪くなると考えられる。血液型別に検討してみよう。嫌いな血液型の有無と調査時期ごとの各血液型イメージの平均と標準偏差、両者を独立変数とした 2 要因分散分析結果を Table 7.14 に示した（Figure 7.4）。

A 型イメージでは、嫌いな血液型の有無の有意な主効果が認められた。嫌悪群の A 型イメージ得点は、非嫌悪群よりも有意に低いことが分かった。

B 型イメージでは、嫌いな血液型の有無の有意な主効果と年代の主効果、それに両者の交互作用が認められた。嫌悪群の B 型イメージ得点は、非嫌悪群よりも有意に低いだけでなく、交互作用から 4 期 5 期と非嫌悪群では B 型イメージ得点が高くなるが、嫌悪群では逆に B 型イメージ得点が低下することが分かった。

Table 7.12　AB 型の嫌いな血液型と調査時期のクロス表

嫌いな血液型		1999 年	2005 年	2009-2011 年	2012-2015 年	2016-2019 年	合計
A 型	度数	4	7	7	10	6	34
	期待度数	6.5	6.5	6.3	9.1	5.6	34
	嫌いな型 の %	11.80%	20.60%	20.60%	29.40%	17.60%	100.00%
	年代 の %	3.20%	5.50%	5.70%	5.60%	5.50%	5.10%
	調整済み残差	− 1.10	0.20	0.30	0.30	0.20	
B 型	度数	13	20	14	23	7	77
	期待度数	14.6	14.7	14.2	20.7	12.8	77
	嫌いな型 の %	16.90%	26.00%	18.20%	29.90%	9.10%	100.00%
	年代 の %	10.30%	15.70%	11.50%	12.90%	6.40%	11.60%
	調整済み残差	− 0.50	1.60	− 0.10	0.60	− 1.90	
O 型	度数	2	8	10	4	2	26
	期待度数	4.9	5	4.8	7	4.3	26
	嫌いな型 の %	7.70%	30.80%	38.50%	15.40%	7.70%	100.00%
	年代 の %	1.60%	6.30%	8.20%	2.20%	1.80%	3.90%
	調整済み残差	− 1.50	1.50	2.70	− 1.30	− 1.20	
AB 型	度数	11	2	4	8	0	25
	期待度数	4.8	4.8	4.6	6.7	4.1	25
	嫌いな型 の %	44.00%	8.00%	16.00%	32.00%	0.00%	100.00%
	年代 の %	8.70%	1.60%	3.30%	4.50%	0.00%	3.80%
	調整済み残差	3.20	− 1.40	− 0.30	0.60	− 2.30	
なし	度数	96	90	87	133	95	501
	期待度数	95.2	96	92.2	134.5	83.1	501
	嫌いな型 の %	19.20%	18.00%	17.40%	26.50%	19.00%	100.00%
	年代 の %	76.20%	70.90%	71.30%	74.70%	86.40%	75.60%
	調整済み残差	0.20	− 1.40	− 1.20	− 0.30	2.90	
合計	度数	126	127	122	178	110	663
	期待度数	126	127	122	178	110	663
	嫌いな型 の %	19.00%	19.20%	18.40%	26.80%	16.60%	100.00%
	年代 の %	100.00%	100.00%	100.00%	100.00%	100.00%	100.00%

Table 7.13　嫌いな血液型の有無と回答者の血液型

		A 型	B 型	O 型	AB 型	合計
嫌いな血液型なし	度数	2038	1243	1612	501	5394
	期待度数	2071.8	1203.3	1623.4	495.5	5394
	嫌いな型有無 の %	37.80%	23.00%	29.90%	9.30%	100.00%
	血液型 の %	73.50%	77.20%	74.20%	75.60%	74.70%
	調整済み残差	− 1.90	2.60	− 0.70	0.50	
嫌いな血液型あり	度数	734	367	560	162	1823
	期待度数	700.2	406.7	548.6	167.5	1823
	嫌いな型有無 の %	40.30%	20.10%	30.70%	8.90%	100.00%
	血液型 の %	26.50%	22.80%	25.80%	24.40%	25.30%
	調整済み残差	1.90	− 2.60	0.70	− 0.50	
合計	度数	2772	1610	2172	663	7217
	期待度数	2772	1610	2172	663	7217
	嫌いな型有無 の %	38.40%	22.30%	30.10%	9.20%	100.00%
	血液型 の %	100.00%	100.00%	100.00%	100.00%	100.00%

Table 7.14　嫌いな血液型の有無と調査時期による血液型イメージ得点の平均と標準偏差

		A 型イメージ得点			B 型イメージ得点			O 型イメージ得点			AB 型イメージ得点		
	調査時期	平均	標準偏差	度数	平均	標準偏差	度数	平均	標準偏差	度数	平均	標準偏差	度数
嫌いな血液型なし	1999 年	7.017	1.822	415	5.643	2.233	415	7.581	1.854	415	5.537	2.168	415
	2005 年	7.034	2.096	555	5.260	2.350	555	7.833	2.132	555	5.653	2.328	555
	2009-2010 年	7.061	1.790	427	5.459	2.173	427	7.624	1.889	428	6.274	2.004	426
	2012-2015 年	7.032	2.030	1597	5.937	2.247	1597	7.220	4.391	1598	6.457	2.252	1597
	2016-2019 年	7.038	1.879	1094	6.234	2.396	1092	6.777	2.071	1092	6.380	2.121	1092
嫌いな血液型あり	1999 年	6.658	2.305	281	4.968	2.567	281	7.317	2.137	281	4.897	2.263	281
	2005 年	6.948	2.158	396	4.795	2.532	397	8.128	1.840	396	5.329	2.333	395
	2009-2010 年	6.926	2.175	298	5.092	2.633	300	7.859	1.914	298	5.779	2.225	296
	2012-2015 年	7.052	2.315	559	4.841	2.540	559	7.435	2.195	559	5.385	2.428	559
	2016-2019 年	6.861	2.115	172	4.711	2.437	173	6.954	2.296	172	5.140	2.412	172
嫌いな型有無の主効果		F=5.186, df=1/5784, p<.05			F=120.806, df=1/5786, p<.001			F=2.058, df=1/5784, ns			F=112.694, df=1/5778, p<.001		
調査時期の主効果		F=1.242, df=4/5784, ns			F=4.495, df=4/5786, p<.05			F=16.295, df=4/5784, p<.001			F=17.489, df=4/5778, p<.001		
交互作用		F=1.097, df=4/5784, ns			F=7.709, df=4/5786, p<.001			F=1.096, df=4/5784, ns			F=6.589, df=4/5786, p<.001		

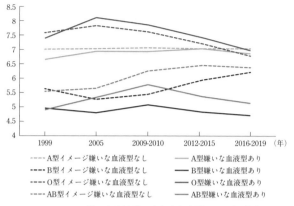

Figure 7.4 嫌いな血液型の有無と血液型イメージの変化

O型イメージ得点では前述の通り、調査時期の有意な主効果だけが認められた。

AB型イメージ得点では、嫌いな血液型の有無の有意な主効果と年代の主効果、それに両者の交互作用が認められた。B型イメージと同様に、嫌悪群のAB型イメージ得点は、非嫌悪群よりも有意に低いだけでなく、4期5期と非嫌悪群ではAB型イメージが高くなるが、嫌悪群では逆にAB型イメージが低下することが分かった。この交互作用は注目すべき結果である。

4 血液型性格に由来する快体験と不快体験

研究1で示したように、血液型性格は多くの人にとって話のきっかけとなる話題であり、遊びや娯楽として認識されていた。血液型性格が何度かブームになるのは、多くの人に快を与えるコンテンツだからだと解釈できる。では具体的にどのような快を多くの人に与えているのだろうか。また2004年12月のBPOの要望で「差別につながる恐れ」という表現が使われていたが、血液型性格によって実際にどのような不快な経験が生じたのだろうか。

研究7で明らかになったように、多数派のA型やO型と比較すると、少数派のB型やAB型はイメージが悪い。また減少傾向にあるとは言え、いま

だに血液型で他者を嫌悪する者も存在していることも事実である。さらに前述のように嫌悪群の中では、一時期改善傾向にあったB型やAB型のイメージが再び悪化しているのである。研究8では血液型性格に由来する快体験と不快体験に注目する。血液型性格はどのような快体験と不快体験を生み出しているのだろうか。自由記述による調査（研究8-1）とそこから作成した調査項目による調査（研究8-2）を行った。

4.1 研究8-1：血液型性格が生み出す快体験・不快体験の自由記述調査

4.1.1 方法

調査対象者　首都圏私立大学5校の男女大学生3587名（男性1342名，女性2242名，不明3名）。

手続　血液型性格判断による「何らかのよい思い・楽しい経験」と「何らかのいやな思い・不快な経験」をどれくらいしたことがあるかを、「4：とてもたくさんある、3：けっこうある、2：少しある、1：まったくない」の4件法でそれぞれ回答を求めた。「何らかのよい思い・快適な経験」をしたことがあると回答した者には、その内容を自由に記述するよう求めた。同様に、「何らかのいやな思い・不快な経験」をしたことがあると回答した者にはその内容を自由に記述するよう求めた。

通常の授業時間の一部を利用し質問紙調査を行った。調査は1999年4月（N=1300）、2005年5月（N=1362）、2009年4月（N=925）に行った。

4.1.2 結果と考察

調査年ごとの血液型別快経験頻度をTable 7.15に示した。Table 7.15にもとづき2要因分散分析を行った結果、血液型の有意な主効果（F=6.077, df=3/3572, p<.001）と調査年の有意な主効果（F=43.368, df=2/3572, p<.001）が認められた。Bonferroni法多重比較の結果、O型はA型とB型よりも血液型性格に由来する快経験頻度が高く、1999年は2005年と2009年よりも快経験頻度が低いことを示す有意差が認められた（Figure 7.5）。

210　　第Ⅱ部　データに見る血液型性格

Table 7.15 血液型別快経験頻度の平均と標準偏差

調査年	A型 平均	標準偏差	度数	B型 平均	標準偏差	度数	O型 平均	標準偏差	度数	AB型 平均	標準偏差	度数
1999	1.172	0.418	501	1.186	0.461	296	1.313	0.586	377	1.262	0.509	126
2005	1.441	0.690	517	1.449	0.720	312	1.581	0.787	406	1.409	0.647	127
2009	1.461	0.714	347	1.412	0.716	216	1.482	0.687	272	1.540	0.790	87

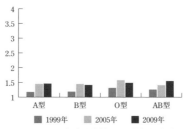

Figure 7.5 血液型性格による快経験頻度

Table 7.16 血液型別快経験者の人数と割合

調査年		A型	B型	O型	AB型	合計	χ^2値
1999年	人数	79	48	96	29	252	16.074
	%	15.80%	16.20%	25.50%	23.00%	19.40%	$p<.01$
2005年	人数	176	106	172	43	497	8.614
	%	34.00%	34.00%	42.40%	33.90%	36.50%	$p<.05$
2009年	人数	121	65	104	34	324	4.162
	%	34.90%	30.10%	38.20%	39.10%	35.10%	ns

全て $df=3$

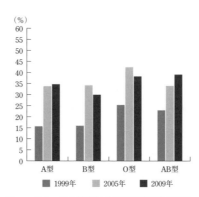

Figure 7.6 各血液型に占める快経験者の割合

第7章 血液型性格の差別性

快経験頻度において有意な結果が認められたが、全体的に低得点である。血液型性格が多くの人々に受け入れられたというのであれば、多くの人が楽しんだはずであり、もっと得点が高くなるはずである。快経験頻度の回答が「1：まったくない」を快経験なし、それ以外の回答を快経験ありとして、どの程度の者が血液型性格による快経験をしたのか検討した。各血液型に占める快経験者の人数と割合を Table 7.16 に示した。各年の χ^2 値を計算したところ、1999 年と 2005 年で有意な結果が得られた。1999 年では A 型が少なく O 型が多く、2005 年では O 型が多かった。血液型別に占める快経験者の％を Figure 7.6 に示した。Figure 7.6 から、最もイメージが良い O 型が血液型性格に由来する快経験をすることが多くなることが分かるが、最も快経験率が高い 2005 年であっても 4 割強でしかない。2004 年はテレビ番組で血液型性格ブームが起き、2008 年は出版界で血液型性格ブームが起こったが、ブームのわりには血液型性格はそれほど多くの人々に快を与えるものではないようである。

　調査年ごとの血液型別不快経験頻度を Table 7.17 に示した。Table 7.17 にもとづき 2 要因分散分析を行った結果、血液型の有意な主効果（F=168.111, df=3/3571, p<.001）と調査年月の主効果（F=6.715, df=2/3571, p<.01）が認められた。Bonferroni 法多重比較の結果、B 型、AB 型、A 型、O 型の順に不快経験頻度が高く、2005 年は 2009 年よりも不快経験頻度が高いことを示す有意差が認められた（Figure 7.7）。

　快経験と同様に、不快経験頻度の回答が「1：まったくない」を不快経験なし、それ以外の回答を不快経験ありとして、どの程度の者が血液型性格による不快経験をしたのか検討した。各血液型に占める不快経験者の人数と割合を Table 7.18 に示した。各年の χ^2 値を計算したところ、どの年でも有意な結果が得られた。1999 年と 2005 年では B 型と AB 型の不快経験者が多く、A 型と O 型の不快経験者が少ないことが分かる。2009 年ではあいかわらず B 型の不快経験者が多く、A 型と O 型の不快経験者が少ないが AB 型の不快経験者が多い傾向は見られなくなっている（Figure 7.8）。

　快経験では見られなかった血液型の偏りが不快経験で見られたことは留意

すべき結果である。研究7の血液型イメージで見たように多数派のA型とO型はイメージが良く、少数派のB型とAB型はイメージが悪い。イメージが悪いだけではなく、実際に血液型性格のために不快な経験をする者が少数派のB型とAB型に多いのである。また前述の通り、A型とO型よりはまだイメージが悪いが、それでもAB型のイメージは改善傾向にある。1999年と2005年はB型と同様に不快経験者が50％を超えていたAB型であるが、2009年には32％にまで減少している。Figure 7.6を見るとAB型の快経験率が上昇しているように見えるが、どの血液型も1999年よりは快経験率が上昇しており、AB型に限った現象ではない。血液型イメージの改善が快経験率の上昇につながると言うことはできない。しかし、AB型の不快経験率は2009年に有意に低下しており、血液型イメージと連動しているのは快経験よりも不快経験であることが強く示唆される。

では、血液型性格のために、具体的にどのような快経験と不快経験をしているのだろうか。自由記述の回答を見てみよう。

Table 7.17　血液型別不快経験頻度の平均と標準偏差

調査年	A型 平均	標準偏差	度数	B型 平均	標準偏差	度数	O型 平均	標準偏差	度数	AB型 平均	標準偏差	度数
1999	1.274	0.622	501	1.909	1.006	296	1.194	0.508	377	1.857	0.901	126
2005	1.327	0.628	517	1.888	0.951	312	1.249	0.526	406	1.748	0.863	127
2009	1.287	0.571	348	1.807	0.918	217	1.174	0.451	270	1.500	0.851	86

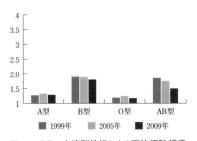

Figure 7.7　血液型性格による不快経験頻度

Table 7.18 血液型別不快経験者の人数と割合

調査年		A型	B型	O型	AB型	合計	χ^2値
1999年	人数	99	154	59	69	381	169.132
	%	19.80%	52.00%	15.60%	54.80%	29.30%	p<.001
2005年	人数	132	179	86	65	462	139.054
	%	25.50%	57.40%	21.20%	51.20%	33.90%	p<.001
2009年	人数	82	114	40	28	264	90.861
	%	23.60%	52.50%	14.80%	32.60%	28.70%	p<.001

全て df=3

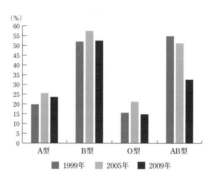

Figure 7.8　各血液型に占める不快経験者の割合

　自由記述の回答を次のように分類した。1999年の快経験に関して、248の自由記述回答が得られた。1999年の快経験者はTable 7.16に示したように、252名だからほぼ全員から回答が得られたことになる。この248の回答を9つのカテゴリに分類した。その9つのカテゴリに2005年や2009年の自由記述回答も加味して、最終的に以下の9カテゴリに快体験を分類した。

　1：血液型性格や好きな人との相性に関するテレビや本・雑誌などのマスコミ情報が快適だった。
　2：他者から好印象を持たれた。誉められた。良いことを言われた。
典型的な☆型（自分の血液型）だと言われてうれしかった。
　3：イメージが悪い自分の血液型に見えないとか、他の血液型に見えると言われた。☆型の否定的特徴が当てはまらないと言われた。
　4：血液型の話題で話が盛り上がり楽しかった。血液型の当てっこが楽し

かった。占いが楽しい。本を読んで自分を占って楽しかった。テレビ番組が
楽しかった。

　5：同じ血液型の人と仲良くなった。好きな人と血液型が同じでうれし
かった。

　6：違う血液型の人と仲良くなった。☆型の人と相性が良い。☆型の人に
良い思いをさせてもらった。

　7：自分の血液型を言い訳に使えた。

　8：自分の血液型が好き。自分の血液型性格の○○なところが気に入って
いる。

　9：性格を理解する手掛かりになった。占いが当たった。人間関係の指針
にした。

　1999年の自由記述の不快経験に関して、362の自由記述回答が得られた。
1999年の不快経験者はTable 7.16に示したように、381名だから不快経験も
ほぼ全員から回答が得られたことになる。この362の回答を9つのカテゴリ
に分類した。その9つのカテゴリに2005年や2009年の自由記述回答も加味
して、最終的に以下の9カテゴリに不快体験を分類した。

　1：テレビ、本や雑誌などのマスコミ情報が不快だった。

　2：血液型と性格に関して、他者から悪印象を持たれた。バカにされた。
からかわれた。不快なことを言われた。

　3：イメージが良い自分の血液型に見えないとか、他の血液型に見えると
言われた。☆型の肯定的特徴が当てはまらないと言われた。

　4：自分の血液型を話すと嫌な顔をされたり、嫌な雰囲気になった。血液
型を言えなかった。血液型の話題になると嫌な思いをする。

　5：他者から嫌われた。仲が悪くなった。自分とは相性が悪いと言われた。
敬遠された。

　6：☆型の人とは相性が悪い。☆型の相手に嫌な思いをさせられた。

　7：性格を決めつけられた。性格を決めつけて嫌な仕事を押しつけられた。

血液型で自分の性格を判断されること自体不快。

8：他者から差別された。苛められた。偏見を持たれた。見下された。先入観で判断された。

9：自分の血液型性格や☆型特有の欠点が嫌いだ。

　血液型性格による快経験の分類表を Table 7.19 に示した。これは自由記述の回答なので、最もうれしかった経験を書いたものと考えられる。「マスコミ情報が良かった」は A 型と O 型に多く、マスコミ情報が多数派の A 型と O 型が喜ぶような情報を多く発信しているからだと解釈できる。「他者から好印象を持たれたり誉められた」では明らかに B 型が少ないこともその解釈を支持する証左となるだろう。

Table 7.19　血液型性格による快経験の分類

		A 型	B 型	O 型	AB 型	合計
性格や相性に関するマスコミ情報が良かった	度数	65	26	83	9	183
	血液型 の %	21.80%	14.30%	26.00%	10.10%	20.60%
好印象を持たれたり褒められた	度数	72	9	90	31	202
	血液型 の %	24.20%	4.90%	28.20%	34.80%	22.70%
他の血液型に見えると言われた	度数	4	12	4	2	22
	血液型 の %	1.30%	6.60%	1.30%	2.20%	2.50%
血液型性格に関する会話を楽しんだ	度数	105	65	81	30	281
	血液型 の %	35.20%	35.70%	25.40%	33.70%	31.60%
同じ血液型の人と仲良くなった	度数	4	25	10	6	45
	血液型 の %	1.30%	13.70%	3.10%	6.70%	5.10%
違う血液型の人と仲良くなった	度数	17	6	21	2	46
	血液型 の %	5.70%	3.30%	6.60%	2.20%	5.20%
自分の血液型が言い訳になった	度数	0	19	9	5	33
	血液型 の %	0.00%	10.40%	2.80%	5.60%	3.70%
自分の血液型が好き	度数	3	8	4	2	17
	血液型 の %	1.00%	4.40%	1.30%	2.20%	1.90%
血液型が性格を理解する手掛かりになった	度数	28	12	17	2	59
	血液型 の %	9.40%	6.60%	5.30%	2.20%	6.60%
合計	度数	298	182	319	89	888
	血液型 の %	100.00%	100.00%	100.00%	100.00%	100.00%

全体として最も多かった快経験は「血液型性格に関する会話を楽しん
だ」だった。特に、ほかに快経験のないＢ型にとって最大の快経験となった。
「同じ血液型の人と仲良くなった」と「血液型が言い訳に使えた」も比較的
Ｂ型が多かったが、これはＢ型のイメージが悪いことが前提となっている。
何か失敗をしても「すいません、Ｂ型なんで」と言うと相手が「Ｂ型なら
しょうがない」と了解し、それ以上責任を追及しないで許してくれるという
ことが生じるのである。また「同じ血液型の人と仲良くなった」も、自由記
述の内容を見ると、他者から否定的に扱われる経験を共有するという類似性
の効果からＢ型同士仲良くなることが多くなると解釈できる。

　血液型性格による不快経験の分類表を Table 7.20 に示した。これも自由記
述の回答なので、最も不快だった経験を書いたものと考えられる。快経験と

Table 7.20　血液型性格による不快経験の分類

		A 型	B 型	O 型	AB 型	合計
性格や相性に関するマスコミ情報が悪かった	度数	24	32	14	5	75
	血液型 の %	8.80%	7.80%	8.30%	3.40%	7.50%
悪印象を持たれたりバカにされた	度数	40	147	42	60	289
	血液型 の %	14.70%	35.90%	24.90%	40.30%	28.90%
他の血液型に見えると言われた	度数	60	8	21	1	90
	血液型 の %	22.10%	2.00%	12.40%	0.70%	9.00%
血液型性格に関する会話が不快	度数	3	22	5	7	37
	血液型 の %	1.10%	5.40%	3.00%	4.70%	3.70%
血液型のために嫌われた・避けられた	度数	8	36	11	14	69
	血液型 の %	2.90%	8.80%	6.50%	9.40%	6.90%
☆型の人が相性が悪く嫌い	度数	39	5	20	4	68
	血液型 の %	14.30%	1.20%	11.80%	2.70%	6.80%
血液型で性格を決めつけられた	度数	82	36	44	21	183
	血液型 の %	30.10%	8.80%	26.00%	14.10%	18.30%
血液型のために先入観や偏見を持たれたり差別された	度数	11	122	11	37	181
	血液型 の %	4.00%	29.80%	6.50%	24.80%	18.10%
自分の血液型が嫌いだ	度数	5	2	1	0	8
	血液型 の %	1.80%	0.50%	0.60%	0.00%	0.80%
合計	度数	272	410	169	149	1000
	血液型 の %	100.00%	100.00%	100.00%	100.00%	100.00%

は異なり「マスコミ情報が悪かった」は順位が下がり、不快経験としては他者からの言動の方がインパクトが強くなる。「血液型のために悪印象を持たれたりバカにされた」はどの血液型もある程度経験者がいるが、その中でもB型とAB型に顕著である。「B型というだけで自己中心的でわがままだといわれた」とか「AB型というと変人扱いされた」という回答が予想通り多かったのである。

「他の血液型に見える」はA型とO型に多く、これはA型とO型のイメージが良いから、他者から「そうは見えない」と言われると不快になるのである。「☆型の人とは相性が悪い」の回答では、特にA型の「B型が嫌い」と言う回答が目立った。

「血液型で性格を決めつけられた」は多数派のA型とO型に多い回答だった。これはどんな内容の評価であっても自己概念と一致しない評価を他者から与えられると不快になるからである。自己概念と一致した評価であっても、自分のことをよく知らない相手から血液型だけで自分の性格を理解したように言われると、「自分はそんなに単純な人間ではない」と自分の独自性を否定されたように思い不快になるのである。

少数派のB型とAB型と多数派のA型とO型の差が顕著に表れたのが「血液型のために先入観や偏見を持たれたり差別された」である。これも、「性格を決めつけられた」と通じるものがあり、特に否定的な意味合いが強かったり、誤解されたり否定的な扱いをされた回答のカテゴリである。このような不快経験は少数派のB型とAB型に顕著である。いくつか紹介しよう。

「初対面の男性からいきなり俺はB型の女は嫌いだと言われた」

「バイト先の店長が、僕がAB型だと知ったとたんに毛嫌いし始め、雑用しかさせてくれない」

「バイト先で何かがなくなったり壊れたりすると、B型の自分が真っ先に疑われることが多い」

「就職試験の面接で血液型を聞かれB型と答えると、B型はいかにダメ人間であるか延々と言われたあげく内定をもらえなかった」

「サークル活動で AB 型の自分は仲間はずれにされることが多い」

　血液型は自分の意思で選択することも、基本的に変えることもできない身体的特徴であり、その身体的特徴で他者を否定的に扱うことは差別である。特に少数派の B 型と AB 型が血液型差別の対象になっていることが不快体験の自由記述の回答から確認されたのである。

　前述のように自由記述の回答では、時間や回答欄のスペースの制限から最も印象に残る回答しか書くことができない。また、研究 8-1 で行った自由記述回答の分類は、筆者が一人で行ったものである。本来であれば複数名にカテゴリ分類を依頼しその一致率を算出するなど客観的な手法をとるべきであるが、回答が膨大であるためその方法をとることができなかった。従ってこの分類は資料価値は否定できないとしても、客観性が担保されているとは言えない。そこで、自由記述の回答から血液型性格に由来する快経験や不快経験の項目を作成し、その体験頻度を調査した。

4.2　研究 8-2：血液型性格が生み出す快体験・不快体験の項目評定による調査

4.2.1　方法

調査対象者　首都圏私立大学 4 校の大学生と通信教育部の社会人大学生 6461 名（男性 2191 名、女性 4252 名、未記入 18 名）。平均年齢 20.416 歳（*SD*=5.595）。

使用した質問　1999 年の調査で得られた快経験・不快経験の自由記述の内容から項目を作成した。快経験に関しては次の 6 項目の質問を作成した。「自分の性格や誰かとの相性についてのマスコミ情報が快適だった」「血液型のために好印象を持たれたり良いことを言われた」「話が盛り上がったり占いを楽しんだりして娯楽になった」「自分や誰かの性格を理解する手掛かりになった」「血液型が言い訳になった」「自分の血液型が好きだと思った」不快経験に関しては次の 6 項目の質問を作成した。「自分の性格や誰かとの相性についてのマスコミ情報が不快だった」「血液型のために悪印象を持たれたり不快なことを言われた」「血液型のために嫌われたり仲が悪くなった」「血

液型のために自分の性格を決めつけられた」「血液型のために嫌な仕事を押しつけられた」「血液型のために偏見をもたれたり差別されたりいじめられた」血液型性格に関連した行動については次の5項目の質問を作成した。「自分の血液型を人に言うのが嫌だった」「血液型の話に積極的に加わろうとした」「血液型で誰かの性格を判断した」「血液型で誰かをからかった」「自分の血液型を変えたいと思った」快経験と不快経験に関しては次のような教示文で回答を求めた。

「あなたは血液型性格診断のおかげで『何らかのよい思い・楽しい経験』(or『何らかのいやな思い・不快な経験』)をしたことがありますか? 次のような経験をどれくらいしたことがあるかを『4：とてもたくさんある、3：けっこうある、2：少しある、1：まったくない』の1〜4の中から選んで回答してください。」

血液型性格関連の行動に関しては次のような教示文で回答を求めた。

「あなたは血液型性格診断に関して次のような経験をどれくらいしたことがあるかを『4：とてもたくさんある、3：けっこうある、2：少しある、1：まったくない』の1〜4の中から選んで回答してください。」

手続 血液型性格に由来する快経験と不快経験の質問から構成される調査用紙を作成した。通常の授業時間の一部を利用して質問紙調査を行った。調査は2001年4月、2002年4月、2004年4月、2005年1月、2010年4月、2011年4月、2012年4月、2013年4月、2014年4月、2015年4月、2016年4月、2017年4月、2018年4月、2019年1月と4月に実施した。通信教育部の社会人学生に関しては2011年から2012年にかけて郵送により調査を実施した。

4.2.2 結果

調査年代による違いを見るために、2001年から2005年までを2000年代前半、2010年から2015年を2010年代前半、2016年から2019年を2010年代後半とした。各血液型の快経験と不快経験それに血液型関連行動の平均と標準偏差を Table 7.21（222ページ）に示した。各項目に血液型と調査年代を独

立変数とした2要因分散分析を行った。

「自分の性格や誰かとの相性についてのマスコミ情報が快適だった」では、血液型の主効果、調査年代の主効果、交互作用いずれも有意だった。Bonferroni法多重比較から、O型はB型とAB型よりもまたA型はB型よりも平均値が高く、2000年代前半は2010年代前半と後半よりも平均点が高いことを示す有意差が認められた。交互作用から、2000年代前半と2010年代前半で認められた血液型の主効果が、2010年代後半には認められなくなったことが分かる（Figure 7.9）。

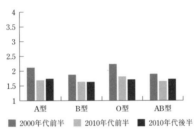

Figure 7.9　マスコミ情報が良かった

「血液型のために好印象を持たれたり良いことを言われた」では有意な血液型の主効果と交互作用が認められた。多重比較からA型とO型はAB型よりも、AB型はB型よりも平均値が高いことを示す有意差が認められた。交互作用から、A型は年代による変化がなく、B型とO型は2000年代前半から2010年代になると平均値が低下するが、AB型は逆に上昇することが分かる（Figure 7.10）。

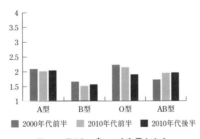

Figure 7.10　良いことを言われた

Table 7.21 快経験・不快経験頻度の記述統計と2要因分散分析結果

項目	調査年代	A型			B型		
		2000年代前半	2010年代前半	2010年代後半	2000年代前半	2010年代前半	2010年代後半
自分の性格や誰かとの相性についてのマスコミ情報が快適だった	平均	2.117	1.694	1.740	1.876	1.638	1.633
	標準偏差	0.879	0.807	0.905	0.866	0.823	0.894
	度数	1197	803	454	653	414	294
血液型のために好印象を持たれたり良いことを言われた	平均	2.087	2.019	2.049	1.669	1.515	1.558
	標準偏差	0.886	0.905	0.952	0.784	0.729	0.740
	度数	1197	803	454	653	414	294
話が盛り上がったり占いを楽しんだりして娯楽になった	平均	1.994	2.474	2.542	2.081	2.533	2.412
	標準偏差	0.994	1.003	1.032	1.021	1.008	1.027
	度数	1197	799	454	652	413	294
自分や誰かの性格を理解する手掛かりになった	平均	2.064	1.843	1.663	1.963	1.881	1.701
	標準偏差	0.974	0.909	0.832	0.956	0.919	0.881
	度数	1197	803	454	654	412	294
血液型が言い訳になった	平均	1.523	1.574	1.628	1.711	1.869	1.694
	標準偏差	0.824	0.848	0.887	0.987	1.050	0.943
	度数	1198	802	454	654	412	294
自分の血液型が好きだと思った	平均	2.222	1.923	1.826	2.440	2.063	1.759
	標準偏差	1.061	0.992	0.982	1.209	1.152	0.934
	度数	1194	801	454	646	413	294
自分の性格や誰かとの相性についてのマスコミ情報が不快だった	平均	1.749	1.473	1.412	2.254	2.126	1.908
	標準偏差	0.766	0.739	0.687	1.059	1.131	1.084
	度数	1199	802	454	653	412	294
血液型のために悪印象を持たれたり不快なことを言われた	平均	1.458	1.399	1.403	2.371	2.354	1.959
	標準偏差	0.686	0.701	0.736	1.078	1.085	1.147
	度数	1199	803	454	653	412	294
血液型のために嫌われたり仲が悪くなった	平均	1.078	1.116	1.156	1.580	1.259	1.231
	標準偏差	0.332	0.397	0.440	1.057	0.637	0.651
	度数	1198	803	454	652	414	294
血液型のために自分の性格を決めつけられた	平均	1.778	1.648	1.584	2.183	2.167	1.803
	標準偏差	0.884	0.862	0.882	1.071	1.063	1.039
	度数	1197	802	454	652	413	294
血液型のために嫌な仕事を押しつけられた	平均	1.121	1.187	1.260	1.089	1.126	1.177
	標準偏差	0.414	0.514	0.643	0.409	0.427	0.587
	度数	1199	802	454	653	414	294
血液型のために偏見をもたれたり差別されたりいじめられた	平均	1.109	1.135	1.121	1.513	1.425	1.316
	標準偏差	0.395	0.443	0.388	0.961	0.770	0.738
	度数	1197	803	454	651	414	294
自分の血液型を人に言うのが嫌だった	平均	1.171	1.171	1.132	1.487	1.616	1.337
	標準偏差	0.519	0.526	0.456	0.927	0.959	0.743
	度数	1198	802	454	651	414	294
血液型の話に積極的に加わろうとした	平均	1.939	1.696	1.590	2.032	1.826	1.612
	標準偏差	0.912	0.813	0.754	0.999	0.923	0.862
	度数	1198	802	454	652	414	294
血液型で誰かの性格を判断した	平均	2.098	1.811	1.663	1.977	1.843	1.480
	標準偏差	0.943	0.883	0.802	0.963	0.900	0.747
	度数	1196	802	454	649	414	294
血液型で誰かをからかった	平均	1.566	1.388	1.264	1.494	1.382	1.218
	標準偏差	0.817	0.716	0.599	0.776	0.716	0.573
	度数	1197	802	454	650	414	294
自分の血液型を変えたいと思った	平均	1.389	1.327	1.167	1.447	1.428	1.276
	標準偏差	0.775	0.731	0.534	0.895	0.843	0.712
	度数	1197	802	454	651	414	294

| O型 | | | AB型 | | | 分散分析結果 | | | |
2000年代前半	2010年代前半	2010年代後半	2000年代前半	2010年代前半	2010年代後半	効果	F	df	p
2.234	1.812	1.712	1.899	1.652	1.727	血液型	14.782	3/6335	0.001
0.917	0.919	0.817	0.757	0.746	0.957	調査年代	88.796	2/6335	0.001
897	613	403	325	184	110	交互作用	3.891	6/6335	0.001
2.232	2.130	1.891	1.735	1.951	1.982	血液型	93.734	3/6336	0.001
0.936	0.994	0.953	0.784	0.916	0.928	調査年代	1.665	2/6336	ns
898	614	403	325	183	110	交互作用	7.318	6/6336	0.001
2.031	2.626	2.464	2.031	2.620	2.646	血液型	1.469	3/6327	ns
0.996	0.990	1.063	1.018	0.968	1.028	調査年代	156.240	2/6327	0.001
896	612	403	325	184	110	交互作用	2.205	6/6327	0.04
2.060	1.936	1.737	1.957	1.864	1.673	血液型	1.782	3/6332	ns
0.962	0.927	0.920	0.898	0.886	0.920	調査年代	40.473	2/6332	0.001
896	612	403	325	184	110	交互作用	1.028	6/6332	ns
1.589	1.898	1.764	1.477	1.625	1.646	血液型	17.355	3/6331	0.001
0.894	1.036	0.989	0.743	0.927	0.982	調査年代	16.224	2/6331	0.001
898	610	402	325	184	110	交互作用	3.655	6/6331	0.001
2.718	2.330	1.903	2.849	2.541	2.246	血液型	51.594	3/6318	0.001
1.142	1.116	1.105	1.132	1.180	1.182	調査年代	122.082	2/6318	0.001
897	612	402	324	183	110	交互作用	3.935	6/6318	0.001
1.740	1.477	1.396	2.000	1.609	1.582	血液型	131.845	3/6331	0.001
0.822	0.724	0.696	0.933	0.874	0.902	調査年代	80.115	2/6331	0.001
896	612	402	325	184	110	交互作用	1.654	6/6331	ns
1.486	1.448	1.396	2.111	1.815	1.636	血液型	291.689	3/6334	0.001
0.721	0.739	0.706	1.039	0.974	0.936	調査年代	32.552	2/6334	0.001
898	612	402	325	184	110	交互作用	7.855	6/6334	0.001
1.109	1.090	1.117	1.173	1.120	1.209	血液型	63.514	3/6332	0.001
0.447	0.348	0.422	0.540	0.427	0.576	調査年代	13.161	2/6332	0.001
897	612	402	324	184	110	交互作用	20.228	6/6332	0.001
1.699	1.663	1.542	2.031	1.772	1.736	血液型	59.458	3/6331	0.001
0.812	0.868	0.873	1.021	0.942	0.935	調査年代	27.064	2/6331	0.001
898	612	402	325	184	110	交互作用	3.090	6/6331	0.005
1.087	1.108	1.094	1.056	1.136	1.155	血液型	14.328	3/6332	0.001
0.377	0.426	0.388	0.321	0.477	0.545	調査年代	13.382	2/6332	0.001
898	611	403	322	184	110	交互作用	2.283	6/6332	0.033
1.131	1.119	1.105	1.281	1.239	1.255	血液型	97.819	3/6331	0.001
0.454	0.429	0.417	0.648	0.598	0.612	調査年代	3.995	2/6331	0.018
898	612	402	324	184	110	交互作用	3.361	6/6331	0.003
1.080	1.144	1.122	1.392	1.326	1.218	血液型	97.828	3/6332	0.001
0.387	0.491	0.460	0.835	0.711	0.477	調査年代	9.487	2/6332	0.001
898	613	402	324	184	110	交互作用	4.985	6/6332	0.001
2.038	1.899	1.566	2.084	1.973	1.691	血液型	6.872	3/6331	0.001
0.934	0.904	0.793	0.974	0.972	0.810	調査年代	72.350	2/6331	0.001
898	612	403	322	184	110	交互作用	1.620	6/6331	ns
2.095	1.894	1.692	1.957	1.723	1.491	血液型	7.872	3/6327	0.001
0.956	0.913	0.837	0.867	0.792	0.714	調査年代	89.634	2/6327	0.001
898	613	403	322	184	110	交互作用	1.404	6/6327	ns
1.557	1.455	1.280	1.472	1.370	1.209	血液型	2.702	3/6330	0.044
0.825	0.773	0.690	0.752	0.728	0.509	調査年代	48.955	2/6330	0.001
897	613	403	324	184	110	交互作用	0.459	6/6330	ns
1.198	1.240	1.154	1.333	1.228	1.164	血液型	17.013	3/6331	0.001
0.589	0.623	0.543	0.806	0.663	0.479	調査年代	15.238	2/6331	0.001
898	613	402	324	184	110	交互作用	2.068	6/6331	ns

「話が盛り上がったり占いを楽しんだりして娯楽になった」では有意な調査年代の主効果と交互作用が認められた。多重比較から2000年代前半は2010年代よりも平均点が低いことを示す有意差が認められた。交互作用から2010年代前半だけ、O型がA型より平均点が高いことを示す血液型の主効果が認められることが分かる（Figure 7.11）。

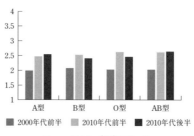

Figure 7.11　娯楽になった

「自分や誰かの性格を理解する手掛かりになった」では調査年代の主効果のみ有意だった。多重比較から、調査年代が古いほど平均が高いことを示す有意差が認められた（Figure 7.12）。

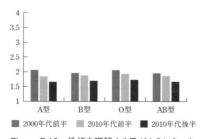

Figure 7.12　性格を理解する手がかりになった

「血液型が言い訳になった」では血液型の主効果、調査年代の主効果、交互作用全て有意だった。多重比較からB型とO型はA型とAB型よりも平均値が高く、2000年代前半は2010年代よりも平均値が低いことを示す有意差が認められた。交互作用からB型とO型では2000年代前半は2010年代前半よりも平均点が低いことを示す調査年代の主効果が認められたが、A型

と AB 型では有意な主効果は認められないことが分かる (Figure 7.13)。

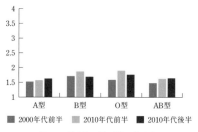

Figure 7.13　言い訳に使えた

「自分の血液型が好きだと思った」でも血液型の主効果、調査年代の主効果、交互作用全て有意だった。多重比較から AB 型は O 型よりも、O 型は A 型と B 型よりも平均値が高く、調査年代が古いほど平均値が高いことを示す有意差が認められた。交互作用から A 型でだけ 2010 年代前半と後半の平均値に有意差が認められないことがわかる (Figure 7.14)。

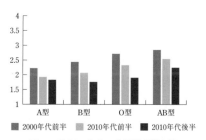

Figure 7.14　自分の血液型が好きだ

「自分の性格や誰かとの相性についてのマスコミ情報が不快だった」では血液型と調査年代の有意な主効果が認められた。多重比較から B 型は AB 型よりも、AB 型は A 型と O 型よりも平均値が高く、調査年代が古いほど平均値が高いことを示す有意差が認められた (Figure 7.15)。

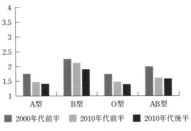

Figure 7.15　マスコミ情報が悪かった

「血液型のために悪印象を持たれたり不快なことを言われた」では血液型の主効果、調査年代の主効果、交互作用全て有意だった。多重比較からB型はAB型よりも、AB型はA型とO型よりも平均値が高く、調査年代が古いほど平均値が高いことを示す有意差が認められた。交互作用からA型とO型では調査年代の有意な主効果が認められないことが分かる（Figure 7.16）。

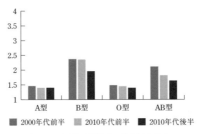

Figure 7.16　不快なことを言われた

「血液型のために嫌われたり仲が悪くなった」でも血液型の主効果、調査年代の主効果、交互作用全て有意だった。多重比較からB型は他の血液型よりも、2000年代前半は2010年代よりも平均値が高いことを示す有意差が認められた。交互作用から2010年代後半ではB型とA型とAB型の間の有意差が認められなくなり、B型とO型の有意差だけになっていることが分かる（Figure 7.17）。

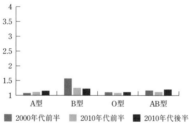

Figure 7.17　嫌われた

「血液型のために自分の性格を決めつけられた」でも血液型の主効果、調査年代の主効果、交互作用全て有意だった。多重比較から B 型は AB 型よりも、AB 型は A 型と O 型よりも平均値が高く、調査年代が古いほど平均値が高いことを示す有意差が認められた。交互作用から血液型によって 2010 年代前半と他の年代の有意差パターンが異なることが分かる（Figure 7.18）。

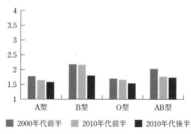

Figure 7.18　性格を決めつけられた

「血液型のために嫌な仕事を押しつけられた」でも血液型の主効果、調査年代の主効果、交互作用全て有意だった。多重比較から A 型は他の血液型よりも平均点が高く、2000 年代前半は 2010 年代よりも平均点が低いことを示す有意差が認められた。交互作用から、O 型では調査年代の有意な主効果が認められず、AB 型では主効果は有意であるが多重比較で有意差が認められなかった（Figure 7.19）。

第 7 章　血液型性格の差別性　　227

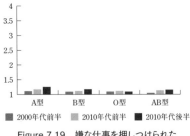

Figure 7.19　嫌な仕事を押しつけられた

「血液型のために偏見をもたれたり差別されたりいじめられた」でも血液型の主効果、調査年代の主効果、交互作用全て有意だった。多重比較からB型はAB型よりも、AB型はA型とO型よりも平均値が高く、2000年代前半は2010年代後半よりも平均値が高いことを示す有意差が認められた。交互作用から、調査年代の主効果はB型でのみ認められることが分かる（Figure 7.20）。

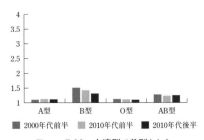

Figure 7.20　血液型で差別された

「自分の血液型を人に言うのが嫌だった」でも血液型の主効果、調査年代の主効果、交互作用全て有意だった。多重比較からB型はAB型よりも、AB型はA型とO型よりも平均値が高く、2010年代後半は2000年代前半と2010年代前半よりも平均値が低いことを示す有意差が認められた。交互作用から、血液型によって調査年代の主効果のパターンが異なることが分かる（Figure 7.21）。

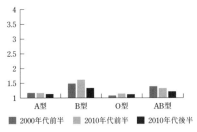

Figure 7.21　血液型を人に言うのが嫌だった

「血液型の話に積極的に加わろうとした」では血液型と調査年代の有意な主効果が認められた。多重比較からO型とAB型はA型よりも、また調査年代が古いほど平均値が高いことを示す有意差が認められた（Figure 7.22）。

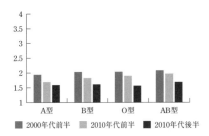

Figure 7.22　血液型の話に加わろうとした

「血液型で誰かの性格を判断した」でも血液型と調査年代の有意な主効果が認められた。多重比較からA型とO型はB型とAB型よりも、また調査年代が古いほど平均値が高いことを示す有意差が認められた（Figure 7.23）。

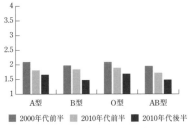

Figure 7.23　血液型で性格を判断した

「血液型で誰かをからかった」でも血液型と調査年代の有意な主効果が認められた。多重比較から血液型による有意差は認められず、調査年代が古いほど平均値が高いことを示す有意差が認められた（Figure 7.24）。

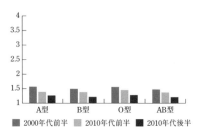

Figure 7.24　血液型で誰かをからかった

「自分の血液型を変えたいと思った」でも血液型と調査年代の有意な主効果が認められた。多重比較から B 型は AB 型と A 型よりも、A 型は O 型よりも平均値が高く、また 2010 年代後半は 2000 年代前半と 2010 年代前半よりも平均値が低いことを示す有意差が認められた（Figure 7.25）。

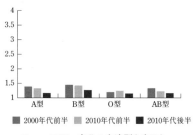

Figure 7.25　自分の血液型を変えたい

4.2.3　考察

2000 年代前半は 2004 年 12 月の BPO の要望前と直後の調査結果である。前述のように、BPO の要望後、露骨に血液型性格を肯定するテレビ番組は放送されなくなった。バラエティ番組のタレントのトークの中で血液型性格を肯定するコメントが出ることもあるだろうが、それはあくまでもタレントの個人的見解にすぎない。2004 年の血液型性格関連のテレビ番組のように、あ

たかも血液型による性格の違いが行動に表れることを印象づけるように見せかけた映像を放送することはないのである。2010年代前半はテレビ番組から露骨な血液型肯定情報が消えてから5年から11年、2010年代後半は12年から15年経過した時期の調査結果である。血液型性格に由来する快経験や不快経験の頻度に調査年代の差が認められれば、それはテレビ番組から血液型肯定情報を排除するという社会実験の効果と考えるべきである。

　血液型性格や相性に関するマスコミ情報について、多数派のA型とO型は情報が快適であると、少数派のB型とAB型、特にB型は不快であると答える傾向が強いことから、マスコミ情報自体が多数派を肯定的に描き少数派を否定的に描く偏った情報を発信していると判断できる。しかし、多数派を肯定的に描く情報が発信されなくなり、2010年代後半には「マスコミ情報が良かった」に血液型の主効果が認められなくなったのである。一方、少数派を否定的に描く情報、特にB型に関しては2010年代後半でもなくなっていないのである。雑誌やインターネットの情報は全く規制されておらず、またタレントのトークやドラマの台詞は規制されていない。テレビのバラエティ番組から露骨な血液型性格肯定情報を排除しても、テレビ番組全体から完全に排除したわけではないのだろう。肯定的情報の効果よりも否定的情報の効果の方が永続きするネガティビティ・バイアスの影響が示唆される。

　マスコミ情報はある程度統制可能であっても、個人の言動を統制することはできない。「血液型性格に関して他者から良いことを言われた」における血液型の主効果はO型・A型＞AB型＞B型の順に平均値が高く、「不快なことを言われた」は逆にB型＞AB型＞O型・A型の順に平均値が高く全く対照的な結果となっている。少数派、特にB型が不快なことを言われる頻度は低下しているものの、依然として高いのである。これが、「血液型のために嫌われたり仲が悪くなった」や「血液型のために偏見をもたれたり差別されたりいじめられた」の血液型の主効果につながるのである。2010年代後半でも、B型はO型よりも有意に血液型のために嫌われているし、B型とAB型は有意にO型よりも差別されていると回答しているのである。「血液型で性格を決めつけられた」でも「自分の血液型を人に言うのがいやだった」に

しても、認められた血液型の主効果は、B型はAB型よりも、AB型はA型とO型よりも平均値が高いことを示すものだった。自由記述の「血液型で性格を決めつけられた」ではA型とO型が多かったが、性格を決めつけられるよりもB型やAB型はもっと不快な経験をしていたのである。B型やAB型は他者から不快な言葉を浴びせられ、嫌われ、偏見を持たれ差別され、その結果、自分の血液型を人に言うのが嫌になっているのである。その結果、自分の血液型を変えたいと思う者もB型に多くなるのである。

　何度でも書くが、血液型は自分で選ぶことも変えることもできない身体的特徴の一つである。その特徴を受け入れられずに変えたいと思うことは自己否定ということになるだろう。なぜB型やAB型に生まれたために、このような自己否定の念を抱かなければならないのだろうか。

　2000年代前半は2010年代と比較すると「娯楽になった」が少なく、「性格を知る手がかりになった」が多い。このことから血液型性格は2010年代よりも2000年代前半の方が真実味のあるものとして捉えられていたことが示唆される。現代はただの遊びとして楽しむものへと変化しているのである。これは研究1の結果と整合するものである。

　そして、血液型性格に由来する不快体験が少数派のB型やAB型よりも少ない多数派のA型とO型は、2010年代後半であっても血液型で誰かの性格を判断する傾向がB型よりも強いのである。

5　テレビの影響力と本の影響力

　今まで2004年の血液型性格関連テレビ番組の集中放送の影響について語ってきた。2004年がテレビ番組における血液型性格のブームだったとすれば、2008年は出版物における血液型性格のブームであり、現時点では最後の血液型性格ブームだったと言うことができる。前述のように、2007年9月に『B型自分の説明書』が文芸社より自費出版され、その2008年には各血液型の『自分の説明書』も出版されてベストセラーになった。2012年には『続B型自分の説明書』など続編が出版され、文芸社ホームページによると続編や

文庫版も含めるとシリーズ累計 620 万部を突破したらしい。2009 年 4 月までにどの程度の部数が売れたのかは不明だが、かなりのベストセラーになったのは確かなようである。

そこで、2005 年と 2009 年の調査データを比較してテレビの影響力と本の影響力を比較してみよう。

5.1 研究 9：テレビと本の影響力の比較

5.1.1 方法

調査対象者 首都圏私立大学 4 校の大学生 2282 名（男性 866 名、女性 1416 名、未記入 3 名）。平均年齢 18.94 歳（SD=1.895）。

使用した質問 2004 年の調査では血液型性格関連のテレビ番組の視聴に関して、2009 年の調査では血液型性格本の購読に関して質問した。

テレビ番組の視聴頻度は次のように質問した。

「昨年（2004 年）は血液型性格をテーマにしたテレビ番組がたくさん放送されました。それらのテレビ番組をどれくらい見たかを『4：とてもたくさん見た、3：たくさん見た、2：少し見た、1：まったく見なかった』の 1 ～ 4 の中から選んで回答欄にその数字を記入して下さい。」

テレビ番組の享受度は次のように質問した。

「昨年放送された血液型性格のテレビ番組を見た方は、その番組をどれくらい楽しんだかを『4：とても楽しんだ、3：楽しんだ、2：あまり楽しめなかった、1：まったく楽しめなかった』の 1 ～ 4 の中から選んで回答欄にその数字を記入して下さい。」

書籍の購読に関しては次のように質問した。

「『B 型自分の説明書』など『血液型自分の説明書』シリーズは大ヒットしました。昨年は血液型性格をテーマにした本がたくさん出版されました。それらの血液型性格本（雑誌の特集を含む）をどれくらい読んだかを『4：とてもたくさん読んだ、3：たくさん読んだ、2：少し読んだ、1：まったく読まなかった』の 1 ～ 4 の中から選んで回答欄にその数字を記入して下さい。」

血液型性格本の享受度は次のように質問した。

「血液型性格本を読んだ方は、その本をどれくらい楽しんだかを『4：とても楽しんだ、3：楽しんだ、2：あまり楽しめなかった、1：まったく楽しめなかった』の1～4の中から選んで回答欄にその数字を記入して下さい。」

また、血液型性格について人と話をすることがどれくらい好きかを、「4：大好き、3：好き、2：嫌い、1：大嫌い」の4件法で回答を求めた。

手続　血液型性格関連のテレビ番組や書籍に関する質問と、血液型性格を話題にした会話の好意度、血液型性格の熟知度と確信度の質問から構成される調査用紙を作成した。通常の授業時間の一部を利用して質問紙調査を行った。調査は2005年5月と2009年4月に実施した。

5.1.2　結果と考察

血液型性格関連のテレビ番組と書籍への接触頻度、享受度、それにそれぞれの調査時の血液型性格の熟知度、確信度、会話好意度の平均と標準偏差、およびt検定結果をTable 7.22に示した。熟知度以外ではテレビ番組（2005年）の方が得点が高いことを示す有意差が認められた。

テレビ番組と書籍への接触頻度の回答のクロス表をTable 7.23に示した。有意な χ^2 値が認められ（$\chi^2 = 165.933$, $df=3$, $p<.001$）、全く見なかった者は有意に書籍に多いことが分かった。この未接触者を除いて再度各指標のt検定

Table 7.22　テレビ番組（2005年）と書籍（2009年）の接触頻度・享受度と影響力の違い

| | 調査年月 | 全体（未接触者含む） | | | | 接触者 | | | |
		度数	平均値	標準偏差	t検定結果	度数	平均値	標準偏差	t検定結果
接触頻度	2005年5月	1360	2.140	0.765	$t=12.390$, $df=2282$	1123	2.390	0.611	書籍に多い未接触者を除外しているのでt検定は行わない。
	2009年4月	924	1.750	0.706	$p<.001$	579	2.200	0.505	
享受度	2005年5月	1123	2.900	0.684	$t=20.198$, $df=2046$	1117	2.910	0.680	$t=1.082$, $df=1694$
	2009年4月	925	1.850	1.576	$p<.001$	579	2.950	0.854	ns
熟知度	2005年5月	1360	2.892	0.675	$t=0.332$, $df=2283$	1123	2.974	0.619	$t=2.537$, $df=1700$
	2009年4月	925	2.882	0.710	ns	579	3.054	0.596	$p<.05$
確信度	2005年5月	1360	2.707	0.854	$t=4.985$, $df=2283$	1123	2.809	0.807	$t=2.350$, $df=1700$
	2009年4月	925	2.523	0.884	$p<.001$	579	2.712	0.827	$p<.05$
会話好意度	2005年5月	1360	2.850	0.602	$t=3.935$, $df=2275$	1123	2.910	0.563	$t=1.418$, $df=1700$
	2009年4月	917	2.740	0.606	$p<.001$	579	2.870	0.542	ns

を行った（Table 7.22）。接触者に限定すると享受度や会話好意度では有意差が認められず、テレビ番組と同じように血液型性格本を楽しみ、会話を好んだことが分かる。熟知度では 2009 年の方が高いことを示す有意差が認められ、書籍の影響力の強さが示唆される。非接触者を除外したテレビ番組と書籍への接触頻度の回答のクロス表（Table 7.23）にもとづいた χ^2 値を算出したところ有意な結果が得られ（$\chi^2 = 165.933$, $df=3$, $p<.001$）、調整済残差から、「少し見た」は書籍に多く、「たくさん見た」と「とてもたくさん見た」はテレビ番組に多いことが分かる。

　テレビ番組と書籍の最大の違いは接触するためのコストである。テレビは無料で視聴できるし、ほかのことをしながら視聴、録画しておいて興味があるコーナーだけの視聴も可能である。しかし、書籍の場合は購入するか図書館あるいは所有する知人から借りるというコストが伴う。積極的に読まなければその内容は分からない。このコストの高さが書籍に対する未接触者の多さ、接触者の中でも「少し見た」者の多さに反映されているのである。また、接触者において書籍（2009 年）の方がテレビ番組（2005 年）よりも熟知度が

Table 7.23　テレビ番組と書籍に対する接触頻度

| | | 全体 | | | | | 接触者 | | | |
		全く見な かった	少し見た	たくさん 見た	とても たくさん 見た	合計	少し見た	たくさん 見た	とても たくさん 見た	合計
テレビ 番組	度数	237	765	282	76	1360	765	282	76	1123
	期待度数	346.5	746.7	205.4	61.3	1360	827.4	227.6	68	1123
	テレビ番組 の %	17.40%	56.30%	20.70%	5.60%	100.00%	68.10%	25.10%	6.80%	100.00%
	接触頻度 の %	40.70%	61.00%	81.70%	73.80%	59.50%	61.00%	81.70%	73.80%	66.00%
	残差	−109.50	18.30	76.60	14.70		−62.40	54.40	8.00	
書籍	度数	345	489	63	27	924	489	63	27	579
	期待度数	235.5	507.3	139.6	41.7	924	426.6	117.4	35	579
	書籍 の %	37.30%	52.90%	6.80%	2.90%	100.00%	84.50%	10.90%	4.70%	100.00%
	接触頻度 の %	59.30%	39.00%	18.30%	26.20%	40.50%	39.00%	18.30%	26.20%	34.00%
	残差	109.50	−18.30	−76.60	−14.70		62.40	−54.40	−8.00	
合計	度数	582	1254	345	103	2284	1254	345	103	1702
	期待度数	582	1254	345	103	2284	1254	345	103	1702
	テレビ／書籍の %	25.50%	54.90%	15.10%	4.50%	100.00%	73.70%	20.30%	6.10%	100.00%
	接触頻度 の %	100.00%	100.00%	100.00%	100.00%	100.00%	100.00%	100.00%	100.00%	100.00%

高くなったのは、コストを払って能動的に書籍の情報を取り入れたためであると解釈できる。テレビは必ずしも視聴者の能動性を必要としないが、書籍は読者の能動性がないと成立しないメディアなのである。

　接触した場合はテレビ番組も書籍も同じように楽しいし、そこから血液型性格に関する会話も同じように好むようになるという研究9の結果から、個人に及ぼす影響力自体はテレビ番組と書籍では大きな差はないと判断できる。

　しかし今まで検討した血液型性格の確信度、有意な主効果が認められた血液型性格項目数、血液型イメージ、血液型性格による不快体験などの様々な指標が、テレビ番組と書籍には社会全体に及ぼす影響力に大きな違いがあることを明確に示している。テレビ番組と書籍の最大の違いは、接触コストの違いによる影響が及ぶ範囲の違いである。書籍よりも接触コストの低いテレビ番組の方が圧倒的に有利である。2004年のように血液型性格関連のテレビ番組が多数集中的に放送されると、同種の番組に対する接触頻度が相乗的に高まり、社会全体に対する影響力も高くなるのである。

　これは血液型性格だけの問題ではない。同種の情報がある期間集中して発信されると世論に大きな影響を及ぼす。例えば報道番組で、高齢者が運転する自動車による事故の報道が相次ぐと、高齢者の自動車運転は危険という世論が形成され、ライブハウスで新型コロナウィルス感染者が出たという報道が相次ぐとライブハウスやバンドマンを危険視する世論が形成されたことは記憶に新しいだろう。

6　BPOの要望は血液型差別解消のために有効だったのだろうか？

　2004年の血液型性格関連のテレビ番組の集中放送は、O型のイメージを良くし、B型のイメージを悪化させた。それはB型のイメージを悪くしただけでなく、B型は血液型性格のために不快な経験を多くしているのである。

　血液型性格関連の集中放送と寄せられた苦情から、2004年12月に放送倫理・番組向上機構（BPO）の青少年委員会は、各テレビ局に対して冒頭で紹介した要望を出した。この要望以来、露骨に血液型性格を肯定するテレビ番

組は放送されていない。テレビ番組から露骨な血液型性格肯定情報が排除されて 15 年が経過した。最後にこの BPO の要望の効果について検討してみよう。

血液型イメージに関して、Figure 7.2 に示したように、2005 年の調査で最大になった O 型と B 型のイメージ得点の差は減少傾向にある。いまだ B 型のイメージが悪いが、一定の効果があることは明白である。ただし、Figure 7.4 に示したように自分と相性が悪い血液型や嫌いな血液型があると回答した群では、一般的に改善傾向にある B 型と AB 型のイメージが再び悪化していることは注意すべきである。

では、血液型イメージの差は解消されたのだろうか。最新の 2016 年から 2019 年の血液型イメージ得点を対応のある 1 要因分散分析によって比較したところ、血液型の違いの有意な主効果（$F=97.371, df=3/3789, p<.001$）が認められた。Bonferroni 法多重比較から、最もイメージが良いのは A 型、次が O 型、3 番目が AB 型で最もイメージが悪い血液型が B 型であることを示す有意差が認められた。

血液型による不快経験の差が解消されたか、検討してみよう。2010 年代後半（2016-2019 年）の各血液型の平均点を 1 要因分散分析で比較した結果、全項目で回答者の血液型の有意な主効果が認められた。「マスコミ情報が悪かった（$F=27.803, df=3/1256, p<.001$）」と「不快なことを言われた（$F=31.383, df=3/1256, p<.001$）」の多重比較から、どちらも B 型は他の血液型よりも平均点が高いことを示す有意差が認められた。「嫌われた（$F=3.230, df=3/1256, p<.05$）」と「自分の血液型を変えたいと思った（$F=2.948, df=3/1256, p<.05$）」の多重比較ではどちらも B 型は O 型よりも平均点が高いことを示す有意差が認められた。「性格を決めつけられた（$F=5.498, df=3/1256, p<.01$）」と「血液型を人に言うのが嫌だった（$F=11.176, df=3/1256, p<.001$）」の多重比較から、どちらも B 型は A 型と O 型よりも平均点が高いことを示す有意差が認められた。「血液型で差別された（$F=12.222, df=3/1256, p<.001$）」では B 型は A 型と O 型よりも、また AB 型は O 型よりも平均点が高いことを示す有意差が認められた。「嫌な仕事を押しつけられた（$F=6.523, df=3/1256, p<.001$）」の多重比

較から A 型は O 型よりも平均点が高いことを示す有意差が認められた。

「嫌な仕事を押しつけられた」以外では全て B 型の平均点が高いのである。血液型性格に由来する不快体験は減少傾向にあり、2004 年 12 月の BPO 青少年委員会の要望は効果があったと評価できる。それでもなお、B 型が不快な体験をしているのである。テレビ番組から露骨な血液型肯定情報が排除されて 15 年経過しても、いまだに血液型差別は解消されていないのである。

　第 II 部は、筆者の 1999 年から 2019 年の 21 年間に及ぶ調査結果をまとめたものである。紙面の都合で紹介できなかった調査結果もかなり残っているが、それはまた機会を改めて発表したいと思う。本稿は、血液型性格が当てはまるという実感はバーナム効果により生じたものであること、血液型性格項目の自己認知の違いはマスコミ情報、特にテレビ番組が発信する情報によって創り出されたものであること、そしてそのマスコミ情報により生み出された少数派の血液型に対する血液型差別の実態を調査結果によって明らかにしたという点で、大きな意義のあるものだと自負している。

　ヨーロッパの白人がアジア人差別を正当化するために、アジア人に多い B 型を否定的に記述してから 100 年が過ぎた。白人のアジア人差別に対する反論として古川竹二によって血液型性格関連説が提唱された。しかしその血液型と個人の性格が関連するという説は、古川の意に反し皮肉なことに血液型差別、特に B 型に対する差別を生み出してしまったのである。

　BPO 青少年委員会の要望によりテレビ番組から露骨な血液型性格肯定情報が排除されて 15 年経っても、B 型に対する差別は消えていない。血液型性格肯定情報を発信することは、差別を増幅する行為なのである。血液型性格を肯定する情報を発信することは、血液型差別を生み出す害悪なのである。

引用文献（第 5 章～第 7 章）

Allport, G.W.(1961). *The nature of prejudice*. Addison-Wesley：Cambridge：Massachusetts.

BPO 放送倫理・番組向上機構　青少年委員会(2004).「血液型を扱う番組」に対する要望　2004 年 12
　　月 8 日. https：//www.bpo.gr.jp/?p=5125

Cohen, C.E.(1981). Person categories and social perception : Testing some boundaries of the processing effects of prior knowledge. *Journal of Personality and Social Psychology, 40*(3), 441-452.

Forer, B.R.(1949). The fallacy of personal validation : A classroom demonstration of gullibility. *Journal of Abnormal and Social Psychology, 44*(1), 118-123.

上瀬由美子・松井豊(1991). 血液型ステレオタイプの機能と感情的側面 日本社会心理学会第32回大会発表論文集, 296-299.

金澤正由樹(2014). 統計でわかる 血液型人間学入門 幻冬舎ルネッサンス

木下稔子(1964). 集団凝集性と課題の重要性の同調行動に及ぼす効果. 心理学研究, *35*(4), 181-193.

草野直樹(1995). 「血液型性格判断」の虚実 かもがわ出版

Lippmann, W.(1922). *Public Opinion*. Macmillan.

Markus, H.(1977). Self-schemata and processing information about self. Journal of Personality and Social Psychology, *35*(2), 63-78.

松井豊(1991). 血液型による性格の相違に関する統計的検討 東京都立立川短期大学紀要, *24*, 51-54.

縄田健悟(2014). 血液型と性格の無関連性――日本と米国の大規模社会調査を用いた実証的論拠―― 心理学研究, *85*(2), 148-156.

大村政男(1990). 血液型と性格 福村出版

坂元章(1989). 「血液型ステレオタイプに関する知識」と記名の歪み――いわゆる「血液型性格判断」を否定する(3)―― 日本社会心理学会第30回大会発表論文集, 29-30.

佐藤達哉・宮崎さおり・渡邊芳之 (1991). 血液型性格関連説に関する検討(3)ステレオタイプから偏見へ 日本発達心理学会第2回大会発表論文集, 147.

Snyder, C.R., Larsen, D.L. & Bloom, L.J.(1976). Acceptance of personality interpretations prior to and after receipt of diagnostic feedback supposedly based of psychological, graphological, and astrological assessment procedures. *Journal of Clinical Psychology, 32*(2), 258-265.

Snyder, M. & Cantor, N. 1979 Testing hypotheses about other people : The use of historical knowledge. *Journal of Experimental Social Psychology, 15*(4), 330-342.

詫摩武俊・松井豊(1985). 血液型ステレオタイプについて 東京都立大学人文学報, *172*, 15-30.

渡辺席子(1994). 血液型ステレオタイプ形成におけるプロトタイプとイグゼンプラの役割 社会心理学研究, *10*(2), 77-86.

山岡重行(1999). 血液型ステレオタイプが生み出す血液型差別の検討 日本社会心理学会第40回大会発表論文集, 60-61.

山岡重行(2006). 血液型性格項目の自己認知に及ぼすTV番組視聴の影響 日本社会心理学会第47回大会発表論文集, 76-77.

終　章
「血液型性格」とは
何だったのか

◉山岡重行

1　血は命

　太古、人間は狩猟により食料を得て生きながらえてきた。狩りをし、獲物となる獣を仕留める。血が流れ獣は死ぬ。逆に獣に襲われて仲間が怪我をする。血が流れ人間は死ぬ。人間は、大量の血を失うと命が失われることを学ぶ。血こそ命なのである。

　人間社会は「神」を発明し、神に捧げる儀式が執り行われた。生け贄を捧げる儀式である。世界の様々な地域で神に生け贄を捧げる儀式が行われてきた。共通することは、人間にとって最も重要なものを生け贄として捧げることによって神から恩恵を受けることができると信じられてきたことだ（遠藤, 1992）。

　旧約聖書「創世記」第22章では、神がアブラハムに、アブラハムがやっと得た一人息子イサクの命を生け贄として捧げるよう命じている。古代では人間の命を生け贄として神に捧げていたが、次第に人間の生活に欠くことのできない動物である羊や牛に代わっていった。神に捧げる生命はその源である血となった。捧げられる血は「聖なる血」であった（遠藤, 1992）。

　血は生命のバロメーターであり、血が減少すれば生命力は衰えて死に近づくが、逆に死者や病人を血の糧で養うことによってその生命のよみがえりや回復が期待される（種村, 1970）。このような考えが医療としては輸血となり、俗信としては血に若返りや精力増強効果を求め、民間伝承やフィクションで

は吸血鬼を生み出した。

血は命である。逆に体外に流れ出た血液は死の予兆となり、人を恐怖させるものとなる。死者である吸血鬼は人間の生き血を飲むことでよみがえり、血を求めて夜の街をさまよう。血を求める吸血鬼の物語は小説、演劇、映画、マンガ、アニメ、ゲームと様々な媒体で人々を魅了してきた。

人は生け贄として神に血を捧げてきた。吸血鬼は自らに捧げる血の生け贄を求めてさまよう。井上（2013）は、カール・グスタフ・ユングが生け贄の血をどのように考えていたのか紹介している。

> 「ユングはこうした供犠における血を魂と同一視さえしており、錬金術においては黄金を創り出す材料、第一質料のひとつでもあった。まさに血とはさまざまに変容するかたちなきエネルギーの象徴である。血液は、その個別の生命としてではなく、普遍的な生命そのものとして考えられていた。血液も個人や生物種を超えて生命や力を伝達する神秘的で魔術的な物質であった」

血は命であり、太古より現代に至るまで、人間は血に惹きつけられてきたのである。

2　帝国主義とキリスト教

20世紀初頭は白人列強国による帝国主義の時代であり、アジア・アフリカの各地は白人帝国主義国家によって植民地化されていた。

ヨーロッパ諸国の海外植民地獲得はスペインとポルトガルから始まった。15世紀の終わり、スペインとポルトガルはイベリア半島からイスラム勢力を駆逐し、新たな領土を求め船出していった。大航海時代の始まりである。プロテスタントに押されていたカトリックは新領土の新たな信者獲得を目指し、宣教師を派遣した。キリスト教を布教することで、劣等民族を文明化しようとしたのである。

当時のヨーロッパ人にとってはキリスト教こそが唯一の正義であった。旧約聖書「創世記」1-1-26には次のような記述がある。

　　神は言われた。
　　「我々にかたどり、我々に似せて、人を造ろう。そして海の魚、空の鳥、家畜、地の獣、地を這うものすべてを支配させよう。」
　　神は御自分にかたどって人を創造された。
　　神にかたどって創造された。
　　男と女に創造された。
　　神は彼らを祝福して言われた。
　　「産めよ、増えよ、地に満ちて地を従わせよ。海の魚、空の鳥、地を這う生き物をすべて支配せよ。」
　　神は言われた。
　　「見よ、全地に生える、種を持つ草と種を持つ実をつける木を、すべてあなたたちに与えよう。それがあなたたちの食べ物となる。」
　　　　　　　　　　　　　　　　　　（日本聖書協会新共同訳『聖書』より）

　人間は、神が造ったすべての創造物を支配する権利を神に与えられた万物の霊長である。当時のヨーロッパ人にとっては、「人間」とはキリスト教徒のことである。神は、異教徒を支配する権利をキリスト教徒に与えたのであり、異教徒の地のすべても神がキリスト教徒に与えたものとキリスト教徒は自分に都合良く解釈した。また、異民族をキリスト教徒にすることは異民族に文明を与え、異民族を人間とし救済することである。これはキリスト教徒が神から与えられた使命だった。ヨーロッパの国々は新領土とそこから得られる富を求め、キリスト教会は宗教的使命感に駆り立てられ、ともに未知の大海原へと乗り出していったのである。私利私欲のための侵略が、神に与えられた使命感により正当化されたのである。これがマニフェスト・デスティニー（Manifest Destiny：神から与えられた明白なる使命）となり、アメリカではネイティブ・アメリカンの虐殺と土地の収奪、ハワイ王国の併合などを正

242　　第Ⅱ部　データに見る血液型性格

当化する概念となる。

　魔術から科学へ、時代は移り変わった。1897 年に発表された小説『吸血鬼ドラキュラ』でドラキュラと戦うヴァン・ヘルシングは、精神医学が専門のアムステルダム大学教授と設定されている。19 世紀末、魔に対するものはすでに神や聖職者ではなく、科学なのである。その科学の時代に血液型が発見された（第 1 章参照）。その時代背景についてもう少し考えてみたい。

　1900 年カール・ラントシュタイナーは ABO 式の血液型を発見した。当時、大英帝国は最大の版図を誇っていた。カナダ、インド、オーストラリア、ニュージーランド、香港、アフリカ大陸では南アフリカ、ジンバブエ、ザンビア、ケニア、タンザニア、ナイジェリア、ガーナと多くの植民地を支配していた。フランスはベトナム、カンボジア、ラオス、チュニジア、モロッコ、モーリタニア、中央アフリカ、コンゴ、シリア、レバノン、カメルーンなどを植民地としていた。16 世紀から 17 世紀のかつての世界帝国だったスペインはその後植民地を失っていったが、それでも 20 世紀初頭、現在の赤道ギニア共和国を植民地としていた。ポルトガルも最盛期よりも植民地を失っていたが、アンゴラ、モザンビーク、マカオなどを支配していた。20 世紀初頭、アフリカ大陸で植民地化されずに独立を保っていたのはエチオピアと、アメリカの解放奴隷が植民したリベリアだけだった。

3　進化論と優生学

　18 世紀イギリスから始まった産業革命は製鉄技術と蒸気機関の発達により、ヨーロッパを工業化社会へと変貌させていった。科学技術の発達が白人帝国主義国家をさらに強大なものにしていった。19 世紀後半から 20 世紀初頭、世界は帝国主義の時代であるが、科学の発展によりすべての責任を「神」に負わせることが困難な時代になってきた。

　白人たちの意識に大変革を迫った科学がある。チャールズ・ダーウィンの「進化論」である。1859 年、ダーウィンは『種の起源』で、生物が生存競争と自然淘汰で環境への進化的適応を遂げてきたという証拠を膨大な観察に

よって科学的に呈示し、その2年後に発見された始祖鳥の化石が決定的証拠となり進化論は科学の世界で次第に主流になっていった（NHK「フランケンシュタインの誘惑」取材班, 2018）。進化論は、キリスト教社会の「生物は神により創造され、人間は万物の霊長として神によって位置づけられた」という創造論を否定するものだった。人間＝キリスト教徒というだけで神の似姿として造られた特別な存在、地球を支配する権利を神に与えられた万物の霊長という意識は白人キリスト教社会の根底をなす意識である。進化論はこの意識を揺るがす脅威だった。特に聖書を一字一句正しいものと信じるキリスト教原理主義者にとって進化論は、絶対に受け入れることのできないものだった。聖書重視のプロテスタント、特にキリスト教原理主義の福音派が中心となって、20世紀から現代に至るまで、アメリカの公立学校で「生物」の時間に進化論を教えることを法的に制限することを求める裁判がいくつも起こされている。

　進化論でいう「進化」とは生物学的な「変化」であるが、19世紀末から20世紀初頭の白人社会では「進化」と「進歩」が混同されていた。現代日本でも進化と進歩の混同は散見される。例えば、ポケモンの「進化」は同一個体の強化形態への「進歩」であり、本来の意味での進化ではない。進化とは同一個体の変化ではなく、世代を重ねることによる変化である。しかし、下等な生物から高等な生物である人間への進化という考え方は、進化をより優れた方向へ進歩させる力であると認識させるものだった。

　創造論では人間は他の生物とは区別された特別な存在だったが、進化論により、人間と他の生物との連続性と生物間での進化の序列の存在が意識されるようになった。人間は、神の似姿として特別に造られた万物の霊長ではなくなった。これはキリスト教徒にとって自らの存立基盤を失わせ、実存的不安を引き起こすものだった。その実存的不安を、人間は生物進化の頂点に立つ最も優れた存在であると思うことで穴埋めしようとしたのである。

　生物種における進化論は、適者生存・優勝劣敗の法則により社会はよりよい方向に進歩していくという考えを生み出した。「社会進化論」あるいは「社会ダーウィニズム」である。産業革命により工業社会に進歩した白人帝

国主義国家は自分たちこそ「進化した」優れた人間だという意識があったのだろう。適者生存・優勝劣敗という考えは、現在繁栄している国家こそが進化した優れた社会であり、弱体化し劣った国家は優れた国家の植民地となることが自然の法則であるというように、植民地主義と人種差別を正当化する理論的背景となっていく。

20世紀初頭、心理学で人種が扱われ始めた当初は、黒人の知的能力の低さを客観的に示すことで、黒人が社会的に劣位におかれるべき理由を示すことが研究の焦点だった（高, 2018）。心理学も当時の人種間の階層の「正当な理由」を示して、人種差別を正当化する役割を担っていたのである。「劣っている人々」に対する否定的認知や態度は、客観的事実の反映にすぎないと考えられていた（Duckitt, 2010）。「劣っている人々」が劣等視されて否定的に扱われる理由は、あの人たちが現実に劣っているからだ。このように当時の社会に存在していた差別を正当化する「正当な理由」を心理学が提供していたのである。

進化論から生まれた生物進化の序列の考え方は、民族間の序列の意識を生み出した。その意識はさらに、進化論と遺伝の法則を用いて人為的に民族の価値を高めるための新しい「科学」を生み出した。「優生学（eugenics）」である。

チャールズ・ダーウィンのいとこであるフランシス・ゴルトンは、「種の起源」に強い影響を受け、優れた形質が遺伝することを「天才研究」によって示そうとした。ゴルトンは遺伝研究に回帰分析や相関分析を用い近代統計学の父とも呼ばれる人物である。また遺伝と環境のどちらの影響が強いかを確かめるために1870年代に双生児研究を行うなど、心理学の発展にも寄与した人物である。ゴルトンは1883年『人類才能の調査及び其の発達（Inquiries into Human Faculty and its Development)』を発表。ゴルトンは、容貌や身体的性質、精力などの身体的能力をはじめ、感受性やビネーの検査にも取り入れられた錘の弁別などの感覚的能力、心像や数型、連想、幻視などの観念内容についての独創的な検査を、多民族を含む多くの人に実施し、統計的に分析して個人差や民族差を論じている（Wikipedia「フランシス・ゴルトン」より引

用）。同書の中でゴルトンは「優生学」という言葉を初めて使用した。民族の退化を防ぐために劣った遺伝子を持つものを減らし、優れた遺伝子を持つものを増やすことが優生学の目的である。ゴルトンは、1904年の第1回イギリス社会学会で講演し、「優生学とはある人種の生得的質の改良に影響する全てのもの、およびこれによってその質を最高位にまで発展させることを扱う学問である」と定義している。

　ゴルトンの優生学はいわば人間の品種改良である。ゴルトンの意図は「より環境に適した人種や血統を優先して、より多くの機会を与える」ところにあり、優れた人々がより多くの子孫を残すことを重要視した。ゴルトンは環境に適さないものは自然淘汰されるので積極的に対処する必要は無いと考えていたが、後述するように、優生学は人種差別・障害者差別の正当化に使われることになっていく。

4　優生学の暴走とナチスの安楽死政策

　ゴルトンが提唱した優生学は20世紀の世界に大きな影響を与えていった。ゴルトンが意図した良い遺伝形質を持つ人間を増やすことは困難であるために、優生学は悪い遺伝形質を排除する方向の社会政策と結びついていった。つまり社会的に劣ると見なされた者の断種（不妊）政策である。

　1902年アメリカ、インディアナ州で犯罪者を対象とした断種手術が行われ、1907年同州で世界最初の断種法が制定された。以後、1920年代までにアメリカの多くの州やヨーロッパ諸国でも国家政策として断種法が取り入れられていった（NHK「フランケンシュタインの誘惑」取材班, 2018）。1927年にアメリカ連邦最高裁は、「犯罪傾向の子孫を放置し、精神遅滞の子供を餓死に追い込むのを座視するよりは、社会が、明らかな不適応者が子供を作らないようにすることは全体にとって善である」として強制断種（不妊手術）を合憲と判断した。この精神遅滞の判断に利用されたものが、心理学者が作成した知能検査であり知能指数であった。アメリカでの優生学的強制断種の件数は少なくても約6万4千件に上ると言われている。

第一次世界大戦（1914-1918）に敗れたドイツは戦後多額の賠償金に苦しめられていた。インフレと高い失業率により社会は混乱していた。右翼陣営は、ドイツ軍は戦場で負けたのではなく、背後から裏切り者の社会主義勢力やユダヤ人に刺されたため敗北したという陰謀論プロパガンダ（匕首伝説）を展開していた。第一次世界大戦敗戦後の混乱と不況から立ち直りつつあったドイツを1929年世界恐慌が襲った。困窮にあえぐドイツでは、ドイツ民族を救うという民族主義と優生学が結びついていった。

　1933年国家社会主義ドイツ労働者党（ナチス）政権が誕生し、アドルフ・ヒトラーが首相に就任した。「肉体的にも精神的にも不健康で無価値な人間は、子孫の身体にその苦悩を引き継がせてはならない」と考えるナチス総統ヒトラーは、同年「遺伝的な疾患を持つ子孫を予防する法律」を制定し、国が強制的に断種手術を行うことを可能にした（NHK「フランケンシュタインの誘惑」制作班, 2018）。ナチス・ドイツが行った断種手術の件数は36万件から40万件にのぼると言われている。さらに第二次世界大戦が始まった1939年になると断種政策は安楽死政策に変貌し、社会的に低価値とされた精神障害者、身体障害者、同性愛者は安楽死させられていくのである。その犠牲者は7万人から20万人にのぼると言われている。

　ちなみに日本では、1940年に国民優生法が制定されたが、優生断種法の側面よりも戦時下の人口増加政策を支える中絶禁止法の側面が強く、この法律による精神障害者の強制断種はほとんど施行されなかった（米本ら, 2000）。敗戦後の1448年国民優生法に代わり、「優生上の見地から不良な子孫の出生を防止すること」を目的の一つとした優生保護法が成立する。優生保護法では強制断種も施行され、約2万4千人に断種手術が行われたと言われている。この優生保護法は1996年に母体保護法に改正され、優生上の見地からの不良子孫出生防止は法の目的から削除された。優生保護法に基づく国家による強制断種の損害賠償を求める裁判において、2024年7月3日、最高裁大法廷は優生保護法を「立法時点で違憲」とし、国に賠償を命じる判決を言い渡した。不法行為から20年で損害賠償請求権が消える「除斥期間」の適応を主張してきた国に対し、「人権侵害の重大性に照らし適応は著しく正義・公平

の思念に反する」との判断を下した。

5 ホロコーストと血液

　ヒトラーはドイツ民族を人種の中で最上位にある「アーリア人種」の純粋な末裔であると主張し（NHK「フランケンシュタインの誘惑」制作班, 2018）、血統の純粋さを根拠にドイツ民族の優越性を訴えていた。一方ヒトラーは、ユダヤ人をドイツ民族の血を汚す劣等民族として見ていた。後述するように、デュンゲルンはB型を進化のレベルの低い劣った血液型と見なし、アジア人よりB型の少ないヨーロッパ人の優越を主張した。また、シュッツ&ウォーリッシュ（1924）は「知識人には『A型』が多く、犯罪者には『B型』が多い」を発表し、B型が社会的に劣った存在であると主張した。

　ナチス・ドイツは、人種差別を正当化するために、血液型性格を利用した（松尾, 2009）。ユダヤ人とドイツ人の外見には、たいした差はなかった（NHK「フランケンシュタインの誘惑」制作班, 2018）。肌の色や目の色、髪の色などの遺伝により決定される一目でわかる外見に差がないので、血液型に差を求めた。「血液型」により「性格」が規定されるのならば、性格は遺伝で決まることになる。血統の純粋さを根拠にドイツ民族の優越性を主張するナチス・ドイツは、血液型性格を先天的に優れた特質を持つ血液型と先天的に劣った特質を持つ血液型が存在することを示すものと解釈し、プロパガンダに利用した。松尾（2009）によれば、1932年にドイツで出版された「血液型便覧」には、ドイツ人に多いA型は優れた血液型であり「高い知能」「勤勉」などと肯定的に記述され、ユダヤ人やアジア人に多いB型は劣った血液型であり「暴力犯罪者」「精神薄弱」「感染に弱い」などと否定的に記述されていたという。ナチス・ドイツは、ユダヤ人はほとんどがろくでなしのB型であり、堕落した民族だと喧伝したのである（Yamamoto & Adelstein, 2017）。

　ナチス・ドイツは1935年ユダヤ人から市民権を奪う「帝国臣民法」と、ドイツ人とユダヤ人の結婚と性行為を禁止する「血統保護法」を制定し、ドイツ民族の血統をユダヤ人から守ろうとした。カイザー・ヴィルヘルム協会

人類学・人間遺伝学・優生学研究所人間遺伝学部部長、フランクフルト大学遺伝病理学研究所所長を歴任した優生学者・遺伝病理学者オトマール・フライヘル・フォン・フェアシュアー（Otmar Freiherr von Verschuer）は、1937年の「遺伝病理学」で次のように述べている。

「異人種が移住してくると遺伝的に異質な形質が持ち込まれ、ドイツ民族が変えられてしまう。ユダヤ人が増加し、影響が大きくなることを阻止しなくてはならない。」

ナチス・ドイツはユダヤ人差別政策を推進するが、大きな問題があった。ユダヤ人を明確に特定する方法がなかったのである。前述のように、ユダヤ人とドイツ人の外見には、たいした差はなかった。1936年、ユダヤ人問題に関するナチス傘下の研究機関である帝国新ドイツ史研究所委員会の顧問となったフェアシュアーは、ユダヤ人の生理的指標を調査し「ユダヤ人は他の民族と較べて糖尿病などの発病、聾や難聴などの障害が起こる頻度が高い」とし、「ドイツ民族の特徴の保存が脅かされないよう、ユダヤ人を完全に隔離することが必要」と結論づけた（NHK「フランケンシュタインの誘惑」制作班, 2018）。

1942年カイザー・ヴィルヘルム協会人類学・人間遺伝学・優生学研究所所長となったフェアシュアーは、より科学的かつ簡潔にユダヤ人を特定する指標を血液に求めた。人種により血液中の蛋白質に違いがあると考え、ユダヤ人に特有の蛋白質を発見しようとしたのである。そのためにはユダヤ人だけでなく比較対象となるさまざまな民族の血液が大量に必要だった。

フェアシュアーの手足となって血液を採取したのが、フランクフルト大学時代の弟子であるヨーゼフ・メンゲレだった。メンゲレはナチス武装親衛隊に入隊し、1943年医師としてアウシュビッツ強制収容所に赴任していた。当時のアウシュビッツ強制収容所にはユダヤ人、ポーランド人、ソ連軍捕虜など14万人が収容されていた。メンゲレが採取した大量の血液標本はフェアシュアーの元へ送られた。メンゲレは血液だけでなく、収容者たちを殺害し眼球、内臓、骨格などのサンプルもフェアシュアーに送り届けた。しかし、フェアシュアーのまさしく血にまみれた研究は実を結ぶことはなかった。ユ

終章　「血液型性格」とは何だったのか　249

ダヤ人を特定する特異性蛋白質を血液から発見することはできなかったのである。

6 大日本帝国と血液型性格

前述のように20世紀前半は帝国主義の時代であり、白人はアフリカやアジアの多くの国を植民地支配し、莫大な利益を国家にもたらしていた。科学の発展により、植民地支配と人種差別を正当化する根拠として「神」を使うことができなくなり、白人の生物学的優越性を示す必要があった。そのために、当時発見されたばかりの血液型が利用されたのである。

当時のドイツは世界的な科学先進国であった。ドイツやオーストリアには最先端の科学を学ぶために世界中から留学生が訪れていた。細菌学・衛生学も研究し世界的な医学者だったハイデルベルグ大学のエミール・フォン・デュンゲルンのところには、東京帝国大学医学部を卒業した原来復も留学していた。デュンゲルンの研究室でも、背が高く肌の白いドイツ人に「B型」が少ないとするなら、背が低く肌の黄色い「B型」は進化途上で淘汰されてきた血液型だと考えられるのではないかという雰囲気があった（松田, 1991）という。

デュンゲルンはドイツ人とドイツ在住の外国人、ハンブルグの船員病院に入院中の中国人など様々な国の人間の血液型を調べ、東洋人は白人よりも「B型」が多いことを見出した。同様にウサギやイヌ、チンパンジーといった様々な動物の血液型を調べ、動物の血液型は「B型」であり、チンパンジーだけ「A型」が見つかることを見出した。デュンゲルンはこの調査結果から、「東洋人は白人よりもB型が多い、チンパンジー以外の動物にはB型が多い、東洋人は白人よりも劣り動物に近い」と主張した。血液型と人間の属性に関連があると主張したのである。血液型分布が、白人の優越性と東洋人差別の根拠となったのである。

もっとも、デュンゲルンをはじめとする当時のヨーロッパ人にとって、白人が東洋人よりも優れていることは自明の理であり、差別などという意識は

なかったと推察される。デュンゲルン個人は日本人留学生の原来復に対し差別的態度をとるわけではなく、第一次世界大戦開戦時には帰国の便宜をはかるなど好意的に対応していたようである。つまり個人の態度とは別に、当時のヨーロッパでは白人が進化の頂点に立つ存在という意識が自明の理として共有されており、このような時代背景で、白人優位説の生物学的証明として血液型が用いられたのである。また、この最初期のデュンゲルンの主張からして、「B型」を否定的に扱っていたことは記憶にとどめておきたい。

　デュンゲルンの研究室に留学していた原来復は、帰国後長野県で血液型調査を行った（第1章参照）。原は、ドイツ人やアメリカ人と比較すると長野県人にはB型の比率が高いことを1916年の医事新聞954号に発表している。原はデュンゲルンの説を否定できなかったのである。

　原とともにデュンゲルンの下で学んだポーランド人のヒルシュフェルト夫妻は「生物学的人種係数」を提唱し、この生物学的人種係数が高いヨーロッパ人ほど優秀な人種であると主張した（第1章参照）。この生物学的人種係数のように、国別の血液型分布の違いではなく、血液型だけで人の優劣を主張したのが、F・シュッツ＆E・ウォーリッシュ（Schütz, F. & Wöhlish, E., 1924）である。彼らは1924年に「知識人には『A型』が多く、犯罪者には『B型』が多い」を発表した。この論文では、キール大学の学者たち146名と刑務所に収監されている受刑者138名の血液型を調べ比較している。その結果、論文のタイトル通り、知識人にはA型が多く、受刑者にはB型が多かったことを報告している。

　では、舞台を日本に移そう。20世紀前半の日本は「大日本帝国」だった。1868年、明治維新。19世紀後半、アジアで唯一産業革命に成功し、日本は工業化社会となった。陸海軍を整備し、1894年の日清戦争、1904年の日露戦争に勝利し、1914年の第一次世界大戦にもイギリスの同盟国として参戦して戦勝国となりフランス、イギリス、イタリアと並び日本も1920年に成立した国際連盟の常任理事国となった。大日本帝国は、国際社会で認められた唯一の非白人の近代国家だった。日本は国際連盟規約に人種差別撤廃を明記すべきと提案し多数票を得たが、全会一致とはならず否決されている。

終章　「血液型性格」とは何だったのか　251

このような時代背景の日本で、血液型を根拠とするアジア人差別は到底受け入れられないものであった。1924年のシュッツ&ウォーリッシュの論文に対し、日本の軍医である平野林と矢島登美太は「人血球凝集反応ニ就イテ」という論文において「知識人には『A型』が多く、犯罪者には『B型』が多い」は人種差別であり、「B型所有者に優秀なる兵卒の多数なるは注目に値するところなり（原文はひらがな部分カタカナ）」と反論した。当時、大きな権力を持っていた大日本帝国軍に対して日本の心理学者、特に東京帝国大学心理学科は兵隊管理（今でいう人事）から軍との結びつきを強めていた。その軍隊が血液型と人間の特性に注目していた時代を背景として、1927年の古川論文は発表されたのである。

O型とB型は積極的、A型とAB型は消極的というのが古川の基本的な主張である。古川はヒルシュフェルト夫妻の生物学的人種係数を参考に「民族性係数（のちに団体気質）」を考案した。

$$民族性係数 = （O\% + B\%）/（A\% + AB\%）= Active\%/Passive\%$$

この民族性係数（団体気質）はイギリス人1.58、アメリカ人1.26、フランス人1.16、ドイツ人1.04、日本人1.09だった。

古川は民族性係数に関して次のように述べている。

「ヨーロッパの列強国は民族性係数が高く積極的な国民が多い。しかし、よく統一されている国家は民族性係数が高くても1.0程度である。民族性係数が1.6以上の国にはよく統一された強国が一つもない。積極的な、主我的な人々が国民の6割以上もいることは統一あるよき国家が形成されないことを物語っているのである。」

つまり、ヨーロッパよりB型が多い日本が劣るわけではないし、日本の方が「統一あるよき国家」だと主張したかったのである。

このように血液型性格説は、帝国主義の時代の白人のアジア人差別に対して、ある意味、大日本帝国の威信をかけた反論として生み出されたものなのである。そのポイントは「アジア人に多いB型は否定的属性を持たない」と

いう主張であった。

しかし、シュッツ＆ウォーリッシュの「B型は犯罪者に多い」という単純な考え方はその後「なんとなく」日本に根付いてしまい、受刑者の血液型は何度となく調べられ、B型は他の血液型より割合が少し多いという結果が出たりして、就職にまで作用した（松田, 1991）という。その後の研究によりこの古川の血液型性格関連説は否定され、1930年代前半には少なくとも心理学を含んだ科学の文脈からは消えていったのである（第1章参照）。

8　大衆文化と血液型性格

1945年、第二次世界大戦は終結した。ナチス・ドイツ第三帝国は崩壊し、大日本帝国も敗北し日本国となった。戦勝国となったイギリス・フランスも海外の植民地は次々と独立していった。世界は変わった。

日本はアメリカ軍の空襲と原子爆弾によって主要都市に大きな被害を受けたが、焼け跡から立ち上がり、復興していった。民主主義国家として生まれ変わった日本は、高度経済成長を経て、経済大国への道を歩んでいた。戦争中、制限されていた大衆文化が解禁され、国民に娯楽を提供した。ざっくり言ってしまえば、1950年代から1960年代半ばまでは大衆娯楽の王様は映画だった。その後、テレビが普及し娯楽の王様の座は1960年代後半からテレビへと移っていった。不況になった映画会社は専属社員だった制作スタッフを解雇し、多くの映画人がテレビ業界へと移り、ますますテレビ番組のクオリティが高くなっていった。団らんの時間に家族みんなでテレビを見るというのが、1970年代の日本の各家庭で見られた風景だった。

血液型人間学を標榜した能見正比古はテレビ番組やラジオ番組の構成を担当する放送作家だった。1970年代、能見は血液型性格の著作を表すとともに積極的にテレビ番組に出演して持論を展開していた。おそらく能見の放送作家としての人脈を活用して売り込んでいったものと推測できる。

このテレビの黄金時代とも言うべき1970年代、日本社会は見合い結婚から恋愛結婚へと変化する時期であった（第1章参照）。テレビは多くの恋愛ド

終章　「血液型性格」とは何だったのか　253

ラマを放送し、歌謡曲でもフォークソングでもニューミュージックでも多く
の歌手たちの愛の歌がテレビから流れていた。学生運動やベトナム反戦運動
など1960年代は世界的に政治意識が高い時代だったが、1970年代になると
そのような機運も下火になり、若者たちの意識は社会から自分へと方向性を
変えていた。その時代に登場した血液型性格は、自分を知るツールとして機
能した。

　占いを古くさい迷信として興味を持たなかった人々にとって、医学や生理
学領域の研究対象となる血液型から性格を判断することは、なんとなく科学
的な匂いのするものだったのだろう。その血液型から自分の性格を判断する。
本を読んでみれば、確かに自分に当てはまる実感がある。これはバーナム効
果によるものだが、ともかく自分に当てはまることを実感できるのである。

　次に身の回りの人物を思い浮かべてみる。確かにあの人にはああいうとこ
ろがあると当てはまる実感がある。これは確証バイアスなのだが、ともかく
他者にも当てはまる実感がある。

　次に、自分と他者の相性を考えてみる。確かに自分は☆型のあの人物とは
上手くいったが、☆型のあの人物とは上手くいかなかった。当てはまる実感
がある。好意を寄せる相手と自分の相性を考える。血液型から自分と相性の
良い、まだ見ぬ恋人を夢想する。若者たちにとっては、血液型性格はロマン
ティックな妄想喚起ツールだったのだろう。

　血液型性格はちょうど良いコミュニケーション・ツールになったことだろ
う。誰にでも血液は流れているし、日本人のほとんどは自分の血液型を知っ
ていた。誰にでもパーソナリティもある。初対面の相手と何を話して良いか
わからないとき、血液型性格の話をすれば取りあえず間は持つ。血液型性格
は誰にでも使用できる万能のコミュニケーション・ツールである。

　接客業では、もっと役に立つツールだったと思われる。「わたし、何型に
見えますか？」「お客さん、☆型でしょう！」「お客さんとわたし、相性ぴっ
たりですよ」、そんな会話が全国のスナックやクラブで夜ごと繰り広げられ
ていたことだろう。

　人間は知らない人たちの中にいると不安になる。電車に乗り合わせたとい

うような一過性の人たちであれば、知らなくても不安にならないが、顔と名前を知っているような相手、職場や学校で顔を合わせる相手のことをよく知らないと不安になる。仲が良い相手であれば、その相手と直接コミュニケーションを取ることでいろいろな情報が入ってくるからその相手の人となりを知ることができる。自分と無関係の相手であれば利害関係はないので、その相手のことを知る必要はない。お互いに顔と名前は知っているけどそれほど親しくないよくは知らない人たちの中にいると、人間は不安になるのである。その不安を低減するために、何か簡単な方法でその人のことを理解できるツールがあると便利だ。

　例えば、多民族国家であれば、さまざまな社会的ステレオタイプを使ってその相手を理解したつもりになることができる。人種、宗教、その相手の出自、支持政党、学歴、職業、さまざまなステレオタイプが利用できる。例えば、「アメリカ中西部の白人男性で共和党トランプ支持者」というと「衰退し失業率の高い地域に暮らす高卒、キリスト教保守派、カントリーミュージックが好きで人種的偏見が強い陰謀論者」というようなステレオタイプを当てはめることができる。断片的な情報から、なんとなくその相手を理解したつもりになることができるのである。あくまでも、相手を知らないことから生じる自分の不安を低減するための「理解」なので、それが真実であるかどうかは重要ではない。重要なのは「理解したつもり」になって自分の不安を低減できるかどうか、なのである。

　では日本ではどのようなステレオタイプが利用できるだろうか。明らかに外国出身者を街で見かけることは多くなったが、それでも自分のコミュニティーにいる人間のほとんどは日本人に見える。神社やお寺に行くことはあるが、ほとんどが無宗教。出身地はいろいろでも話す言葉はほとんど標準語。ほとんどが高卒以上。日本人の属性は、かなり均質化されて特定のステレオタイプに当てはめて理解したつもりになることが困難なのである。日本人に広く適応できる唯一の例外が、「血液型ステレオタイプ」なのである。

　血液型性格に関する調査を行うと、ほとんどの大学生は自分の血液型を知っていることがわかる。最近は自分の血液型を知らないと回答する大学生

終章　「血液型性格」とは何だったのか　255

が以前より増えていると感じるが、以前は自分の血液型を知らない学生がほぼいなかったが最近ちらほらと見かけるようになったという程度である。そして日本人には、A・B・O・AB、4つの血液型がある程度バランス良く存在する。4つの血液型がバランス良く存在することと、ほとんどの人が自分の血液型を知っている、この2つが血液型性格が社会に浸透する前提条件である。

A型、B型、O型を発見したラントシュタイナーの最初のサンプルにAB型がいなかったように、ヨーロッパではAB型が非常に少ない。また、B型も日本よりも少なく、A型とO型で9割近い。ヨーロッパ人がB型を進化のレベルが低いとか、犯罪者型などと否定的に評価したのは、B型が少ないからである。自分の血液型を知らない人も多い。アメリカでも全体的な血液型分布はヨーロッパと同様である。従ってヨーロッパやアメリカでは血液型性格が浸透し得ないのである。ヨーロッパで血液型と性格を関連付けた話をすると、自らの血統の純粋さを誇り、血液からユダヤ人を特定するために多くの人間を虐殺したナチスの記憶を掘り起こし「人種差別主義者」として嫌悪されることになる。また、アメリカではヨーロッパ系、アフリカ系、アジア系と人種によって血液型分布が異なる。「アフリカ系アメリカ人やアジア系アメリカ人はヨーロッパ系アメリカ人よりB型が多く、B型は進化のレベルが…….」などとアメリカで言えば、ナチスの記憶を持ち出すまでもなく、「人種差別主義者」として嫌悪されることになるのである。

9　「B型は否定的性格」というステレオタイプ

4つの血液型のバランス良い存在と、多くの人間が自分の血液型を知っているという血液型性格が浸透する条件が当てはまる国はそれほど多くはない。数少ない国のひとつが韓国である。

藤田（2006）は、『B型の男』という曲を巡る騒動を紹介している。キム・ヒョンジョンという韓国の女性歌手の『B型の男』という曲は、個性が強く魅力的だが自分勝手なB型の男を愛してしまったが、その彼氏に振り回され

256　　第Ⅱ部　データに見る血液型性格

て疲れた女性の心情を歌っているという。「浮気者で自分勝手なB型男性」という歌詞があり、韓国のB型男性はキム・ヒョンジョンに怒りの抗議を行った。キム・ヒョンジョンはホームページでB型男性に謝罪し、B型男性のための無料コンサートを開くことで和解したという。

『B型の彼氏』という2005年の韓国映画がある。冒頭、友人とバスケットボールをして遊んでいた主人公のB型男性が車に戻ると、車の中で待っていた彼女に「何時間待たせるの」と怒られる。主人公は女性を車から降ろし、置き去りにして発車し、車の窓から女性の鞄を投げ捨て走り去る。A型の彼女と出会い、初めて食事をするとき、自分の好みで刺身と寿司を頼み、刺身は食べられないという彼女に寿司を勧め、寿司も食べられない彼女にネタをとってご飯だけを食べさせた。映画を見に行って自分がつまらなくなったら映画を楽しんでいる彼女を連れて外へ出てしまう。彼女が大学の試験期間なのに彼女の家を強引に借りる。彼女が作ったインスタントラーメンの麺を全部食べてスープを彼女に勧める。自分の借金を肩代わりしてくれる先輩に、彼女を差し出す。彼女に抗議されると自己正当化して彼女が悪いと反論する。自分の物に触れられるのも他者から干渉されるのも大嫌い。そんな嫌な人間としてB型男性を描いている。この『B型の彼氏』は韓国では150万人を動員した大ヒット作だという。

能見親子の後を引き継ぐ「一般社団法人ヒューマンサイエンスABOセンター」のホームページによると、韓国では2000年に能見正比古の翻訳本が出版され、その後10冊以上の能見の著書を翻訳出版し、講演活動やテレビ制作などの「啓蒙活動」を行っていることが紹介されている。このような営業活動が韓国でも実を結んだということだろう。

日本では、お笑い芸人のはなわが『B型ロックンロール』という曲を歌っている。「マイペース」「せっかち」「飽き性」「自己中」「気分屋」「涙もろい」「寂しがり屋」「かなりウザい」。B型の特性として、このような言葉がちりばめられている。はなわのヒット曲『佐賀県』や映画『翔んで埼玉』のエンディングで使われた『埼玉県のうた』は、それぞれ佐賀県や埼玉県を馬鹿にする歌であるが、はなわ自身が佐賀県で育ったことや埼玉県生まれである

終章 「血液型性格」とは何だったのか 257

ことで自虐ソングになっている。しかし、はなわはO型であり、『B型ロックンロール』は自虐ソングではなく、ただB型を嘲笑するB型ヘイトソングでしかない。坂本龍一や黒澤明などのB型の有名人の名前を挙げて「天才」と言っているが、B型ヘイトソングという曲全体のトーンは変わらない。

よく言われるB型ステレオタイプに自分の主観を付け加えるとこんな歌詞ができるのだろうと推察される。そこに絶対的に欠けているのは、血液型は自分では選べないし変えることもできない遺伝により決定される個人属性という視点である。

10　心理学者が「血液型性格」を研究する理由

心理学者が血液型性格を研究する3つの理由がある。第一に、本当に血液型と性格が関連しているのかを検討することである。1930年代、古川の血液型性格説が当時の学会で否定されたのは事実であるが、当時と現代とはデータを取るための研究方法もデータの分析方法も段違いに進歩している。1930年代には認められなかった血液型と性格の関連を示す決定的な証拠が現代の研究技法なら見出せるかもしれない。血液型によって性格が異なるのであれば、心理アセスメントの手間を省くことができるために有益である。しかし、血液型と性格の関連を示す信頼できる証拠は得られていない。

心理学者が血液型性格を研究する第二の理由は、関連のないものを関連があると思い込む人間の認知プロセスを研究することで、人間の情報処理過程を明らかにすることができるからである。

人間が地球上で文明を築き繁栄してきたのは、いくつかの事象の因果関係を推論し、ある現象が生じる法則性を理解し、その現象をコントロールしてきたからである。人間の認知機能は、いくつかの事象を関連付けて体系的に理解しようとする。人間は見えないものを見ようとするのである。それは文明を発展させる大発見に繋がることもあれば、無関係なものに関係があると思い込む錯誤相関の場合もある。しかし人間の認知機能は、無関係なものに関係があると思い込んだ錯誤相関の場合でも、バーナム効果や確証バイアス

258　　第Ⅱ部　データに見る血液型性格

などの認知的バイアスによって本当に関係があるように思い込ませてしまうのである。その結果、迷信行動や疑似科学が生み出されるのである。

第6章で示したように、血液型性格項目の自己評定の有意差は、血液型性格の知識がありかなり信じている血液型性格高受容群では認められるが、知識があまりなくあまり信じていない低受容群では有意差がほぼ認められないことは繰り返し確認されている。ここから、血液型性格項目の有意差は知識汚染により生じるものであり、血液型の違いにより生じるものではないと判断できる。そして知識汚染により確証バイアスや対応バイアスが起こりやすくなり、予言の自己成就と自己スキーマの変化などの認知構造の変化も生じやすくなることが示唆される。

心理学者が血液型性格を研究する第三の理由は、血液型性格が生み出す社会問題である血液型差別を明らかにすることである。第7章で示したように、少数派のAB型とB型はイメージが悪いだけでなく血液型性格のために不快な経験をしている者も多いこと、AB型はイメージがよくなるにつれて不快経験率が低下すること、B型に付与された否定的イメージはなかなか消すことができないことなどがわかっている。

血液型性格判断には人間の性格判断の側面と、それに基づいた相性判断の側面がある。血液型ステレオタイプが差別を生み出しやすいのは、その相性判断の側面が「自分と☆型は合わない・嫌いだ」という偏見やそれに基づく差別行動を正当化するからだと考えられる。

占星術など多くの占いも相性判断の要素を持つが、「蠍座は性格が悪い」というように特定のタイプに否定的なイメージが形成されているようには思えない。なぜ血液型ではイメージが良い血液型とイメージが悪い血液型が生じるのだろうか。

第一に、血液型分布には大きな偏りがあり明らかな多数派と少数派が存在するからだろう。錯誤相関により少数派に否定的なイメージが形成されやすくなるのである。さらに、前述のようにマスコミが発信する情報自体が少数派に不利なものが多くなるのである。この2つの要因が相互に影響し合い、「相性占い」の部分と結びつき少数派を揶揄する方向で作用するのだと考え

られる。

　かつて「朝日新聞」の電脳喫茶室というコーナーがあり、あるテーマで募集した読者の笑い話を紹介していた。2000 年 8 月 26 日のテーマは「血液型ウオッチング」で、「B 型上司に部下へき易」という見出しや「ズボラでものにこだわらない B 型は」とか「『かくれ B 型』にご注意」といった記者のコメントが掲載されていた。このような軽い気持ちでマスコミが揶揄することで、否定的な血液型ステレオタイプを社会的に広い範囲に定着させるのである。無自覚な偏見や差別の拡散にマスコミが加担しているのである。

11　「血液型性格」は疑似科学である

　血液型性格とは何だったのだろうか。第一に、血液型性格は優生学やホロコーストと同じ歴史の文脈から生まれた疑似科学である。

　終章では、第 1 章の心理学史の枠を超えて、より大きな人類史の中で血液型性格について考えてきた。産業革命により工業化社会になった白人帝国主義国家はアジア・アフリカの多くの国を植民地支配していた。進化論が浸透し、人間は神が造った万物の霊長ではなくなった。「神の似姿」という特権意識、白人キリスト教徒の存立基盤を失った実存的不安を、「進化の序列の優位性」で埋め合わせようとした。進化論に影響された「社会進化論」は民族間の序列の意識を生み出し、「優生学」を生み出した。

　そのような時代背景で発見された血液型は、民族の序列と結びつけられ白人優越主義の根拠とされた。ナチス・ドイツはドイツ民族の優越性とユダヤ人の劣等性を喧伝するために血液型性格を利用した。

　血液と人間のパーソナリティを結びつける考え方そのものが、白人帝国主義国家の白人中心主義、白人優越主義の文脈で生まれた疑似科学である。その文脈と強く結びついて優生学が生まれ各国の断種政策を生み出し、ナチス・ドイツの安楽死政策とユダヤ人大量虐殺が引き起こされていったのである。血液型性格は優生学やホロコーストと同じ歴史の文脈から生まれた兄弟なのだ。優生学はかつては先端科学と見なされていたが、現代では疑似科学

260　　第Ⅱ部　データに見る血液型性格

でしかない。

　古川竹二の血液型性格説は科学であった。A 型と AB 型は受動的、B 型と O 型は積極的という操作的定義が可能であり、検証可能な仮説を設定し、正しいかどうか検証することができた。検証の結果、古川説は否定されフェードアウトしていった。科学の仮説だから科学の方法で検証され科学的に議論され否定されていったのである。

　一方、能見正比古以降の血液型性格は根拠のないものをあるように見せかける疑似科学である（第 2 章参照）。「ある職業に☆型が多いのは☆型の＿＿という性格がその職業に適しているからだ」、このようなロジックで血液型と性格の関連を説くが、第 4 章で見たようにこじつけでしかない。各血液型の特徴を表す言葉の意味も、その職業に必要とされるパーソナリティもどのようにでもこじつけて解釈可能になっており、何でも説明できる万能理論になっている。第 4 章で紹介した長嶋茂雄の性格は B 型でも AB 型でも説明できてしまう。何でも説明できるということは、反証不可能ということであり疑似科学ということになる。

　血液型性格は、血液型とパーソナリティとの関係という証拠のない仮説を正しいと主張し続ける疑似科学である。

12　「血液型性格」は「B 型問題」である

　血液型性格とは何だったのだろうか。第二に、血液型性格とは「B 型問題」である。

　B 型をどのような存在と見なすかという B 型問題が血液型性格と結びついてきた。デュンゲルンやナチス・ドイツは B 型を劣った血液型であると見なし、アジア人差別やユダヤ人差別を正当化した。それに対する反論として古川の血液型性格説が生まれた。古川は B 型が劣った血液型というわけではなく、日本全体のバランスの中で考えると、ヨーロッパより B 型が多い日本の方が「統一あるよき国家」だと反論したのである。

　しかしその古川説も学説としては否定された。1970 年代以降の大衆文化と

終章　「血液型性格」とは何だったのか　　261

しての血液型性格で、当初は特にB型が否定的に描かれていたわけではなかった。1991年の2つの研究（佐藤・宮崎・渡邊, 1991, 上瀬・松井, 1991）で、否定的イメージが強かったのは最も少数派であるAB型だった。これは錯誤相関で説明できる。しかし1990年代終わりから2000年代にかけてAB型のイメージが良くなりB型のイメージが悪化していった。これはマスコミの思惑が大きく関与したと思われる。

　マスコミは営利企業である。テレビであれば視聴率を上げたいし、書籍であれば売り上げ部数を伸ばしたい。そのためには多数派が喜ぶ内容のものを提供すればよい。A型とO型が喜ぶ内容なら、日本人の7割に受け入れられる。多数派のA型とO型を肯定的に、少数派を否定的に描いて対比させれば多数派が喜び利益が上がる。しかし、少数派差別と言われると多数派にも受け入れられない。では、AB型を「変人」ではなく「天才型」にしよう。B型を比較対象にして多数派を喜ばせよう。このようなマスコミの思惑でB型が悪者にされていったものと思われる。

　そこには「なんとなく」日本に根付いたシュッツ＆ウォーリッシュ（1924）の「B型は犯罪者に多い」という単純な考え方が影響していたのだろう。一度社会に根付いた偏見はなかなか消すことができない。

　危険をいち早く察知できる人間ほど生き残る確率が高くなる。人間は危険の予兆に敏感になる。何が危険の予兆となるか、人間は子どもたちに伝えて子どもたちの生存確率を高めようとする。「B型は犯罪者に多い」のであれば、犯罪に巻き込まれないように、被害者にならないようにB型に気をつけないといけない。このような生存戦略も、偏見が生き続ける原因となるだろう。たとえそれが事実無根であっても、その相手を避けていればその相手から被害を受けることはなく、結果として生存できるのだから目的は達成できる。一方、その相手を回避しているのだから偏見を修正する情報を手に入れることはできない。被害を避けて生存する目的を達成できるのだから、偏見を修正する必要は生じないのである。偏見を修正する必要が生じるのは、その偏見を持っていることで不利益が生じる場合だけである。

　ヨーロッパ人のアジア人差別として使われたB型が、巡り巡って100年後

の日本でも差別され否定的に扱われている。アジア人差別に反論したはずの
日本で同じことをしているのは、歴史の皮肉というやつである。

13 「血液型性格」は娯楽（エンタメ）ビジネスである

　血液型性格とは何だったのだろうか。第三に血液型性格とは、娯楽（エンタメ）ビジネ
スである。「科学」ではなく大衆娯楽になったから血液型性格の書籍が売れ、
テレビの視聴率が上がったのである。

　多くの人にとって血液型性格は科学的性格検査でも迷信や偏見でもなく性
格占い・相性占いであり、また話の種や遊びなのである（第5章研究1参照）。
多くの人にとって血液型性格は完全に否定し無視できるものでもないが、真
剣に信じるものでもなく遊びとして話題にするものなのである。

　能見親子は「血液型人間学」を標榜したが、能見親子のやったことは前述
のように疑似科学である。これが古川竹二のような科学（第2章参照）であ
れば、他者の追試研究から評価され、肯定されれば科学的知見として定着し、
肯定されなければ研究テーマとしてフェードアウトしていく。能見親子の
やったことは、人々に血液型ステレオタイプを植え付け、バーナム効果と確
証バイアスを利用して当てはまる実感を与え、血液型性格市場を開拓したこ
とである。血液型性格は、ゲームメーカーがゲーム機とゲームソフトを開発
しゲーム市場を開拓したことと同じ娯楽ビジネス、金儲けである。

　テレビ番組を見てもらう、書籍を読んでもらう、血液型性格をネタに友人
と話をしてもらう。友人との楽しい血液型トークは必ず血液型性格肯定の立
場での会話になる。少なくとも完全否定の立場にはならない。完全否定の立
場だと「血液型性格ってウソだよね」で終わってしまい会話が続かないから
だ。半信半疑の立場の場合、友人との血液型性格トークは、血液型性格が当
てはまるかどうか、いわば答え合わせの時間になる。共通の知人をネタに、
「あの人は☆型だから、やっぱり＿＿＿だ」「でもあの人は☆型だけど少しも
＿＿＿ではない」、そんな血液型性格トークは、例外はあるけれど、なんと
なく血液型と性格は関連するというような雰囲気で進行する。

終章　「血液型性格」とは何だったのか　　263

この血液型性格トークは、血液型性格の情報を記憶に定着させる働きをする。学生時代、試験勉強で友人と問題を出し合った経験がある人も多いだろう。お互いに問題を出して答え合わせをする、この作業によりその知識が記憶に定着されやすくなるのである。友人と楽しく血液型性格トークをし、誰の場合どういうところが当てはまっているのか、それを友人と答え合わせをすることで、血液型性格情報が友人との楽しい会話の記憶とともに定着するのである。

　血液型性格トークの中で、特定の血液型を馬鹿にする話が出てくることもあるだろう。『B型ロックンロール』の歌詞のように、「＿＿＿する人ってだいたい☆型だよね」、「わかる、それって☆型あるあるだよね」とトークは盛り上がる。自分の血液型をけなされて不愉快な思いをしても、その話をした者も自分も「遊びであり本気ではない」と思っており、不愉快でもみんなが楽しんでいるトークにケチを付けるのは大人気ないと思ってしまう。また、ここで本気で反論したら、「遊びなのにマジで反論して、空気読めないよな、だから☆型は＿＿＿なんだよ」と言われてますます自分の血液型がけなされてしまうかもしれない。この遊び半分の無自覚さこそが、偏見や差別の対象になり実害を受けた人たち自身の口を閉ざし血液型ステレオタイプへの反論や被害の訴えを出にくくする原因となる。

　下方比較理論（Wills, 1981）では、人は自分よりも不遇な他者と自分を比較することで、主観的に幸福感を感じることができるという考えが前提になっている。この下方比較は、自分よりも現実に不遇な相手と自分を比較して安心するというという消極的なプロセスだけでなく、他者を傷つけ中傷し自分より不遇な状態にして、その相手と自分を比較して主観的幸福感を高めるという積極的・攻撃的なプロセスも含まれる。この攻撃的下方比較により、事実に基づかない非難や中傷、他者の不運や弱点を揶揄する皮肉やブラック・ユーモア、特定の他者や集団に対する社会的偏見、社会的弱者や少数者集団をスケープゴートとする攻撃行動などが生じると下方比較理論では考えられている。人は時として他者を揶揄し誹謗中傷することで幸福感を感じるのだ。

　攻撃的下方比較の対象には少数派が選ばれることが多い。なぜなら多数派

を攻撃すると多くの反撃を受ける可能性が高くなるからだ。血液型性格トークの場合、少数派の B 型や AB 型が対象になることが多くなるのである。さらに、みんな B 型や AB 型を馬鹿にしているから、自分も馬鹿にしても良いだろうと同調行動が生じる。みんなが言っているのだから本当だろうと合意的妥当化が行われる。そしてそのような声が広がり、少数派に対する否定的な血液型ステレオタイプが強化されていくのである。

娯楽ビジネスとしての血液型性格は、多数派の A 型と O 型を楽しませるために、少数派の B 型や AB 型を犠牲にすることで成り立っている。血液型性格を肯定する人々は少数派の B 型や AB 型を犠牲にすることで金儲けをしているのである。

14 「血液型性格」は「差別」である

結局、血液型性格とは一体何だったのだろうか。血液型性格は「差別」である。あるいは、血液型性格が行き着くところは「差別」なのである。

前述のように、血液型は遺伝的に決定される身体の特徴であり、自分で選ぶことも変えることもできない個人属性である。その身体的特徴である血液型で、他者を否定的に扱うことは明らかな差別である。肌の色、目の色、髪の色、背の高さなどの身体的特徴で他者を否定的に扱うことと同じ差別なのである。

第 7 章で示したように、多数派の A 型と O 型は良いイメージを持たれ、少数派の AB 型と B 型は悪いイメージを持たれている。AB 型と B 型はイメージが悪いだけでなく、血液型性格のために不快な経験をしている者が圧倒的に多い。

例えば、「アジア人の隣に住みたくない」、「アフリカ人とは一緒のクラブに入りたくない」などという人に対しては、誰もがそれは人種差別だと非難することだろう。しかし血液型で同じことをいう場合には差別として非難されることもほとんどないし、差別として認識されることさえ少ない。それは前述のように、「血液型性格は遊びであり本気で信じているわけじゃな

終章 「血液型性格」とは何だったのか　　265

い」という意識が染みついているからである。

　自分は特定の血液型を差別したことはないと主張する人も多いだろう。た
しかに、第7章で紹介した「嫌いな血液型・相性の悪い血液型」の調査では、
「なし」という回答が最も多かった。しかし、自分では特定の血液型を差別
しているつもりはなくても、血液型性格に関する知識には少数派のAB型と
B型に対する否定的ステレオタイプが組み込まれている。血液型で人間の性
格を判断している限り、自分の中でAB型とB型に対する否定的ステレオタ
イプが生き続けているのである。その場合、対人関係において、AB型とB
型との接触を避けることもあるだろう。その否定的ステレオタイプは情報処
理過程において確証バイアスを引き起こす。つまりAB型とB型の粗探しを
引き起こし、やっぱりAB型とB型は性格が悪いと思うこともあるだろう。
知識汚染とは一定の方向の言動を導く情報処理ユニットを組み込むというこ
となのである。そしてAB型やB型の相手と葛藤状況に陥った場合、否定的
ステレオタイプが活性化し、葛藤相手の特定の個人ではなくAB型やB型全
体に対する嫌悪感が強くなるのである。

　血液型性格を性格判断ツール、対人認知の基本的枠組みとして使用してい
る限り、血液型差別はいつでも意識のすぐそばにあるのであり、いつでも活
性化し人間の言動を支配するのである。

15　心理学は「血液型差別」と戦う

　第1章にあるように、学会はある研究にとどめを刺したりはしない。否定
的に評価された研究は、注目されなくなりフェードアウトしていくのみであ
る。しかし、人間生活の改善に貢献することも心理学の目的の一つである。
本書は血液型差別の存在を告発するものであり、血液型差別を生み出す血液
型性格判断が虚妄であることを示し、血液型性格判断の有害さを告発するも
のである。本書は血液型差別にとどめを刺すものである。

　血液型性格は何回かのブームと衰退を繰り返し、日本社会に定着してきた。
誰とでも気軽に話題にできるコミュニケーション・ツールとして役立つもの

である。血液型で他者を理解したつもりになって、安心感を与えてくれるものでもある。友人たちとの血液型性格の話題で楽しい時間を過ごす人もいるだろう。

しかしその血液型性格に関する楽しい会話は、少数派の AB 型と B 型の犠牲の上に成り立っているのである。人間の性格を血液型で判断することの裏側には常に血液型差別という暗黒面がつきまとっているのである。日常生活の裏側に潜む無自覚な差別を生み出すもの、それが血液型性格判断なのである。

ビッグデータを利用しやすくなり、今後、血液型による何らかの統計的有意差が認められる可能性はある（第2章参照）。例えば、血液型により交通違反の種類が異なるかもしれない。スピード違反が多い血液型、駐車違反が多い血液型、信号無視が多い血液型などが認められる可能性はある。それを安易に血液型性格に結びつけて、「☆型は慎重さに欠けるので、信号無視が多い」などと主張することは控えるべきだ。それが血液型差別を生み出すからだ。

まず、その現象が複数回安定して観測されないのであれば、それは一過性の偶然でしかない。複数年にわたり、違う地域でも同じ結果が観察されて初めて、その現象が生じたと判断することができる。事実認定し、なぜそのような現象が生じるのかを考える意味が生まれる。偶然が生じた意味を考えても時間の無駄でしかないのだ。

また、血液型で有意差が出た現象を、誕生月とか干支で分析したら同じような有意差が認められるかもしれない。これも「偶然の」有意差なのだろう。有意水準とは、ある現象が偶然に生じる可能性、すなわち危険率である。有意水準5％とは、例えば2つの平均値の大きな差が偶然生じる確率が5％近くある、ということを意味する。偶然にその結果が生じる危険性は無視して、今回認められた結果は偶然ではないと判断しても良いだろうという統計学的判断基準が有意水準5％なのである。有意水準が小さいほど、その結果が偶然生じる危険性が小さくなる。その危険性をゼロに近づけることはできるが、完全にゼロにすることはできない。データ数が多くなるほど、有意な結果が

終章　「血液型性格」とは何だったのか　267

出やすくなる。そのため、データ数に影響されない「母集団に現れるであろう差や関連の大きさの指標」として、効果量を示す必要があるのだ。血液型でしか有意差が出ない現象が複数回安定して観測され、さらに十分な効果量が示されないと、血液型で何かが異なると主張することはできないのである。

　また、日本人のデータの場合（韓国人も該当するかもしれない）、血液型性格の知識汚染の影響を考慮しないとならない。第6章研究5で示したように、血液型性格の知識があり血液型性格をかなり信じている血液型性格高受容群では多くの血液型項目で有意差が認められた。血液型性格に類似した項目、血液型性格を連想させる項目であれば、高受容群の知識汚染のために、血液型による有意差が安定して認められる可能性は高いだろう。しかしそれは、知識汚染により生じた有意差であり、血液型の違いにより生じた有意差ではないのである。

　「血液型で性格が異なる」という仮説を証明するためには、知識汚染では説明できない血液型による有意差、しかも十分な効果量の有意な結果を複数回安定して観測することが必要になる。そのような血液型の違いによる有意差を複数回安定して観測できたとしても、それが本当に血液型の違いにより生み出されたものであるとは一概には判断できない。血液型の違いによって特定の性格が形成される機序を解明できない限り、血液型の違いにより生み出された有意差であるとはいえないのだ。血液型性格形成の機序の解明がなければ、結局は血液型自体ではなく知識汚染のような他の要因によって生じた現象だと判断するしかないのである。

　心理学はデータを取りどのような現象が生じているのか、事実を明らかにする。そしてその現象が生じる機序を明らかにする。本書は血液型性格が知識汚染によって生じた思い込みであることを明らかにし、血液型性格によって生じる血液型差別の実態を解明した。

　本章で見たようにさまざまな歴史的背景があるにせよ、血液型性格は直接的には心理学が生み出したものということができる。白人優越主義者のアジア人差別に対する反論として日本の心理学者が提唱した概念が血液型性格なのである。その血液型性格が現代の日本で白人優越主義者と同じように少数

派の血液型、特にB型に対する差別を生み出していることを本書はデータによって明らかにした。

　心理学が生み出した血液型性格が差別を生み出しているのであれば、心理学は血液型差別を告発し、その差別を根絶するために戦うものである。

引用文献

Duckitt, J.(2010). Historical overview. In J. F. Dovidio, M. Hewstone, P. Glick & V. M. Esses (Eds.), *The SAGE handbook of prejudice, stereotyping, and discrimination*. 29-44, London:SAGE./Samelson(1978).

遠藤紀勝(1992). 吸血鬼の民俗学　吉田八岑・遠藤紀勝(著)ドラキュラ学入門, 105-204　社会思想社

藤田紘一郎(2006). パラサイト式血液型診断　新潮社

井上嘉孝(2013). 吸血鬼イメージの深層心理学——ひとつの夢の分析　創元社

上瀬由美子・松井豊(1991). 血液型ステレオタイプの機能と感情的側面　日本社会心理学会第32回大会発表論文集, 296-299.

松田薫(1991).「血液型と性格」の社会史　河出書房新社

松尾友香(2009). 図解入門 よくわかる最新血液型の基本としくみ　秀和システム

NHK「フランケンシュタインの誘惑」制作班(2018). 闇に魅入られた科学者たち——人体実験は何を生んだのか　NHK出版

佐藤達哉・宮崎さおり・渡邊芳之(1991). 血液型性格関連説に関する検討(3)ステレオタイプから偏見へ　日本発達心理学会第2回大会発表論文集, 147.

Schütz, F. & Wöhlish, E.(1924). Bedeutung und Wesen von Hämagglutination und Blutgruppenbildung bein Menschen. *Klinische Wochenschrift*, Nr.36, S.1614-16, 2. September.

高史明(2018). 人種・民族　北村英哉・唐沢穣(編)偏見や差別はなぜ起こる？——心理メカニズムの解明と現象の分析　ちとせプレス, 97-114

種村季弘(1970). 吸血鬼幻想　薔薇十字社

Wills, T.(1981). Downward comparison principles in social psychology. *Psychological Bulletin*, 90(2), 245-271.

Yamamoto, M. & Adelstein, J.(2017). Un-True Blood: Japan's Weird Taste for Discrimination Against 'Type Bs'. *The Daily Beast*, Updated May 30, 2017

米本昇平・松原洋子・橳島次郎・市野川容孝(2000). 優生学と人間社会　講談社

「血液型性格」に関する調査協力へのお願い

　『血液型性格心理学大全』をご覧になっているあなたに、調査協力のお願いをします。

　私（山岡）は1999年以来血液型性格に関するいろいろな調査を行ってきました。2010年くらいまでは、受講生が1000名を超える科目を担当していましたが、そのような担当科目がなくなり、また私の担当する科目数も学生数も次第に減少してきました。

　心理学はデータがあればどんなテーマでも研究できますが、基本的にデータがないと何も語ることができません。特に、血液型性格の場合は、AB型が1割弱しかいないので、他の血液型とAB型を統計学的に比較可能にするために、ある程度の数のデータが必要になります。

　そこで、血液型性格に興味を持ち、本書を手に取ってくださったあなたに調査に協力していただきたいのです。

　下記のQRコードからアンケート画面にアクセスして、そこでの指示に従って質問に回答してください。よろしくお願いします。

　あなたの回答が、血液型性格に関する疑問を解く力になります。どうか、ご協力よろしくお願いします。

血液型と性格・行動に関する調査

第 **III** 部

資料

　第III部は、血液型性格研究において重要な心理学論文を資料として紹介する。まずは血液型性格関連説の始祖である古川竹二の1927年の論文『血液型による気質の研究』。2つめは、詫摩・松井（1985）の『血液型ステレオタイプについて』。血液型性格についてさまざまな観点から調査を行った研究である。3つめは、松井豊（1991）の『血液型による性格の相違に関する統計的検討』。ランダム・サンプリングにより収集した性格・人格に関するデータを再分析した研究。4つめは、上瀬・松井（1996）の『血液型ステレオタイプの変容の形——ステレオタイプ変容モデルの検証——』。血液型性格を否定する講義を行いその効果を検討した。5つめは、縄田健悟（2014）の『血液型と性格の無関連性——日本と米国の大規模社会調査を用いた実証的論拠——』。日本だけでなくアメリカでの調査結果を利用して血液型と性格が関連しないことを示している。

資料 1 / 血液型による気質の研究

●古川竹二（東京女子高等師範学校教授）

（1927 年「心理学研究」第 2 巻第 4 号, 612 – 634）

　1927 年に心理学研究第 2 号に発表された古川竹二の論文である。この論文がなかったら、後の血液型人間学も血液型性格ブームも生まれることはなかった。日本の心理学研究で最も多くの追試研究を生んだ論文でもある（第1 章参照）。

　1927 年当時の書式に従って、この古川論文だけ縦書きのまま掲載した。295 ページから読んでいただきたい。

　当時は「目分量統計」の時代であり、この古川論文もパーセンテージを示しただけで議論を行っている。現代の視点からすると違和感があるが、記述統計学は確立されていたが推計統計学に関しては未だ発展途上の段階にあった時代の論文であることを念頭に置いて読んでいただきたい。

●**注意：第Ⅲ部を読むにあたって**

- ・**資料 1『血液型による気質の研究』**は、初出誌である「心理学研究」第 2 巻第 4 号の誌面をそのまま掲載した。295 ページから逆順に読む。
- ・資料 1 における文字欠け・汚れ・かすれは、原資料に起因するものである。
- ・第Ⅲ部に掲載した各論文の著者の肩書は、初出当時のものである。
- ・各論文における図・注および引用文献の書式は、初出誌の体裁のままである。
- ・本書掲載にあたり、各論文の著者（資料 1 を除く）に内容の確認を依頼し、誤記を修正している。

（五）血液型と氣質と一致せざる場合は、その人の兩親の一方乃至兩方共に血液型が Homozygote で
なく Heterozygote であると考へらるゝこと。（この問題については多くの事例を有しないので
あるが吾人の調査したる範圍内では左様であった）

一〇 餘 論

尚ほ特殊の疾病（例へば肺結核の如き）及び異常の内分泌作用（例へばバゼドー氏病の如き）が氣質
に影響を及ぼすと云ふ事實も學者に依つて考へられて居るけれども未だ之に依つて氣質を分類するこ
とは出來ないやうである。それで吾人は之等は病的現象として漸らく置き健康者一般に通ずる氣質の
基調につき考察したのである。

尚ほ吾人の結論を假りに眞なりとして之を基礎としてなせる民族性の基調に就いての考察は東京帝
國大學教育學研究室より近く公にさるべき「教育思潮研究」に投稿して諸賢の御參照を乞ふことにし
た。その他にも種々の問題に觸れ興味ある結果を得たのであるが之等は更に公にすることとし、こゝ
には單に實驗的事實のみを報告するに留むる。

こゝに潛越を顧みず氣質に關する杜撰なる考察を述べて諸先輩の敎へを乞ふと同時に喜んで吾人に
血液を供せられた同僚諸先輩、友人及び過去と現在の生徒諸子に對して深甚なる謝意を表する次第で
ある。

右の何れか一方に傾いて居ること、從つて人の性格はその何れかを基調として之に「著しき精神的特徴」として前述せる事項が配せられその上に教育、境遇の影響、從つて Adoption や Compensation 等の心理作用が働らいて形成されると考へらること。

此に一言し度きは大人の心理現象は甚だ複雜であつて之を分拆的に考へて見るとすべての方面に Active であり又は Passive であると云ふことの出來ないことは云ふまでもない。然し乍ら未だ性格の定まらざる少年少女期の兒童に於てはこの二種の區別は甚だ明白であつて、從來の四種の氣質の分ち方より遙かに明瞭である。それ故に氣質の基調としてこの兩者を立てることは大過がないと考へる。

（四）血液四型に相當すると考へらる氣質を假りにヴントの分類の仕方に當て考察して見ると

	主	副
Ⅰ型者	粘液質	多血質
Ⅱ型者	神經質	膽汁質
Ⅲ型者	多血質	
Ⅳ型者	神經質	膽汁質

以上の如く配せられて居るやうに考へらること。

うに、内省の結果より稍劣れるも大差が無く矢張り吾人の説に反するものでないやうである。而してこの稍劣れる原因は生徒等が他人の観察に馴れざる爲めと、女生徒の氣質を外面より窺ふことの甚だ困難なるが爲めと更に内省の場合と同様血液型の遺傳に依る不純型の結果であると考へいくと思ふ。

こゝに繰り返して云ひ度いことは、男子にあつてはその氣質がよく外面的に現はれて居るを常とするとも、女子、特に高等教育を受けつゝあるものは上級に進むにつれ益々その氣質を外面より窺ふとの困難となることである、男子の場合に於けるよりも誤のパーセントが下つて居るのはこの問題に原因することが甚だ多いことを吾人は力説する。

九 結 論

上述の實驗的事實から歸納すると氣質に關する從來の説とは少しく趣を異にして來るやうに思ふ。

こゝに吾人の得たる事實から結論を求めると次のやうである。

（一）各人の氣質の相異は生理的相異の上に立つて居ると考へらるゝこと

（二）各人の血液型はその人の氣質の基調を決定する最も重大なる要素であること

（三）氣質の基調をなす心理的特質は

　a. 進取的　　積極的　　自動的　　陽性

　b. 保守的　　消極的　　他動的　　陰性

資料 1　血液型による気質の研究　　275

以上のやうである。

尚ほこの問題は研究途上にあるので之等の説を以つて直ちに眞とすることは早計であると思ふけれど純粹型の外に不純型があることは諸家の研究せる實例に於て之を證明することが出來る。それ故に

第 七 表

客 觀 的 批 判 ノ 結 果

被驗者科別	Active (I + III)			Passive (II + IV)		
	人數	正%	誤%	人數	正%	誤%
文　　　科	41	82.9	17.1	20	55.0	45.0
國　漢　科	25	72.0	28.0	9	77.7	22.3
理　　　科	37	73.0	27.0	30	90.0	10.0
家　事　科	30	73.3	26.7	23	82.6	17.4
體操料は他の方法によりし爲除く						
合　　　計	133	75.9	24.1	82	76.2	23.8

第 八 表

ActiveトPassiveトノ正誤ノ合計

	人　數	正%	誤%
總合計	215	76.7	23.3

稀に吾人の假設に反する者があつても此の方で説明されることが出來ると思ふ。

次に同級生の客觀的批判につき統計を示すと上のやうである。

（人數が減じて居るのは體操科には他の方法を試みたのと、積極とも消極とも判定つかずとしたものがあつたのを除いた爲めである。）

即ち各クラスの生徒等に對して自己のクラスの被驗者を批判せしめたるものに於ては上表に見るや

（六）　Ⅱ型とⅢ型との組合せ

　　(c)　B(R) × B(R)‥‥‥‥‥‥‥‥‥BB 25% + B(R) 50% + RR 25%

　　(d)　A(R) × B(R)‥‥‥‥‥‥‥‥‥AB 25% + A(R) 25% + B(R) 25% + RR 25%

（七）　Ⅰ型とⅣ型との組合せ

　　RR × AB‥‥‥‥‥‥‥‥‥‥‥‥A(R)50% + B(R) 50%

（八）　Ⅱ型とⅣ型との組合せ

　　(a)　AA × AB‥‥‥‥‥‥‥‥‥‥AA 50% + AB 50%

　　(b)　A(R) × AB‥‥‥‥‥‥‥‥‥AA 25% + A(R) 25% + B(R) 25% + AB 25%

（九）　Ⅲ型とⅣ型との組合せ

　　(a)　BB × AB‥‥‥‥‥‥‥‥‥‥AB 50% + BB 50%

　　(b)　B(R) × AB‥‥‥‥‥‥‥‥‥A(R) 25% + B(R) 25% + BB 25% + AB 25%

（一〇）　Ⅳ型とⅣ型との組合せ

　　AB × AB‥‥‥‥‥‥‥‥‥‥‥‥AA 25% + AB 50% + BB 25%

資料1　血液型による気質の研究　277

間には次の如き遺傳關係がある。

（一） Ｉ型とＩ型との組合せ

RR × RR‥‥‥‥‥‥‥‥RR 100%

（二） Ｉ型とⅡ型との組合せ

(a) RR × AA‥‥‥‥‥‥‥A(R) 100%

(b) RR × A(R)‥‥‥‥‥‥‥A(R) 50% + RR 50%

（三） Ⅱ型とⅡ型との組合せ

(a) AA × AA‥‥‥‥‥‥‥AA 100%

(b) AA × A(R)‥‥‥‥‥‥‥AA(50%) + A(R) 50%

(c) A(R) × A(R)‥‥‥‥‥AA 25% + A(R) 50% + RR 25%

（四） Ｉ型とⅢ型との組合せ

(a) RR × BB‥‥‥‥‥‥‥B(R) 100%

(b) RR × B(R)‥‥‥‥‥‥‥B(R) 50% + RR 50%

（五） Ⅲ型とⅢ型の組合せ

(a) BB × BB‥‥‥‥‥‥‥BB 100%

(b) BB × B(R)‥‥‥‥‥‥‥BB 50% + B(R) 50%

（四）Ⅱ型 と Ⅲ型 ……………… すべての型

（五）
Ⅱ型 と Ⅳ型
Ⅰ型 と Ⅳ型
Ⅲ型 と Ⅳ型
Ⅳ型 と Ⅳ型
｝……………… すべての型

以上の如く遺傳するとなして居る。次に古畑醫學博士はRR AA BBなる三種の純粹型を立てAAとBBとを優

性としRRを劣性として遺傳すると主張されて居る。而して之等三種の純粹型の外に

（一）AA ＋ RR ……………… A(R)
（二）BB ＋ RR ……………… B(R)
（三）AA ＋ BB ……………… A B

右の三つの雜種即ち不純型を立て雜種は、次の代に於てメンデルの「分離の法則」に依つて二つの

遺傳分子が必らず分離しなければならぬとし、都合六種の血液型を立て〻居られる。

而して雜種ABだけはⅣ型として獨立したものとしA(R)はAAと共にⅡ型中に、B(R)はBBと共にⅢ型中に混

同されて居るとし、凝集反應の上ではAAとA(R)は同じであり、BBとB(R)とは同じで區別は出來ないが、そ

れ等の子供の血液型から逆に明らかにされることを證明されて居る。それで古畑博士に從へば親子の

かに語つて居ると思ふ。

　この少数の誤％の原因については、内省に馴れざる爲めの誤謬か、もし然らずんば純粹の同型同志の兩親より出でたるものに非ざる各型者である爲めに、血液型はⅠ乃至Ⅲ型者なるも保守的消極的の氣質を示し、Ⅱ型乃至Ⅵ型者なるも進取的積極的な氣質を現はしたものであると見てよいかと思ふ。

　こゝに讀者の參考の爲め親子間に於ける血液型の遺傳關係につき少しく述ぶることゝする。この問題については一九一〇年　V. Dungern 及び　L.Hischfeld　兩氏がドイツのハイデルベルヒに於て七十二家族につき研究し、メンデルの法則に依つて遺傳することを認めてＡ及びＢなる性質は優性、ＮＡ（Nicht A）ＮＢ（Nicht B）なる性質は劣性であると云ふことを主張したるを創めとする。その後米國の Ottenberg 氏は

　　　兩　親　　　　　子　供

（一）　Ⅰ型とⅠ型…………Ⅰ型

（二）｛Ⅰ型とⅡ型｝………Ⅱ型又はⅠ型
　　　｛Ⅱ型とⅡ型｝

（三）｛Ⅰ型とⅢ型｝
　　　｛Ⅲ型とⅢ型｝………Ⅲ型又はⅠ型

次に行へる實驗即ち女高師生徒、臨時教員養成所生徒二百四十八名＝血液被驗者は前述の如く二百六十九名なりしも病氣その他の事故により答案を呈出したるもの＝につきてなせる結果は次のやうである。

第 四 表
血液被驗者ノ各型ノ分希表

血液型／科別	I	II	III	IV	總數
文　科	30	26	16	4	77
國漢科	10	11	10	3	34
理　科	18	33	16	4	71
家事科	17	27	12	3	59
體操科	6	13	5	4	28
總　數	82	110	59	18	269

第 五 表
内省ニヨル Active ト Passive トノ各々ノ正％ト誤％

科　別	Active (I＋III)			Passive (II＋IV)		
	人數	正％	誤％	人數	正％	誤％
文　科	39	82.0	18.0	32	68.8	31.2
國漢科	22	81.8	18.2	12	83.3	16.7
理　科	31	87.1	12.9	33	81.8	18.2
家事科	24	79.2	20.8	27	88.9	11.1
體操科	10	70.0	30.0	18	77.8	22.2
合　計	126	81.7	18.3	122	79.5	20.5

第 六 表
Active ト Passive ト ノ正％ト誤％トノ合計

	人　數	正％	誤％
總合計	243	80.6	19.4

この表に依つて見ると各生徒の自己の氣質の内省の結果は正のパーセントが幾分最初の實驗より減じ

従つて誤のパーセントが稍増加して居る傾向はあるけれども矢張り血液型と氣質との因果關係を明ら

八　檢査の結果

前記五十名の同僚、卒業生及び友人等に對する結果は、前記答案に對して主觀的乃至客觀的批判共に四十六名は正しく四名は誤りであつた。即ち絶體多數のものは血液型と氣質との關係に對する吾人の假説と一致したのであつた。この結果に、最初試みたる吾人の血族者十一名を合して之を表示すると次のやうである。

第　一　表

（被驗者・・・同僚．卒業生．友人．血族者等）

血液型＼性別	I	II	III	IV	總数
男	12	15	9	3	39
女	7	8	6	1	22
總　数	19	23	15	4	61

第　二　表

Active ト Passive トノ各々ノ正%ト誤%

（主觀．客觀同じ）

Active（I＋III）			Passive（II＋IV）		
人　数	正%	誤%	人　数	正%	誤%
34	97.1	2.9	27	92.6	7.4

第　三　表

Active ト Passive トノ正%ト誤%トノ合計

	人　数	正%	誤%
合　計	61	95.1	4.9

即ち Active と Passive との各々の分類（第二表）に見るも又それ等の合計（第三表）に見るも、互に數年の交はりに依つてその氣質を殆んど熟知せる者の間にあつては、極めて少數を除くの外は吾人の假設が證明されて居ると思ふ。

Ⅱ型者の副に膽汁質があるのは此型の人は大體眞面目にして正直なるが故に道德的不正に對して膽汁質を發輝するからである。

Ⅳ型者については吾人の遭遇せる實例に見ると世界各國に於ける血液四型の分類の割合に見るも、甚だしく少數であつて、各人種間に於て檢すると多きも十二三パーセントを出でず（極めて稀に十七八パーセントの人種あれど）少なきは皆無のものすらある位で、これ等稀なる人々の間に於ける共通の氣質的特徵を發見するは甚だ困難である。加ふるに事實上Ⅱ型とⅢ型との雜種たることは、父と母とがⅡ型とⅢ型であつた場合に出現することを見ても明らかである。然し乍ら吾人の得たる二十二名の實例中吾人の比較的熟知せる者七名と生徒の批判中主觀も客觀も消極的たることに一致したるもの八名、合計十五名はⅡ型的であつたのでⅡ型に類似して居ることにしたのである。

Ⅲ型的の人もあるのであるが前述のやうにその數極めて少きが故に伺ほ研究の要があると思ふ。

次に念の爲め通俗的に用ゐらるゝ人物評の言葉を以つて分類をして讀者の參考に供し度い。

Ⅰ型	Ⅱ型	Ⅲ型	Ⅳ型
きかぬ氣の人	おとなしい人	よく氣のつく人	Ⅱ型的で
冷靜な人	心配性の人	世話好きの人	Ⅲ型的分子を有する人。
精力的な人	不平家	陽氣な人	
強い人	引込思案の人	默つて居られぬ人	

べてI乃至III型であつたので、すべて消極的態度を尊ぶ我國の女生徒にあつては、尚ほこの二項を特に力説する様な者は注意に値することを知つたのであつた。その他はインストラクションのまゝに答へてあつたので、之を整理し更に吾人の思考を加へた結果次のやうな分類をなすことが出來た。

	I型（O型）	II型（A型）	III型（B型）	IV型（AB型）
氣質の基調	積極的（内面的及び外面的）進取的	消極的（内面的及び外面的）保守的	積極的（主として外面的）進取的	II型的にしてIII型的分子をも含む
著しき精神的特徴	精力的／刺戟に動かされぬ方／陽性／注意集注的／理性的／主我的／執着力強し／自動的	精力的／刺戟に動かさるゝ方／陰性／注意集注的／感情的／没我的（犠牲的）／他動的	精力的の方／刺戟に稍動かさるる方／陽性特に著し／注意分配的／稍々主我的／執着力少し／自動的	精力的の方／刺戟に稍動かさるる方を併有す。／陽性特に著し／注意分配的にしてIII型的分子を併有す。／II型とIII型との雑種にして血球の内容としてはこの兩型を併有すれど氣質としてはII型的にしてIII型的分子を併有す。
ヴント的分類　主	粘液質	神經質	大體に於て多血質	神經質
ヴント的分類　副	多血質	膽汁質		膽汁質

I型者の副に多血質があるのは陽性を以つて居るからである。

云ふインストラクションを與へて日々席を同じくして比較的氣質をよく理解して居る同級生に對する各員の客觀的批判を求めたのである。而して全般的の注意として、この調査は純粹に心理研究の爲めになずものであつて、その他に意あるものでないことを斷言して自己の思ふ通りを書かしめることに努めた。

尚ほ事項の擧げ方は主として女生徒に對する爲めのものであつたので、幾分重複した嫌がないでもないけれどもそれは種々の云ひ方によつて吾人の主旨を出來るだけ十分に會得せしめる心づかひの爲めである。

次で吾人は更に前記の方法を以つて生徒二百六十九名につき實驗をなしたのである。

七　氣質の分類

前述の結果を整理するにあたつて氣がついたことは、試問事項の最後の二項である。生徒の答への中に、自己はP組に近きも最後の二ヶ條卽ち「他人ノ意見ニ動カサル方」と「自己ノ主張を枉ゲル方」とは中らず、その反對とした者があつたので、之等の人々をその人の血液型と比較したるに殆んどす

吾人は先づ東京女高師職員、卒業生及び友人等五十名に之を示して答を求め、更に數名づゝにつき同一被驗者に對する客觀的批判を求め卽ち主觀と客觀との兩方面より判定せしめた後、血液檢査を行つたものである。

資料1　血液型による気質の研究　285

間を作つて各人に答へを求めたのである。

次のA組とP組とを讀み大體自分が屬して居ると思ふ組に○をつけよ。而して反對の組の方に特に自分にあたつて居ると思ふ事項があつたら、それにも○をつけよ。と云ふインストラクションを與へて自己の氣質に對する内省的主觀的の批判を求めた。

A 組

一、物事ヲ苦ニシナイ方
一、事ヲ決スル時躊躇シナイ方
一、恥カシガリヤデナイ方
一、人ノ前ニ出ルノヲ苦ニシナイ方
一、引込思案デナイ方
一、進ンデ人ト交ル方
一、自動的ノ方
一、他人ノ意見ニ動カサレナイ方
一、自分ノ主張ヲ枉ゲナイ方

P 組

一、心配性ノ方
一、事ヲ決スル時迷フ方
一、恥カシガリヤノ方
一、人ノ前ニ出ルノヲ苦ニスル方
一、引込思案ノ方
一、進ンデ人ト交ラナイ方
一、他動的ノ方
一、他人ノ意見ニ動カサル、方
一、自分ノ主張ヲ枉ゲル方

次に同級生の姓名をしるしたる今一枚の紙に對してはA組即ち大體に於てことをなすに積極的であると思ふ人の姓名の上には「積」と書き、P組即ち大體に於て消極的と思はれる人には「消」と書け、と

女高師）及び友人、合計五十名につき、實驗を遂げ、益々暗示を得、更に東京女子高等師範學校及び第六臨時教員養成所生徒各科合計二百六十九名につき實驗せる結果前と同一の現象を見出したのでこ＼に氣質と血液型との間に假設を立てて見た次第である。

六　吾人の行へる氣質研究の方法

氣質の研究法は種々考へられて居るけれども未だ確定的方法がないやうに思ふ。それで吾人は吾人の考案した方法に依つて之を行ひ。最初吾人の血族者十一名につき實驗した結果血液型と氣質の基礎と考へらるるものとの間に次の如き關係あることを知つた。

氣質の基調	Ⅰ型（Ｏ型）	Ⅱ型（Ａ型）	Ⅲ型（Ｂ型）	Ⅳ型（ＡＢ型）
	積極的進取的	消極的保守的	積極的進取的	

Ⅳ型者は吾人の血族中に存在しなかつたので氣質につきても知る由が無かつた。

大體右の如き共通點を同型の人々の間に見たので吾人は人の氣質の基調を積極的進取的と消極的保守的と云ふことに大別して前者を Active とし後者を Passive として前述の考案を基とし次の如き試

したのは縄錢狀凝集現象=貨幣を積み重ねたる如き凝集=を避ける爲めである）

一、指端を緊縛し、アルコールを以つて消毒し、次に消毒したる縫針を以つて指頭を刺し湧出した血液一滴づゝを二枚のホールオブエクトグラスに受け、ついでピペットを用ゐて一方にはⅡ型、他方にはⅢ型の標準血清一滴づゝを加へ白紙の上にて動揺せしめる。

一、然る時は二三分にして凝集作用を初め漸次小塊を形成し次第に大となり肉眼にて明らかに認定し得るやうになる。尚ほ實驗の結果を正確に觀察する爲めにはルーペ又は弱擴大の顯微鏡下で驗する。

一、血液を得てから實驗までに時間がかゝる場合にはその凝固を避ける爲めに〇・六％の抅櫞酸曹達生理的食鹽水一滴を加へる。

以上の如き方法を以つて實驗をなし、尚ほ血清の腐敗を憂へたので凡そ二週間に一回新らしきものと取かへて結果に不正確なるものなからしめたのである。

五　吾人の研究の過程

元來他人の氣質は短日月の交際に依つては之を窺ふこと極めて難いことは何人も認むる處であらう。それで吾人は先づ自己の血族につきて之を實驗したるに同型の血液を有する者は殆んど皆類似の氣質的傾向を有することを知つたので、次に數年乃至十數年の親交を有する同僚、卒業生（共に東京

$$\frac{A\%+AB\%}{B\%+AB\%} = \text{Biochemical-Rassenindex （生物化學的人種系數）}$$

を以つて人種を區別した。この研究は人種學上に重大なる問題を投げたものである。遺傳研究や人種學の研究の外に醫學上に於ては輸血の問題に、又法醫學の上に應用されつゝあるやうである。

三 吾人の問題

血液が生理上重大なる役目を演じて居ることは何人にも考へらるゝ處である。この重大なる人體の要素たる血液に種々の相違があるとすれば、從つて各人の心理的相違と何等かの因果關係がありはないであらうか、と考へ、吾人は先づ血液四型と氣質との關係を研究し興味ある結果を得たので、こゝにその一端を報告して諸〻の敎へを乞ふ次第である。

四 血 の方法

吾人は血液の實驗をなすに北里傳染病研究所より標準血清を得兹にオッテンベルク氏やヒルシフェルド氏等と同樣の方法を以つてしたのであるが、之を述ぶれば次のやうである。

一、攝氏五度以下の溫度の場所にあつては寒性凝集作用即ち寒さの爲めに同型の血清と血球の間にも凝集作用を起すが故に攝氏十七八度の室內を選み。

一、〇・九％の生理食鹽水を以つて三倍に薄釋したⅡ型及びⅢ型の標準血清を用意し。（三倍に薄釋

それ故にⅡ型とⅢ型との血清に依つて四種類の型を確定することが出來るのである。即ち

Ⅱ型及びⅢ型の血清に凝集されない血液はⅠ型

Ⅱ型の血清にのみ凝集される血液はⅢ型

Ⅲ型の血清にのみ凝集される血液はⅡ型

Ⅱ型及びⅢ型の血清に凝集される血液はⅣ型

尚ほ以上の分け方の外に各型の中に小區分をなす學者があるけれども反對論があつて一般に承認さ

るゝに至らない。

二　血液の型に因る研究の發展

一九一〇年 V. Dungern 及び L. Hirschfeld 兩氏は先づ血液型の遺傳の研究をなし Mendel の法則

に從ふことを唱へ、更に米國の Ottenberg 氏や我國の小山田、柏原、白氏等もこの問題につき研究報

告されて居り、更に最近に至つては古畑、岸、市田三氏の之に對する深き研究あり、又中曾根氏の之

に對する豐富なる資料を以つての贊否の論あり、日々新たなる研究が發表されると云ふ現狀である。

次に人種の研究にも應用されて來た。即ち一九一九年に L. u. H. Hirschfeld 兩氏はサロニカ市に

於て世界大戰に集まれる十六ヶ國の聯合軍軍隊につき、血液檢査を行ひ各人種の四型の割合に相違あ

ることを發見し

290　　第Ⅲ部　資料

（二）Ⅱ型又はA型

血清中に凝集素βを有し、血球中に.Aなる凝集原を有するもの。

（三）Ⅲ型又はB型

血清中に凝集素αを有し、血球中にBなる凝集原を有するもの。

（四）Ⅳ型又はAB型

血清中に凝集素を有せず、血球中にA及びBの二凝集原を有するもの。

以上の四種であるが之を表示すると次のやうである。

即ち

血球＼血清	Ⅰ αβ	Ⅱ β	Ⅲ α	Ⅳ ナシ
Ⅰ O	−	−	−	−
Ⅱ A	＋	−	＋	−
Ⅲ B	＋	＋	−	−
Ⅳ AB	＋	＋	＋	−

＋は凝集することを意味す
ーは凝集せざることを意味する

（一）Ⅰ型の血球は他の血清に凝集されない。然しその血清は他の何れをも凝集せしめる。

（二）Ⅱ型の血球はⅠ型及びⅢ型の血清に凝集される、然しその血清はⅢ型及びⅣ型の血球を凝集せしめる。

（三）Ⅲ型の血球はⅡ型及びⅠ型の血清に凝集される、然しその血清はⅡ型及びⅣ型の血球を凝集せしめる。

（四）Ⅳ型の血球は他のすべての血清に凝集される、然しその血清は何れの血球をも凝集しない。

か。氣質の相違の謎と興味とはこゝに存するものと思ふのである。

それで吾人は醫學上最近の問題たる血液の研究に暗示を得てこの謎の一部にても解くことを得ない

であらうかと考へたのでこの研究に從事した次第である。

一 血液研究の概觀

一八九九年英國の S Shattock 氏が、ある種の疾病を有する人には同種血球凝集現象の存すること

を發見し續いて一九〇一年には Landsteiner 氏に依りこの現象は病的の現象に非す健康者にも常に存

することを認め、人の血液を三種に分けた。然るにその後 Descatello, Sturli, Jansky, moss 等の學者

の精密なる研究に依り人血に四種類あることが明らかとなり今日に至つたのである。

次にこの四種類の分ち方に就ては一九一〇年 V. Dungern 氏及び L. Hirschfeld 氏等は、血液中に

ABなる二種の凝集原(Agglutinogen)があり、血清中には α、β なる二種の凝集素(Agglutinin)があ

り、之等の配合に依りAとα、Bとβとが出會つた時血球が凝集するものであるとした。それでその

有する凝集原の名を取つてO型A型B型及びAB型の四種に分けたのである。又 Jansky 氏は之をI型

Ⅱ型Ⅲ型及びⅣ型と名づけて居るが何れも同一のものに對して名稱を變へたにすぎない。卽ち

（一） I型又はO型(Ohne Agglutinogen の意)

血清中に凝集素 α と β とを有すれども血球中には凝集原を有しないもの。

ものが憂鬱質、第三のものが多血質、最後のものが膽汁質となるとした。

次で氣質の研究は生理學的見地を離れ又心理學的研究に歸つて居る、即ちカントは感情（Gefühl）の氣質と活動（Thätigkeit）の氣質とを分ち更に前者を（一）容易に刺戟され速かに疲勞するもの。（多血質）（二）容易に刺戟されずして考へ深きもの（憂鬱質）。後者を（三）快活にして、永續せざる活動性を有するもの（膽汁質）（四）容易に刺戟されざるも長く活動性が續くもの（粘液質）とに分けて居る。

次でSchleiermacher, Herbart, Meumann, Ach, Shand, Jung, Downey, Kretschmer, Spranger その他種々の學者がこの問題に就いて說をなして居るが、今日最も普通に用ゐられて居るのは、ヴントの考へ方である。之は何人も知るやうに刺戟に對する感情の反應の相違が氣質の相違を因するとするもので、反應强くして速きものが膽汁質、その正反對なるものが粘液質、弱けれども速かなるものが多血質、弱くして遲きものが神經質とするのである。

之等の諸說は皆卓越せる學者等の注意深き思索によつて唱へられたるもので何れも巧妙なる考へ方に違ひない。然しながら吾人は之等の諸說に通じて即ち生理的見地よりするものにも、心理的見地よりするものにも通じて未だ確乎たる科學的根據を缺いて居るやうに思ふ。

吾人は一見甚だ明らかなる如き氣質の差異は、純心理學的見地より考察することも一の方法には相違ないけれども、かゝる重大なる心理的現象は、生理現象と何等か因果關係がありはしないであらう

人の性格は先天的なる質氣が基調となり之に境遇、教育等の結果を加へて成れるものと考へることが出來る。而して我々の生活に至大の關係を有することは何人も認むる處であらう。それ故に古くより性格の根本たるこの氣質の研究は種々の人々に依つて試みられて來た。その最初の人と考へらるいのは西歴紀元前四世紀の有名なる醫師 Hippokrates である。彼は人の身體に四種の原液即ち血液（Sangu）粘液（Phegma）膽汁（chole）及び黒膽汁（Melanchole）を有し、之等が適當なる割合に混ぜられて居る時には人は健康であるが、その何れかが多い時には各々その多い方の氣質を表はすものであるとして人の氣質を多血質、粘液質、膽汁質、及憂欝質の四種となしたのである。

紀元二世紀には ローマ の醫師（galen）及び アラビア の醫師等が前記の原液に相當する精神的特質を組織立てて氣質を分け、前述液體の混合と因果關係ありとしたのであるがこの氣質の分類は正確なる實驗的研究の結果に非ずして ヒポクラテス の説の上に思索的研究をなしたにすぎないのである。

その後この問題につきては、あまり手を染むるものが無かつたやうであるが、十八世紀即ち科學の世紀になつて氣質の研究は生理學的となり、特に獨逸の醫師 Stahl 及 Haller 等は氣質の生理的根據を見出さうとして之を研究し植物的神經組織、動物的神經組織、血液及び筋の刺戟性を本とし各人はその何れかが刺戟され易い爲めに氣質の相違が出來たのであるとして、最初のものが粘液質、第二の

血液型による氣質の研究

古川竹二

この研究につきては同じ教官室に於て朝夕常に吾人を激勵し刺戟せられたる同僚先輩に厚く謝しなければならないと同時に、〻稿につきては松本先生、增田助教授の有盆なる御忠言によつて得る處の甚だ多かつたことを深く感謝する次第である。最初の試みである爲めに不備の點が多いのであるがそれ等は今後の研究に於て補ふこととし杜撰ながら一先づこゝに發表する〻とした。

目 次

緒 言

一、血液研究の概観

二、血液の型に因る研究の發展

三、吾人の問題

四、血液實驗の方法

五、吾人の研究の過程

六、吾人の行へる氣質研究の方法

七、氣質の分類

八、檢査の結果

九、結 論

一〇、余 論

資料 2
血液型ステレオタイプについて

●詫摩武俊（東京都立大学）・松井　豊[1]（東横学園女子短期大学）
（1985 年「東京都立大学人文学報」第 172 号, 15 - 30）

　ABO 式の血液型（以下「血液型」と略す）によって人の性格が異なるという考え方は、現在広く流布しておりマスコミにとりあげられることも多い。心理学においてこの問題をとりあげた嚆矢は、古川（1927）の調査であるが、古川も古川の追試（田中, 1932）も少数例の分析にとどまっており、現代の実証的観点からは批判に耐え得る内容とは言い難い。実際に宮城（1984）は、今までの科学的研究では性格と血液型との関連は全く認められていないと断じている。しかしながら、血液型と性格との関連は広く信じられており、子どもの保育や会社の職務決定にまで応用されるに至っている（大村, 1984）。

　こうした血液型と性格との関連を信じる意見は、社会的に浸透しており、一種の ステレオタイプ（stereotype）と考えることができる。ステレオタイプは“或種の個人や集団や対象について既有されている諸意見”と定義されている（Eysenck, H. J., 1972）が、血液型と性格との関連についての信念もステレオタイプとみなすことができよう。本研究では血液型によって性格が異なるという信念を血液型ステレオタイプと命名し、このステレオタイプについて検討してゆく。

　本研究の主な目的は以下の 3 点である。

　第 1 に、血液型によって人の性格は異なるか否かを検討する。本研究では一方で特性論的立場から、性格心理学でよく使われている質問紙によって性格特性を測定し、血液型による差を調べる。他方、血液型ステレオタイプに

1　謝辞　本研究の実施分析にあたり，富士原光洋氏，静野潤氏の協力を得ました。また実施にあたり㈱東京放送の協力を得ました。あわせて感謝の意を表します。

よる性格像もとりあげて、この性格像が各血液型の人にあてはまるか否かも検討する。

　第2に、血液型ステレオタイプの内容と機能を明確にする。ステレオタイプを持つ人は各血液型の人をどのようにイメージしているか、その内容を明らかにする。また、血液型ステレオタイプを持つ人が、どのような性格的特徴をもつかをも明らかにして、このステレオタイプの心理的な機能を検討する。

　第3に、血液型ステレオタイプと他の現象への信念との関係を明確にする。TBS総合嗜好調査（上村, 1980）によると、現代日本人では若年層ほど占いや心霊現象等の神秘現象を信じる比率が高くなっている。血液型ステレオタイプもこうした神秘的な現象への信念と強いつながりを持つことが予想される。そこで本研究では神秘的な現象への信念の構造を調べ、血液型ステレオタイプとのかかわりを探ると共に、こうした信念と性格との関連を分析する。

方法

回答者　東京都・神奈川県の公立・私立大学に所属する640名の学生。ただし分析の対象となったのは、無回答反応のない613名である。性別の内訳は男346名、女215名。ABO式血液型別の内訳は表1のとおりである。本調査の回答者の血液型別構成を日本人の平均（能見, 1984）と比べると、各型とも1〜2%の差しかなく、分布の適合度の検定結果も有意でない（χ^2=2.529, d.f.=3, p>.10）。血液型の分布から見ると、本調査の回答者は日本人の平均と異

表1　回答者の血液型の分布（%）

	N	A型	B型	AB型	O型
回答者	613	36.7	22.5	11.1	29.7
日本人の平均[注]		38.1	21.8	9.4	30.7

注）日本人の平均は能見（1984）による

なっていない。

質問紙の構成 　質問紙は5つの部分から構成されている。第1は人口統計学的変数で、大学名、性、年齢等を尋ねる項目である。

第2は性格尺度群である。本調査では能見（1984）を参考にして、血液型による差があらわれやすいと予想される性格特性を選び、更に血液型ステレオタイプと関連すると考えられる性格特性を加えて、これらを測定する尺度群を設定した。具体的には以下の9尺度が選ばれた。EPPS（エドワーズ個人選好検査）より、親和（affiliation）欲求、追従（deference）欲求、秩序（order）欲求の3尺度。矢田部ギルフォード性格検査（成人版）より、回帰性傾向（C）、神経質（N）、のんきさ（衝動性, R）、愛想の悪いこと（攻撃性, AG）、社会的外向性（S）、支配性（A）の6尺度。各尺度はいずれも原尺度から5項目ずつ抜粋され、計45項目の尺度群になっている。これらの項目は「いつもの自分」にあてはまるか否かを、「はい」「？」「いいえ」の3件法で回答する形式である。各尺度は原尺度に合わせて、0、1、2点と得点化して加算した後、更に1点を加えて尺度得点化された。各尺度得点は1点から11点まで分布し、得点が高いほどその特性が強いことを示す。

第3は血液型性格項目である。能見（1984）に記述されている各血液型の気質の特徴を抜粋し、文章形式を整えて質問項目とした。項目の内容は表2に掲げてある。ただし項目の提示順序はランダムになっている。各項目への回答形式は性格尺度群と同じ3件法である。

第4は血液型別の性格イメージ項目群である。この質問ではまず血液型によって人の性格が異なると思うか否かが尋ねられる。次に異なると思う回答者には「O型の人の性格」と「A型の人の性格」にあてはまると思う特性項目に○をつけるように求めた。項目の内容は血液型性格質問と同じであり、回答はあてはまるか否かの2件法である。

第5は様々な神秘的な現象を信じるか否かを問う項目である。神秘的な現象としては、上村（1980）を参考にして表3に掲げる9現象を設定した。

実施方法 　心理学の講義中に集団実施された。ただし実施にあたって本調査の真の目的は伝えていない。

表 2　血液型別にみた血液型予想質問の肯定率（%）

予想された血液型	項目番号	項目の内容	血液型別肯定率（N）				検定結果[注]（χ²検定）
			A (225)	B (138)	AB (58)	O (182)	
A	1	ものごとのけじめや白黒をはっきりつける	53.3	47.1	55.9	55.5	
	2	周囲の人に細かく気を使う	63.1	58.7	61.8	57.1	
	3	感情や欲求はおさえる方である	61.8	57.2	63.2	54.4	
	4	ルールや慣習や秩序を重視する	54.7	50.7	41.2	57.7	***
	5	生きがいを求めている	84.4	84.1	82.4	84.6	
B	6	周囲の影響はうけにくい	31.6	20.3	29.4	25.3	
	7	人にしばられ，抑制されたりするのはきらいである	86.2	92	88.2	86.8	
	8	柔軟な考えや新しいことには理解がある方だ	70.2	67.4	69.1	56.6	
	9	人には心を開く方である	49.3	52.9	47.1	54.4	
	10	未来に対して楽観的である	52.9	52.2	67.6	46.2	*
AB	11	考え方がストレートである	45.8	39.9	41.2	44	
	12	情緒の安定した面と不安定な面がはっきりわかれている	58.2	63.8	61.8	57.1	
	13	人との付きあいに距離をおいている	40.4	41.3	45.6	33.5	
	14	ものごとに没頭できず，根気がない方だ	22.7	23.2	23.5	28	
	15	分析力や批判力がある方だ	44	45.7	47.1	42.9	
O	16	人との応待はニコヤカでソツがない	39.1	45.7	42.6	41.2	
	17	ロマンチックな面と現実的面をもち合わせている	80.4	81.2	94.1	80.8	
	18	人間関係を大事にし，とくに人の信頼を重視する	84.9	79.7	80.9	84.6	
	19	バイタリティがある	38.2	37	52.9	35.2	
	20	目的が決まれば直進して，がんばってやりとげる	66.7	65.9	66.2	66.5	

注) *** p<.001, * p<.05

実施月日　1984 年 6 月中旬

表3 神秘的な現象を信じる人の割合（%）

	全体	男	女	参考資料[注]
N	613	348	265	
星占い	21.9	16.7	28.7	
心霊現象	38.9	40.1	37.4	34
UFO の存在	48.8	54.9	40.8	55
ネッシーの存在	14.5	17.5	10.6	
神（仏）	27.1	24.7	30.2	33
手相	21.5	17.5	26.8	
たたり	16.8	18.1	15.1	
迷信	9.5	9.5	9.4	
超能力	45.1	48.4	40.8	

注）参考資料は上村（1980）による
東京・阪神地区在住の 20 代の男女のデータ

結果

血液型別にみた性格特性　血液型別にみた性格尺度得点の平均値と、平均の差の検定の結果を表 4 に示した。9 尺度のうち最高（O 型 6.55）と最低（A 型 5.88）との差は 0.67 と僅かである。

　次に血液型性格質問に対し、自分があてはまると回答した比率を血液型別にみたのが表 2 である。記述質問 20 項目のうち、4 つの型間の差が有意であったのは 2 項目で、「A 型」と記述された 4 番の項目と「B 型」と記述された 10 番の項目である。ただし 4 番の項目の肯定率が最も高かったのは O 型の人であり、10 番の肯定率が最も高かったのは AB 型の人である。血液型性格質問 20 項目のうち僅か 2 項目に血液型による差がみられたが、差の方向は能見（1984）の記述とは全く異なっていた。

血液型ステレオタイプの存在　血液型によって性格が異なると考えるか否かの回答は表 5 のように分布している。「非常に異なる」「かなり異なる」を合わせて 48％ の回答者が血液型ステレオタイプをもっていると考えられる。またこのステレオタイプをもつ者は男性より女性に多い。（χ^2=31.90, d.f.=3, p<.001）

表4　血液型別の性格尺度得点の平均（標準偏差）[注1]

尺度名	A 型 (N=225)	B 型 (N=138)	AB 型 (N=68)	O 型 (N=182)	平均値の差 の検定[注2]
親和欲求	7.27	7.07	7.46	7.26	$F<1$
	(2.20)	(2.07)	(2.29)	(1.99)	
追従欲求	5.88	6.06	6.38	6.55	$F=2.68*$
	(2.48)	(2.51)	(2.74)	(2.52)	
秩序欲求	7.48	6.96	7.28	7.16	$F=1.14$
	(2.46)	(2.84)	(2.70)	(2.66)	
回帰性傾向	5.11	5.68	5.74	5.16	$F=2.33$ †
	(2.56)	(2.60)	(2.26)	(2.46)	
神経質	5.69	5.65	5.66	5.47	$F<1$
	(2.88)	(2.80)	(2.40)	(2.79)	
衝動性（のんきさ）	5.23	5.78	5.66	5.25	$F=1.67$
	(2.64)	(2.51)	(2.83)	(2.78)	
攻撃性（愛想の悪いこと）	5.41	5.51	5.53	5.48	$F<1$
	(2.31)	(2.37)	(2.11)	(2.13)	
社会的外向性	7.16	7.05	7.60	7.04	$F<1$
	(2.66)	(2.61)	(2.46)	(2.72)	
支配性	4.64	4.64	4.60	4.72	$F<1$
	(2.93)	(2.99)	(3.11)	(2.96)	

注1) 各尺度得点は1点から11点まで分布し，得点が大きいほどその性質が強いことを表わしている。
注2) F値の自由度はいずれも（3, 166）である。
　　*$p<.05$,　† $p<.10$

表5　性別にみた血液型ステレオタイプ（%）

	全体	男	女
N	612	347	265
血液型によって性格は非常に異なる	4.1	4.0	4.2
血液型によって性格はかなり異なる	43.8	35.7	54.3
血液型によって性格はあまり異ならない	34.0	35.4	32.1
血液型と性格は全く関係がない	18.1	24.8	9.4

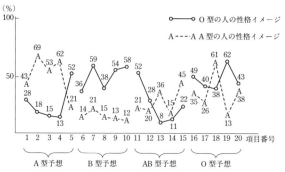

図1 血液型ステレオタイプ群におけるA型の人・O型の人の性格イメージ（血液型予想項目への肯定率）(N=293)

　以下の分析では被験者を「非常に異なる」や「かなり異なる」と回答した者と、「あまり異ならない」や「全く関係がない」と回答した者とに分け、前者をステレオタイプ群、後者を非ステレオタイプ群と呼ぶことにする。

　ステレオタイプ群において、A型の人やO型の人がどのような性格とイメージされているかを調べたのが図1である。図中の項目番号は表2と同一である。能見（1984）に基づいて「A型」と記述された項目（番号1〜5）が、A型の人の性格とされた比率は21〜69%で、「B型」と記述された項目（番号6〜10）は12〜21%、「AB型」と記述された項目（番号11〜15）は15〜45%、「O型」と記述された項目（番号16〜20）は13〜61%であった。平均比率でみると、「A型」項目は50%、「B型」項目は15%、「AB型」項目は27%、「O型」項目は35%であり、「A型」と記述された項目の比率が高くなっている。

　つまり血液型ステレオタイプ群がA型の人にもつイメージは、能見（1984）の記述する「A型」性格にほぼ一致している。

　O型の人の性格イメージを平均比率でみると、「A型」項目は25%、「B型」項目は49%、「AB型」項目は24%、「O型」項目は46%となっている。「O型」より「B型」の方が高率になっている。O型の人にイメージされる性格は、能見の記述とは一致していない。

　血液型ステレオタイプをもつ人は本調査の被験者の約半数になるが、彼ら

の血液型別性格イメージは、能見の提唱する性格像と必ずしも一致していないのである。

血液型ステレオタイプ群の性格　血液型ステレオタイプを持つ人の性格的特徴を明らかにするために、ステレオタイプ群と非ステレオタイプ群との間で性格尺度得点の平均の差を検定した。検定結果は表6に示すとおりである。

　血液型ステレオタイプを持つ人は持たない人に比べて、親和欲求、追従欲求、回帰性傾向、社会的外向性が高い。各尺度の内容からみると、ステレオタイプをもつ人は気分のムラが大きく、人づきあいが好きで、人と一緒にいたがる。また、権威者に従いやすい。

神秘的現象の信じ方　神秘的な現象を信じる者の比率を算出し、表3にまとめた。本研究の回答者の半数近くは「UFOの存在」や「超能力」を信じて

表6　血液型ステレオタイプの有無別にみた性格尺度得点の平均（標準偏差）

	ステレオタイプ群 (N=293)	非ステレオタイプ群 (N=319)	検定結果[注] （t値）
親和欲求	7.52	6.99	3.14***
	(2.04)	(2.16)	
追従欲求	6.51	5.87	3.11***
	(2.43)	(2.60)	
秩序欲求	7.39	7.11	1.29
	(2.57)	(2.69)	
回帰性傾向	5.56	5.11	2.25*
	(2.51)	(2.51)	
神経質	5.53	5.69	0.75
	(2.83)	(2.74)	
衝動性（のんきさ）	5.62	5.21	1.91 †
	(2.70)	(2.65)	
攻撃性（愛想の悪いこと）	5.53	5.41	0.68
	(2.80)	(2.90)	
社会的外向性	7.49	6.83	3.11***
	(2.47)	(2.76)	
支配性	4.89	4.45	1.81 †
	(3.04)	(2.88)	

注）*** $p<.001$, * $p<.05$, † $p<.10$

おり、「心霊現象」を信じる者も約4割いる。逆に「迷信」や「たたり」を信じる者は少ない。表3の右列には参考資料として、TBS総合嗜好調査（上村、1980）の結果（東京・阪神地区に在住する20代男女）を併記した。この資料と比べると本研究の回答者にはUFOや神仏の存在を信じる者が少ないと言えよう。

　神秘的な現象の信じ方と血液型ステレオタイプとの関連を調べるために、林の数量化理論第III類（以下数量化III類と略記する）による解析が行われた。解析の対象となったのは表3の9つの現象を信じるか否かのデータと、血液型ステレオタイプの有無、計10アイテム、20カテゴリーへの回答である。

　数量化III類の結果得られたアイテムカテゴリーウェイトは表7にまとめた。第1軸は全ての現象について信じる回答を負に、信じない回答を正に分けている。そこで第1軸は神秘的現象を信じる度合を表わす軸と解釈される。

　第2軸と第3軸の内容を解釈するために、信じているという回答のウェイトを図示したのが図2である。図からわかるように、第2軸の正方向（図右方）には「ネッシー」「心霊現象」「超能力」「UFO」等、科学的な関心が寄せられている現象が集まっている。第2軸の負方向（図左方）には「星占い」「手相」「血液型」など占いに関連する現象が集まっている。3軸の正方向（図上方）には「迷信」「神（仏）」「たたり」と従来から存在する信仰に関する現象が集まっている。

　このように、表3に掲げた9つの現象は、科学的興味をよぶ現象、占い類、信仰に関連する現象に分けられた。ここで血液型は占い類の中に含まれている。言い換えれば、血液型別の性格学は占いと同類のものと受けとられていると解釈できよう。

　こうした様々な現象の信じ方の性差を調べるために、数量化III類のサンプル スコアを性別に集計した結果が表8である。有意な性差が見られたのは第2軸のみであった。つまり、神秘的な現象を信じる度合（第1軸）や信仰に関する 現象を信じるか否か（第3軸）には性差がない。しかし、男性は科学的に興味 を呼ぶ現象を信じる傾向が強く、女性は占い類を信じる傾向が強い（第2軸）のである。

304　　第III部　資料

表7　神秘的現象や血液型ステレオタイプの数量化類のアイテムカテゴリーウェイト

現象名	カテゴリー	第1軸	第2軸	第3軸
星占い	不信	0.51	0.76	0.25
	信	−1.84	−2.72	−0.92
心霊現象	不信	1.02	−0.36	0.32
	信	−1.60	0.53	−0.50
UFOの存在	不信	0.90	−1.13	1.43
	信	−0.94	1.19	−1.50
ネッシーの存在	不信	0.38	−0.32	0.08
	信	−2.20	1.89	−0.44
神（仏）	不信	0.42	0.27	−1.03
	信	−1.44	-0.72	2.75
手相	不信	0.38	0.80	0.33
	信	−1.38	−2.90	−1.21
たたり	不信	0.36	−0.09	−0.39
	信	−3.10	0.44	1.91
迷信	不信	0.41	0.03	-0.44
	信	−3.92	−0.29	4.18
超能力	不信	0.91	−0.86	0.58
	信	−1.11	1.06	−0.71
血液型	不信	0.42	1.45	1.06
	信	−0.47	-1.59	−1.16
相関係数		0.50	0.40	0.34

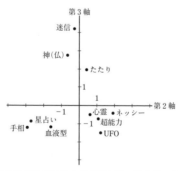

図2　神秘的現象の信じ方の数量化III類における第2軸・第3軸のカテゴリーウェイトの布置
　　注）図中には信じる回答のみを布置してある

資料2　血液型ステレオタイプについて　　305

表 8　性別にみた神秘的現象の信じ方の数量化 III 類サンプルスコア

	N	第 1 軸	第 2 軸	第 3 軸
男	346	-0.007	0.223	0.002
		(1.045)	(0.908)	(0.993)
女	265	0.009	-0.292	-0.002
		(0.942)	(1.042)	(1.012)
t 値		-0.20	3.92***	0.03

注) *** $p<.001$

性格別にみた神秘的現象の信じ方　次にこの現象の信じ方を性格別に分析した結果が表 9 である。この表 9 には、性格尺度得点の分布から尺度ごとに回答者を 3 つに分割し、3 群のサンプルスコアの平均値の差を分散分析した結果を示してある。(各群のサンプルスコアの平均と標準偏差は繁雑になるので掲載を略す)。第 1 軸で有意な差がみられたのは、追従欲求、攻撃性、社会的外向性の 3 つの尺度である。高中低 3 群の平均値を図示したのが図 3 である。第 1 軸の負方向は神秘的現象を信じる度合を示している。図からわかるように追従欲求が強い人ほど信じる度合が高く、攻撃性も強い人ほど信じる度合が高くなっている。社会的外向性は中位の人が神秘的現象を信じている。

　第 2 軸は追従欲求、神経質、社会的外向性、支配性による差が有意であり、第 3 軸は追従欲求、衝動性 (のんきさ)、社会的外向性による差が有意である。第 2 軸と第 3 軸のサンプルスコアの平均値をプロットした結果を図 4 に示してある。追従欲求が高いほど、占いや神仏を信じる者が多くなっている。神経質さの中位の人には科学的現象を信じる人が多い。衝動性 (のんきさ) の特性では、のんきな人ほど神 (仏) やたたり等を信じる傾向が強い。社会的外向性からみると、内向的な人は占い類を信じる傾向がみられる。支配性が高い人ほど占い類を信じる傾向が強い。

表9 性格特性別に見た数量化Ⅲ類のサンプルスコアの平均値の検定結果（F値）

	第1軸	第2軸	第3軸
親和欲求			
追従欲求	7.32**	12.72**	3.48*
秩序欲求	1.46	1.18	
回帰性傾向	1.99	2.55	
神経質	1.75	3.06*	
衝動性（のんきさ）	1.70		3.98*
攻撃性（愛想の悪いこと）	4.33*		1.57
社会的外向性	4.52**	10.91**	3.63*
支配性	1.94	5.41**	1.72

注）F値が1.00未満のものは表から削除した

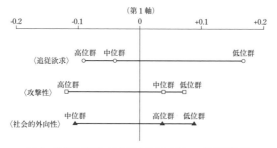

図3　性格特性別に見た第Ⅰ軸サンプルスコアの平均値

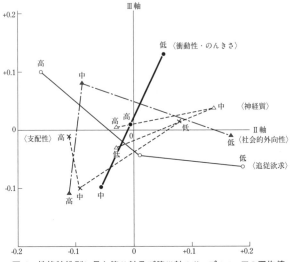

図4 性格特性別に見た第Ⅱ軸及び第Ⅲ軸のサンプルスコアの平均値

考察

血液型ステレオタイプの妥当性 9つの性格尺度のうち、血液型による差がみられたのは追従欲求の尺度だけであり、その差も僅かであった。血液型別性格を記述した項目のうち血液型による差がみられたのは2項目しかなく、差の方向は能見（1984）の記述とは一致していない。

このように本調査のデータは血液型による性格の差を殆んど示しておらず、僅かに示された差も従来の説に一致していない。本調査の結果は、血液型ステレオタイプを否定し、血液型による性格の差を認めないとする宮城の説を支持していると考えられよう。

しかしながら本研究の回答者は首都圏在住の大学生を有意抽出したものであり、日本人全体の無作為標本とは考えられない。血液型ステレオタイプの妥当性の検証には大標本による厳密な検証が必要であろう。

血液型ステレオタイプの内容 本研究では操作的に半数の回答者を血液型ステレオタイプをもつ者と分類し、血液型別性格のイメージを探った。その結

果、「A型」性格のイメージは能見の記述とほぼ対応していたが、「O型」の
イメージは能見と一致していなかった。記述が対応していた「A型」性格に
おいても、あてはまるとされた比率は最高6割台にとどまっていた。つまり
ステレオタイプを持つ人が全員共通して抱く性格イメージはみられなかった。

　本調査における血液型ステレオタイプ群は、「血液型によって性格が異な
る」と信じているものの、どのように異なるかは意見が一致していないと結
論できよう。各型の性格イメージはバラバラであり、明確な性格像は形成さ
れていない。ステレオタイプ群は血液型別の性格があるという信念のみが先
行しているのである。

　次に血液型ステレオタイプを持つ人の性格を見ると、回帰性傾向、社会的
外向性、親和欲求が高く、追従欲求も高い。回帰性・外向性・親和欲求の高
さは、気分にムラがあるが人づきあいが好きで皆と一緒にいたがるという性
格特徴を表している。こうした性格特徴はそううつ性性格類型にあてはまる
と考えられる。そううつ性性格の人は人との交際が多くおしゃべりであるの
で、血液型ステレオタイプの話題に接することが多い。人づきあいの際に、
話題のひとつとして血液型ステレオタイプをとりあげることが多いものと考
えられる。つまり、血液型ステレオタイプは確固とした信念であるというよ
り、流行の話題として人づきあいを円滑化する道具となっている、と解釈す
ることができる。また、この性格の人は世俗的な関心が高く、熟慮しない傾
向があるので、根拠があいまいなステレオタイプを採用しやすいものと考え
られる。

　一方、追従欲求は、権威に追従したい上位にある人の意見に従いたいとい
う欲求である。自分の立場が不確かな時に何か確実なもの（権威）に寄り添
いたいという心理が、この欲求には含まれている。一見科学的にみえる血液
型で人の性格を分けて理解するという行為の背後には、血液型という確実な
ものに寄りかかりたいという心理があるとも解釈されよう。言い換えれば、
血液型ステレオタイプの中には、権威体系に頼って複雑な思考判断を避けた
いという心理が潜んでいると考えられる。

　このような心理はFromm, E.（1941）の言う権威主義的性格と共通する面

資料2　血液型ステレオタイプについて　309

が多い。現代青年は政治的に保守化しつつあるといわれるが、血液型ステレオタイプもこの保守化傾向と何らかの関連を持つものと考えられる。今後の検討課題としたい。

神秘的現象の信じ方と血液型ステレオタイプ　神秘的な諸現象の信じ方の構造の中で、血液型ステレオタイプは占い類と近く位置することが明らかになった。血液型別の性格学は一般の人には手相・星占いと同じレベルで受けとめられているといえよう。

　信じ方の構造における性差の現われ方をみると、男性は UFO やネッシーなどの科学的な現象を信じる傾向が強く、女性は占い類を信じる傾向が強い。この傾向は上村（1980）とほぼ一致している。男性には数学や理科系学問への関心が強いので、科学的な異常現象を信じる者が多いものと解釈される。一方女子は自己への関心が強く、自分の将来の運択が外的要因によって左右される可能性が高い。このため自分の運命を予測する手段として、占いを信じる傾向が強いものと解釈される。

　性格別にみると、追従欲求と社会的外向性で信じ方に大きな差がみられた。追従欲求の高い人ほど、神秘的な現象、特に占い類や神仏を信じる傾向が強い。これは血液型ステレオタイプと同様に、確実なものによりかかって複雑な思考判断を避けたいという心理が潜んでいるものと解釈できる。社会的外向性別に見ると、内向的な人は科学的な神秘現象を信じ、外向的な人は占い類を信じる傾向が強い。外向的な人が占いを信じるのは、血液型ステレオタイプの考察と同様に、占いが人との話題となるためと考えられる。

　視点を変えて現象面から考えると、占いを信じる人は、追従欲求が強く、外向的で支配的である。信仰的な現象を信じる人はのんきであり、科学的な神秘現象を信じる人は内向的で追従欲求が低いという特徴がみられる。

まとめ　以上の考察は以下の4点にまとめられよう。第1に本研究の結果は「血液型によって性格が異なる」という知見を支持していない。第2に血液型によって性格が異なるというステレオタイプはかなり流布しているが、血液型別の性格像は明確でない。第3にこのステレオタイプを持つ者はそううつ性格の者に多い。第4に血液型ステレオタイプは占いと同等のものと受け

とられており、共に追従欲求の強い人が信じる傾向が強い。

　このような知見から、血液型ステレオタイプは、①流行の話題として人づきあいの補助的機能を果し、②占いと同じように自分の運命や人の行動を予測する道具となる機能と、③権威体系に頼って複雑な思考判断を避ける機能を有していると考察される。

引用文献

Eysenck, H. J., Arnold, W. J. & Meili, R.（eds.）1972　Encyclopedia of Psychology Fontana/Collins.

Fromm, E.　1941　Escape from From Freedom　日高六道（訳）　1951　自由からの逃走　東京創元社

古川竹二　1927　血液型による気質の研究　心理学研究　2.　612-634

能見正比古　1984　血液型エッセンス　角川書店

宮城音弥　1982　性格と血液型　多湖輝（編）　現代人の心理と行動事典　講談社　331 - 332

大村政男　1984　「血液型性格学」は信頼できるか　日本応用心理学会第 51 回大会発表論文集　23

田中秀雄　1932　血液型と気質との関係に就いての小実験　心理学研究　7　55 - 65

上村　忠　1980　ヤングの生活構造・生活意識の変化──世代論＆発達論的考察──　ブレーン　55.4　37-48.

資料 3

血液型による性格の相違に関する統計的検討 (注1)

●松井　豊 （東京都立立川短期大学）
（1991年「立川短期大学紀要」第24巻, 51 – 54）

　ABO式の血液型によって人の性格が異なるという信念は、現代の日本人に広く蔓延している。詫摩武俊・松井豊（1985）はこの信念を血液型ステレオタイプと命名している。大村政男（1990他）など多くの研究者が警告しているように現在このステレオタイプは強固なものとなっており、企業の人事配置や幼児教育に対しても影響を及ぼし始めている（梅村, 1990）。

　血液型ステレオタイプは、ABO式の血液型別に人を分類して性格や行動を比較する一連の研究に、その根拠を置いている。大村（1990）によれば、こうした研究は1916年頃から始まり、東京女子高等師範学校教授古川竹二によって集大成された（古川, 1932）。古川理論は学問領域だけでなく一般社会においても大きな反響を呼んだが、1930年代には医学界や心理学界から多くの批判を受け（溝口元, 1986）、これらの学問領域からはその姿を消していた。ところが、1970年代から能見正比古らを始めとする一連の人々が「血液型性格学」や「血液型人間学」の名称で血液型ステレオタイプを普及する書物をあいついで出版している。大村の分析によれば、これらの書物の理論内容は古川学説を模倣したものであるが、こうした書物によって形成されたステレオタイプは現代日本人に大きな影響を与えている。このため、大村ら多くの心理学者はこのステレオタイプの問題点を指摘し、その弊害に対して警鐘を鳴らしている。これらの心理学者は自身がとったデータにおいて血液型による性格の差がみられない事に立脚して、理論の一般性を否定しているが、特に「血液型性格学」のデータについては、その収集法が明確でないことを批判している。一方、擁護論者は批判者が用いたデータの数の少なさの面か

ら再批判を展開しており（大村, 1990）、この論争には明確な決着がついていない。

　しかし統計学の視点からみれば、「血液型性格学」に関する擁護論・批判論ともに、立脚するデータには多くの問題が存在している。中でも主な問題は、データの代表性と、結果の交差妥当性の問題である（注2）。

　第1の問題はデータの代表性の問題である。擁護論・批判論ともにその根拠としているデータは日本人母集団から偏りなくサンプリングされたものではない。自身の理論の信奉者や勤務する大学の学生を対象にして、任意に調査したデータが使用されている。これらのデータは母集団の規定が明確でない。従って、これらのデータには本来一切の統計的検定を行なうことができない。

　第2の問題は結果の交差妥当性の問題である。批判論の根拠となるデータは、一回の測定で得られたデータに依拠しており、導出された結果が他の標本にも妥当するかという交差妥当性を検証していない。擁護論のデータは多くの標本で検証されているように見えるが、問題とする側面や測定指標が個々のデータで異なるため、正しい形式での検証とは評価できない。

　本資料は、血液型ステレオタイプに対する科学的な検討を行なうことを目的として、血液型と性格の関連に対する統計的検証を行なう。検証にあたっては、以下の2点に留意し、既存の調査データを再解析することとした。

　第1に信頼性の高いデータを用いること。血液型と性格の関連の検証に当たっては、できるだけ広い層を母集団とし、統計的にみて信頼性が高く、代表性のあるサンプリングを行なったデータを使用することが必要である。本資料では13歳以上59歳までの日本に在住する成人から無作為抽出された調査データを解析することとした。

　第2に、血液型と性格との関連について複数の結果を比較し、結果の一般性（交差妥当性）を検証すること。交差妥当性を検証するためには、同一の測定指標を用いた複数の結果を比較し、それらの結果の間に一貫する差が認められることが必要である。本資料では複数の年度の調査結果を比較して、血液型と性格との関連について検討することとした。

資料3　血液型による性格の相違に関する統計的検討　　313

方法

　血液型と性格に関する質問を含み、代表性のあるサンプリングに基づき、数年度にわたり同一項目が測定されている、社会調査の結果を再分析した。

　対象データ：JNN データバンクの調査結果、4 年度分。

　このデータは、満13歳から59歳までの男女約3000名（有効データ数は表1参照）を、全国無作為3段抽出した調査である。抽出は、1段で都道府県または市部を抽出し、2段で町丁を抽出し、3段で対象者を抽出している。標本は、都道府県人口によるウェイトで各地区に割り当てている。調査地域は、全国の都市部で、全人口の4分の3をカバーしている（調査地点は表2参照）。調査は留置法と面接法の併用で実施されている。

　分析されたデータの実施時期は、1980年10月、1982年10月、1986年10月、1988年10月である。1984年10月のデータには血液型に関する設問が含

表1　各年度の有効サンプル数（単位人）

年度	調査全体の標本数	血液型項目の有効数
1980	3106	2856
1982	3113	2930
1986	3092	2979
1988	3107	3001

表2　調査の実施方法（JNN データバンク説明書より引用）

調査対象	：満13歳〜満59歳の一般男女。 　都道府県人口によるウェイトで各地区割当
標本抽出法	：全国無作為3段抽出 　1段　都道府県または市部抽出 　2段　町丁（調査地点）抽出 　3段　それぞれの対象者抽出
調査の方法	：留置法（一部面接法併用）
調査地域	：北海道から沖縄にいたる全国の都市部（一部郡部を含む…全国人口の4分の3をカバー）を母集団として、調査地域には次の大都市が含まれます。 　東京、大阪、横浜、名古屋、京都、神戸、川崎、札幌、福岡、仙台、広島、新潟、那覇、静岡、長野、福島、米子、盛岡、熊本、岡山、金沢、鹿児島、奈良、甲府、高知、長崎、大分、徳山、宮崎、大津、青森

314　　第Ⅲ部　資料

表3　分析された質問項目

番号	内容	番号	内容
1	誰とでも気軽につきあう	13	人づきあいが苦手
2	目標を決めて努力する	14	家にお客を呼びパーティするのが好き
3	先頭に立つのが好き	15	何かする時は準備して慎重にやる
4	物事にこだわらない	16	よくほろりとする
5	気晴しの仕方を知らない	17	気がかわりやすい
6	ものごとにけじめをつける	18	あきらめがよい
7	冗談を言いよく人を笑わす	19	しんぼう強い
8	言い出したら後へ引かない	20	うれしくなるとついはしゃいでしまう
9	人に言われたことを長く気にかけない	21	引っ込み思案
10	友達は多い	22	がまん強いが時には爆発する
11	くよくよ心配する	23	話をするよりだまって考えこむ
12	空想にふける	24	人を訪問するのに手ぶらではかっこうが悪い

まれていないために分析から除外されている。

　分析手続き：分析の対象となった質問項目は、「性格・人柄」に関する 24
項目（表 3）と ABO 式血液型の項目である。血液型に関する項目において
「型がわからない」と回答した者と無回答は解析から除かれた。「性格・人
柄」の設問は、回答者にあてはまるか否かを 2 件法で答える多重回答形式の
設問である。

　これらの項目への回答を血液型への回答とクロス集計し（2 件法 × 4 つの
型）、比率の差の検定（χ^2 検定）を行なった。

結果

　血液型別に各項目への肯定率を算出した結果と、比率の差の検定の結果を
表 4 ～ 7 に示す。有意水準 5 ％で差の見られた項目は、1980 年度 3 項目、
1982 年度 3 項目、1986 年度 4 項目、1988 年度 4 項目であった。しかし、4
年度間で共通して有意差の見られた項目は、1 項目（項目番号 4）のみであり、
他の項目は全て 1 年度のみで差がみられたにすぎない。

　4 つの年度で共通して差の見られた項目 4 について、4 年度の肯定率を一

表4 1980年度の検定結果（単位%）

項目 N	A 1098	B 588	AB 309	O 861	χ^2
1	41.4	39.3	443.0	43.2	3.100
2	27.1	238.0	30.4	26.7	4.806
3	11.5	95.0	13.3	12.2	3.619
4	30.6	37.8	34.3	31.8	9.639**
5	10.7	141.0	11.7	13.4	5.564
6	39.2	366.0	42.7	38.2	3.417
7	30.5	28.7	32.7	32.4	2.729
8	26.3	22.3	25.6	26.1	3.763
9	22.2	26.7	23.3	23.5	4.309
10	36.0	31.6	37.5	36.9	5.279
11	31.2	30.6	31.7	31.8	0.264
12	25.2	27.0	24.6	24.3	1.504
13	19.7	21.4	23.0	19.9	2.152
14	18.0	13.8	12.0	14.5	10.304**
15	29.8	25.9	29.1	32.1	6.511
16	35.7	33.5	38.8	34.6	2.773
17	19.0	18.5	19.7	18.2	0.424
18	25.0	25.7	27.5	22.2	4.609
19	31.1	32.3	37.2	28.1	9.401*
20	41.3	36.1	40.8	40.3	4.743
21	21.9	24.3	23.3	21.8	1.633
22	35.2	30.8	34.0	33.4	3.310
23	14.4	13.9	15.9	14.9	0.682
24	37.2	34.7	36.9	35.3	1.452

注：*$p<.05$, **$p<.01$。以下同。

表5 1982年の検定結果（単位%）

項目 N	A 1109	B 627	AB 316	O 878	χ^2
1	41.4	41.9	42.1	38.6	2.458
2	30.7	26.8	28.5	27.7	3.839
3	11.0	12.0	10.8	12.4	1.254
4	33.0	35.6	36.1	39.1	7.873*
5	12.4	12.4	12.7	13.6	6.276
6	41.2	37.0	44.9	41.6	8.050*
7	32.4	35.6	30.7	28.8	8.050*
8	25.7	25.5	31.3	24.1	6.333
9	24.3	24.4	25.0	28.2	4.675
10	37.0	38.9	35.4	39.9	2.881
11	32.4	33.3	33.5	29.3	3.880
12	26.1	28.5	25.6	24.7	2.853
13	22.2	20.3	23.1	21.1	1.453
14	16.2	17.9	19.0	17.9	1.845
15	32.3	29.8	31.6	32.7	1.569
16	36.0	32.7	36.7	38.7	5.817
17	18.2	20.9	19.6	17.9	2.666
18	25.6	24.1	24.1	26.1	1.091
19	34.8	32.1	33.2	36.9	4.120
20	40.5	40.5	40.2	41.0	0.089
21	22.9	23.1	25.9	22.3	1.766
22	34.1	28.4	33.5	34.2	7.185
23	16.5	15.2	17.7	17.8	2.065
24	34.7	37.8	37.7	37.8	2.793

表6 1986年度の検定結果（単位%）

項目 N	A 1162	B 624	AB 286	O 907	χ^2
1	39.2	43.1	46.9	44.4	8.987 *
2	26.8	23.7	29.0	28.3	4.828
3	13.2	13.0	13.6	15.1	2.049
4	32.4	38.8	39.9	39.5	14.456**
5	12.3	9.8	15.7	15.2	12.062**
6	38.9	35.6	37.4	36.5	2.313
7	30.6	30.8	36.7	33.7	5.537
8	24.6	27.9	23.8	26.4	3.027
9	23.7	26.1	26.9	25.6	2.234
10	35.1	38.1	39.5	38.6	3.806
11	35.8	33.5	29.0	31.9	6.428
12	24.3	25.8	25.9	26.7	1.645
13	20.7	17.9	19.9	20.9	2.499
14	15.8	16.8	19.6	15.7	2.831
15	33.6	28.7	33.6	29.3	7.290
16	34.5	36.9	36.0	32.9	2.880
17	17.6	22.4	22.0	20.1	7.356
18	24.8	27.1	29.0	29.4	6.197
19	34.0	30.4	28.7	32.2	4.220
20	42.4	41.7	50.7	44.8	7.916 *
21	26.2	25.2	23.4	24.3	1.581
22	35.9	30.1	35.0	36.1	7.221
23	17.9	15.2	15.0	14.9	4.360
24	35.8	37.8	38.1	40.5	4.175

表7 1988年度の検定結果（単位%）

項目 N	A 1179	B 648	AB 269	O 905	χ^2
1	41.5	42.7	37.9	43.5	2.806
2	28.2	27.8	28.6	27.8	0.109
3	14.2	11.7	10.0	14.7	6.073
4	35.9	45.1	37.2	42.9	19.249**
5	16.8	15.7	15.2	13.9	3.249
6	39.5	35.0	39.0	39.3	4.116
7	33.8	34.9	29.7	31.0	4.157
8	25.8	25.3	25.7	28.5	2.756
9	24.2	27.2	28.3	27.6	4.347
10	37.0	37.0	34.2	38.5	1.676
11	36.0	31.2	33.5	30.3	8.722*
12	27.8	27.9	26.8	28.0	0.16
13	20.6	20.8	21.9	20.9	0.233
14	15.8	16.8	16.4	17.5	1.093
15	32.3	26.4	30.1	28.3	8.156*
16	36.3	35.5	32.0	37.6	2.958
17	20.2	25.0	25.7	21.1	8.064*
18	25.4	28.1	29.0	28.2	3.143
19	34.2	33.3	28.6	35.1	4.085
20	45.3	44.6	37.9	45.3	5.258
21	22.5	21.5	20.1	20.9	1.186
22	35.0	34.7	34.9	36.0	0.351
23	17.0	15.1	13.0	16.7	3.353
24	39.9	36.9	34.9	38.1	3.202

表8　項目4の肯定率（単位%）

	A	B	AB	O
80 年	30.6	37.8	34.3	31.8
82 年	33.0	35.6	36.1	39.1
86 年	32.4	38.8	39.9	39.5
88 年	35.9	45.1	37.1	42.9

覧した結果が表8である。表からわかるように項目4への肯定率は、80年度はB型が最も高く、82年度はO型、86年度はAB型、88年度はB型がそれぞれ高くなっている。また、4つの型の比率の差（レンジ）は、6%（82年）から9%（88年）の間にとどまっている（注3）。

考察

　全国から多段層化無作為抽出した延べ10,000名の調査結果を基にして、血液型と性格との関連を分析した。この調査の実施方法や標本抽出法は、統計的にみて充分な信頼性を有していると考えられる。

　性格に関する24項目への肯定率は、各年度とも34項目がABO式血液型別に有意な差を示していた。しかし、1項目を除いて、これらの項目の差は他の年度ではみられなかった。4年度で共通して差の見られた1項目も、最高の肯定率を示す回答者の血液型が年度によって異なるという、一貫性を欠いた結果になっていた。

　もし、「血液型によって人の性格が異なる」という血液型ステレオタイプが妥当なものであれば、統計的に正しい手法で得られた本報告のデータにも、血液型による一貫した差がみられるはずである。しかし、24項目という多数のデータを分析したにも関わらず、年度を越えて一貫した結果は得られなかった（注4）。

　以上の結果は、ABO式血液型による性格の差には、年度を越えた一貫性がみられないことを明らかにしている。本資料のデータからみる限り、血液型ステレオタイプは妥当性を欠くと結論される。

（注1）本資料は日本社会心理学会第30回大会ワークショップ“社会的認知研究を身近に：「血液型性格判断」をめぐって”に提出したレポートを基にしています。本研究の実施にあたっては、東京放送調査局調査部、とりわけ同部渡辺久哲氏に多大な助力を戴きました。また大村政男先生、古畑和孝先生、坂元章先生には研究の指針に関して多大な御示唆をいただきました。記して感謝致します。

（注2）サンプリングの代表性が保証されており、数の法則にそう程度のデータ数でさえあれば、データの数についてはあまり問題とならない。この意味で「血液型性格学」の再批判は当を得た批判とはいえない。

（注3）視点をかえれば、A型とその他の型との間には、一貫した差がみられることになる。表7のデータをA型とその他の型に再分類し、差の検定を行なうと、いずれの年度でも有意差が認められる。しかし、この検定における関連係数（ユールのQ）は 0.082 〜 0.148 と低めである。分析された24項目のうち、1項目だけが低い関連しか示していない点を考慮すれば、本報告の結論を改変する必要はないと考えられる。

なお、この関連係数は年度を追う毎に、増加する傾向がみられる（0.082 → 0.095 → 0.148 → 0.144）。この傾向は、血液型ステレオタイプにおいても、予言の自己充足現象（self-fulfilling-prophesy）が進行している可能性を示唆している。

（注4）本報告の論点からは離れるが、今回のデータ処理を行ないながら、我々研究者が日常行なっている検定について、反省を感じることが多かった。我々の研究結果の中にも、標本の代表性を無視したデータや、一貫性（再現性・交差妥当性）のない「有意差」を示す結果が、多く含まれているのではないだろうか（橘敏明, 1986）。方法上の手抜きから、我々自身が新たな「社会的神話」を作らないようにと、自戒したい。

引用文献

古川竹二　1932　血液型と気質　三省堂.

溝口　元　1986　古川竹二と血液型気質相関説──学説の登場とその社会的受容を中心として　生物科学, **38**, 9-20

大村政男　1990　血液型と性格　福村出版.

橘　敏明　1986　医学・教育学・心理学にみられる統計的検定の誤用と弊害　医療図書出版社.

詫摩武俊・松井　豊　1985　血液型ステレオタイプについて　人文学報(東京都立大学), **172**, 15-30

梅村隆之　1990　ここまできた「血液型狂時代」　週刊朝日, 1990 年 12 月 14 日号, 28-30

資料4

血液型ステレオタイプの変容の形
──ステレオタイプ変容モデルの検証──[1]

●上瀬由美子（東京女子大学現代文化学部）・
松井　豊（聖心女子大学文学部）
（1996 年「社会心理学研究」第 11 巻第 3 号, 170 – 179）

問題・目的

　ステレオタイプ研究においては近年認知的アプローチが盛んになり、多く
の成果を挙げている（Hamilton, 1981 など）。認知的アプローチでは当初ステ
レオタイプの形成・維持過程を中心課題として扱っていたが、最近になりス
テレオタイプ変容過程についても研究が行われるようになった。例えば
Rothbart（1981）はステレオタイプが解消される場合に 2 つの型があること
を指摘している。すなわち反ステレオタイプ情報によって少しずつステレオ
タイプが変容していくタイプの「bookkeeping model（簿記モデル）」と、特
定の反ステレオタイプ情報が劇的にステレオタイプを解消させるという
「conversion model（回心モデル）」である。どちらのタイプの変容が生じるか
は、情報の受け手に反ステレオタイプ情報がどの程度意識化されるかに関連
すると、Rothbart は推定している。

　また Weber & Crocker（1983）は上記の 2 つのモデルに「subtyping model
（サブタイプ形成モデル）」を加え、3 モデルの優位性を検討している。
「subtyping model」は既存のステレオタイプに一致しない情報を例外（サブ
タイプ）として、他のものと区別する過程を重視するモデルである。その結

1　本研究の一部は日本社会心理学会第 32 回大会（上瀬・松井, 1991）、日本グループダイナミックス学
会第 39 回大会（松井・上瀬, 1991）、および日本社会心理学会第 33 回大会（上瀬・松井, 1992）にお
いて発表されている。

果、どのモデルが妥当であるかは、個人に提示される刺激集団の成員数と、その中に生じる不一致のパターンの2つの要因によって規定されることが明らかにされている。

ただしこれら変容モデルに対する実証研究は少なく、さらに検討を進める必要があると考えられる。

上記の研究は、ステレオタイプの変容を主として認知的側面から検討したものと位置づけられるが、ステレオタイプの変容を態度変容過程のひとつとして捉えた場合、態度における認知以外の側面、すなわち感情と行動の側面の検討が残されている。個人の認知側面のみを重視する研究の方向については疑問の声も挙げられており（例えばHamilton, 1981）、近年では実際にステレオタイプを感情側面を含めて検討しようとする動きが活発化している（Stroessner, Hamilton, & Mackie, 1992など）。しかし感情・行動側面の変容に関する実証研究は相対的に少なく、両側面を考慮してステレオタイプ変容モデルを検討する必要がある。

以上の問題点をふまえ、本研究では個人の中で生じるステレオタイプの変容の型を実証的に検討することを目的とする。さらにこの検討にあたっては、態度研究の文脈にのっとり、認知・感情・行動の側面から分析を行う。「bookkeeping model」によれば、反ステレオタイプ情報の提示後に各側面に生じる変化の幅は狭く、漸進的な態度変化が予測される。逆に「conversion model」では、急激な態度変化が予測される。また「subtyping model」によれば、反ステレオタイプ情報提示後にサブタイプに対応する変容型が生じると予想される。また本研究では、サブタイプに対応する変容が生じた場合には、サブタイプ形成群と非形成群の態度変容を比較することによって、サブタイプが態度の各側面に与える影響について分析を行う。

ステレオタイプ研究では従来様々なステレオタイプが研究対象として取り上げられてきたが、本研究ではその中でも最近わが国で普及している「血液型ステレオタイプ」を対象とする。血液型ステレオタイプは「血液型によって性格が異なるという信念」（詫摩・松井, 1985）と定義されている。血液型と性格については現在のところ明確な関連性は認められておらず、血液型ス

テレオタイプの妥当性を否定する研究が提出されている（松井, 1991 など）。しかしこの血液型ステレオタイプがわが国において広く普及している事実を反映して、近年心理学の様々な分野でこの現象を扱う研究が増加している（佐藤・渡邊, 1993 など）。本研究では、血液型ステレオタイプが感情的側面を多く含むと予測される点、普及の規模が大きい点を考慮して、このステレオタイプを研究対象とする。

　本研究ではまず、血液型ステレオタイプに対する態度の各側面を測定する尺度を作成する目的で、予備調査を行った。続く本調査では、対象者に血液型ステレオタイプを否定する内容の講義を行い、講義前後および 3 カ月後の 3 時点の態度を、質問紙で調査した。Weber & Crocker（1983）を始めとして、ステレオタイプの変容に関する実験では、反ステレオタイプ情報に接した直後の被験者の態度変容を測定する場合が多い。しかし本研究では、サブタイプ形成がその後の態度に与える影響を含めて検討を行うことを意図し、期間をおいて第 3 時点の調査を実施した。Hovland ら（1953）は、情報の提示者の信憑性の効果が時間の経過とともに低下し、3 週間後にはみられなくなることを指摘している。本研究ではこの点を考慮し、講義から 3 週間を越えることを目安とし、第 3 時点の調査を 3 カ月後に設定した。分析では、これら 3 時点の態度を比較することによって、ステレオタイプ各側面の変容の型を検討する。

　本研究の目的は、以下の 2 点にまとめられる。

　1. 血液型ステレオタイプを取りあげ、それを態度の 3 側面の視点から捉える。

　2. 態度の 3 側面からステレオタイプの変容型を検討することを通して、「bookkeeping model」「conversion model」「subtyping model」の態度変容モデルのいずれが妥当かを検討する。

予備調査

　血液型ステレオタイプの変容を検討する前段階として、認知・感情・行動

側面別に、ステレオタイプ形成の強さを測定する項目作成を試みた。まず詫摩・松井（1985）、上瀬・松井・古沢（1991）を参考にし、血液型ステレオタイプの認知・行動側面に関連すると予測される項目を、14項目作成した。また感情側面については、各血液型の人々に対する否定的感情に関する項目を、独自に4項目作成した。回答はいずれも「そう思う」から「そう思わない」までの5段階評定で求めた。

　首都圏の大学生女子318名（平均年齢20.1歳）を対象として質問紙調査を実施し、回答を因子分析（主成分解・Varimax回転）した結果、固有値1.0以上の因子として「信念強度」「行動調整」「感情」「娯楽」「関係促進」の5因子が抽出された。そこで本調査では、これらの5側面から血液型ステレオタイプの変容を検討することとした。

本調査

方法
　血液型ステレオタイプを否定する内容の講義を受けた学生を対象として、講義前と講義後および3カ月後の3時点の質問紙調査を行った。

被験者
　被験者は都内私立大学女子学生（平均年齢20.2歳）。各調査の被験者は第1時点132名、第2時点132名、第3時点127名であったが、分析は3時点の調査すべてに回答した104名を対象として行った。

質問紙構成
　1. 第1時点（講義前）の質問紙
　予備調査で抽出した5つの側面（信念強度・行動調整・感情・娯楽・関係促進）にそれぞれ負荷量の高かった17項目と、本調査で新たに作成した3項

目[2]を使用した（項目の内容は Table 1）。回答はいずれも「あてはまる」「ややあてはまる」「どちらともいえない」「ややあてはまらない」「あてはまらない」の5件法で尋ね、「あてはまる」を5点〜「あてはまらない」を1点として得点化を行った。

2. 第2時点（講義後）の質問紙

第2調査の目的は、講義直後の態度を測定しステレオタイプの変容の型を検討することである。この目的に沿い、第2時点の質問紙では、血液型ステレオタイプに対する講義後の態度について尋ねる20項目（Table 3 参照）を新たに作成し使用した。回答形式はいずれも第1時点と同様の5件法である。

また、ステレオタイプ変容型を測定するために、第1時点で使用した項目の中から「信念強度」「感情」の尺度のみを再度使用した。この2尺度以外を質問紙項目に加えなかったのは、これらの項目内容が日常的な行動傾向を尋ねるものであり、講義をはさんだ前後では変化が測定できないものと予想されたためである。

3. 第3時点（3カ月後）の質問紙

第1時点調査で使用した血液型ステレオタイプに対する態度の5尺度と、第2時点調査で使用した講義後の態度に関する20項目について、5件法で回答を求めた。また講義者に対する信頼を「講師は信用できない」など6項目で尋ね、「そう思う」「そう思わない」の2件法で回答を求めた。その他、第1時点・第2時点調査への参加有無について尋ねた。

実施方法

大学の講義室において、集合調査形式で実施した。回答者は講義前に第1

2　付加項目は以下の通りである。
　　・血液型性格判断によって、今まで知らなかった自分の姿を知ることができる。
　　・血液型性格判断を行うと、自分について新しい発見をすることがある。
　　・血液型性格判断によって自分を客観的に見ることができる。

時点調査に回答した後、血液型ステレオタイプに関する講義を受けた[3]。講義後、回答者は第2時点調査に回答した。さらに3カ月後の講義開始直後に、第3時点調査への回答が求められた。

　講義は調査者（第2著者）自身が行ったが、回答者には講義者と調査主体は別であるとの説明を行った。

結果

血液型ステレオタイプに対する態度構造

　第1時点調査において血液型ステレオタイプへの態度に関する20項目を因子分析（主成分解・Varimax回転）した結果、固有値1.0以上の基準を満たす5因子が抽出された（Table 1）。

　第1因子は「血液型性格判断は自分を知るのに役立つ」など血液型ステレオタイプに自己理解機能を認める項目に負荷量が高く、「自己理解」と命名された。第2因子は「A型の人の性格はきらい」など各血液型に対する否定的感情を示す項目に負荷量が高く、「感情」と命名された。第3因子は「血液型は楽しい」「血液型性格判断は初対面の時の話題に便利」など、血液型ステレオタイプの娯楽機能や他者との関係促進機能を認める項目に負荷量が高く、「娯楽・関係促進」と命名された。第4因子は「血液型によって性格は異なる」など、血液型ステレオタイプを信じる強さを示す項目に負荷量が高く、「信念強度」と命名された。第5因子は「相手の血液型によって接し方を変える」などステレオタイプに基く行動の有無を示す項目に負荷量が高く、「行動調整」と命名された。この5因子の累積寄与率は73.1%であった。

3　講義の内容は以下のものとなっている。この講義では、Weber & Crocker（1983）のように、ステレオタイプ化された集団に所属する個々の成員の情報を与えるのではなく、当該ステレオタイプ全般の歴史的な経緯や、非科学性、ステレオタイプの社会的意義などについて、概括的な説明を行っている。
　1. 血液型研究の歴史：古川学説（古川, 1927）／能見正比古・鈴木芳正らによる古川学説の復活と問題点
　2. 詫摩・松井（1985）の研究紹介：研究結果の紹介／ステレオタイプの中身の曖昧性／血液型ステレオタイプを持つ人の性格特徴
　3. サンプリング調査によるステレオタイプの否定（松井, 1991）
　4. 大村（1984）の研究紹介：フリーサイズ効果／ラベリング効果
　5. 血液型ステレオタイプの問題：差別的な現状／ナチスドイツにおけるユダヤ人迫害との類似点

態度の３側面の考えに基づいて５因子を分類すると、「信念強度」「娯楽・関係促進」「自己理解」は血液型ステレオタイプの認知側面を示すものと考えられる。さらに「感情」は態度の感情側面を、「行動調整」は態度の行動側面を、それぞれ表すものと位置づけられる。

予備調査と異なる属性をもつ回答者を用いた本調査においても、ほぼ同様の因子が抽出されたことから、血液型ステレオタイプの態度構造は安定したものと考えられる。そこで本研究ではそれぞれの因子に負荷量の高かった項目を用いて、回答を単純加算し、血液型ステレオタイプに対する５つの側面を測定する５尺度得点を算出した[4, 5]。

３時点におけるステレオタイプの変容程度

５種の尺度得点を各調査ごとに算出した結果は、Table 2 に示すようになった。各尺度について、時点に関して対応するデータの分散分析（処理×個体）を行い、時点の効果を検討した。その結果、３時点で用いた「信念強度」「感情」の２尺度には時点の有意な主効果がみられた（「信念強度」$F_{(2, 164)}$ =61.19, $p<.01$；「感情」$F_{(2, 206)}$ =8.86, $p<.01$）。さらに両尺度について時点間の尺度得点の差の検定を行った。「信念強度」は、第１時点と比較すると、第２・第３時点で尺度得点が有意に低くなっていたが、第２時点と第３時点を比べると第３時点の方が得点が有意に高く、３カ月後には態度が元に戻る傾向がみられた。一方「感情」は、第１時点よりも第２・第３時点の方が有意に尺度得点が低く、２・第３時点間に差はみられなかった。

一方、第１・第３時点のみで使用した３尺度のうち、時点の有意な主効果がみられたのは、「自己理解」（$F_{(1, 103)}$ =9.65, $p<.01$）のみであり、第１時点に比べて第３時点の方が得点が低くなっていた。「娯楽・関係促進」（$F_{(1, 102)}$ =1.70, $p>.10$）「行動調整」（$F_{(1, 102)}$ =3.00, $p<.10$）については、有意な主効果はみられなかった[6]。

4　「行動調整」「感情」因子に高い負荷量を示した項目の肯定率は総じて低く、回答分布の偏りが因子分析に影響した可能性も考えられる。しかし、本分析では態度の構造を抽出するという目的に沿って全項目を使用することにした。

5　「血液型に関する記事をよく読む」は第３因子負荷量が高いが、同時に第１因子にも0.36の負荷量を示している。本調査では、測定内容を明確にすることを考慮しこの項目を尺度項目には含めなかった。

Table 1　血液型ステレオタイプに対する態度の因子分析（Varimax 回転後）

N=95

変数名	肯定率 (%)	因子1 自己理解	因子2 感情	因子3 娯　楽 関係促進	因子4 信念強度	因子5 行動調整
血液型によって性格は異なる	＊	0.234	− 0.041	− 0.042	0.839	0.208
血液型性格判断は信用できる	(37.5)	− 0.152	− 0.113	0.219	− 0.837	− 0.164
血液型性格判断は当たっている	(53.8)	− 0.175	− 0.204	0.234	− 0.753	− 0.013
血液型性格判断は楽しい	(83.6)	− 0.271	0.029	0.693	− 0.336	0.001
血液型性格判断が好き	(61.5)	− 0.207	− 0.014	0.788	− 0.330	− 0.203
コミュニケーションに役立つ	(40.4)	− 0.146	− 0.067	0.689	0.080	− 0.314
初対面時に役立つ	(26.0)	− 0.102	− 0.018	0.689	0.019	− 0.252
血液型を考えてから対人行動	(5.8)	− 0.229	− 0.269	0.273	− 0.108	− 0.740
血液型によって行動を変える	(4.9)	− 0.136	0.007	0.132	− 0.081	− 0.887
他者行動の理解に役立つ	(14.4)	− 0.296	− 0.091	0.141	− 0.264	− 0.728
血液型でまず相性を考える	(26.9)	− 0.313	− 0.316	0.198	− 0.240	− 0.506
血液型に関する記事をよく読む	(57.7)	− 0.355	− 0.081	0.704	− 0.239	− 0.116
自分を知るのに役立つ	(26.0)	− 0.751	− 0.062	0.253	− 0.352	− 0.171
知らない自分がわかる	(12.5)	− 0.848	− 0.104	0.175	− 0.124	− 0.245
自己について新しい発見をする	(16.4)	− 0.864	− 0.136	0.210	− 0.085	− 0.188
自分を客観的に見られる	(26.0)	− 0.698	− 0.085	0.100	− 0.298	− 0.077
A 型の人の性格はきらい	(5.8)	− 0.034	− 0.842	0.112	− 0.059	− 0.111
B 型の人の性格はきらい	(10.6)	− 0.071	− 0.838	− 0.134	− 0.158	− 0.170
O 型の人の性格はきらい	(1.0)	− 0.307	− 0.761	0.063	0.119	0.071
AB 型の人の性格はきらい	(10.6)	− 0.032	− 0.904	0.054	− 0.084	− 0.058
因子負荷量 2 乗和		3.254	3.096	2.989	2.687	2.587
寄与率（%）		16.272	15.481	14.946	13.434	12.935

＊本項目のみ、回答は以下の 5 件法で求めている。
「血液型によって性格は非常に異なる」（0%）、「かなり異なる」（10.5%）、「やや異なる」（61.1%）、「あまり異ならない」（16.8%）、「全く関係ない」（11.6%）。

各側面の変容型

本研究で検討すべきとされたステレオタイプ変容モデルのうち、「bookkeeping model」と「conversion model」は、変容が漸進的に生じるか、急激に生じるかにおいて異なっていた。本研究では、両モデルの検証を第 1 時点から第 3 時点の尺度得点の差の分布から検討した。

作成した尺度それぞれについて、第 1 時点から第 8 時点の尺度得点を引き、

Table 2 サブタイプ形成群・非形成群別の、血液型ステレオタイプの 5尺度得点の3時点の得点の平均 (S.D.)

	全体			サブタイプ形成群			サブタイプ非形成群		
	第1	第2	第3	第1	第2	第3	第1	第2	第3
信念強度	6.8 >**	4.0 <**	4.7 (1–3間 >**)	7.2 >**	4.7 <*	5.7 (1–3間 >**)	6.4 >**	3.2	3.6 (1–3間 >**)
	(2.66)	(2.62)	(2.86)	(2.24)	(2.54)	(2.78)	(2.95)	(2.49)	(2.49)
感情	7.1 >**	6.1	5.9 (1–3間 >**)	7.1 >*	6.3	6.2 (1–3間 >*)	7.0 >**	6.0	5.6 (1–3間 >**)
	(3.62)	(3.28)	(3.11)	(3.43)	(3.29)	(3.10)	(3.81)	(3.25)	(3.09)
自己理解	6.7	>**	5.8	6.9		6.6	6.6	>**	4.9
	(2.92)		(2.78)	(2.72)		(2.92)	(3.11)		(2.33)
行動調整	7.4		6.9	8.3		7.6	6.4		6.1
	(3.43)		(3.44)	(3.62)		(3.73)	(2.90)		(2.92)
娯楽・関係促進	13.8		14.2	14.2		14.7	13.4		13.6
	(3.65)		(4.16)	(3.28)		(4.02)	(3.97)		(4.23)

(注) 表中の「>」は、対応のある t 検定を行った結果、有意に左項の平均値が高いことを、「<」は、有意に右項の平均値が高いことを示している。
* p<.05 ** p<.01

差の値の分布を検討した結果、各尺度の分布は、Figure 1 〜 3 に示すように なった[7]。

認知に関する3側面（「信念強度」「自己理解」「娯楽・関係促進」）および、行動側面（「行動調整」）については1点〜5点という小さな幅の変容が中心

---

6 Table 1 が示すように、「感情」「行動調整」の項目の肯定率は低く、これらの尺度得点の高いものは態度の偏りが高いと推察される。そこで、両尺度得点の高さが態度変化に影響を及ぼしているか否かを検討した。
　まず「感情」については、尺度分布に基づき全体を「感情 L 群（N=41）」「感情 H 群（N=42）」に2分した。さらにステレオタイプの5尺度について、時点×群（L・H）の対応のあるデータの分散分析（処理×個体）を行った。その結果、有意な交互作用がみられたのは「感情（$F (2, 204) =21.81, p<.001$）」「自己理解（$F (1, 102) =8.41, p<.01$）」「行動調整（$F (1, 101) =6.76, p<.05$）」であった。いずれも「感情 H 群」で尺度得点が大きく低下していた。
　「行動調整」についても尺度分布から全体を「行動調整 L 群（N=50）」「行動調整 H 群（N=53）」に2分した。これに基づきステレオタイプの5尺度について、時点×群（L・H）の対応のあるデータの分散分析（処理×個体）を行った。その結果、有意な交互作用がみられたのは「自己理解（$F (1, 101) =10.90, p<.01$）」「行動調整（$F (1, 101) =35.39, p<.001$）」であった。いずれも「行動調整 H 群」で尺度得点が大きく低下していた。
　全体の分析で時点の効果が示されたのは、「信念強度」「感情」「自己理解」の側面であった。本分析の結果を併せると、全体の変化のうち「感情」「自己理解」の側面については、感情や行動の側面で強くステレオタイプを形成していた者に特に変化が大きかったと推察される。また、「行動調整」は全体の分析では時点の主効果は有意ではなかった。しかし本分析の結果から、態度の偏りの強かった回答者については、この側面のステレオタイプを低下させることに講義が有効であったことが示されている。
7 各尺度が取りうる分布の幅は、「信念強度」が-12 〜 +12、その他の尺度では-16 〜 +16である。

であった。感情側面（「感情」）については強いステレオタイプを形成していた回答者が少なかったため、変容を生じた者の割合は認知側面に比べて少ない。ただし変容を生じた者の中には、8点という比較的大幅な変容をみせた者が一部存在していた[8]。

講義後の態度構造

本研究では、ステレオタイプ変容の型として「subtyping model」がみられるか否かを、講義後の態度から対応する因子が抽出されるか否かという面から検討した。

1. 講義後の態度構造

第2時点の質問項目のうち、「血液型性格判断は面白ければそれでよい」など血液型ステレオタイプに対する講義後の態度に関する20項目について、因子分析（主成分解・Varimax回転）を行った。その結果、固有値1.0以上の基準を満たす5つの因子が抽出された（Table 3）。第1因子は「血液型性格判断は科学では割り切れない」など、血液型ステレオタイプの不可知性を強調する項目に負荷量が高く、「不可知性」と命名された。第2因子は「講義で否定されたのは血液型性格判断の一部である」など、講義で否定された部分が限定されていることを指摘する項目に負荷量が高い。この因子はWeberら（1983）が扱った「subtyping model」に対応すると推測される。そこで「サブタイプ」と命名された。第3因子は「血液型性格判断は自分の周りではあてはまる」など経験的根拠を指摘する項目に負荷量が高く、「経験

8　「信念強度」「感情」については第2時点でも実施しているため、第1時点と第2時点、および第2時点と第3時点の尺度得点の差の分布も算出した。

信念強度については、第1時点と第2時点の差は0点を頂点とし8点までの右下がりの分布、第2時点と第3時点の差は0点を中心とし−7点から5点までの柱状型の分布となっている。いずれの分布にもばらつきがみられ、全体としては、第2時点でステレオタイプを否定する方向に態度が変容し、第3時点ではややもとに戻る傾向が示されている。

感情については、第1時点と第2時点の尺度得点の差は0点に半数以上が集中しており、その他では−3点から8点までは数名ずつ分布している。第2時点と第3時点の差の分布も同様に0点に集中しているが、その他の回答は−8点から9点の間の数名ずつの分布となっている。この分布型は第1時点と第3時点の差の分布（Fig 2）と同様である。

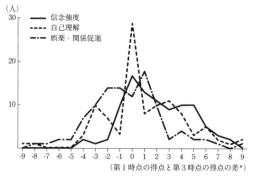

Figure 1 認知側面の変容
注) 第1時点の尺度得点から第3時点の尺度得点を引いた値。+側の得点は講義によってステレオタイプが減少したことを、-側の得点は講義によってステレオタイプが強まったことを示している。

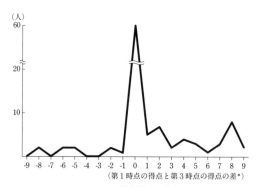

Figure 2 感情側面の変容
注) 第1時点の尺度得点から第3時点の尺度得点を引いた値。+側の得点は講義によってステレオタイプが減少したことを、-側の得点は講義によってステレオタイプが強まったことを示している。

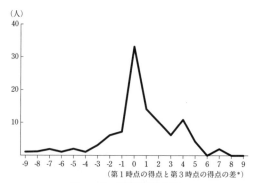

Figure 3 行動側面の変容
注) 第1時点の尺度得点から第3時点の尺度得点を引いた値。+側の得点は講義によってステレオタイプが減少したことを、-側の得点は講義によってステレオタイプが強まったことを示している。

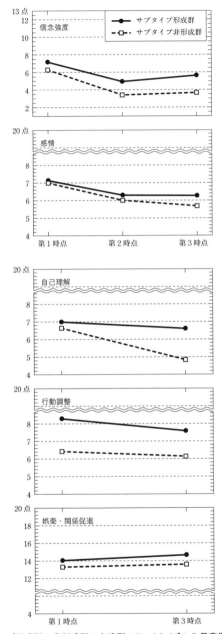

Figure 4　サブタイプ形成群・非形成群の血液型ステレオタイプの5尺度得点の平均値の推移

的根拠」と名付けられた。第4因子は「血液型性格判断は面白ければそれでよい」など遊びとしての側面を強調するもので、「遊び」と名付けられた。第5因子は「血液型性格判断は無意味なものとわかった」など無意味さや有害性について言及した項目に負荷量が高く、「意味づけ」と名付けられた。この5因子の累積寄与率は、61.8%であった。

2. サブタイプ形成の影響

　第2因子として検出されたサブタイプの影響を検討するために、この因子に負荷量の高い3項目（「講義で否定されたのは血液型性格判断の一部である」「自分が血液型性格判断について信じていたのは、講義で否定された部分とは違う」「血液型性格判断は今のところは否定されているが、いずれは科学的に証明される」）の得点を単純加算し、サブタイプ形成の強度を測定する尺度得点を算出した。次いで得点の高さに基づいて、全被験者を「形成群（N=50）」（尺度得点が7点以上）と「非形成群（N=54）」（尺度得点が6点以下）に2分割し、群別に他の尺度得点の平均値を算出した（Table 2）。各尺度について、時点×サブタイプ形成有無（形成群・非形成群）の対応のあるデータの分散分析（処理×処理×個体）を行った。その結果サブタイプの主効果がみられたのは、「信念強度」（$F_{(1, 81)}$=7.63, p<.01）「自己理解」（$F_{(1, 102)}$=4.62, p<.05）「行動調整」（$F_{(1, 101)}$=7.39, p<.01）の3尺度であった。

　「信念強度」「自己理解」については有意な交互作用がみられたため（信念強度 $F_{(2, 162)}$=3.10, p<.05; 自己理解 $F_{(1, 102)}$=5.29, p<.05）、サブタイプ形成有無別に、時点間の尺度得点の差の検定を行った。

　その結果「信念強度」では、サブタイプ非形成群において、第1時点よりも第2・第3時点の方が尺度得点が有意に低く、第2・第3時点間には差はみられなかった。一方、形成群においては第1時点よりも第2・第3時点の方が、尺度得点が有意に低いものの、第2・第3時点を比較すると第3時点の方が有意に得点が高くなっていた。

　一方「自己理解」では、非形成群において第1時点よりも第3時点の方が得点が有意に低いのに対し、形成群においては第1時点と第3時点の間に有

Table 3　血液型ステレオタイプに対する、講義後態度構造（Varimax 回転後）

N=97

変数名	肯定率(%)	因子1 不可知性	因子2 サブタイプ	因子3 経験的根拠	因子4 遊び	因子5 意味づけ
血液型性格判断は非科学的なものと分かった	(85.4)	−0.477	−0.405	0.039	−0.102	0.186
血液型性格判断は無意味なものとわかった	(75.0)	−0.318	−0.351	−0.212	0.252	0.427
血液型性格判断は面白ければそれでよい	(63.5)	0.046	0.121	0.215	−0.799	−0.302
血液型と性格が関連ないと頭では分かっていても、なんとなく関連ありそうな気がする	(55.8)	0.227	0.095	0.730	−0.054	−0.301
今後は血液型性格判断を占いとして考える	(56.7)	−0.140	−0.142	0.581	0.158	0.241
血液型性格判断は役立つ面もある	(53.4)	−0.143	0.282	0.494	−0.260	−0.132
血液型性格判断は遊びなのだから、心理学者がとやかく言うことではない	(43.7)	0.104	0.065	−0.065	−0.908	0.012
血液型性格判断は有害なものとわかった	(41.3)	−0.051	−0.016	0.135	0.411	0.634
血液型性格判断は科学では割り切れないものだ	(34.6)	0.784	−0.116	−0.056	−0.129	−0.179
血液型性格判断を信じていたことがばからしく感じた	(29.4)	−0.059	−0.125	-0.217	0.099	0.755
一般の人には血液型性格判断はあてはまらないかもしれないが自分の周りではあてはまる	(25.9)	0.564	0.300	0.507	−0.158	−0.021
血液型と性格の関連については、もう少し自分で考えてから納得したい	(21.1)	0.316	0.528	0.387	−0.143	−0.060
講義で否定されていたのは、血液型性格判断の一部である	(17.3)	0.214	<u>0.646</u>	−0.011	−0.145	−0.278
自分が血液型性格判断について信じていたのは、講義で否定された部分とは違う	(16.3)	−0.060	<u>0.718</u>	0.049	−0.135	−0.229
これだけ血液型性格判断が普及しているのだからどこかに真実がある	(16.3)	0.447	0.570	0.286	−0.144	−0.298
一般の人には血液型性格判断はあてはまらないかもしれないが、自分にはあてはまる	(14.4)	0.581	0.208	0.574	−0.036	0.028
血液型性格判断は科学で証明できない部分に真実がある	(12.5)	0.588	0.349	0.148	0.055	−0.241
血液型性格判断は心理学の測定と違いもっと複雑だ	(11.6)	0.766	0.268	0.129	−0.132	0.067
血液型性格判断は今のところは否定されているが、いずれは科学的に証明される	(2.9)	0.285	<u>0.669</u>	0.114	−0.072	0.300
血液型性格判断と性格の関連がみられないのは心理学による性格の測定が間違っているからだ	(0.0)	0.526	0.483	0.161	0.054	0.175
因子負荷量2乗和		3.348	2.988	2.177	1.962	1.884
寄与率（%）		16.737	14.941	10.884	9.810	9.420

（肯定層は「そう思う」「ややそう思う」と回答した者の割合）

意な差はみられなかった。

　また「行動調整」について、各時点ごとに形成群・非形成群の尺度得点の平均値を比較すると、第1時点・第3時点ともに形成群の方が有意に尺度得点が高かった。群別にみると、形成群・非形成群ともに時点間の差は有意ではなかった。

考察

　本研究では、個人の中で生じるステレオタイプの変容の型を実証的に検討し、同時にステレオタイプの変容を、認知・感情・行動の各側面から検討することを目的としていた。

　女子大学生を対象として、血液型ステレオタイプに反する情報を講義の形で与えて変容を検討した。講義前の態度項目を因子分析した結果、血液型ステレオタイプを信じる程度を示す「信念強度」、自己理解機能を認める「自己理解」、娯楽や他者とのコミュニケーション手段としての機能を認める「娯楽・関係促進」、否定的感情を示す「感情」、血液型ステレオタイプを用いて他者を判断したり行動をすることを示す「行動調整」の5因子が抽出された。これらの因子のうち「信念強度」「自己理解」「娯楽・関係促進」は態度の認知側面に、「感情」は感情側面に、「行動調整」は行動側面にそれぞれ対応するものと考えられた。

　これらの側面別にステレオタイプの変容を検討すると、講義によって有意に態度変化が生じたのは「信念強度」「自己理解」「感情」であった。これは認知側面の一部および感情側面にあたる。逆に行動側面においては有意な変容はみられなかった。この結果は、ステレオタイプが認知の一部や感情側面においては変容しやすいが、実際の行動にまでは結び付きにくいことを示唆している。

　本研究では変容が生じた側面についてその変容の型を、第1時点（講義前）と第3時点（3カ月後）の尺度得点の差の分布から検討を行った。その結果、認知側面の「信念強度」の変容は小さな幅に集中していた。この結果から本研究における認知側面の変容型は、狭い範囲の態度変容が生じやすいとするRothbart（1981）の「bookkeeping model」を支持するものと考えられる。

　Rothbartは「bookkeeping model」と「conversion model」のどちらの変容型が生じやすいかについては、受け手の意識的な情報収集の度合が影響すると仮説している。本研究における反ステレオタイプ情報提示の状況を考えると、回答者は自身の保持しているステレオタイプ情報と講義者の反ステレオタイプ情報を意識的に比較し、意見決定することが可能であったと考えら

れる。そのため「bookkeeping model」の変容型が生じたと推察される。ただし、有意な態度変容が示されなかった「娯楽・関係促進」は、講義後の尺度得点が講義前よりも高くなったものが半数近く（49%）に達していた（Figure 1）。これは「娯楽・関係促進」機能の価値を高めることで、ステレオタイプを維持する対処行動を示唆するものと考えられる。この対処行動についてはさらに検討が必要である。

　一方、「感情」尺度得点は「信念強度」とはやや異なる変容型を示した。講義前に強く否定的感情を持っていたものは少なかったため、「感情」で態度変容を生じた割合は「信念強度」と比べて小さかった。しかし変容を生じた者の中には、比較的大幅な変容をみせた者が存在していた。この点からみると、感情側面においては「conversion model」に一致する変容が、一部の回答者に生じた可能性が指摘される。ただし本研究で提示された反ステレオタイプ情報の中には、血液型ステレオタイプの差別的現状やユダヤ人迫害との類似点などが含まれていた。これらの内容が特に感情側面に影響を与えた可能性もある。

　一方、講義後の態度を因子分析した結果、講義で伝達した反ステレオタイプ情報をサブタイプとして処理する傾向を示す「サブタイプ」因子が抽出された。この処理過程は Weber ら（1983）が扱った「subtyping model」に当たると考えられる。

　さらに、サブタイプ形成度の程度で全体を 2 群に分け、態度変容について比較を行った。その結果、講義前にステレオタイプに基づく行動を多く起こしていたもの（「行動調整」尺度得点の高かったもの）は、サブタイプを形成しやすいことが明らかとなった。またサブタイプ形成によるステレオタイプ維持効果が認知側面の一部においてみられ、サブタイプが形成された場合、「信念強度」「自己理解」において態度変容が生じにくいことが明らかにされた。特に「信念強度」は、サブタイプ形成群において、講義後にやや低減した得点が 3 カ月後に再び増加していた。一方「感情」「行動調整」においては、サブタイプの効果は認められなかった。これらの結果からみると、サブタイプはステレオタイプを行動に反映させている者に生起する、ステレオタ

イプ維持機能を持つ認知活動であり、反ステレオタイプ情報への接触で低下した態度の認知的側面を、復帰させる働きを有していると推定される。

　以上の結果をまとめると、講義の形式で反ステレオタイプ情報を提示した本研究では、認知側面の一部と感情側面では変容が生じたが、行動側面における変容は生じにくいことが示された。また変容の型については、認知側面で「bookkeeping model」にあたる変容型が確認され、さらに「subtyping」のステレオタイプ維持効果は認知側面で特に有効であることが示された。感情側面では明確な変容型はみられなかったが、一部の被験者に「conversion model」が適用できる可能性が指摘された。

　本研究の結果からみる限り、ステレオタイプの変容に関する3つのモデルは互いに排反するものではなく、態度の側面によって出現の強さの異なる重複事象と考えられる。また、態度の3側面それぞれに異なる変容の型が存在するという本研究の結果は、ステレオタイプを多側面的にとらえるアプローチの妥当性を支持するものと考えられる。

　ただし本研究では反ステレオタイプ情報を講義という形態で提示したため、認知的側面を中心に態度変容が生じ、その結果サブタイプの機能も認知側面を中心に働いた可能性も大きい。またこれらの結果に、本研究で用いた血液型ステレオタイプの特殊性が関連していることも考えられる。1回だけの講義の結果に基づいて一般的な結論を下すことはできないが、今後はステレオタイプの変容について、講義以外の補助手段を用いて、繰り返し検討を行う必要がある。

　本研究における問題点は3点指摘される。第1に調査実施者と反ステレオタイプ情報を提示する講義者とが同一人物であったことが挙げられる。回答者には講義者と調査実施者は別であるとの説明を行ったが、回答者が両者を

9　本調査では講師に対する信頼の高低で回答者を2群に分けて変容程度を比較した。
　講義者に対する信頼について尋ねた項目について主成分分析を行い、この結果をもとに負荷量が0.60以上の5項目を信頼度を測定する尺度とした。尺度得点の分布から講師に対する信頼が相対的に高い者（N=37）と低い者（N=61）とで全体を2群にわけた。時点（第1時点・第2時点・第3時点）×信頼度の高低の2要因の分散分析を行った結果、いずれの尺度においても信頼度の有意な主効果はみられなかった。ただし同一の講義をとっている両群の差はあくまでも相対的なものにすぎないことから、講師に対する信頼関係から被調査者の態度変容が生じた可能性を完全には否定することはできない。

同一であると、推測している可能性は拭えない[9]。

　第2に類似の質問紙を3回繰り返して用いたことについても、態度変容に影響を及ぼした可能性がある。

　第3に本研究で使用した態度測定尺度は、いずれも独自に作成したものであり、使用する尺度によっては異なる結果が導かれる可能性も否定できない。感情側面は否定的項目のみを尺度として使用しており、肯定的感情も含めた形で改めて尺度化をすることが求められる。また行動側面は、回答者が認知する自身の行動について回答を求めたため、認知要素を含んだものといえる。行動側面については今後、実際の行動と併せて検討する必要が残されている。

引用文献

古川竹二, 1927, 血液型による気質の研究. 心理学研究, **2**, 612-634.

Hamilton, D., 1981. Stereotyping and Intergroup Behavior: Some Thoughts on the Cognitive Approach. In Hamilton, D. (Ed.), *Cognitive processes in stereotyping and intergroup behavior.* Lawrence Erlbaum Associates, Inc., 333- 353.

Hovland, C. I., Janis, I. L., & Kelley, H. H., 1953, *Communication and persuasion.* Yale University Press.

上瀬由美子・松井　豊・古沢照幸, 1991, 血液型ステレオタイプの形成と解消に関する研究. 立川短期大学紀要, **24**, 55-65.

上瀬由美子・松井　豊, 1991, 血液型ステレオタイプの機能と感情的側面. 日本社会心理学会第32回大会発表論文集, 296-299.

上瀬由美子・松井　豊, 1992, 血液型ステレオタイプの変容と解消について. 日本社会心理学会第33回大会発表論文集, 346-349.

Krech, D., Crutchfield, R. S., & Ballachey, E. L., 1962, *Individual in Society.* McGraw-Hill.

松井　豊, 1991, 血液型による性格の相違に関する統計的検討. 立川短期大学紀要, **24**, 51-54.

松井　豊・上瀬由美子, 1991, 血液型ステレオタイプの認知的側面と感情的側面. 日本グループダイナミックス学会第39回発表論文集, 107-108.

大村政男, 1990, 血液型と性格. 福村出版.

Rothbart, M., 1981, Memory Processes and Social Beliefs. In Hamilton, D. (Ed.). *Cognitive processes in stereotyping and intergroup behavior.* Lawrence Erlbaum Associates, Inc., 145-181.

佐藤達裁・渡邊芳之, 1993, 現代の血液型性格判断ブームとその心理学的研究. 心理学評論, **35**,

234-268.

Stroessner, S. J., Hamilton, D. L., & Mackie, D. M., 1992, Affect and Stereotyping: The effect of induced mood on distinctiveness-based illusory correlations. *Journal of Personality and Social Psychology*, **62**, 564-576.

詫摩武俊・松井豊, 1985, 血液型ステレオタイプについて. 東京都立大学人文学部人文学報, **172**, 15-30.

Weber, R. & Crocker, J., 1983, Cognitive Processes in Revision of Stereotypic Beliefs. *Journal of Personality and Social Psychology*, **45**, 961- 977.

(1993 年 6 月 10 日受稿, 1995 年 10 月 11 日掲載決定)

資料 5

血液型と性格の無関連性
──日本と米国の大規模社会調査を用いた実証的論拠──

●縄田健悟（京都文教大学）
（2014年「心理学研究」第85巻第2号, 148-156）

　国内外ともに、これまでの心理学の研究では、血液型と性格（パーソナリティ）には関係が見られないことが指摘されてきた。本研究は、これらの知見の頑健性を高め、さらに血液型と性格が無関連であることの積極的根拠を示すことを目的に、日米の大規模社会調査による実証的な根拠を提示する。

日本社会における血液型性格関連説の流行

　ABO式血液型と性格に関連があるという考え方は日本に広く根付いており、血液型性格関連説や血液型性格判断、血液型人間学、血液型気質相関説などと呼ばれる。以下、血液型とはABO式の血液型を指す。

　現在のような形で血液型性格関連説が日本社会に広まったのは、能見（1971）による"血液型でわかる相性"をはじめとした、血液型と性格に関連があることを主張する多くの著書が出版されたことが発端とされる。近年でも、2004年に"発掘！あるある大事典2"などの70本ものテレビ番組で血液型性格関連説に関する特集が組まれた（上村・サトウ, 2006）。また、2008年には"B型自分の説明書"を代表とする血液型自分の説明書シリーズ4作全てが年間売り上げ部数ランキングのトップ10に入った（ORICON STYLE ミュージック, 2008）。このように、血液型性格関連説は流行が去っては再燃することを繰り返しながら、広く日本社会に根付いてきた。

血液型と性格に関する心理学研究

　その一方で、血液型と性格に関する心理学の実証研究は血液型と性格の関連に否定的である。そのため血液型性格関連説は、日本社会における誤解に基づいた疑似科学の一種だとされている（菊池, 2012）。

　血液型と性格の関連性に関する初期の研究としては、古川（1927）が心理学研究に発表した"血液型による気質の研究"が広く注目を集めた。しかし、その後の多くの追試の結果、学問的に妥当ではないと判断された。なお、初期の研究の歴史的経緯に関しては、詫摩・佐藤（1994）、大村（2012）に詳しい。

　その後、血液型と性格の関連性に関する研究は下火であったが、1980年代以降に現代的な心理学の研究手法ないし統計手法を用いて血液型と性格の関連が検討されている。これらは、1970年代以降に血液型性格関連説が俗説として広く普及した社会状況を受けて、その正否を実証的に検討することを目的に行われたものである。

　血液型と性格の関連性を調べた最も重要な国内研究として、松井（1991）が挙げられる。この研究では、JNNデータバンクの大規模な社会調査データを用いて、血液型と性格の関係を検討した。これにより、心理学の研究で用いられることの多い学生サンプルのみではなく、日本社会一般の幅広い年代や社会階層の人々からデータが得られた。また、標本サイズも、1980年、1982年、1986年、1988年の4回の調査で合計12,418名と大規模なものである。分析の結果、肯定率に関して、4回の調査全てで血液型間の有意差が見られた項目は、24項目中の1項目しかなかった。この1項目でさえ、一番肯定率の高い血液型は年次ごとに異なっていた。以上の結果は、血液型によって性格特性に違いがない可能性を示すものである。他に、長谷川（1988）、久保・三宅（2011）などでも、血液型と性格に一貫した関連性は得られていない。

　なお、血液型間の有意差が見られた国内研究としては、山岡（1999, 2006）

や Sakamoto & Yamazaki（2004）が挙げられる。ただし、どちらも生理学的な意味での血液型と性格の関連には否定的である。山岡（1999,2006）では、血液型性格判断を信じている人では血液型間に性格の自己認知に有意差のある項目が複数見られる一方で、信じていない人では血液型間の有意差はほとんど見られなかった。つまり、血液型性格判断を信じることが自身の性格（少なくともその認知）を変化させるといえる。Sakamoto & Yamazaki（2004）では、血液型性格関連説が社会的に広まった1980年代の性格の経年変化を調べ、A型がよりA型らしい性格に変化する傾向があることを示した。どちらの研究も血液型と性格が生理的な意味ではなく、社会的な意味で自己成就する可能性を示唆するものである。このように、血液型と性格に関連が見られる研究も一部存在するが、認知やステレオタイプの結果ではない、生理的メカニズムの結果だとみなすことができるような血液型と性格の関連を示唆する研究は、ほとんど存在しない。

　国外の研究でも同様に、血液型と性格の関連性が検討されている。近年の研究では、包括的な性格指標としてのビッグ・ファイブと血液型との関連性が検討された。ビッグ・ファイブとは、外向性、神経症傾向、協調性、経験への開放性、誠実性の5因子から人間のパーソナリティを統合的に理解しようという性格特性論であり、国外・国内共に広く用いられている。

　Cramer & Imaike（2002）ではカナダの大学生を対象に、Wu, Lindsted, & Lee（2005）では台湾の高校生を対象に、Rogers & Glendon（2003）ではオーストラリアの献血者を対象に、血液型とビッグ・ファイブとの関連を検討した。しかし、どの研究でも、意味のある血液型間の得点差は得られていない。唯一、Wu et al.（2005）では、AB型女性の誠実性が有意に高いという結果が得られた。しかし、これは他の2論文では見られない効果であり、Wu et al.（2005）もAB型女性の標本サイズの小ささが原因だろうと解釈している。なお、日本でも血液型とビッグ・ファイブに関連は得られていない（久保・三宅、2011）。血液型ステレオタイプに関する知識が無い、もしくは乏しい外国人においても、性格の統合的指標としてのビッグ・ファイブに血液型間の違いが見られず、その関連性には否定的である。

資料5　血液型と性格の無関連性　　341

本研究の目的──無関連性の積極的主張

　以上のように、国内外ともに、これまでの心理学の研究では、血液型とパーソナリティには関係があるとはいえないことが繰り返し指摘されてきた。本研究は、これらの知見の頑健性を高め、さらに無関連であることを積極的に主張するためのデータを提示する。

　これまで述べた血液型と性格の関連性を調べた研究では"関連性が見られない"ことが主張されてきた。その一方で、"無関連である"ことを示した研究は存在しない。それは、血液型と性格の関連に関してだけではなく、実証研究のほとんどで用いられている統計的検定の性質上、やむを得ないことである。統計的検定は、関連がないことを前提とした帰無仮説の下、標本で生じている関連性が偶然に得られる確率が低い（典型的基準は 5% 未満）ことを根拠に、帰無仮説を棄却するという背理法の手続きを用いている。つまり、統計的検定は関連があることを示すための手法であり、関連がないことを示すことは苦手としている。そのため、これまでの血液型と性格を検討した研究では、"関連があるとは言えない"という（適切な）言い方がなされてきた。

　では、そこから一歩進んで、無関連性を積極的に主張するにはどのような手続きを踏めば良いのだろうか。本研究では、次の 2 点を満たすことを無関連であると解釈する。1 点目は、大規模標本を用いても有意差が得られないことである。標本サイズが大きくなるほど、有意になりやすくなる。それは、標本サイズが大きくなるほど、母集団を正しく推定できるようになり、わずかな差でさえも検定で検出されるためである。逆に言うと、大規模な標本を用いても有意差が得られないならば、正しい推定をしても検出できないほどの微小以下の差しかないといえる。2 点目は、1 点目と関連しているが、差の大きさ自体が微小でゼロに近いことである。厳密には、血液型ごとの標本集団間の平均値が全く同じでない限り、どれほどわずかでも常に差は存在している。重要なのは、その差が意味を持つほど十分な大きさであるかどうかという点である。差が意味を持たないほど小さく、ほぼゼロだと言えるならば、

血液型間に差は無いと見なせるだろう。本研究では、差の大きさそれ自体を検討するために、効果量を算出する（詳細は後述する）。

　もちろんこの基準を満たしても、厳密には、"血液型と性格には、大規模標本でさえ偶然の範囲を超えないわずかな差しか見られず、関連があるとは言えない"が厳密な言い方である。しかし、もしこれを満たす結果が得られれば、"関連があるとは言えない"ことを示した従来の研究よりも、"無関連である"ことをより積極的に示す根拠を提供しているといえるだろう。本研究では、大規模標本で有意差が得られず、またその差の大きさがゼロに近いことをもって、無関連であることを主張する。

本研究の特長

　以上の目的の下、本研究では、池田・大竹・筒井（2005a, 2005b, 2006）による"選好パラメータアンケート調査"を利用した二次分析を行う。本論文が持つ従来の研究にない特長は以下のものである。

無作為標本抽出に基づく合計1万人以上の大規模データ　一つは、無作為標本抽出に基づいて計1万人以上から収集された大規模な社会調査のデータを分析している点である。標本抽出に伴う誤差を小さくするためには無作為標本抽出が最も適した手法である。また、真の値に近い値を推定し、小さな差が検出できなかったという可能性を排除するためには、できる限り大きな標本サイズを分析することが望まれる。血液型と性格に関して、これまで無作為標本抽出による大規模社会調査を用いた研究は、JNNのデータバンクを用いた松井（1991）やSakamoto & Yamazaki（2004）しか存在しない。これらに加えて、本研究では無作為標本抽出の大規模社会調査による証拠を提示する。

効果量の算出　本研究では、"差がない"ことを積極的に示すために、効果量を算出した。効果量とは効果の大きさの指標である。有意性検定の結果は標本サイズに左右される。そのため、標本サイズによって変化する有意性検定の結果のみならず、効果の大きさそのものを示す効果量を提示することで、血液型が性格に及ぼす効果の小ささを示すことが可能となる。本研究では4

資料5　血液型と性格の無関連性　　343

種類の血液型間の比較を分散分析により検討し、効果量としてη^2（血液型の要因の平方和／全体平方和）を算出した[1]。η^2は分散説明率を示す指標であり、データで得られた個人差の全分散の中で、血液型の違いから説明できる分散の割合が示される。η^2が限りなく小さくゼロに近い場合には、血液型の違いが性格を説明しない根拠を積極的に示すことができるだろう。

日本とアメリカの2ヵ国のデータ　本調査では、日本とアメリカ両国の調査データを検討した。日本社会には既に血液型ステレオタイプが根付いており、これが血液型と性格の関連の自己成就を引き起こす可能性が考えられる（Sakamoto & Yamazaki, 2004）。そのため、血液型に関するステレオタイプが存在しない海外でのデータが重要となる。これまでの海外の研究は、Cramer & Imaike（2002）、Wu, Lindsted, & Lee（2005）、Rogers & Glendon（2003）が代表的なものであるが、これらは無作為標本抽出による大規模データを用いた研究ではない。本研究では、日本とアメリカの2ヵ国で同様の質問項目を用いており、両国でともに血液型の効果が見られなければ、血液型と性格の無関連性をより強く示すことができる。

2000年以降の近年のデータの提示　2000年以降のデータを提供している点も重要となる。性格と血液型の研究は、特に国内研究の大半が1980年代か1990年代に行われたものであり、2000年以降のデータは、久保・三宅（2011）など少数のみであり、乏しい。

　また、上述のとおりSakamoto & Yamazaki（2004）では1980年代の社会調査データを用いることで、血液型流行による予言の自己成就現象、いわば思い込みの結果として血液型間の違いが生まれている可能性を指摘した。もしも予言の自己成就現象が生じているとすると、より近年のデータでは、自己成就の結果、本当に血液型間に性格の違いが見られるという予測も理論上は成り立つ。本研究では、2000年以降のデータを検討することで予言の自己成就が起きているかどうかを検討する。

1　本論文では記述統計的な効果量としてη^2を用いた。母効果量の推定を行う場合には、ω^2などの別の算出方法による指標を用いることが推奨されることもあるが（大久保・岡田, 2012）、シンプルな計算式であり概念が理解しやすい点と、本分析はサンプルサイズが大きいため推定のバイアスは小さいと考えられる点を考慮して、η^2を用いることとした。

方法

データセット　池田・大竹・筒井（2005a, 2005b, 2006）による"選好パラメータアンケート調査"を利用した。分析に用いたデータセットは、血液型に関する質問項目が設定された"2004 年度日本""2005 年度日本""2004 年度アメリカ"の三つのデータセットである（以下、それぞれ"2004 年度日本データ""2005 年度日本データ""2004 年度アメリカデータ"とする）。

　2004 年度日本データ、2005 年度日本データでは、住民基本台帳を対象に、層化 2 段無作為抽出法による標本抽出が行われた。母集団年齢はともに20-69 歳であった。2004 年度日本データでは、標本サイズは 4,145、回収数は2,987 である（回収率 72.06%）。2005 年度日本データでは、標本サイズは 4,879、回収数は 3,763 である（回収率 77.13%）。調査方法はともに訪問留置法である。

　2004 年度アメリカデータでは、調査機関の回答者会員組織を対象に、男女を人種別に抽出し、国勢調査区分の人口統計データに合わせた標本抽出が行われた。母集団年齢は 18-99 歳であった。標本サイズは 8,928、回収数は4,979 である（回収率 55.77%）。調査方法は郵送法である。

分析項目　血液型に関しては、2004 年度日本データ、2005 年度日本データでは、自己報告により自分の血液型を"A、B、AB、O"から一つ回答してもらった。また、2004 年度アメリカデータでは、自己報告で自分の血液型を"A、B、AB、O、分からない（Not sure）"から一つ回答してもらった。

　性格特性に関しては、一般的な生活に対する態度を示す項目を用いた。この調査は、心理学の調査ではないこともあり、心理学の性格検査として標準化された項目は存在しない。そのため、性格との関連が最も深いと考えられる一般的な生活に対する態度への回答項目を利用した。例えば"日頃の生活の中で充実感を感じている"の項目は、幸福感や自尊心と関連が強い項目だとみなすことができる。また、"老後が気にかかる"は不安傾向と関連が強いだろう。このように、それぞれの項目は個人の性格が反映された項目であると考えられる。以上より、本研究では一般的な生活に対する態度の項目を

資料 5　血液型と性格の無関連性　　345

Table 1　各項目の平均値と標準偏差（2004年日本）

	A (N=1,092-1,104)	B (N=623-641)	AB (N=282-289)	O (N=881-897)	有意性検定	効果量 (η^2)
1. 日頃の生活の中で充実感を感じている	3.37 (0.88)	3.35 (0.87)	3.34 (0.86)	3.32 (0.88)	ns	.0007
2. ほかの人の生活水準を意識している	2.65 (0.99)	2.64 (1.05)	2.78 (1.05)	2.73 (0.99)	ns	.0025
3. 他人との生活水準の差は, 2,3年前と比べて大きくなった	2.83 (0.90)	2.91 (0.84)	2.87 (0.95)	2.90 (0.86)	ns	.0013
4. 一旦, 高い生活水準を味わうと, それを下げるのは苦痛だ	3.50 (1.03)	3.53 (0.99)	3.42 (1.02)	3.53 (1.01)	ns	.0011
5. 楽しみは後にとっておきたい	3.33 (1.06)	3.26 (1.06)	3.35 (1.09)	3.31 (1.09)	ns	.0007
6. 自分は盗難にあうことはない	2.78 (0.93)	2.76 (0.94)	2.80 (0.92)	2.81 (0.93)	ns	.0004
7. できるだけ質素な生活をしたい	3.03 (0.96)	3.02 (0.92)	2.99 (0.97)	3.00 (0.99)	ns	.0002
8. お金を貯めることが人生の目的だ	2.28 (0.91)	2.25 (0.92)	2.24 (0.91)	2.31 (0.90)	ns	.0007
9. 将来, 大きな出費や高額の買い物の予定がある	2.79 (1.28)	2.75 (1.24)	2.72 (1.30)	2.73 (1.22)	ns	.0005
10. 子供や家族, 親族にできるだけ多くの遺産を残したい	2.55 (1.04)	2.60 (1.02)	2.58 (1.11)	2.65 (1.03)	ns	.0018
11. ギャンブルはすべきでない	3.62 (1.23)	3.62 (1.22)	3.64 (1.25)	3.63 (1.22)	ns	.0000
12. 健康上の不安を感じている	3.26 (1.04)	3.25 (1.01)	3.34 (1.13)	3.22 (1.05)	ns	.0010
13. 宗教を熱心に信仰している	1.74 (1.11)	1.74 (1.09)	1.82 (1.14)	1.74 (1.10)	ns	.0005
14. 忙しくて先のことを考える時間がない	2.68 (1.00)	2.77 (1.01)	2.71 (0.98)	2.69 (0.97)	ns	.0012
15. お金のことを考えるのははしたない	2.23 (0.94)	2.20 (0.92)	2.24 (0.87)	2.25 (0.92)	ns	.0004
16. 現在の生活に精一杯でほとんど貯蓄ができない	3.28 (1.20)	3.29 (1.18)	3.45 (1.16)	3.30 (1.18)	ns	.0016
17. 先のことは不確実だから考えても無駄だ	2.68 (1.04)	2.64 (1.05)	2.61 (0.99)	2.64 (1.02)	ns	.0004
18. 老後が気にかかる	3.63 (1.00)	3.69 (0.99)	3.71 (1.03)	3.62 (1.03)	ns	.0011
19. 子供の将来が気にかかる	3.45 (1.23)	3.45 (1.22)	3.67 (1.20)	3.47 (1.21)	$p=.049$	.0027
20. 将来のことは家族や親族が考えてくれている	2.12 (1.00)	2.18 (1.01)	2.18 (1.01)	2.11 (0.96)	ns	.0010
21. 周りの人と同じような行動をとっていると安心だ	2.67 (0.98)	2.70 (0.96)	2.67 (1.03)	2.71 (0.92)	ns	.0003

注）括弧の中は標準偏差である。

Table 2　各項目の平均値と標準偏差（2005 年日本）

	A (N=1,411-1,433)	B (N=821-831)	AB (N=344-353)	O (N=1,054-1,077)	有意性検定	効果量 (η^2)
1. 日頃の生活の中で充実感を感じている	3.38 (0.87)	3.39 (0.88)	3.37 (0.86)	3.34 (0.87)	ns	.0004
2. ほかの人の生活水準を意識している	2.67 (1.03)	2.64 (1.03)	2.67 (1.01)	2.69 (1.04)	ns	.0003
3. 一旦，高い生活水準を味わうと，それを下げるのは苦痛だ	3.40 (1.04)	3.38 (1.01)	3.39 (1.01)	3.46 (1.01)	ns	.0009
4. 楽しみは後にとっておきたい	3.36 (1.07)	3.31 (1.09)	3.34 (1.04)	3.29 (1.10)	ns	.0007
5. 自分は盗難にあうことはない	2.80 (0.92)	2.78 (0.95)	2.79 (0.91)	2.79 (0.97)	ns	.0001
6. できるだけ質素な生活をしたい	2.98 (0.95)	2.93 (0.92)	2.92 (0.95)	2.97 (0.96)	ns	.0008
7. お金を貯めることが人生の目的だ	2.26 (0.92)	2.22 (0.91)	2.23 (0.86)	2.25 (0.93)	ns	.0003
8. 将来，大きな出費や高額の買い物の予定がある	2.67 (1.25)	2.64 (1.23)	2.79 (1.32)	2.70 (1.24)	ns	.0011
9. 子供や家族，親族にできるだけ多くの遺産を残したい	2.63 (1.01)	2.55 (1.04)	2.66 (1.04)	2.64 (1.06)	ns	.0014
10. ギャンブルはすべきでない	3.59 (1.22)	3.59 (1.19)	3.61 (1.24)	3.65 (1.20)	ns	.0006
11. 健康上の不安を感じている	3.25 (1.07)	3.23 (1.08)	3.27 (0.99)	3.26 (1.06)	ns	.0002
12. 宗教を熱心に信仰している	1.76 (1.10)	1.73 (1.10)	1.78 (1.07)	1.76 (1.10)	ns	.0001
13. 忙しくて先のことを考える時間がない	2.68 (1.00)	2.71 (0.97)	2.74 (0.95)	2.70 (1.00)	ns	.0003
14. お金のことを考えるのははしたない	2.25 (0.92)	2.23 (0.93)	2.21 (0.90)	2.24 (0.92)	ns	.0002
15. 現在の生活に精一杯でほとんど貯蓄ができない	3.31 (1.20)	3.22 (1.20)	3.33 (1.18)	3.29 (1.20)	ns	.0009
16. 先のことは不確実だから考えても無駄だ	2.57 (1.02)	2.54 (1.02)	2.53 (1.00)	2.57 (1.06)	ns	.0003
17. 老後が気にかかる	3.61 (1.03)	3.58 (1.04)	3.59 (1.10)	3.62 (1.06)	ns	.0003
18. 子供の将来が気にかかる	3.47 (1.20)	3.50 (1.21)	3.65 (1.16)	3.51 (1.23)	ns	.0018
19. 将来のことは家族や親族が考えてくれている	2.12 (0.97)	2.08 (0.97)	2.13 (0.98)	2.11 (0.97)	ns	.0004
20. 周りの人と同じような行動をとっていると安心だ	2.70 (0.94)	2.66 (0.94)	2.65 (0.90)	2.70 (0.98)	ns	.0005
21. 仕事の場においてはグループの意見に従うべきだ	3.16 (0.86)	3.15 (0.82)	3.21 (0.79)	3.18 (0.85)	ns	.0004
22. 家庭の場においては家族の意見に従うべきだ	3.18 (0.80)	3.20 (0.80)	3.24 (0.77)	3.24 (0.76)	ns	.0012
23. 1人よりグループで協力して仕事する方が高い成果が得られる	3.58 (0.85)	3.49 (0.84)	3.54 (0.81)	3.51 (0.84)	ns	.0020
24. "みんなで協力して目標を達成した"満足度は"自分ひとりの力で達成"より大きい	3.62 (0.94)	3.59 (0.91)	3.65 (0.92)	3.66 (0.92)	ns	.0008

25 仕事は生きがいにつながる	3.63	3.56	3.67	3.58	ns	.0016
	(0.92)	(0.93)	(0.91)	(0.94)		
26 仕事はお金を得るためのものだ	3.56	3.52	3.56	3.58	ns	.0006
	(0.89)	(0.91)	(0.92)	(0.89)		

注）括弧の中は標準偏差である。

性格特性の項目としてみなした。

　分析には、それぞれのデータセットで 21-26 項目を用いた。項目の詳細は
データセットごとにそれぞれ Table 1、Table 2、Table 3 に記載した。また、
元の調査票では、回答の値が小さいほどより回答者に当てはまる傾向が高い
という質問項目であった。本論文では、解釈を容易にするために、値が大き
いほど当てはまる傾向が高いように、"1：全く当てはまらない" から "5：
ぴったり当てはまる" と項目を逆転し、分析を行った。

分析　選好パラメータアンケート調査のデータは、ウェブ上で SPSS を用い
たデータ分析が可能である（http://srdq.hus.osaka-u.ac.jp）。本研究でも、ウェ
ブ上でデータ分析を行った。

結果

　本研究では三つのデータセットを分析した。それぞれ順に報告する。

2004 年度日本データ

　使用した 21 項目に対して、血液型を独立変数とする、1 要因 4 水準の分散
分析を行った（N=2,878-2,938）。分析の結果を Table 1 にまとめた。"子供の将
来が気にかかる" を除いた、21 項目中 20 項目で有意差は見られなかった
（Fs < 2.456, ps > .061, η^2s < .0025）。唯一有意差が見られた "子供の将来が
気にかかる"（$F_{(3, 2874)}$ =2.623, p=.049）に関しても、効果量は極めて小さ
く（η^2=.0027）、ほぼ無視することのできるほどの違いしか無かった。

Table 3 各項目の平均値と標準偏差（2004年アメリカ）

	A (N=1,013-1,032)	B (N=448-457)	AB (N=221-228)	O (N=1,345-1,370)	有意性 検定	効果量 (η^2)
1. 日頃の生活の中で充実感を感じている	3.83 (0.88)	3.77 (0.87)	3.75 (0.86)	3.74 (0.88)	ns	.0015
2. ほかの人の生活水準を意識している	3.70 (0.99)	3.73 (1.05)	3.87 (1.05)	3.66 (0.99)	p=.034	.0028
3. 他人との生活水準の差は, 2, 3年前と比べて大きくなった	3.02 (0.90)	3.07 (0.84)	3.11 (0.95)	3.01 (0.86)	ns	.0007
4. 一旦, 高い生活水準を味わうと, それを下げるのは苦痛だ	3.15 (1.03)	3.15 (0.99)	3.24 (1.02)	3.13 (1.01)	ns	.0005
5. 楽しみは後にとっておきたい	2.84 (1.06)	2.83 (1.06)	2.83 (1.09)	2.77 (1.09)	ns	.0008
6. 自分は盗難にあうことはない	2.58 (0.93)	2.61 (0.94)	2.59 (0.92)	2.60 (0.93)	ns	.0001
7. できるだけ質素な生活をしたい	3.63 (0.96)	3.58 (0.92)	3.68 (0.97)	3.62 (0.99)	ns	.0004
8. お金を貯めることが人生の目的だ	2.89 (0.91)	2.98 (0.92)	2.99 (0.91)	2.95 (0.90)	ns	.0008
9. 将来, 大きな出費や高額の買い物の予定がある	2.98 (1.28)	3.14 (1.24)	3.13 (1.30)	3.03 (1.22)	ns	.0017
10. 子供や家族, 親族にできるだけ多くの遺産を残したい	3.36 (1.04)	3.41 (1.02)	3.26 (1.11)	3.35 (1.03)	ns	.0007
11. ギャンブルはすべきでない	2.95 (1.23)	2.98 (1.22)	2.73 (1.25)	2.97 (1.22)	ns	.0020
12. 健康上の不安を感じている	2.87 (1.04)	2.99 (1.01)	2.81 (1.13)	2.89 (1.05)	ns	.0014
13. 宗教を熱心に信仰している	3.05 (1.11)	3.05 (1.09)	3.03 (1.14)	3.09 (1.10)	ns	.0002
14. 忙しくて先のことを考える時間がない	2.16 (1.00)	2.19 (1.01)	2.19 (0.98)	2.17 (0.97)	ns	.0002
15. お金のことを考えるのははしたない	1.85 (0.94)	1.82 (0.92)	1.92 (0.87)	1.88 (0.92)	ns	.0007
16. 現在の生活に精一杯でほとんど貯蓄ができない	2.94 (1.20)	2.91 (1.18)	3.05 (1.16)	2.97 (1.18)	ns	.0007
17. 先のことは不確実だから考えても無駄だ	2.07 (1.04)	1.98 (1.05)	2.05 (0.99)	2.01 (1.02)	ns	.0008
18. 老後が気にかかる	2.78 (1.00)	2.83 (0.99)	2.78 (1.03)	2.70 (1.03)	ns	.0013
19. 子供の将来が気にかかる	3.37 (1.23)	3.40 (1.22)	3.15 (1.20)	3.26 (1.21)	p=.027	.0030
20. 将来のことは家族や親族が考えてくれている	2.65 (1.00)	2.62 (1.01)	2.68 (1.01)	2.65 (0.96)	ns	.0001
21. 周りの人と同じような行動をとっていると安心だ	2.85 (0.98)	2.81 (0.96)	2.84 (1.03)	2.82 (0.92)	ns	.0002

注）括弧の中は標準偏差である。

資料5 血液型と性格の無関連性　349

2005 年度日本データ

使用した 26 項目に対して、血液型を独立変数とする、1 要因 4 水準の分散分析を行った（N=3,618-3,692）。分析の結果を Table 2 にまとめた。26 項目全てにおいて有意差は見られなかった（Fs < 2.399, ps > .066, η^2s < .0019）。

2004 年度アメリカデータ

使用した 21 項目に対して、血液型を独立変数とする、1 要因 4 水準の分散分析を行った（N=3,037-3,092）[2]。分析の結果を Table 3 にまとめた。"ほかの人の生活水準を意識している" "子供の将来が気にかかる" を除いた、21 項目中 19 項目で有意差は見られなかった（Fs < 2.044, ps > 106, η^2s < .0020）。有意差が見られた "ほかの人の生活水準を意識している"（F (3, 3082) =2.892, p=.034）、"子供の将来が気にかかる"（F (3, 3046) =3.064, p=.027）に関しても、効果量は極めて小さく（それぞれ η^2=.0028, η^2=.0030）、ほぼ無視することのできる大きさの違いしかなかった。

　三つのデータセットの合計 68 項目中 3 項目が有意となっていた。しかし、本研究では分散分析を繰り返し用いているため、実際の関係がなくとも、偶然によりいくつかの検定が有意となることがある。有意となる項目数は、検定の繰り返し試行数と、有意水準の確率から計算される二項分布に従う。ここから計算したところ、本分析結果のように合計 68 項目のうち 3 項目以上が偶然により有意となる確率は 66.7％であった。また、68 項目の繰り返し分析で偶然により有意となる項目数の期待値は 3.40 項目であった。本研究で得られた 3 項目の有意差は、偶然の範囲で十分に生じうるものだといえる。

　なお、2004 年度日本データと 2004 年度アメリカデータでは、ともに "子供の将来が気にかかる" が有意となっていた。しかし、2004 年度日本データ

2　2004 年アメリカデータでは、血液型の回答項目として、A, B, AB, O 以外に "分からない（Not sure）" が含まれていた。本論文での報告では、"分からない" と回答したデータを除外した上での分析結果を報告した。しかし、"分からない" の回答を含めて分析すると、21 項目中 10 項目で分散分析の結果が有意となった。多重比較の結果を見ると、"分からない" の回答が他の血液型と比較して有意な違いが見られるものが多い。そのため、ここで見られた有意差は、血液型そのものによる違いではなく、血液型を調べる検査を受けられるような社会階層かどうかなど、他の要因が入った結果である可能性が考えられる。これは本研究の目的からは外れるため、これ以上論じない。

では AB 型が一番得点が高いが、2004 年度アメリカデータでは AB 型が一番得点が低いといったように、方向に一貫性は見られない。また、上述のとおり意味のある効果量ではない。

考察

本研究では血液型と性格の無関連性を検討するために、2004 年、2005 年に日本とアメリカで実施された大規模社会調査データを用いて血液型と性格の関連性を検討した。

分析の結果、どのデータセットにおいても、血液型と性格との間に意味のある関連性は見られていない。合計 68 項目のうち、65 項目で有意な平均値差は得られなかった。わずかな差でも検出できるはずの大規模なデータセットでもほとんどの項目で有意差が得られないことは、血液型と性格の無関連性を強く示すものである。

さらに、有意差の得られた 3 項目でさえ、血液型と性格の関連性を示すものだとはいえない。68 項目ごとに検定を行えば、無関連であっても 66.7% の確率で 3 項目以上が有意となる。3 項目が有意という結果は偶然でも起こりうるものだと解釈できる。

しかも、有意であった 3 項目でさえ、効果量は極めて小さかった。本研究では、効果量として η^2 を算出した。η^2 は分散説明率であり、本研究では四つの血液型の違いが、全標本の散らばりのうち、どの程度の割合を説明できるかを指している。本研究で扱った三つのデータセットの中で見られた一番大きな効果量は、2004 年アメリカデータの η^2=.0030 であった。つまり、有意であるとはいえ、その分散説明率は 0.3% であった。効果量の解釈の基準では、効果量小が η^2=.01、効果量中が η^2=.06、効果量大が η^2=.14 とされている（Cohen, 1977）。つまり、本研究では、血液型間の違いは、検討した全ての項目で 0.3% 以下しかデータの散らばりを説明しておらず、効果量小の基準 1% にさえはるかに達していない。実際に項目の平均得点を見ても、一番大きな効果量が得られた項目でさえ、1-5 の 5 件法の測定で 3.15 から 3.40 と、

資料 5　血液型と性格の無関連性　　351

わずか 0.25 の差しかない。

　従来の研究の多くは、血液型と性格に"関連が見られない"ことを主張してきた。本研究は、わずかな差でさえ検出できる大規模データを用いても、有意差がほとんど得られないこと、また、効果量を検討し、差の大きさ自体に着目することで、差の大きさがほぼゼロだといえるほど小さいことを示した。これらの結果は"関連が見られない"から一歩進んで、"無関連である"ことを示す強い根拠を提供したと言えるだろう。

　Sakamoto & Yamazaki（2004）は 1980 年代のデータを用いて、社会に血液型性格判断の知識が広まることにより、結果として血液型と性格が関連する予言の自己成就が生じる可能性を示唆した。これが正しければ、1980 年代から 20 年経過した 2000 年代では実際に血液型と性格が関連してしまうという予測も成り立つ。しかし、本研究は、2000 年代のデータで血液型間の差は見られないことを示した。そのため、血液型と性格に社会的な意味での関連が生まれる予言の自己成就は起きていなかった。

　最後に、本研究の知見の制限を 1 点述べたい。本研究で扱った質問項目は、心理学で扱われているような性格の測定を目的として測定されたものではなかった。本来この調査は経済学の調査として行われたものであり、主に生活やお金に関連する質問項目が多いことが特徴である。したがって、質問項目が標準化された性格特性を検討する項目でないという点には留意する必要があるかもしれない。ただし、生活に関する態度は性格特性に影響されることを考えると、血液型が性格に影響を及ぼしているならば、これほどの大規模標本の調査であれば拾い出すことは可能だっただろう。それにもかかわらず、本研究では関連性を見出すことはできなかった。本論文の結果が性格と血液型に関連が無いことを示す根拠となることに違いはないだろう。

結論

　本研究では、日本とアメリカの大規模な社会調査データを用いて、血液型と性格との関連を検討した。血液型間に性格に違いがあるかどうかを検討し

たが、日本でもアメリカでもほとんどの項目で意味のある違いは存在しなかった。その違いの大きさも極めて小さく、ほぼゼロだと見なせるものであった。本研究の知見は、血液型と性格の無関連性を積極的に示す実証的根拠を提供した。血液型と性格は無関連である。

引用文献

Cohen, J. (1977). *Statistical Power Analysis for the Behavioral Sciences*. New York: Academic Press.

Cramer, K. M., & Imaike, E. (2002). Personality, blood type, and the Five-Factor Model. *Personality and Individual Differences*, **32**, 621–626.

古川 竹二(1927). 血液型による気質の研究　心理学研究、**2**、612–634.
　　(Furukawa, T.)

長谷川 芳典(1988). 血液型と性格――公開講座受講生が収集したデータに基づく俗説の再検討―― 長崎大学医療技術短期大学部紀要、**1**、77–89.
　　(Hasegawa, Y. (1988). Tricks of 'typecasting' by blood. *Bulletin of the School of Allied MedicalSciences, Nagasaki University*, **1**, 77–89.)

池田 新介・大竹 文雄・筒井 義郎(2005a). 選好パラメータアンケート調査(2004 年度 日本) SRDQ 事務局(編)SRDQ ――質問紙法にもとづく社会調査データベース――　大阪大学 21 世紀 COE〈http://srdq.hus.osaka-u.ac.jp〉(2012 年 8 月 17 日)
　　(Ikeda, S., Ohtake, F., & Tsutsui, Y.)

池田 新介・大竹 文雄・筒井 義郎(2005b). 選好パラメータアンケート調査(2004 年度 アメリカ) SRDQ 事務局(編)SRDQ ――質問紙法にもとづく社会調査データベース――　大阪大学 21 世紀 COE〈http://srdq.hus.osaka-u.ac.jp〉(2012 年 8 月 17 日)
　　(Ikeda, S., Ohtake, F., & Tsutsui, Y.)

池田 新介・大竹 文雄・筒井 義郎(2006). 選好パラメータアンケート調査(2005 年度日本)　SRDQ 事務局(編)SRDQ ――質問紙法にもとづく社会調査データベース――　大阪大学 21 世紀 COE〈http://srdq.hus.osaka-u.ac.jp〉(2012 年 8 月 17 日)
　　(Ikeda, S., Ohtake, F., & Tsutsui, Y.)

菊池 聡(2012). なぜ疑似科学を信じるのか――思い込みが生みだすニセの科学――　化学同人
　　(Kikuchi, S.)

久保 義郎・三宅 由起子(2011). 血液型と性格の関連についての調査的研究　吉備国際大学研究紀要(社会福祉学部)、**21**、93–100.
　　(Kubo, Y., & Miyake, Y. (2011). Correlation between blood types and personalities. *Journal of Kibi International University School of Social Welfare*, **21**, 93–100.)

松井 豊(1991)．血液型による性格の相違に関する統計的検討　東京都立立川短期大学紀要、**24**、51-54.

（Matsui, Y.）

能見 正比古(1971)．血液型でわかる相性――伸ばす相手、こわす相手――　青春出版社

（Nomi, M.）

大久保 街亜・岡田 謙介(2012)．伝えるための心理統計――効果量・信頼区間・検定力――　勁草書房

（Okubo, M., & Okada, K.）

大村 政男(2012)．新編 血液型と性格　福村出版

（Ohmura, M.）

Oricon Style ミュージック(2008)．年間本ランキング特集 2008 年間 "本" ランキング大発表！〈http://www.oricon.co.jp/music/special/081215_01_02.html〉（2012 年 8 月 20 日）

（Oricon Style Music）

Rogers, M., & Glendon, A. I. (2003). Blood type and personality. *Personality and Individual Differences*, **34**, 1099-1112.

Sakamoto, A., & Yamazaki, K. (2004). Blood-typical personality stereotypes and self-fulfilling prophecy: A natural experiment with time-series data of 1978 -1988. In Y. Kashima, Y. Endo, E. S. Kashima, C. Leung, & J. McClure (Eds.), *Progress in Asian Social Psychology*, Vol. 4. Seoul, Korea: Kyoyook-Kwahak-Sa. pp. 239-262.

詫摩 武俊・佐藤 達哉(編)（1994)．血液型と性格――その史的展開と現在の問題点――　至文堂

（Takuma, T., & Sato, T.）

上村 晃弘・サトウ タツヤ(2006)．疑似性格理論としての血液型性格関連説の多様性　パーソナリティ研究、**15**、33-47.

（Uemura, A., & Sato, T. (2006). Blood-typing as a pseudo-personality theory and diversity of its explanatory styles. *Japanese Journal of Personality*, **15**, 33-47.）

Wu, K., Lindsted, K. D., & Lee, J. W. (2005). Blood type and the five factors of personality in Asia. *Personality and Individual Differences*, **38**, 797-808.

山岡 重行(1999)．血液型ステレオタイプが生み出す血液型差別の検討　日本社会心理学会第 40 回大会発表論文集、60-61.

（Yamaoka, S.）

山岡 重行(2006)．血液型性格項目の自己認知に及ぼす TV 番組視聴の影響　日本社会心理学会第 47 回大会発表論文集、76-77.

（Yamaoka, S.）

――2013. 5. 14 受稿、2013. 9. 7 受理――

あとがき

　血液型性格に関して、いくつか個人的なことを書かせてもらいます。私が大学生だった頃、同級生の女子から「山岡君、B型でしょう」とよく言われました。それに対して、「違う、俺の血液は C_2H_5OH だ」と答えていました。

　私は、卒業論文、修士論文、博士論文と「ユニークネス」をテーマに研究していました。ざっくり言うと、ユニークネスとは「人に差を付けたい、人と同じではつまらない」という心理のことです。私は12歳くらいから本格的にROCKを聴き始めました。当時はアイドル全盛時代でしたが、歌謡曲には全く興味が持てませんでした。自分の好きなものは多くの人と違うんだ、という意識が強くなり、多くの人が騒いでいる流行り物を軽蔑するようなところもありました。そんな私にとって血液型性格は、まさに多くの人が騒いでいる流行り物であり、全く興味がありませんでした。

　そんな私がなぜ血液型性格を研究するようになったかです。駆け出しの心理学者としていくつかの大学で教養科目の心理学をさまざまな学部の学生に対して講義するようになったとき、血液型性格を授業で取り上げると、学生のウケが良かったのです。講義をしていく中で、こんな調査結果が欲しいという考えが出てきました。なければ自分で調査するしかない。1999年、講義を充実させるために血液型性格のデータを取り始めました。このときの調査結果は、1999年の日本社会心理学会第40回大会で「血液型ステレオタイプが生み出す血液型差別の検討」として発表し、2001年の私の初の単著『ダメな大人にならないための心理学』にも掲載しました。

　前述のように、私の主要な研究テーマは「ユニークネス」でした。これは

あとがき　　355

「自分は多数派とは違う」という少数派の多数派に対する意識です。逆に「奴らは我々とは違う」という多数派の少数派に対する意識にも興味を持つようになりました。ユニークな少数派の意識の研究から、多数派が少数派をどう見るか、多数派の少数派に対する差別意識に研究の関心が広がったのです。血液型性格について調べると少数派のB型とAB型が差別されていることが明らかになりました。血液型性格関連説が、私の研究テーマに繋がったのです。

　第3部資料編の松井論文や縄田論文のように1万人以上のデータ数を誇る研究はありますが、血液型性格を研究目的とした1万人以上の心理学の研究データを持つのは私だけだと思います。なぜちゃんと投稿論文にしないのか、と友人たちからよく言われました。答えは、「血液型性格自体に興味がないから」でした。そのうち、データが膨大になりすぎて投稿論文の文章量に収まらなくなりました。

　自分の調査データが1万を超えた2019年の時点で、自分の血液型性格の研究結果を、きちんとまとめて発表したいという欲求が強くなりました。2020年からのコロナ禍を挟み、紆余曲折はありましたが、本書を完成させることができました。福村出版に感謝します。

　本書をまとめる中で、過去に血液型性格の心理学研究を行った方の論文にも触れました。この人たちに自分の研究を振り返って血液型性格について書いてもらいたいという欲も出てきました。本書に掲載できなかった私の調査結果もあります。第7章研究7で見たように、血液型イメージの差が小さくなっています。この差がなくなったときが、血液型差別が消滅するときなのかもしれません。自分の目でその景色を見てみたいと思います。血液型と性格を巡る心理学の旅はまだ終わりそうもありません。

令和6年6月6日　山岡重行

執筆者一覧

(肩書・所属は 2024 年 9 月現在)

サトウタツヤ（さとう・たつや：第 1 章）

立命館大学総合心理学部教授・学部長。博士（文学，東北大学）。専門は文化心理学、質的探究、心理学史。
主な著書に、『臨床心理学史』（2021 年，東京大学出版会）、『臨床心理学小史』（2022 年，筑摩書房）、『オール・ザット・血液型』（共著，1996 年，コスモの本）、『TEM ではじめる質的研究』（編著，2009 年，誠信書房）、『質的研究法マッピング』（共編，2019 年，新曜社）、"Making of the future: The Trajectory Equifinality Approach in cultural psychology"（共編著，2016 年，Information Age Publishing）など。
お母さんが血液型信者だという学生さんがゼミに入ってきてくれたので、久々に血液型性格関連説の批判的研究を行っています。身近なステレオタイプ・偏見・差別を知る良い教材です。

渡邊芳之（わたなべ・よしゆき：第 2 章）

1962 年、新潟県高田市（現在の上越市）生まれ。帯広畜産大学人間科学研究部門教授。博士（心理学，東京国際大学）。帯広畜産大学附属図書館長。
主な著書に『性格とはなんだったのか』（2010 年，新曜社）、『心の臨床を哲学する』（共著，2020 年，新曜社）、『障害理解のリフレクション』（共著，2023 年，ちとせプレス）、『カルドゥッチのパーソナリティ心理学』（共監訳，2021 年，福村出版）などがある。
血液型との出会いから約 40 年、血液型性格判断を「心理学を映す鏡」として、心理学における性格の概念やその用法について批判的に検討してきた。

藤田主一（ふじた・しゅいち：第3章）

日本体育大学名誉教授。文学修士。主な著書に『パーソナリティ心理学ハンドブック』（共編，2013年，福村出版）、『応用心理学ハンドブック』（共編，2022年，福村出版）ほか。

大村政男先生との出会いは、私が日大心理学科の学士編入学試験を受けたとき、大村先生が首席面接官でした。それ以来の門下なので、すでに50年の月日が流れました。当時の「人格心理学」の授業では、まだ血液型の話題は何もありません。大村先生が血液型の研究に着手し始めるようになってから、大村先生も私もA型だったので、酒が入ると、二人でA型の良いところを自慢し合いました。

山岡重行（やまおか・しげゆき：まえがき、第4章～第7章、終章、あとがき）

聖徳大学心理学科准教授。博士（心理学，立教大学）。主な著書に『腐女子の心理学』（2016年）、『腐女子の心理学2』（2019年）、『サブカルチャーの心理学』（編著，2020年）、『サブカルチャーの心理学2』（編著，2023年，以上福村出版）。

100年前に心理学の仮説として登場した血液型性格説は、今は疑似科学や占いといったサブカルチャーの文脈で生きている。血液型性格自体には関心はないが、今後もサブカルチャー心理学の領域で研究を続けるのだろう。

第Ⅲ部・資料論文執筆者

古川竹二（ふるかわ・たけじ：資料1）　元・東京女子高等師範学校教授。1940年逝去

詫摩武俊（たくま・たけとし：資料2）　元・東京国際大学名誉教授。2018年逝去

松井　豊（まつい・ゆたか：資料2・3・4）　筑波大学名誉教授

上瀬由美子（かみせ・ゆみこ：資料4）　立正大学心理学部教授

縄田健悟（なわた・けんご：資料5）　福岡大学人文学部准教授

血液型性格心理学大全
科学的証拠に基づく再評価

2024 年 9 月 15 日　初版第 1 刷発行

編著者	山岡重行
著　者	サトウタツヤ・渡邊芳之・藤田主一
発行者	宮下基幸
発行所	福村出版株式会社
	〒 104-0045　東京都中央区築地 4-12-2
	電話　03-6278-8508　FAX　03-6278-8323
	https://www.fukumura.co.jp
装　幀	米本　哲（米本デザイン）
本文組版	朝日メディアインターナショナル株式会社
印　刷	株式会社文化カラー印刷
製　本	本間製本株式会社

© 2024 SS -YAMAOKA, Tatsuya Sato, Yoshiyuki Watanabe, Shuichi Fujita
ISBN978-4-571-24117-8 Printed in Japan

定価はカバーに表示してあります。
落丁・乱丁本はお取り替えいたします。

福村出版 ◆ 好評図書

大村政男 著

新編 血液型と性格

◎1,800円 ISBN978-4-571-24048-5 C0011

人はなぜ血液型性格判断を信じるのだろうか？その歴史を徹底的に検証し，著者30年の研究成果を集大成する。

山岡重行 編著

サブカルチャーの心理学
● カウンターカルチャーから「オタク」「オタ」まで

◎2,500円 ISBN978-4-571-25056-9 C3011

様々な若者文化を分析し，これまで「遊び」と見なされていた行動から人間を見つめ直す新しい心理学の提案。

山岡重行 編／サブカルチャー心理学研究会 著

サブカルチャーの心理学2
●「趣味」と「遊び」の心理学研究

◎2,700円 ISBN978-4-571-25063-7 C3011

陰謀論，アニメ・マンガオタク，百合，オーディオマニア，ギャル，女子力，鉄道などを心理学的に分析する。

谷 伊織・阿部晋吾・小塩真司 編著

Big Five パーソナリティ・ハンドブック
● 5つの因子から「性格」を読み解く

◎3,200円 ISBN978-4-571-24105-5 C3011

Big Five パーソナリティの歴史から最新の研究までを網羅。その方向性と社会の中での応用の可能性を指し示す。

B. J. カルドゥッチ 著／日本パーソナリティ心理学会 企画
渡邊芳之・松田浩平 監訳／尾見康博・松田英子・小塩真司・安藤寿康・北村英哉 編訳

カルドゥッチのパーソナリティ心理学
● 私たちをユニークにしているものは何か？

◎13,000円 ISBN978-4-571-24097-3 C3011

代表的な研究者の生涯，理論と応用の概説，豊富な写真・図表を駆使してパーソナリティ心理学の全貌を描く。

日本パーソナリティ心理学会 企画／二宮克美・浮谷秀一・堀毛一也・安藤寿康・藤田主一・小塩真司・渡邊芳之 編集

パーソナリティ心理学ハンドブック

◎26,000円 ISBN978-4-571-24049-2 C3511

歴史や諸理論など総論から生涯の各時期の諸問題，障害，健康，社会と文化，測定法まで多岐にわたる項目を網羅。

日本応用心理学会 企画／応用心理学ハンドブック編集委員会 編集／藤田主一・古屋 健・角山 剛・谷口泰富・深澤伸幸 編集代表

応用心理学ハンドブック

◎25,000円 ISBN978-4-571-20087-8 C3511

16の領域・分野からホットなトピックを紹介。関連する研究の歴史，最新の動向と展望がわかるリファレンス。

◎価格は本体価格です。